住房城乡建设部土建类学科专业"十三五"规划教材

高等学校土木工程学科专业指导委员会规划教材

（按高等学校土木工程本科指导性专业规范编写）

车 站 工 程

（铁道工程专业方向适用）

魏庆朝　主编

王俊峰　主审

U0330548

中国建筑工业出版社

图书在版编目(CIP)数据

车站工程/魏庆朝主编. —北京：中国建筑工业
出版社，2022.8
住房城乡建设部土建类学科专业"十三五"规划教材
高等学校土木工程学科专业指导委员会规划教材
ISBN 978-7-112-27494-9

Ⅰ.①车… Ⅱ.①魏… Ⅲ.①铁路车站-铁路工程-
高等学校-教材 Ⅳ.①U2

中国版本图书馆 CIP 数据核字(2022)第 097418 号

本书根据高等学校土木工程学科专业指导委员会制定颁布的《高等学校土木工程本科指导性专业规范》编写，主要阐述车站工程设计、建设的基本理论和方法，包括铁路、城轨车站的规划与站型、站场线路与设施、车站站房与广场、枢纽与车站能力等内容。每章均列有知识点、重点和难点，并附有思考题及习题。

本书吸纳总结了铁路车站、城轨车站的最新设计、建设理论和技术，建立了适合高等学校土木工程专业铁道工程方向、铁道工程专业、交通运输类相关学科专业的车站工程教材结构体系，可作为上述学科、专业或方向的教材，也可供土木工程、交通运输工程、铁道工程、城市轨道工程学科从事有关规划、勘测、设计、施工、监理、运营相关的教学、科研、生产和管理等人员学习和参考。

为了更好地支持相应课程的教学，我们向采用本书作为教材的教师提供课件，有需要者可与出版社联系。建工书院：http://edu.cabplink.com，邮箱：jckj@cabp.com.cn，电话：(010) 58337285。

责任编辑：聂　伟　吉万旺
责任校对：李美娜

住房城乡建设部土建类学科专业"十三五"规划教材
高等学校土木工程学科专业指导委员会规划教材
（按高等学校土木工程本科指导性专业规范编写）

车　站　工　程
（铁道工程专业方向适用）

魏庆朝　主编
王俊峰　主审

*

中国建筑工业出版社出版、发行(北京海淀三里河路9号)
各地新华书店、建筑书店经销
北京科地亚盟排版公司制版
北京建筑工业印刷厂印刷

*

开本：787毫米×1092毫米　1/16　印张：24½　字数：513千字
2022年12月第一版　　2022年12月第一次印刷
定价：**65.00**元（赠教师课件）
ISBN 978-7-112-27494-9
(39650)

前　言

本教材是在 2015 年 2 月出版的《铁路车站》基础上编写的。

近年来，车站工程学科领域发展很快。经教育部批准，铁道工程专业再次列入本科专业目录，现已有十余所学校恢复或新增了铁道工程本科专业，有多所高校在土木工程专业中设立了铁道工程方向；高等学校土木工程学科专业指导委员会批准成立了铁道工程指导小组，已将"车站"列为 7 门最重要的核心课程之一，开设该课程的高校越来越多；与车站工程有关的大部分规范都进行了修订；我国建造了多个高水平的铁路客站、城轨车站，车站工程有关的理论与技术有了较大发展。因此，有关的教材内容需要及时更新。

在教材名称层面，原先的教材侧重于铁路车站，并不全面；考虑铁道工程专业主要包括铁路、城轨两个专业方向，本教材明确铁道工程专业（方向）的车站包括铁路车站和城轨车站，故将教材名称确定为"车站工程"，这更加符合铁道工程专业和土木工程专业铁道工程方向的教学要求。

在章的层面，以往类似教材大都按照车站规模（会让站、越行站、中间站、区段站、编组站、枢纽）及技术作业来组织章的结构。本教材将上述内容浓缩到第 2 章中的站型布置内，其他各章则打破传统格式，按照车站设施的逻辑关系来组织，分别介绍车站规划与站型布置、站场设施、站场线路、车站站房、车站广场、枢纽。构建了适合土木工程、铁道工程相关专业车站工程课程新的框架体系。

在节的层面，注重完善结构。比如站场线路一章包括线形、线路连接与线路长度、车站设计计算示例、车场、驼峰、车站通过能力等内容；车站站房一章按照屋盖、楼盖、站场、地下空间结构、基础的逻辑结构编写；新增加的枢纽一章，提炼为单体枢纽、单方式枢纽、综合枢纽等内容。本教材构建了新的更加符合实际的车站工程章节结构体系。

在知识点层面，本教材按照专业规范的原则和规定的核心知识点撰写。重点增加了包括地铁、轻轨、单轨、磁浮铁路、直驱地铁等类型城轨车站的内容；在铁路车站方面则根据车站设计建造的新科技、新规范增加或更新了大量内容。

在实践环节方面，为了方便学生理解和掌握，增加了例题、思考题及习题，也为学生后续的课程设计、毕业设计奠定了更为坚实的基础。

本教材特别注重图文并茂，在《铁路车站》基础上增加、更换、修改了约 280 幅插图，提高了教材质量。

车站工程是一门综合性较强的课程，与铁道工程专业、方向的其他专业课关系密切。建议在课程安排时先安排铁道线路、轨道、路基的课程，之后再安排本课程。对于学时较少的学校，运量规划、运输组织、列车服务设施、供电设施、驼峰、车站通过能力、车站广场、枢纽等内容可作为选学内容。

本教材由魏庆朝教授担任主编并统稿，王俊峰设计大师担任主审。各章编写人员为：北京交通大学魏庆朝教授（第 1 章、第 2 章 2.5～2.8 节、第 3 章、第 5 章 5.1、5.2 节、

3

第 7 章）、时瑾教授（第 4 章 4.1～4.4 节）、杨娜教授（第 5 章 5.4、5.5 节、第 3 章 3.5 节）、孙伟教授（第 5 章 5.3 节、第 6 章）、万传风副教授（第 2 章 2.1～2.4 节）、刘明辉副教授（第 2 章 2.9 节）、石家庄铁道大学李鸣（第 4 章 4.5～4.7 节）。研究生潘姿华、闫松涛、崔胜男、王匡、初智杰、潘博等整理了部分资料。

作者对教材中引用的相关著作、规范、论文、报告、网络资料等有关内容的作者表示衷心感谢！

读者若发现书中有需修改之处敬请联系作者，以便再版时更正。联系方式为 qcwei@bjtu.edu.cn。

魏庆朝

2022 年 **10** 月于北京

目　　录

第1章
绪　论

本章知识点

【知识点】铁道的分类，车站客货运输与作业的概念，车站分类的方法及主要类型，车站设施的组成，线路、站台、雨棚、跨线设施、物流中心等铁路站场的组成。

【重　点】车站种类划分的方法及分类结果，车站主要设施的组成，车站设计的原则。

【难　点】按照车站人数和作业量来划分铁路车站等级的方法和分类结果。

车站是铁道运输的基本生产单位，是提供旅客乘降、货物装卸及列车技术作业服务的场所，是交通与城市的结合点。车站集中了与运输有关的各项建筑物与技术设备，一般由车站广场、站房、站场及相应客货运输设施等部分组成。

铁道车站伴随铁路、城市轨道交通的诞生而产生。一百多年来，随着铁路、城市轨道交通的发展，相应车站工程的内涵及形式不断变化，逐步发展成为涉及专业面广、宏大、复杂的铁道建筑物和学科专业方向。

本章主要介绍车站工程的内涵与发展、地位与作用、组成与分类，并对全书的主要内容和课程特点进行说明。

1.1　概述

车站在铁路、城市轨道交通系统组成中占有重要的地位，全部车站的站线长度约占铁路通车里程的 40%，车站在建设投资方面也占有很大的比例。车站对铁路、城轨的工程造价、通过能力、农田占用及地下空间利用等各个方面都有巨大的影响。

1.1.1　铁道

铁道也称轨道交通，分为铁路、城市轨道交通。

1. 铁路

铁路是指使用机车牵引车辆或以自身具有动力的车辆组成的列车，沿着固定线路行驶，运送旅客或货物的大运量交通线路。广义上的铁路是指与铁路运输相关的基础设施、载运工具、运行控制、牵引供电等有关设施从勘测设计到运营的全生命周期过程及其工程实体。其建设管理主体为国家铁路集团有限公司和国家铁路局。

铁路主要包括客货共线铁路、高速铁路、重载铁路、城际铁路、市域（郊）铁路等类型。

2. 城市轨道交通

城市轨道交通简称城轨，为采用轨道结构进行驱动、支承和导向的车辆运输系统，设置全封闭或部分封闭的专用轨道线路，以列车或单车形式运行，运送较大规模客流量的公共交通方式。其建设管理主体为所在城市。

城轨目前主要包括地铁系统、轻轨系统、单轨系统、有轨电车系统、磁浮交通系统、自动导向轨道系统、市域快速轨道系统等类型。

本教材的车站工程是指铁道车站工程，包括铁路车站工程和城轨车站工程两大类型。

1.1.2 客货运输

车站是完成客货运输的重要场所。

1. 旅客运输

车站作为与人们日常生活紧密联系的交通运输基础设施，是为旅客办理客运业务的场所，因此设有旅客集散、候车和安全乘降设施，例如车站广场、站房、站台、乘客平交或立交通道等，以满足旅客日益提高的安全、舒适、快捷、方便的乘车要求。

2. 货物运输

铁路车站作为铁路货运的基本生产单位，是铁路与货主、企业及国民经济各部门的重要联系环节，集中了与运输有关的各种建筑物与设备，例如货物线、货场、物流中心、调车场、驼峰等，并在车站内进行货物运输生产过程的主要作业。

3. 车站与枢纽

车站是路网的重要组成部分，也是"城市的门户"。在一些特大、大城市中，往往以铁路客站为中心，形成大型综合交通枢纽。因此，铁路车站不仅要在铁路网中发挥应有的功能，完成客货运输任务，还应满足城市与区域经济发展的需求，为城市发展和城市综合交通体系发挥重要作用。作为城市文明的窗口，铁路车站还应充分体现当代的物质文明与精神文明的发展水平。

1.1.3 车站及界定

车站是办理列车通过、到发、停靠、技术作业及客货运输业务的分界点。

1. 站界

为了保证行车安全、明确与区间的界限、强化车站的责任，车站和它两端所衔接的区间应有明确的界限，该界限称为站界，站界范围内与行车有关的各种建筑物与设备均属车站管辖。

在单线铁路上，车站的范围以两端进站信号机柱的中心线为界。在双线铁路上，站界是按上、下行正线分别确定的。一端以进站信号机柱中心线为界、另外一端以站界标的中心线为界，如图1-1所示。

2. 车站

站界之内的范围属于车站范围，是供列车通过、停靠、进行客货技术作业的场所。铁路车站也称分界点，也称火车站。

车站站界内沿线路方向的长度称为站坪长度；相邻两车站中心点之间的距离称为站间距离，简称站间距，如图1-1所示。

车站内汇集了较多的建筑物与设备，包括站场、站房、广场等，这些都是本教材重点介绍的内容。

3. 区间

两个车站之间的线路称为区间，如图1-1所示。铁路区间的线路设计属于铁路线路设计（或称铁路选线设计）的研究范围，但其基本原则同样适用于车站线路设计，只是车站线路设计比区间要求更高、更特殊。

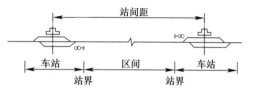

图1-1　车站与区间示意图

4. 区段

区段一般是指客货共线铁路网上的牵引区段，即两相邻区段站或折返站之间的线路。在一个区段内的普通车站上，列车一般不需要更换机车、整备机车或更换乘务组，货物列车只办理一般的技术作业，不办理列车解体、编组作业；若办理这些业务，则需要在区段站或编组站内进行。区段站一般配有机务段。

一条线路由一个或多个区段组成，一个区段一般由多个区间组成。一个区段内各区间的主要技术标准一般相同。

1.1.4　车站的作业

车站的作用主要体现在办理客货运作业和技术作业两个方面。

1. 客货运作业

车站是办理旅客运输与货物运输的基地，旅客的乘降，货物的托运、装卸、交付、保管等客货运作业都是在车站上进行的。

2. 技术作业

客货运输的各种技术作业，如列车接发、会让（在单线铁路上，一个方向的列车临时停靠在车站到发线上而避让对面方向来车）、越行（前一慢行列车停靠在到发线上，而让后续快车超越其前行），车列的解体、编组，机车及列车乘务组的更换，车辆的检查和修理，货运检查等作业，都是在车站上办理的。

1.1.5　车站的地位与作用

铁路作为国家重要的基础设施、国民经济的大动脉和大众化的交通工具，城轨作为城市交通的重要组成部分，均具有运能大、能耗省、占地少、污染轻、高效率等特点。车站在其中具有重要的地位，发挥了重要作用。

1. 完成运输任务

交通运输的主要任务是安全、迅速、经济、便利地运送旅客和货物，为国家经济建设、国防建设、城市建设和提高人民物质、文化生活水平服务。在完成这些任务中，车站起着重要的作用。

2. 进行技术作业

车站是交通运输的基层生产单位，它集中修建了大量的客货运建筑，集中了与运输有关的各项技术设备；它参与运输过程的主要作业环节，如旅客乘降、售票、检票，货物和行包承运、保管、装卸、交付，列车接发、会让、越行和通过，车列解体、集结和编组，机车换挂、检修和整备，机车和列车乘务组更换，车辆检修和整备，动车组的检修和整备，以及货运检查等，这些作业都必须在车站上办理。

3. 提高运输质量

车站对保证运输质量、提高运输效率起着重要作用。据统计，在我国铁路货车一次全周转过程中，车辆在站作业和停留时间约占 60%～70%。因此，合理地布置和有效地运用车站和枢纽的各项设施，是保证列车安全正点运行、加速列车周转、提高运输质量的关键环节。

4. 保证运输能力

车站能力是系统运输能力的主要组成部分。提高车站作业能力和管理水平，加强车站内部各项设施能力的协调、车站与区间能力的协调是保证运输通过能力、输送能力的先决条件。

5. 降低建设及运营成本

车站在项目建设投资和固定资产中占有很大的比例，主要运输设施也大都设在车站。为了有效地使用国家资金、降低工程造价、节约建设用地，必须高度重视车站的规划、设计、建设、运营及其设施的综合运用，降低建设和运输成本。

车站既是沟通城乡、联系各地区和国内外的门户，又是联系社会生产、分配、交换和消费的纽带，对发展国民经济、改善人民生活、促进国土开发、增进民族团结、巩固边疆国防起着重要作用。因此，合理建设及使用车站工程，不仅具有经济意义，而且还具有政治、军事意义。

1.2　车站分类

按照不同的分类依据，可将车站划分成不同的类型。

1.2.1　按列车行驶方向划分

按照列车沿着轨道的行驶方向不同，车站可以划分为靠左侧行驶和靠右侧行驶两种类型。中间站内、铁路到发线、城轨配线的列车进路也分别按左侧、右侧股道使用。

1. 靠左侧行驶

对于双线铁路而言，列车沿着左侧的轨道行驶。对单线铁路而言，列车在车站进行会让、越行作业时，会沿着左侧轨道行驶；除特殊需要外，停车时也会停在列车行驶方向的左侧到发线。我国铁路主要采用这种左侧行车方式，铁路车站按照这种行车方式设计、建造及运营。

2. 靠右侧行驶

列车沿着右侧的轨道行驶，停车时一般会停在列车行驶方向的右侧配线。我国城轨主要采用这种右侧行车方式，城轨车站按照这种行车方式设计、建造及运营。

1.2.2 按客货运输性质划分

根据所提供的客货运业务性质，车站可分为客运站、货运站和客货运站。

1. 客运站

客运站设在客流较大的大、中等城市，为旅客办理客运业务，设有旅客乘降设施。客运站是旅客运输的基本生产单位，其主要任务是组织旅客安全、迅速、准确、方便地上下车，组织旅客列车安全、正点到发和客车车底取送，为旅客提供高质量的运输服务，铁路客站还办理行包、邮件的装卸搬运等作业。有的客运站还兼办少量货运作业。

高速铁路、城际铁路、市域（郊）铁路及枢纽铁路中专门办理客运业务的车站一般称为客运站。城轨车站实质上也是客运站。

2. 货运站

货运站是专门办理货物装卸作业以及货物联运或换装的车站，也办理少量的客运或货车中转作业。按其服务对象的不同，其可分为为城市企业、居民和仓库区服务的公共货运站，为不同轨距铁路之间货物换装服务的换装站，为某一工矿企业或工业区生产服务的工业站，为港口服务的港湾站等。

重载铁路、铁路专用线、枢纽及港口铁路中专门办理货运的车站均为货运站。

3. 客货运站

我国铁路网中的绝大部分车站均为客货运站，即普通意义上的车站，简称车站。客货运站既办理客运业务，也办理货运业务，其货运作业一般在货物线或物流中心办理。

1.2.3 按铁道类型划分

根据前述的铁道分类方法，车站主要分为铁路车站、城轨车站和特殊车站。

1. 铁路车站

铁路车站的建设及运营归铁路主管部门管理。根据客、货运输对象的不同，铁路车站可以划分为普通铁路、城际铁路、高速铁路、重载铁路、高速磁浮铁路等类型。无特别说明，本书的铁路车站均指上述铁路车站，尤其是指普通客货共线铁路车站。目前我国铁路车站已超过1万个。

2. 城轨车站

城轨车站包括地铁、轻轨、有轨电车、单轨、中低速磁浮铁路、直驱地铁等类型。这些类型的车站都有其独特的特点，需要根据其特点和需要进行设计和建造。截至 2020 年底，我国共有城轨车站 4660 个。

3. 特殊车站

不包括在上述车站范围之内的车站可统称为特殊车站，例如工业站、口岸站、铁路轮渡站等类型，需要按照有关规定进行特殊设计。

1.2.4　按铁路类型划分

铁路车站的建设及运营归铁路主管部门管理。从客货运输和铁路设计角度考虑，我国铁路车站主要分为客货共线铁路、高速铁路、城际铁路、市域（郊）铁路、磁浮铁路、重载铁路车站及其他铁路车站。

1. 客货共线铁路车站

客货共线铁路也称普通铁路、普速铁路，是指旅客列车与货物列车共线运营、旅客列车设计速度 200km/h 及以下的铁路。我国及世界上大部分铁路为该种铁路。

客货共线铁路车站也称普通铁路车站，其主要候车形式为等候式候车，故公共区的人均使用面积大。我国目前的大部分铁路车站为客货共线铁路车站。

2. 高速铁路车站

高速铁路一般指设计速度 250km/h 及以上、运行动车组列车、初期运营速度不低于 200km/h 的客运专线铁路。我国高速铁路设计速度为 350km/h、300km/h、250km/h。

高速铁路车站简称高铁车站，其候车方式为等候式与通过式并重，由于客流量大，故需要较大的公共区人均使用面积。

3. 城际铁路车站

城际铁路是指专门服务于相邻城市间或城市群，设计速度 200km/h 及以下的快速、便捷、高密度客运专线铁路。我国城际铁路的设计速度为 200km/h、160km/h、120km/h。

城际铁路车站以高架式为主，候车方式以通过式为主，由于客流量大，对于一般的中间站，可采用 2 岛夹 4 线的桥式车站。由于列车编组较短，故到发线有效长和站坪长度均较短。

4. 市域（郊）铁路车站

市域（郊）铁路为中心城区与周边城镇组团及城镇组团之间提供快速度、公交化、大运量城市公共交通服务，是城市综合交通体系的重要组成部分。其设计速度一般为 100～160km/h。

市域（郊）铁路的运输性质介于城际铁路与城轨之间，故其车站的布局、规模、建设及运营也介于城际铁路与城轨之间。

5. 磁浮铁路车站

根据速度目标值不同，磁浮轨道交通分为中低速磁浮、高速磁浮、超高速磁浮等类型，根据驱动方式分为长定子直线同步电机（LSM）、短定子直线感应电机（LIM）等驱动类型，根据悬浮方式分为电磁悬浮（EMS）、电动悬浮（EDS）等类型。高速、超高速磁浮铁路属于铁路的范畴，中低速磁浮交通属于城轨的范畴。

长大干线磁浮铁路一般使用长定子直线同步电机驱动，其车站设置原则与高速铁路、城际铁路车站类似，但车站的具体设计需根据磁浮铁路的相应设计规范、标准进行。

6. 重载铁路车站

满足下列条件 3 项中 2 项的铁路为重载铁路：列车牵引质量 8000t 及以上、轴重 27t 及以上、在至少 150km 线路区段上年运量达到 40Mt。我国大秦铁路、朔黄铁路等为重载铁路。

重载铁路客流量较小，但列车牵引质量较大，故需要较长的到发线有效长，站坪长度较长。

7. 其他铁路车站

除了上述铁路之外，按照建设管理主体不同，还有地方铁路、专用铁路、铁路专用线等类型的铁路；按照设置地点及作用不同还有一些特殊铁路车站，例如铁路轮渡车站、港口车站、口岸车站等；按照是否配置到发线，铁路车站划分为一般车站和线路所，车站为有到发线的分界点，线路所为无到发线的分界点。上述车站需按照相关的规范和要求进行设计、建造及运营。

1.2.5　按城轨类型划分

城市轨道交通简称城轨，主要承担市内交通、机场内交通或机场与市区间的交通任务。城轨包括如下多种类型，其车站需要根据其特点和要求进行设计和建造。

1. 地铁车站

地铁是指享有专有路权、高密度、高运量的城市轨道交通系统，在城市中通常设在地下隧道内，在城市中心以外地区也可从地下转到地面或高架桥上。地铁是城轨的主体，一般采用标准轨距，普通轨道结构，旋转电机驱动，钢轮钢轨式牵引、支承、导向，在这些方面均与铁路相同。与后述的轻轨相比，地铁的主要标志是运能大，单向高峰小时最大断面客流量为 3 万人次及以上。

地铁车站大多设在地下，结构复杂且造价高昂。

2. 轻轨车站

轻轨属于中等运量城轨系统，运输能力在公共汽车和地铁之间。轻轨与地铁的主要技术特征相同，主要区别是运量较低，其高峰小时最大断面客流量为 3 万人次及以下。轻轨一般敷设在地面或高架线路上，在市中心或特殊路段也会设在隧道内。

轻轨车站大多设在地面或高架，车站规模较小、结构比较简单、造价较低。

7

3. 槽轨车站

有轨电车系统简称为有轨、槽轨，是采用电力驱动、钢轮-槽轨方式的轻型轨道交通。其客运能力较低，为0.6万～1万人次/h；平均运行速度较低，为15～25km/h；常与城市公共交通共享路权。该方式既可作为特大、大城市地铁骨干公交网络的补充，也可作为大中城市的骨干公共交通。低地板现代有轨电车车辆的车门地面与站台齐平，便于乘客上下车。

有轨电车车站大多设在地面，采用通过式候车方式，车站规模小、建构简单、造价低。

4. 单轨车站

单轨交通系统简称单轨或独轨，列车沿着特制的轨道梁运行，橡胶轮胎与轨道梁相互作用提供列车的驱动、支承与导向功能。按不同支承方式分为跨座式和悬挂式两种类型。单轨多采用高架线，适合地形起伏较大、环境条件复杂的线路，其客运能力为0.8万～3万人次/h，列车运行噪声低、振动小。

单轨车站大多为高架车站，车站规模较小、结构比较简单、造价较低。

5. 磁轨车站

磁浮交通系统是直线电机驱动的轨道交通的一种类型，除此之外，直线电机轨道交通还包括直驱地铁、直驱单轨等类型。

在城轨中使用的一般为中低速磁浮轨道交通，简称磁轨，一般采用电磁悬浮EMS方式，依靠短定子直线感应电机驱动。目前常用的中低速磁轨的设计速度约为100～120km/h，运输能力为1.5万～3万人次/h，已在长沙机场线、北京S1线得到成功应用。磁浮轨道交通一般采用高架线、高架车站，适合地形起伏较大、建筑环境复杂、环保要求高的地区。

6. 直驱普轨车站

直驱普轨为直线电机驱动的普通钢轮钢轨式的城市轨道交通系统，依据运能的大小可划分为直驱地铁、直驱轻轨等类型。

直驱地铁也称直线电机地铁，是指直线电机驱动的轮轨交通系统，是直驱普轨的主要形式。它采用直线感应电机驱动，与中低速磁浮铁路相同，而支承、导向则与地铁相同。它集磁浮铁路与普通地铁的诸多优点于一身，具有爬坡能力强、曲线半径小、车辆限界小、工程造价低等特点，特别适合在地形困难、穿越江河或地下建筑物情况复杂地段使用，是很有发展前途的一种轨道交通方式。我国广州地铁4、5、6号线及北京地铁首都机场线采用了该系统。

直驱地铁车站的设计建造与一般地铁车站基本相同。

7. 直驱单轨车站

直驱单轨是指直线电机驱动的单轨交通，是直线电机与单轨交通相结合的一种新型城轨形式。莫斯科直驱单轨采用高架线路、直线感应电机驱动、橡胶轮胎支承、侧向导向轮导向。该系统具有爬坡能力强、曲线半径小、振动噪声低等特点，克服了严寒条件下冬天轨道降雪后车轮易打滑等问题。

直驱单轨车站的设计建造与一般单轨车站基本相同。

8. 其他类型车站

（1）按牵引方式不同，可分为旋转式直流电机牵引、旋转式交流电机牵引和直线电机牵引车站。

（2）按应用范围及运营组织方式不同，可分为传统城轨、区域快轨和城市（市域、市郊）铁路车站。

（3）根据高峰每小时单向运输能力的大小不同，可分为高运量、中运量和低运量车站。高运量车站主要为地铁车站，中运量车站主要为轻轨和单轨车站，低运量车站主要指有轨电车车站。

1.2.6 按照客运特征划分

目前我国客站建筑规模主要根据客运量、列车开行模式、城市等级和地理位置、车站规模等级等因素确定。

1. 客运量

可参考预测的客运量以如下 3 个指标确定。铁路车站全年上车旅客最多月份中，候车室内一昼夜中瞬间（8～10min）出现的最大候车（含送客）人数的平均值，称为最高聚集人数；铁路车站全年上车旅客量最多月份中，一昼夜发送旅客人数的平均值，称为日旅客发送量；在节假日或上下班高峰时段车站每小时到发旅客量，称为高峰小时乘降量，也称为高峰小时客流量，城轨称之为高峰小时断面流量，常用这个指标来划分地铁与轻轨。

目前我国客站建筑规模根据旅客最高聚集人数（或日旅客发送量）和高峰小时乘降量共同确定。

2. 列车开行模式

传统铁路旅客流线特点多为"等候式"，站房面积规模需求较大。高速铁路、城际铁路和城市轨道的旅客流线多为"通过式"，车站对旅客集散空间要求大，候车面积需求相对较小。

3. 城市等级和地理位置

车站所在地的城市等级和地理位置不同，对站房规模的需求会有较大区别。一般来说，在客运量相同的情况下，位于直辖市、省会城市、经济发达城市、旅游城市的站房，由于其公共服务配套的内容及标准要求高于一般城市，其站房规模也要大于一般城市。

4. 车站规模等级

综上所述，普通铁路车站一般按最高聚集人数划分规模；高速铁路、客运专线站房建筑规模的划分可根据最高聚集人数、高峰小时发送量确定，并根据高峰小时乘降量计算通道宽度、售检票设施数量等。铁路车站一般划分为特大型站、大型站、中型站、小型站 4 个规模等级，见表 1-1。铁路主管部门也可在一定范围内根据需要直接确定站房建筑面积。

铁路车站规模表   表 1-1

车站规模	客货共线铁路车站	客运专线车站
	最高聚集人数 H（人）	高峰小时发送量 pH（人）
特大型站	$H \geqslant 10000$	$pH \geqslant 10000$
大型站	$3000 \leqslant H < 10000$	$5000 \leqslant pH < 10000$
中型站	$600 \leqslant H < 3000$	$1000 \leqslant pH < 5000$
小型站	$H < 600$	$pH < 1000$

特大型与大型客站的高峰小时发送旅客规模在 5000 人以上，这些客站一般位于副省级、首府、计划单列市及以上城市，客流的季节性变化大、城市交通系统相对完善且仍在快速发展，铁路客站往往成为城市的综合交通枢纽。中小型客站的高峰小时发送旅客规模在 5000 人以下，涉及的城市一般为地区级城市、旅游城市和县市级城市。

1.2.7 以综合作业为主划分

办理客运、货运业务并担当货物列车解编技术作业综合业务的铁路车站有如下 6 种。

1. 特等站

具备下列 3 项条件中 2 项者为特等站：日均上下车及换乘旅客 2 万人以上，并办理到发及中转行包在 2.5 万件以上；日均装卸车在 400 辆以上；日均办理有调作业车在 4500 辆以上。

2. 一等站

具备下列 3 项条件中 2 项者为一等站：日均上下车及换乘旅客在 8000 人以上，并办理到发、中转行包在 500 件以上；日均装卸车在 200 辆以上；日均办理有调作业车在 2000 辆以上。

3. 二等站

具备下列 3 项条件中 2 项者为二等站：日均上下车及换乘旅客在 4000 人以上，并办理到发、中转行包在 300 件以上；日均装卸车在 100 辆以上；日均办理有调作业车在 1000 辆以上。

4. 三等站

具备下列 3 项条件中 2 项者为三等站：日均上下车及换乘旅客在 2000 人以上，并办理到发、中转行包在 100 件以上；日均装卸车在 50 辆以上；日均办理有调作业车在 500 辆以上。

工矿企业比较集中地区所在地的车站及位于 3 个方向以上并担当机车更换、列车技术作业的车站，可酌定为二等站或三等站。

5. 四等站

办理综合业务，但按核定条件，不具备三等站条件者为四等站。

6. 五等站

只办理列车会让、越行作业的会让站与越行站，均为五等站。

1.2.8　以单项作业为主划分

根据车站所担负的任务和在铁路运输中地位，可将办理客运或货运，货物列车解编技术作业单项业务为主的客运站或货运站、编组站，划分为如下 6 种等级。

1. 特等站

特等站是我国铁路车站中最高等级的车站。具备下列 3 项条件之一者为特等站：日均上下车及换乘旅客在 6 万人以上，并办理到发、中转行包在 2 万件以上的客运站；日均装卸车在 750 辆以上的货运站；日均办理有调作业车在 6500 辆以上的编组站。

目前全国有特等站 69 个，例如北京铁路局范围内的北京站、北京西站、北京南站、丰台站、丰台西站、天津站、天津西站、南仓站、石家庄站等为特等站。

2. 一等站

具备下列 3 项条件之一者为一等站：日均上下车及换乘旅客在 1.5 万人以上，并办理到发、中转行包在 1500 件以上的客运站；日均装卸车在 350 辆以上的货运站；日均办理有调作业车在 3000 辆以上的编组站。

一等站一般为地市级车站或次重要枢纽站。北京枢纽范围内的北京北站、北京东站为一等站。

3. 二等站

具备下列 3 项条件之一者为二等站：日均上下车及换乘旅客在 5000 人以上，并办理到发、中转行包在 500 件以上的客运站；日均装卸车在 200 辆以上的货运站；日均办理有调作业车在 1500 辆以上的编组站。

北京枢纽范围内的大红门站、南口站等为二等站。

三、四、五等站划分标准同 1.2.7 节。

1.2.9　按布线高程分类

按敷设形式、布线高程不同可分为高架车站、地面车站和地下车站。

1. 高架车站

该种车站位于高架结构上，轻轨、单轨、城际铁路的中间站大多使用桥式车站，特大型车站一般采用桥建合一的高架车站。

2. 地面车站

该种车站位于地面。铁路的线侧式车站和线端式车站一般为地面车站。有轨电车及在非城市中心的轻轨常采用地面车站。地面车站可采用岛式或侧式站台，路堑式为其特殊形式。

3. 地下车站

该种车站的主体结构位于地面以下。地铁大部分车站为地下车站，轻轨也有部分车站为地下车站，铁路个别车站为地下车站。地下车站可分为浅埋、深埋车站。

1.2.10 按车站技术作业划分

根据车站提供的技术作业，可分为中间站、区段站、编组站和枢纽。

1. 中间站

中间站是为提高区段通过能力，保证行车安全并为沿线客货运输及工农业生产服务而在牵引区段内设置的车站。中间站除办理列车的通过、交会、越行外，还办理日常客货运输、调车及列车技术检查作业。仅办理列车会让和越行，必要时可兼办少量旅客乘降作业的车站在单线铁路上称会让站，在双线铁路上称越行站。目前大多数铁路、城轨车站为中间站。

2. 区段站

区段站设在牵引区段的起讫点，其主要任务是为邻接的铁路区段供应及整备机车或更换机车乘务组，办理区段和摘挂列车解编作业，并为无改编中转货物列车办理规定的技术作业。此外，还办理一定数量的直通货物列车解编作业及客货运输业务。在设备条件具备时，还进行机车、车辆的检修业务。始发站设置在高速铁路的起点、终点，主要办理列车始发、终到作业及客运业务，其功能与普通铁路区段站类似。列车在到发线上作业并立即折返，动车组进入动车段（所）进行检修、整备和存放。

3. 编组站

编组站设在路网交叉或汇合地点，是路网中车流的主要集散点，办理大量货物列车解体和编组作业。编组站以处理改编中转货物列车为主，编解各种货物列车，负责路网上和枢纽地区车流的组织；同时还供应列车动力，对机车进行整备和检修，对车辆进行日常维修和定期检修。

4. 枢纽

在有几条干、支线交汇衔接地点或终端地区，根据运输需求，需修建多条引入线、各种专业车站以及连接这些线路和车站的联络线、进出站线路等。这些设施组成的总体称为枢纽。铁路枢纽是连接铁路干、支线的中枢，是为城市、工业区或港埠区服务以及与国民经济各部门联系的重要纽带，也是综合交通运输枢纽的主要组成部分，因而还办理铁路与其他运输方式的联运业务，以及国际联运业务。

中间站、区段站、编组站及枢纽的内容详见第 2 章。

1.3 车站设施

车站是办理客货运作业的场所，铁路车站设施主要包括车站建筑物和车站设备，主要由车站广场、站房、站场等部分组成。其组成及一般布局如图 1-2 所示。

1.3.1 车站广场

车站广场简称广场，以前也称为站前广场，既是车站尤其是铁路客站的重要组成部分，又是人流、车流的集散地，是铁道运输系统与城市公交系统换乘的主要场所。车站广场一般可分为步行区和车行区。步行区一般靠近站房落客平台，以方便乘客的进出；而车行区一般靠近城市主干道，方便与城市各种交通工具连接和换乘。

车站广场的形式有很多种，一般按垂直空间的布置形式分为立体式布局和平面式布局，详见第 6 章。

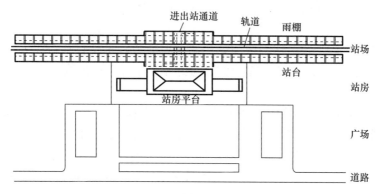

图 1-2　车站设施及布局

1.3.2　站房

站房是客货运输的重要组成部分，是实现客运功能的主要场所，担负着旅客的组织、引导、等候、疏散等功能。站房内空间按使用对象的不同，可以划分为公共区、办公区和设备区三部分。

根据站房与站场之间的空间关系，站房可以分为线上式、线侧式、线端式和线下式等形式。有些特大型的铁路客站枢纽由于功能多且地形复杂，也会出现两种或两种以上形式共存的情况，可以称之为复合式站房。高架站房包括屋盖、楼盖、轨道层、地下空间结构等组成部分，详见第 5 章。

1.3.3　站场

车站的站场是旅客乘降和列车停靠作业及技术作业的场所，主要包括线路、跨线设施、站台、站台雨棚、物流中心、维护工区等部分。

1. 线路

车站线路是办理列车通过和车站技术作业的线路，分为正线（图 1-3 中 II 线）、站线、段管线、岔线及特别用途线等。

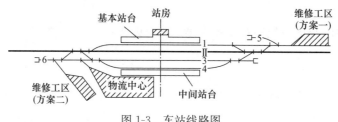

图 1-3　车站线路图

站线是指车站内除正线以外的线路。站线包括以下几类：供接发旅客列车或货物列车用的到发线（图1-3中1、3、4线）；办理装卸作业的货物线，设在图1-3中的物流中心之中；供解体或编组货物列车用的调车线和牵出线（图1-3中6线）；保障进路及作业安全的安全线（图1-3中的5线）；此外还包括办理其他种作业的线路，如机走线、机待线、迂回线、禁溜线、加冰线、整备线等。

本部分内容详见第4章。站场部分的下述内容详见第3章。

2. 跨线设施

跨线设施是联系站房与中间站台的重要通道，主要包括跨线天桥、地下通道，见图1-2中的"进出站通道"。普通车站还设有行包地道等。

3. 站台

站台是旅客乘降车的基本设施，一般可分为基本站台、中间站台和侧式站台，如图1-3所示。基本站台是指靠近线侧站房或广场一侧的主要站台，即为不经跨线设施即可直接进出客站的侧式站台，一个客站的一侧只有一个基本站台；中间站台也称为岛式站台，是指通过跨线设施与站房或广场相联系的岛式站台，一个客站可以有多个中间站台；侧式站台是指设在基本站台对侧最外侧到发线之外的站台，高速铁路、城际铁路、城市轨道有些车站设有侧式站台。

4. 站台雨棚

站台雨棚是在站台上方用来遮挡风雨的建筑装配，见图1-2。根据有无站台柱及雨棚立柱位置可划分为站台柱雨棚（也称为悬挑雨棚）、线间柱雨棚和无中间柱雨棚等类型。

5. 物流中心

中间站一般设置物流中心，过去常称为货场，是进行货物装卸及存放的货运建筑物与设备，如图1-3所示。物流中心主要办理货物列车的解体编组、停放，货运手续办理及货物的装卸、存储等。中间站物流中心主要包括仓库、货物站台、货物堆放场、货物线、装卸机具及货运办公室等。物流中心内的货物线布置形式有通过式、尽头式和混合式等形式。

6. 维修工区

铁路养护维修一般分为维修段、车间、工区维修三级模式。维修工区是铁路基础设施的检查、维修、养护的具体执行机构，承担管辖范围内的工务、通信信号、牵引供电、水电、建筑等设施的日常保养、临时补修及抢修作业。维修工区一般结合车站设置，如图1-3所示，工区内一般设有轨道车、接触网作业车及大型养路机械的停放线，设轨道车库、综合楼等生产、生活设施。

7. 其他

站场内的其他设施还有驼峰等建筑物与设备。

1.3.4　其他设施

其他设施主要指除了上述内容之外，在车站内安装或设置的与客货运输有关的其他固定建筑物或移动设备，包括列车服务设施、运行控制设施、供电设施、安全设施等。

1. 列车服务设施

列车服务设施是指运送旅客或货物的移动设备及相应的固定建筑物，包括机车、车辆、动车组等，列车服务设施包括相应的机务段、车辆段、动车段、客车整备所等。

2. 运行控制设施

列车运行控制设施包括通信、信号等与列车运行控制有关的建筑物与设备。

3. 供电设施

站内供电设施包括牵引供电、车站动力照明供电等与供电有关的建筑物与设备。

4. 安全设施

站内安全设施主要包括安全隔开设施和止挡设备。

1.4　车站发展

车站的发展是与轨道交通的发展、国民经济的发展密切相关的。

1.4.1　国外铁路车站

在世界范围内，铁路车站的发展阶段与世界铁路的发展阶段密切相关。

1. 铁路初创时期：功能简单

最早的铁路车站大体像是个电车站，建筑物简单，设备也很少。英国于1825年修建的达灵顿至斯托顿铁路是世上第一条商业运营铁路，由于它当时用于货运，所以在开通初期并没有正式的车站。第一个真正的铁路车站是1830年开通的英国利物浦至曼彻斯特铁路的格劳恩车站。

早期的铁路车站非常简单，且功能单一。从开始只有股道，到逐步设置站台、检票口、简易站房、简易雨棚，再到设置站前广场，基本上没有特定的空间形式和艺术特征可言。随后，为满足不同层次旅客的各种需要，伦敦桥站（1836年）、波士顿站（1837年）、帕丁顿站（1838年）、滑铁卢站（1848年）及伦敦国王十字站（King's Cross，1852，图1-4）等一些重要铁路客站中增设了餐饮和保管货物的设施。

图1-4　伦敦国王十字站（King's Cross）

铁路客站的选址也因城市发展背景和规模不同而有所不同。伦敦、巴黎等欧洲城市，均把车站建在城市的周边，而美国则是在铁路客站周围发展城市。

总之，以站台为主体、功能简单是19世纪30～40年代铁路客站的最大特征。

2. 筑路高潮时期：讲究豪华

随着工业化的发展，自1860年至1913年第一次世界大战前，铁路发展最快，铁路车站建设进入高潮时期。随着铁路客运量不断增长，铁路客站逐渐发展成为具有"城市门户"作用的标志性建筑。一些先进的建筑思潮和方法，以及代表当时先进技术的钢铁和玻璃等新型建筑材料被广泛应用于铁路客站的建设中，客站也随之发展成为体态宏伟、功能复杂的建筑类型。这个时期客站的典型主体结构以巨大钢铁桁架为主，带有透光的玻璃屋顶，体现了工业革命给钢铁和建筑行业带来的巨大发展，而在许多铁制构件上采用适度的曲线装饰，则反映出"新艺术"运动的影响。

这个时期的铁路客站建设极力追求纪念性，讲究豪华气派，带有浓重的古典主义风格。有些还拥有宏伟华丽的主站房、豪华的候车厅以及跨度很大的站台大厅。明确地将客站划分为广场、站房、站场三部分，候车大厅成为客站的主体，室内功能划分详细。历史上称这一时期的铁路客站为"维多利亚式"（图 1-5）。19 世纪后期建成的伦敦圣·潘克勒斯站、巴黎总站、法兰克福总站、莱比锡车站以及建于 20 世纪初的华盛顿总站和意大利米兰中央车站，都是这一时期的车站。

图 1-5 伦敦维多利亚站

3. 基本稳定时期：清新简洁

进入 20 世纪 20 年代，随着汽车、飞机等其他交通工具的快速发展和日渐普及，加之当时铁路自身存在的效率低、不太灵活等问题，欧美铁路的发展变得迟缓，铁路运输开始走下坡路。另一方面，部分欧洲国家与发展中国家的铁路营业里程有所增长。故从全世界范围来看，铁路发展处于基本稳定时期。

在这一时期，铁路客站的建设也陷入了低潮。与此同时，现代主义建筑风格对铁路客站设计产生了巨大影响。车站建筑一改过去规模庞大、装饰繁琐的风格，逐渐追求简化、紧凑和高效，从而为铁路客站带来一股清新简洁的风气。客站的主体是旅客进站广厅和候车大厅两大空间，并以此联系其他辅助服务空间。客站设计开始重视流线组织，减少不必要的空间和分隔，平面更加紧凑，使用效率大大提高。芬兰坦佩雷站和意大利罗马总站（图 1-6）都是这一时期颇具代表性的车站。

4. 恢复发展时期：注重流线

20 世纪 60 年代以后，由于能源危机、铁路技术的更新和城市交通结构的改变等原因，以日本于 1964 年建成的世界上第一条高速铁路为代表，铁路运输以高速度、低能耗、高效率、环保、安全等优势再一次迎来新的发展机遇。

在大量修建新站的同时，很多城市对原有的铁路客站进行了大规模的改造和更新，使得铁路客站与城市公共交通的衔接更加方便快捷，其客运功能也日趋丰富。由于铁路旅客列车接发频率及正点率普遍提高，候车室日渐缩小，取而代之的是一个多功能大厅，旅客需要的大部分服务都能在这个空间内获得。这种复合式的多功能空间，使得客站内部的流线组织进一步简化，缩短了旅客的滞留时间，同时也极大地提高了客站空间的使用效率。加拿大渥太华站和荷兰鹿特丹总站（图1-7）都是这一时期的车站。

图1-6 意大利罗马总站

图1-7 荷兰鹿特丹总站

5. 新发展时期：注重综合

进入21世纪以来，伴随着高速铁路的进一步发展，城市各种交通运输方式既有分工又相互合作，逐步形成了综合交通运输体系。

铁路客站在选址上更加注重与城市道路、城轨、公路、航空、水运等交通方式的结合，设计上通过立体化布局实现客站与站外交通的有机衔接，以及内部各种交通方式之间便捷有效的换乘。当代铁路客站开始兼顾城市开发的需求，城市发展反过来又为客站带来客货运输需求，从而推动客站及周边地区的发展、建设，使之成为新的具有吸引力的城市区域。铁路客站的城市属性更加鲜明。

车站建筑物及设备大量采用新科技成果。采用先进结构技术及材料，大跨度结构代替了原来规模宏大、装饰浓重的巨型结构；先进的节能技术及环保措施提升了客站的经济效益与社会效益；完善的售检票体系以及现代化的旅客服务信息系统提高了车站的服务质量和水平；随着高架车站的大量使用，车站建筑物布局不再像过去那样划分为站场、站房、广场3部分，有些车站的站房与站场在平面上全部重合或部分重合，甚至广场设在高架桥下，缩短了流线长度、减少了用地数量。法国的里昂机场站、里尔站、艾维纽站、普罗旺斯站，德国柏林中央车站（图1-8）、斯潘道站、法兰克福机场站，奥地利的林兹站都是属于这个时期的车站。

国外有一些车站规模宏大。以面积计算，日本名古屋站建筑规模最大，但

图1-8 德国柏林中央车站

该站的面积还包括了两幢商业大厦及地下商场，而车站本身的范围其实并非特别大。新宿站的面积排在第二。若以站台数目计算，最大的车站是美国纽约市大中央车站（Grand Central Terminal），共有44个站台，67条线路。

1.4.2 我国铁路车站

我国铁路车站是随着时代发展和技术进步而发展的,是我国铁路建设发展史的缩影和标志。

1. 中华人民共和国成立之前

1876年我国建成第一条铁路——吴淞铁路,但当时该线没有真正意义上的车站。直到1886年,我国自办的津唐铁路的第一个商埠站——天津车站开始动工,标志着我国铁路车站建设的开端。

图1-9 北京正阳门站(1900年)

至19世纪末,铁路车站都很简陋,一般没有正式的站房和雨棚,车站的主要设施是股道、站台和售检票室,当时的北京正阳门站如图1-9所示。

19世纪末至20世纪20年代,我国的铁路车站多为国外建筑师设计,基本上沿袭和照搬西方国家车站模式。客站规模小,内部功能简单,外观具有西方各国特色的古典主义风格,坡顶、钟楼和拱券是其主要构图元素。其中颇具代表性的客站包括京汉铁路汉口大智门站及津芦铁路北京马家堡站(现为北京南站,图1-10)。

詹天佑先生主持设计建造、于1909年建成通车的京张铁路成就卓越,沿线车站主要为砖木结构,沿线各车站建筑风格基本统一,具有长城垛口等鲜明的民族风格,如图1-11所示。

20世纪30~40年代,中国建筑师更多地主导或参与铁路车站设计,出现了外观中西合璧甚至完全中国传统建筑式样的铁路车站,如天津西站和老杭州客站。

图1-10 北京马家堡站(1897年)　　图1-11 京张铁路沙岭子站(1909年)

总体而言,当时中国铁路车站数量少、功能简单、质量低,建筑形式多为线侧平式,外观、空间上多侧重装饰,不太注重实用性。从历史角度看,这一阶段铁路车站建设为后来的中国铁路车站发展奠定了基础。

2. 中华人民共和国成立初期

中华人民共和国成立后,我国铁路建设取得了长足发展,开创了铁路车站建设的新纪元。这一时期，我国新建和改建了北京站、广州站、韶山站、长沙站和南京站等一大批铁路车站。这时期的铁路车站内基本没有商业空间，站房候车厅的设计借鉴了苏联铁路客站模式，适应了当时的客运状况。

大型车站在空间形态上追求纪念性，多采用对称、高大、庄严的形象，其杰出代表当属1959年9月建成的北京站（图1-12），其功能流线、空间组织及具有民族色彩的建筑形象，在此后很长一段时期内对我国铁路站房设计产生了深远影响。在建筑造型方面，由于铁路客站一般都是所在城市为数不多的重要公共建筑，因此在厉行节约的前提下，也十分强调其作为城市门户的形象功能。

在这一时期，我国铁路客货运量不大，城市交通也不发达，客站功能相对单纯。除少量特大型客站外，多数客站规模较小、功能简单，客站设计呈形式化和程式化的特点。尤其是普通铁路车站，一般采用定型图建设，大部分为线侧平式站房，颜色为黄色，千篇一律，如图1-13所示。

图1-12　北京站（1959年）

图1-13　普通铁路车站

3. 改革开放后

20世纪80年代改革开放后，我国国民经济快速发展。这一时期的车站建设借鉴了发达国家的设计经验，并引进了不少国外设计理念和建筑形式，先后建成上海新客站（图1-14）、天津站、北京西站、成都站、郑州站等一大批铁路车站。

这一时期大型客站的显著特征是候车厅高架，提供综合服务的建筑前后相联、紧密结合。高架候车厅的出现，使

图1-14　上海新客站

得铁路两侧双向进站成为可能，不需要另外占用车站广场或城市用地，候车厅容量扩大并布局简化。

客站一改过去单一的上下车及候车功能，开始向满足旅客多种需求的多功能综合性方向发展，站内开始设有餐厅、旅馆、文化娱乐、商业等服务配套设施，与上一时期相比，具有了明显的市场经济特征。

这一时期的铁路站房具有美观、先进的特点。另外，新型建筑材料和技术得到应用，自动扶梯、电梯等高效快捷的运输工具以及自动化管理系统的

图 1-15 杭州站

运用将流线组织得更加快捷合理。1998 年落成的杭州站，第一次把铁路车站建筑放在铁路、城市和城市交通这个综合大系统内进行布局，从方便旅客换乘的角度出发，将站场、站房和车站广场统筹规划、一体设计，实现了上进下出的进出站流线方式，如图 1-15 所示。杭州站的建成标志着该时期铁路车站的设计、建造水平达到了一个新高度。

中华人民共和国成立以后的 50 年间，我国铁路车站建设一直沿用 1953 年提出的"适用、经济、在可能条件下注意美观"的建筑方针，这一方针比较符合当时历史条件下的铁路发展实际，对铁路客站建设起到积极推动作用。

4.21 世纪

随着我国社会、经济、科技、文化的发展、城镇化建设的不断推进和铁路科技的快速发展，过去的铁路车站设计理念已经不能适应社会发展对铁路车站功能的需求。一是枢纽客站布局数量少，无法满足路网和城市规模快速扩大的需要；二是车站规模小，无法满足客流量和旅客列车开行数量快速增长的需要；三是车站与城市交通缺乏有机衔接，难以体现铁路以人为本、服务旅客的宗旨；四是车站自身功能不完善，难以适应时代发展的要求。

2003 年以来，我国开始加快铁路车站建设。在功能性、系统性、先进性、文化性、经济性原则的指导下，贯彻国家"创新、协调、绿色、开放、共享"的发展理念，先后设计和建成了北京南站（图 1-16）、广州南站、上海虹桥站、

图 1-16 北京南站

武汉站等一批大型现代铁路客站和以高速铁路车站为主的城市综合交通枢纽。

当代铁路车站的定位已从单纯的铁路客货运作业场所和"城市大门"向多元化的城市综合交通枢纽转化。铁路车站设计与城市规划紧密结合、相互协调，注重与其他交通方式换乘的便捷性，尤其重视与城市轨道交通的协调与配合，为实现"零距离换乘"提供可能。

车站设计重视以人为本的设计理念，大型客站在功能组织上普遍采用多层面立体的一体化空间布局形式，如广场交通采用立交方式组织，力求创造适应交通需要、视觉需求的通透开敞、导向分明、环境舒适的开放式大空间，以充分满足旅客日益提高的乘车要求。客站设施从重站房轻雨棚逐步趋向于站棚一体化，站房客站流线模式从等候式逐步向等候与通过并存过渡。

更为重视车站建筑的文化性和地域性特征，建筑造型及内部空间融合环境文脉、体现地域特色、塑造铁路文化。文化性表现已经成为当代铁路客站设计的一项重要评判标准，也是我国新时期铁路客站的形象特征之一。例如

呼和浩特东站，车站整体造型中部隆起，两翼舒阔，构成造型主体的穹顶源自草原上最具有代表性的建筑造型——蒙古包，立面采用树形柱体，突出了民族特色，如图 1-17 所示。

图 1-17 呼和浩特东站

注重技术创新以适应新型客站的造型及空间需求，桥建合一等技术手段在大中型客站中广泛应用。采用先进的节能环保技术，确保车站全寿命周期的良好运作。应用网络售票方式及多种信息与控制技术，使铁路客站逐步实现车次公交化、售检票地铁化、服务机场化等新特征。

高速铁路车站的布局模式有所改变，增加了高架桥上敷设线路等形式，站房建筑形式增加了线下式站房、地下站房等形式。车站布局形式日趋综合化和多样化。

我国"十一五"期间建成了北京南、天津、上海虹桥等 295 座新型客运站，建成了武汉北、成都北、新丰镇等功能完善、设备先进、安全高效、环境优美的现代化编组站。"十二五"期间建成了成都东站、济南西站、南京南站、深圳北站、西安北站、徐州东站、哈尔滨西站、郑州东站、贵阳北站、合肥南站、南宁东站、贵阳东站、昆明南站等多座特等客站。"十三五"期间建成了雄安站、朝阳站等大型客站。而在货运作业方面则强调集中化、规模化、专业化和物流化，吸纳现代物流理念，建设铁路物流中心，积极探索路企直通运输，建设战略装卸车点。

中国铁路车站数量稳步增长，1910 年为 859 个、1950 年为 2724 个、1980 年为 6113 个、2000 年为 7673 个、2015 年为 9727 个，2020 年已超过 1 万个，如图 1-18（a）所示。

根据中长期铁路网规划，到 2035 年，中国铁路网总长度将达到 20 万 km，届时铁路车站规模将达到 1.3 万个。铁路车站建设与铁路线路建设是同步进行的，图 1-18（b）为我国铁路 144 年的通车里程发展变化图，可见车站与线路的发展变化趋势大体相同。

1.4.3　城轨车站

城轨车站的发展与整个城轨系统的发展密切相关。

1. 国外城轨车站

世界范围内城轨的发展大体经历了 4 个阶段。

（1）初步发展阶段（1863—1924 年）

1863 年英国伦敦建成世界上第一条地铁隧道。当时的地铁车站单纯为乘客提供乘降服务，形式单一、功能简单。1886 年出现有轨电车后，有轨电车发展很快，迅速成为当时城市公共交通的骨干。有轨电车的车站更为简单，与普通的公交站类似。

21

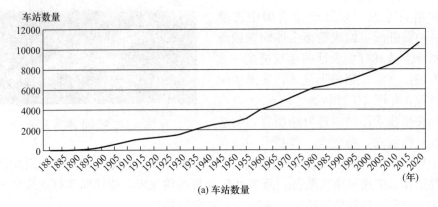

(a) 车站数量

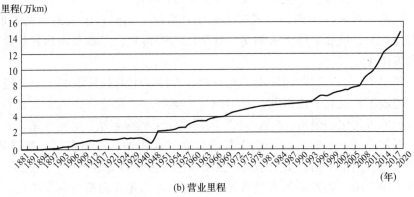

(b) 营业里程

图 1-18　全国铁路车站数量及营业里程变化图

（2）停滞萎缩阶段（1924—1949 年）

两次世界大战的破坏和汽车工业的发展，导致了城轨建设的停滞和萎缩，只有东京、大阪、莫斯科等 5 个城市发展了地铁，在全球范围内，地铁车站建设也相对停滞。

（3）恢复发展阶段（1949—1970 年）

在这 20 年间全球有 17 个城市新建了地铁，地铁建设蓬勃发展。新建地铁车站的建筑风格各不相同，建筑雄伟、辉煌而明快，为城市开辟了良好的地下活动空间。注重将车站与周围环境融为一体，给人们的出行和换乘创造了方便的条件。

（4）高速发展阶段（1970 年至今）

自 20 世纪 70 年代初，城轨进入了高速发展阶段。现代地铁车站强调多功能，主要体现在如下几方面：一是城轨车站与铁路、公交等交通方式有机衔接，形成综合交通枢纽；二是在一个车站中连接多种制式多条城轨线路，形成城轨枢纽车站；三是发展了多种新型轨道交通方式，例如磁浮铁路、直驱单轨、直驱地铁等，与其配套的车站结构形式灵活多样；四是车站注重建设配套服务设施，为乘客提供多方位的服务；五是车站装备现代化，服务功能向多样化与个性化发展。

1999 年全世界有 173 个城市建成了地下铁道，线路总长超过了 7000km。

截至 2020 年底，全球共有 77 个国家和地区的 538 座城市开通了城市轨道交通，车站数超过 34220 个，运营里程达到 33346km，其中欧洲占 49％、亚洲占 40％。在类型方面，地铁占 52％、有轨电车占 42％、轻轨占 5％。

地铁车站大多为地下车站，一般在地下设置站台层和站厅层，如图 1-19 所示。轻轨车站、磁浮铁路车站大多采用高架结构形式。日本东部丘陵线为中低速磁浮铁路，其车站结构如图 1-20 所示。

图 1-19　地铁车站效果图　　　　图 1-20　高架车站效果图（日本东部丘陵线）

2. 我国城轨车站

我国城轨车站的发展大体经历了 3 个阶段。

（1）有轨电车阶段（1906—1969 年）

我国第一条城轨线路是 1906 年建成的天津有轨电车（槽轨）线，在其后的 60 多年内，我国主要发展有轨电车系统，至 20 世纪 60 年代末，其通车里程达到并超过 400km，车站达 660 座。

（2）地铁起步阶段（1969—2003 年）

北京地铁 1 号线在 1969 年建成，开启了我国城轨建设的新纪元。之后的 30 年，有轨电车逐渐萎缩，地铁逐渐发展，但总体上城轨的总里程和总车站数量基本呈下降趋势。自 20 世纪 70 年代开始，有轨电车线路及车站被大量拆除或废弃。至 1978 年，运行线路为 160km、车站为 130 座，至 2000 年，线路只剩下约 30km、车站只有约 50 座。

至 2000 年，我国城轨运营总里程达到 284.7km，其中地铁里程约占 90％；城轨车站 169 座，其中地铁车站约占 70％。2003 年我国城轨总里程恢复到了原先有轨电车的总里程。

（3）高速发展阶段（2003 年至今）

2003 年国家发布关于加强城市快速轨道交通的通知，我国城轨尤其是地铁进入建设高潮时期。2008 年我国城轨车站恢复到了原先有轨电车车站的总数量。2012 我国发布了关于城市优先发展公共交通的指导意见，之后城轨线路和车站出现井喷式的发展，除了地铁线路里程和车站数量增加迅速之外，槽轨、磁轨等多制式轨道交通也发展很快。

截至 2020 年底，全国（不含港澳台）共有 44 个城市开通运营城市轨道交通线路 233 条，运营里程 7545.5km，城轨车站 4660 座。总运营里程中地铁占比 79.0％、轻轨占比 2.7％、单轨占比 1.2％、市域快轨占比 10.1％、现代有轨电车占比 6.1％、磁浮交通占比 0.7％、其他占比 0.2％。

24

我国城轨经过 115 年的发展，在建设速度方面，从 1906 年到 1969 年的 63 年，年均建成线路 7km、车站 11 座；从 1969 到 2010 年的 31 年间，年均建成线路 30km、车站 10 座；最近 10 年，年均建成线路 595km、车站 370 座，年均建成线路长度是之前 94 年的 30 倍、年均建成车站约为之前 94 年的 35 倍。

我国城轨线路里程变化车站如图 1-21（a）所示，其车站数量变化如图 1-21（b）所示。

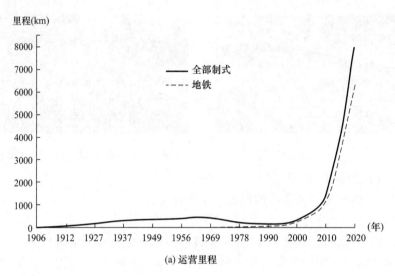

(a) 运营里程

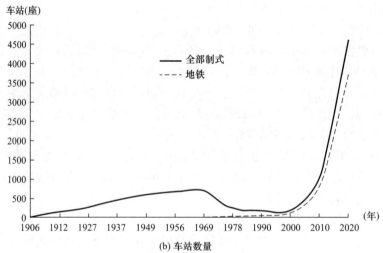

(b) 车站数量

图 1-21　我国城轨运营里程及车站数量

1.5　车站工程

本节主要介绍车站工程在设计中所要遵循的原则和这门课程的主要内容。

1.5.1　设计原则

车站工程的规划设计应坚持科学发展观，着眼于建设和谐、节约、环境友好型社会，贯彻"以人为本、服务运输、着眼发展、强本简末、系统优化"的方针，遵守下列原则和要求：

1. 保证必要的运输能力

车站内各项设施的能力应当适应近、远期客货运输需求，并具有必要的储备能力。

2. 保证作业安全和人身安全

车站设施布置和设计应符合有关规范、规章、规程和标准的要求，既要保证旅客的人身安全，也要保证铁路员工的作业安全，把提高安全可靠性贯穿于整个设计、建设和运营全生命周期中。

3. 加强全局观点

车站工程是一项系统工程，不仅要注意车站内部各项设施的合理布局以及其与区间能力的相互协调，而且要考虑与其他各种运输方式的配合，满足城市规划、工农业布局、居民出行和国防建设等多方面的要求。

4. 注重投资效益

在满足设计期运量需求和保证安全的前提下，要尽可能节省工程费用、少占土地、节约资源。

5. 积极采用先进技术和装备

根据科技发展水平和运输需求，积极采用先进技术和装备，发挥整体效能，以适应铁路现代化的要求。

6. 预留进一步发展的可能性

布置车站的各项建筑物和设备时，要预留扩建用地，做好分期过渡方案，避免不必要的废弃工程。车站设施不仅要满足研究年度远期运量的需要，还必须考虑社会发展、科技发展、人们交通需求提高及其他与时俱进的需要，留有足够的发展空间。

1.5.2　课程内容

车站工程是铁道工程学与建筑学、土木工程、运输组织、载运工具、供电工程、控制工程等学科相互交叉的学科，是一门融规划、布局、设计、建设、运营为一体的综合性课程，是铁道工程、城市轨道工程专业或方向的一门专业课。其研究重点包括以下 5 个方面：

1. 规划

研究铁路、城轨车站与城市规划、工业布局，以及与其他运输方式的协调配合，综合交通枢纽的规划等问题；研究车站在路网上的合理分布，枢纽内各种专业车站的合理布局与作业分工方案；研究点线能力及匹配、车站分布等问题。与地方政府协调车站周围道路、其他轨道交通车站、公交站点及广场周围建筑物的规划设计。

2. 布局

研究各专业车站内站房、车场、机务、车辆、客运、货运等各项建筑物与设备的位置及其规模，提出合理的车站布置方案，提出车站及枢纽各种建筑物与设备综合运用的优化方案。

3. 设计

研究车站的站房、广场、站场线路、站场建筑物与设备的设计，以及车站各项设施的能力计算。协调车站内部线路、轨道、路基、桥梁、房建等专业的勘测设计工作，并确定其规模、布局和设计原则。

4. 建设

研究车站中线路、轨道、路基、桥梁、隧道及站场、站房、广场等基础设施的施工建造技术、施工组织设计、概预算与工程经济等问题。

5. 运营

研究铁路开通后，铁路车站的运营管理、养护维修、扩能改造等问题。

近年来，随着中长期铁路网规划、交通强国战略的实施，铁道工程学科迈入了新的发展阶段，高速铁路、重载铁路、城际铁路、市郊铁路、城市轨道、大型客站建设等取得了丰硕成就，车站工程学科也得到了长足发展，其设计理念不断更新，涌现出大量技术创新成果。大型客站建设以人为本、以流为主，以客运站为中心，实现与城市其他交通工具之间的有机结合，使客运站成为城市综合交通换乘枢纽。

随着货运重载化、客运快速化、牵引电气化、车辆大型化、运营管理现代化和运输过程控制自动化、智能化等铁道新技术体系的实现，车站工程学科正在不断地丰富发展。

思考题及习题

1. 简述铁道、铁路、城轨三者之间的关系。

2. 简述铁路车站的站界及站坪范围。

3. 根据车站候车人数，铁路车站划分为哪几种规模？

4. 根据车站作业量，铁路车站划分为哪几种类型？

5. 城轨车站主要包括哪些类型？各有什么特点？

6. 铁路车站包括哪些主要建筑物和设备？

7. 名词解释：站房、站场、车站广场、站场线路、旅客最高聚集人数、高峰小时发送量。

8. 结合国内外铁道车站的发展，谈谈车站工程的发展趋势和特点。

9. 本课程主要包括哪些内容？

第2章
车站规划与站型布置

本章知识点

【知识点】四阶段法等运量预测、规划方法，车流的种类及组织原则，车站的站型和布置图式，中间站的线路设施，区段站作业类型和设施，区段站、中间站及高速铁路车站分布的特点和影响因素，编组站的典型布置图式，城轨车站的种类和站场布置。

【重　点】中间站的作业、布置图型和线路，中间站分布的影响因素与站间距离确定。

【难　点】车站的技术作业程序，站间距离的确定。

铁路、城轨车站作为城市对外客货运输节点、各种交通运输方式衔接的纽带，以及多种交通方式换乘组合的基地，其规划布局、功能定位、设施资源配置、衔接换乘模式以及客流交通组织等因素对城市综合客货运输系统的运输效率、效益产生很大的影响。需通过对车站的合理规划与建设，建立更具活力和整体竞争力的交通运输体系。

本章主要介绍车站规划原则、运量规划、行车组织、车流组织、车站分布、车站选址、车站站型等方面的基本内容。

2.1 概述

车站规划是一个复杂、动态的规划体系，受到经济社会发展状况、国家有关政策等多方面的影响。车站规划是在着眼未来的前提下，以发展的思维，统筹考虑所涉及的诸多因素，开放地吸收铁道部门、地方政府和其他交通运输管理部门对车站规划不同层面的需求。在满足能力要求的前提下，使车站的分布、布局、流线、功能及与其他交通方式的配合等方面更为合理。

2.1.1 规划原则

在车站规划中，必须从运输的角度出发，切实分析和掌握旅客、货物运输使用车站活动的规律，将"以人为本、以流为主"的理念体现于车站规划的各个环节中。车站规划需要遵循以下几个方面的原则：

1. 突出交通的可达性

规划的车站应具有很好的交通可达性，尽可能缩短客货作业时间，旅客货物运输方便、到达快捷，客货作业方便、候车环境舒适、功能布局完善，换乘速度快捷、换乘条件良好。

2. 兼顾与城市功能的协调性

车站规划要考虑铁道、区域经济和城市发展以及综合交通需要等方面要求。这就要求在规划时必须在根本目标一致的情况下，兼顾铁路、城轨与城市功能的协调性，考虑问题的各个侧面，兼顾来自不同方面的要求，统一认识，协调矛盾，达到统筹兼顾。比如，在铁路客运站是否靠近城市中心问题上，铁路部门与地方政府的意见往往是不相同的，需要认真沟通与协调。

3. 强调规划的可持续性

应树立可持续发展的规划思想，强调车站生命周期过程中与外部环境和谐及其自身和谐，包括车站、路网与枢纽之间、车站与城市之间、车站与综合交通体系的可持续发展及车站自身的可持续发展，要注意车站建设的近期与远期结合、旧站的更新改造、车站的节约用地、建筑的节能环保等内容。

4. 合理配置车站设施

对于站区内不易改扩建的基础设施，如站房和站台，应按远期运量和运输性质进行配置；对于易改扩建的基础设施，如车站广场，可按近期运量和运输性质配置，并预留远期发展条件；对于可随运输需求变化而增减的运营设备，如信号设备，可按交付运营后第 5 年的运量设计。枢纽总布置图应根据 20 年以上远景情况进行规划，并预留发展空间。

编组站、区段站、始发站应按照尽量减少车流改编次数，实现车流快速移动的原则设置。应根据运输需要，系统、经济、合理地确定站段布局及规模。

站区常规道路需根据集散客货流合理进行需求预测，在枢纽内预留足够的站区道路用地，完善配套设施。站区内要预留与汽车、其他种类轨道交通运输方式的接驳停靠站，规划布局需考虑各换乘距离，用地应满足停候车需求；同时充分考虑枢纽内的社会停车场规模，并留有一定的发展空间。

2.1.2　基本要求

车站规划需满足下列基本要求。

1. 以人为本

分析和把握所在地区的区位优势，充分发挥和体现交通基础设施的功能，为旅客和业主提供更畅通、更安全、更便捷的交通运输条件。从旅客的角度出发，切实分析和掌握人在车站中的活动规律，将以人为本的理念体现于规划的整个过程之中，提高换乘速度和安全性、减少换乘障碍、改善换乘环境、提高空间利用率。按规定设置保障人身和行车安全，方便旅客出行等方面的设施。

2. 以流为主

流线规划是车站合理规划与布局的依据，应以流线明确清晰、短捷顺畅、互不干扰作为主要目标。提倡以流动的观念优化车站总体布局，不能简单地将车站规划为人员滞留的场所和庞大的停车场，而应强调车站内客货流动的效率。

3. 运能匹配

铁路、城轨能力要点线协调，点的能力主要就是车站的能力。在进行车站规划时，应该科学、合理地进行运量调查及预测，进而合理确定车站分布、规模，使得车站能力满足运量的要求。车站布局应以车站整体及各个组成部分的功能需求为导向，分清主次、统筹兼顾，实现功能的总体最优。

4. 协调发展

以国家及省、市经济发展整体规划和区域交通发展规划为导向，把车站建设规划融入交通大网络和经济社会发展大局中。铁路、城轨车站是国家、城市重要的基础设施建设，车站及站区设施是国家、城市公用事业方面的重大投资建设项目，对城市各方面影响较大。故要根据实际，坚持近期建设与远期发展相结合、需要与可能相结合的原则，切合实际，量力而行，使规划具有前瞻性、系统性、发展性和可操作性。要充分发挥各种交通运输方式的特点和优势，各展其长，协调发展。车站规划与总体布局应与车站周边区域的城市规划有机融合，使车流、人流能够方便地进出车站。此外，还应按站区城市设计和景观设计的要求，将车站塑造为具有现代化都市特色的交通运输空间，创造出总体协调且具有明晰空间特色的规划布局形态。

5. 节约资源

我国人口众多，土地资源紧张，环境污染较为严重。所以，车站建设时应相对合理地确定车站各组成部分的规模需求，在满足车站功能要求的前提下，尽可能少占土地。应充分考虑运营及养护维修需求，减少各种能源消耗，加强环境保护和提高安全卫生水平。

6. 注重文化

站房建成后往往会成为当地的标志性建筑物，站房与广场的建筑规划与设计应尽量体现当地的历史、文化特色。尽量使沿线的车站建筑物既要满足整条路线的统一要求，又要体现各个车站的特点，从建筑形态角度体现唯一性。我国近十几年来建设的高速铁路车站在这方面有很多成功的范例。

2.1.3　铁路大型车站要求

铁路大型车站规划应符合系统功能要求，符合运输需要，便于运营管理，方便旅客乘降，并应留有进一步发展的条件。

枢纽内客运站的数量应根据枢纽客运量、引入线路数量、客车开行方案、既有设备配置、枢纽客运布局及城市总体规划等因素综合确定。当枢纽内有两个及以上客运站时，应根据客车路径顺畅、点线能力协调、旅客乘降方便等原则，按引入方向、客车类别、客车开行方案等方式进行客运站分工。大型铁路枢纽客货运布局，宜采用"客货分线、客内货外"的布置方式。大型客运站应与城市交通系统有机结合，宜构建为综合交通枢纽，实现旅客便捷换乘。有多条线路引入的大型客运站，宜根据引入线路不同的功能定位按线路类别分场布置；在困难条件下，也可采用分线分场立体交叉布置；并应根据运输需要，按主要线路跨线、次要线路换乘的原则设置跨线车联络线。仅有第三方向引入的客运站，也可按方向类别合场布置。

2.1.4　城轨车站要求

城轨车站的规划要基于城轨线网，重点考虑换乘形式，详见本章第 9 节。

城轨车站总体布置应根据其线路特征、运营要求、地上和地下周边环境及车站与区间采用的施工方法等条件综合确定。站台可选用岛式、侧式或岛侧混合式等形式。

车站竖向布置应考虑线路敷设方式、周边环境及城市景观等因素，可选取地下多层、地下一层、路堑式、地面、高架一层、高架多层等形式。地下车站埋设宜浅，高架车站层数宜少，有条件的地下或高架车站宜将站厅及设备、管理用房设于地面。

车站出入口与风亭的位置，应根据周边环境及城市规划要求进行布置。出入口位置应有利于吸引和疏散客流；风亭位置应满足功能要求，并应满足规划、环保、消防和城市景观的要求。车站出入口附近，应根据需要与可能，设置公交的停靠场站或停靠点及非机动车、机动车的停放场地。

2.2　运量规划

铁路、城轨规划主要包括运量规划、线网规划、建设规划等内容。

运量规划也称为区域交通需求预测、交通规划，铁路行业常称为运量调查与预测，是指在一定的社会经济发展条件下，科学地预测各目标年限内客货运量及流向等反映客货流需求特征的指标。它是整个交通规划的基础，预测结果的可靠与否直接关系到项目的建设投资、运营效率和经济效益。它也是确定车站分布、车站规模及进行车站设计的基础资料。

2.2.1　规划原则

运量规划是直接建立在区域社会经济、交通运输发展与土地利用分析预测基础上的。其规划原则为：

（1）将区域社会经济系统与国家社会经济系统及周边地区社会经济系统联系起来；

（2）将区域交通运输系统与区域社会经济系统联系起来；

（3）将区域运输系统中各种运输方式联系起来；

（4）将区域铁道运输系统中各要素联系起来；

（5）将区域内过去、现在及未来的铁道运量及交通需求联系起来。

2.2.2　规划方法

自 20 世纪 70 年代交通规划技术传入我国以来，运用定量的方法进行科学的预测已成为交通需求预测和运量规划的主要手段。

1. 四阶段法

目前我国城轨客流量预测采用的主要方法为"四阶段法"，使用 TRIPS或 EMME2 等计算机模型可得到预测结果。该方法通过运量生成、运量分布、交通分担及运量分配 4 个步骤进行客运量及流向预测，并根据区域不同特点，建立相应的客流预测模型及分配模型。公路部门也大量采用四阶段法进行客货交通量规划和预测。图 2-1 表示人们在决定进行一次出行（生成），决定去何处（分布），决定利用什么交通方式（方式划分）及选用哪条线路（分配）的一个过程和建模步骤。

在运量生成方面常用的预测模型有：时间序列分析法、年增长率法、乘车率法、产值率法等；

在运量分布方面常用的预测模型有重力模型法等；

在交通分担方面常用的预测模型有分担率法等；

在运量分配阶段常用的预测模型有最短路径交通分配法等。

使用该方法，可以将路网中各车站节点及各节点之间的运量及流向预测出来。

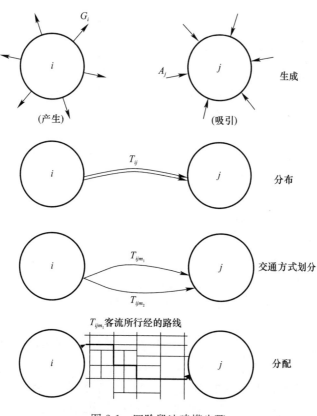

图 2-1 四阶段法建模步骤

2. 弹性系数法

在铁路行业，原来常采用弹性系数法等方法进行运量预测，主要是针对某车站或某条线进行运量调查与预测。弹性系数法是一种定性、定量相结合的综合分析方法，它通过研究确定交通量的增长率与国民经济发展增长率之间的比例关系——弹性系数，并根据国民经济未来的增长情况，预测交通量的增长率，进而预测未来交通量。

现在铁路系统也开始使用四阶段法，将某站或某线放在路网中考虑，从而进行客货运量预测和客货流规划。首先对所规划的车站和线路划分客货运量的吸引范围，其次在其吸引范围内进行运量调查，确定目前的客货运量及变化趋势，之后采用弹性系数法或其他有关方法进行运量预测，最后根据其他线路、其他交通方式或其他车站的影响再对客货运量的流量和流向进行适当调整。最后一步即是四阶段法中后三个步骤的内容。

2.3　运输组织

通过运量规划，可以明确车站需要完成多少任务，发现设备和作业组织中的薄弱环节，并根据运量的增长趋势，有预见地采取加强能力的措施。

运量和车站能力的实现要靠具体的行车组织来实现。

2.3.1　行车组织

铁路行车组织是综合运用各种运输技术设施、组织协调运输生产活动的技术业务。它通过采用先进的行车方式和组织方法，密切行业内部各专业部门和行业外部各企业单位间的作业协作，建立正常稳定的运输生产秩序，充分发挥各种运输技术设施的效能，安全、正点、优质、高效地完成客货运输任务。

行车组织工作主要内容有：列车出发、到达的技术作业，车列编组、解体和车辆取送、摘挂等调车作业，组成各种列车的车流组织工作，列车运行图编制和线路通过能力的加强，月度机车、车辆、动车组运用计划和日常运输计划的编制以及日常运输生产的调度指挥等。

1. 接发列车

车站内的接发列车工作由车站值班员统一指挥。接发列车工作包括办理区间闭塞、布置进路、开闭信号、交接凭证、接送列车等。接发列车作业包括接车作业、发车作业以及放行通过或到开列车的作业。

2. 调车

机车车辆在站线或其他线路上进行的一切有目的的移动，统称为调车。对编组站来说，调车工作是它的主要生产活动。

调车工作按其作业目的的不同，可以分为解体调车、编组调车、摘挂调车、取送调车和其他调车。调车作业方法包括牵出线调车和驼峰调车。

3. 客运站工作组织

客运站的主要任务是保证旅客安全、迅速、便捷地办理一切旅行手续，并安全地承运、装卸、保管、中转与交付行李、包裹，及时地组织旅客列车的到达、出发和列车车底的取送。

客运站的工作组织包括业务管理、技术管理和财务管理。

4. 货运站、技术站工作组织

铁路技术站主要包括区段站和编组站。铁路技术站和货运站主要办理各种货物列车的技术作业。其中货运站作业主要有运转作业和货运作业。

货物列车技术作业分为到达车站后列车解体技术作业、由车站编组始发列车的始发编组列车技术作业、在本站不进行改编作业的无调（无改编）中转列车技术作业。

车站日常行车组织工作，应确保运输生产安全，合理运用技术设施，及时迅速地调移车辆，按列车编组计划编组列车，按列车运行图接发列车，加速机车、车辆、动车组周转，高质量地完成客货运输任务。

2.3.2　车流组织

车流指在一定时期内，在某一方向、某一区段或某一车站上，车辆的去向或到站（流向）数量（流量）的总称。铁路沿线各装车站装出的重车向卸车地点输送即形成了重车流，在卸车站将卸后的空车向装车地点回送形成了空车流。列车数一般按重车方向确定。除了特殊情况以外，空车方向和重车方向的列车数应相等，因而空车方向的列车就不能全部达到规定的重量标准（称为不满轴），但是必须达到列车编成辆数的要求。

车流组织规定车流由发生地向目的地运送的方法，是行车组织的一项重要内容。车流组织要解决的问题就是如何使空重货车编入最适宜的向到达站运行的列车内，从而得以迅速、经济地送到目的地。铁路车流组织工作是通过编制和执行列车编组计划来实现的。

1. 车流种类及组织原则

（1）始发直达列车车流

直达列车（又称直达特快列车）是由一个车站始发直接终到另一个车站或运输中仅停靠个别大站的高等级编组列车。直达列车包括始发直达、阶梯直达列车等类型。由一个车站所装的货车组成，通过一个及其以上编组站不进行改编作业的列车称为始发直达列车。由同一个或相邻两个调度区段中几个车站所装的货车组成，通过一个及其以上编组站不进行改编作业的列车称为阶梯直达列车。

对于始发直达列车，可按照设计年度大宗货物（煤、矿石、原油等）始发、终到运量推算车流量，并参照历史年度实际执行情况或类比其他相似情况分析确定。原则上尽可能组织大宗货物的始发直达、阶梯直达或成组装车以减少大宗车流在途中编组站的改编作业，加速货物送达。

（2）技术直达列车车流

在技术站编组，通过一个及其以上编组站不进行改编作业的列车称为技术直达列车。

按照编组站分工，参考历史年技术直达列车开行实绩，并结合设计年度相关技术站货流始发终到（OD）量，研究确定技术直达列车开行方案。

（3）空车直达车流

装运原油、冷藏货物的空车，如果空车数满足整列编挂车辆数要求，参照历史年度实绩，一般组织空车直达。电厂、码头等卸煤集中地的整列卸空车及其他固定车底循环的回空车，应组织空车直达。其他空车，参照历史年度实绩，尽可能组织空车直达。

（4）空车调整车流

按上述空车流组织原则，并参考历年实际排空情况，尽可能以最短距离回送空车。

（5）直通列车车流

在技术站编组，通过一个及其以上区段站不进行改编作业、跨及两个及其以上铁路局的列车称为直通列车。除始发直达、技术直达、空车直达车流外，根据相关技术站货流 OD 量，可组织直通列车的车流，尽量组织直通列车。

（6）区段列车车流

除上述车流外到达相邻区段站及其以远的车流，组织区段列车。

（7）摘挂列车车流

摘挂列车是为区段内中间站服务的列车，它将到达的车辆送至中间站摘下，又将在中间站已进行完货物作业且与摘挂列车运行方向相同的车辆挂走。到达相邻区段站以内各中间站的车辆，组织摘挂列车。

（8）中间站、货运站的装卸车辆

枢纽内各中间站、货运站的装卸车辆，组织枢纽小运转列车。

（9）车辆段、机务段等车辆

车辆段、机务段、货场、专用线的车辆，按取送车办理。

2. 车流量计算

（1）重车流计算

需将设计年度的年货运量换算成货运量最大月的日均运量，该重车流的计算公式为：

$$B = \frac{C \times 10^4 \times \beta}{365 q_J} \quad (辆/d) \tag{2-1}$$

式中　B——重车车数（辆/d）；

　　　C——设计年度货运量（10^4t/a），由计划给出或经计算确定；

　　　β——货运月波动系数，一般采用 1.2，特殊情况可以通过分析计算确定；

　　　q_J——货车平均静载重（t/辆）。

通常采用的货车平均静载重（也称货车平均净质量）见表 2-1。特殊情况也可以通过调查分析研究确定。对专门使用某种固定车型的铁路和设施（如运煤专线，原油、矿石、冷藏、集装箱等货物运量较大的线路），一般为整列运送，或在重车方向产生该类货物的空车的情况下，按该类货物的车辆净载重计算。

车辆数据表		表 2-1
项目	单位	数量
货车平均标记质量	t	59.858
货车平均装载利用率	%	95
货车平均净质量	t	56.865
货车平均自重	t	22.133
货车平均长度	m	13.914
货车平均质量	t	78.998
货车平均静载系数		0.720
货车平均每延米长质量	t/m	5.677

（2）空车流计算

空车流计算的一般原则：

1）空油罐车、空保温车等特殊车种，如不能代用时应返回原装车地，返回方向如为重车方向，应在重车方向增加该种空车。

2）空敞车、空棚车、空平板车等车种，一般视为可代用，卸大于装时两者之差即为空车。特殊情况如固定车底循环的矿石车、固定车底的单元重载列车等，不能代用时原地返回。

枢纽每一个方向到达合计总车数与发出合计总车数相等。枢纽衔接某线路方向重车方向的总车数（含重车方向的空车数）与轻车方向的重车数之差，即为该线路方向轻车方向的空车数。

3. 货物列车数计算

（1）货物列车编挂辆数计算

1）直达、直通及区段列车的编挂辆数

直达、直通及区段列车的编挂辆数 m（不包括守车），按重车方向的列车牵引定数确定，计算公式如下：

$$m = (G - q_s)/q \quad （辆） \tag{2-2}$$

式中　G——货物列车牵引质量，也称牵引定数（t）；

q——货车平均质量（t），采用表 2-1 中数值；

q_s——守车质量（t），一般采用四轴守车，长 8.8m，质量为 16t，已取消守车的干线不考虑守车自重。

当某线路上、下行牵引质量不同时，应按上、下行分别计算。

2）不满轴列车编挂辆数

实际运营工作中，为了提高货运质量、加速货物送达，在原来少量开行快运货物列车的基础上，有些线路增加了一定数量的"五定班列"。采用多元货运组织，逐步形成以高附加值货物为核心的铁路轻快货运系统，且其开行数量呈增长趋势。这种轻量快运货物列车均存在一定程度的不满轴现象，设计中应根据具体情况分析确定。

3）摘挂列车编挂辆数

摘挂列车在中间站有摘车或挂车作业。该种列车从编组站发出时，一般不满轴也不满计长（列车换算长度）。普通铁路摘挂列车的编挂辆数可按区段列车的编挂辆数的 70% 左右确定。

4）枢纽小运转列车编挂辆数

枢纽小运转列车的牵引质量，按照枢纽内有关线路的限制坡度、区间通过能力及小运转列车的机型确定，既有枢纽改扩建设计也可参照现行状况确定。小运转列车编挂辆数，在车流量较大时，按牵引定数计算的编挂辆数编组；车流量较小时，可小于计算的编挂辆数，以便加速车辆周转。

普通铁路货物列车牵引质量与编挂辆数、车列长度见表 2-2。

列车牵引质量与编挂辆数、车列长度表　　　　表 2-2

列车牵引质量 $G(t)$	5500	5000	4500	4000	3500	3000	2500	2000
编挂辆数 m（辆）	69	63	56	50	44	37	31	25
车列长度 $L(m)$	960	877	780	696	613	515	432	348

注：1. 货车按质量 79t、长度 13.91m 计算；

2. 编挂辆数未包括守车，车列长度不含守车长度。

（2）货物列车数计算

1）主要基础资料，包括设计年度的重、空车流量（车流表或车流图）；各种货物列车牵引质量和重、空列车编挂辆数；列车编组计划及其相应的重、空车流量分析。

2）计算方法，包括按不同方向、不同到站、不同列车种别和到达、出发分别计算；各种列车的总车数分别除以各种列车的每列编挂辆数即为各种列车数。

有了这些列车数之后，就可以用后续几章的计算方法，计算出车站的能力。

4. 列车编组计划

列车编组计划是全路车流组织的规划，包括装车地直达列车编组方案和技术站列车编组方案。它根据全路车流结构、各站设施能力和作业条件统一安排全路各站间的编解作业任务，具体规定货运站、编组站和区段站编组货物列车的方法；编制列车运行图、运输方案、日班计划。

技术站列车编组计划主要确定技术直达列车和直通列车的编组问题。

5. 车流径路管理

车流径路是编制货物列车编组计划的主要依据之一。车辆从始发站被输送到终到站所经过的路线称为车流运行径路，简称为车流径路。车流径路通常分为车流最短径路、车流特定径路和车流迂回径路 3 种。

车流径路管理包括确定全区域车流径路方案，即确定输送区域内各支车流的正常径路；在日常运输工作中应认真执行径路文件，保证路网上车流的平稳有序流动。

2.3.3 高速铁路

干线高速铁路以客运量为基础，以客流性质、特点和规律为依据，科学合理地安排旅客列车开行等级、种类、起讫点、数量、径由线路、编组内容、停站方案、列车客座能力利用、车底运用等内容，体现从客流到列车流的组织方案。行车组织和车流组织是旅客列车运营组织工作的重要组成部分；是高速铁路列车运行图和动车组运用计划编制的基础；是旅客运输组织的核心问题。

1. 分类特点

干线高速铁路的代表性线路为京沪高铁、京广高铁等。其特点为：300km/h 和 250km/h 动车组列车共线运行；停站模式多样化；直达与中转换乘相结合的旅客输送模式；列车开行周期性设置。

城际高速铁路的代表性线路为京津城际铁路和沪宁城际铁路等。其特点为：小编组、高密度、公交化运营；列车开行距离较短；列车采用循环运行的运营组织模式，交路形式一般较为简单；采用规格化运行图进行运行组织；列车相似性很强，途中停站有一些差异，其他区别都不大。

客货共线高速铁路的代表性线路为汉宜铁路。其特点为：分时段运行模式，客货列车相互不干扰，可以显著提高通过能力，并降低行车工作难度。一般适用于货运业务较少的情况，且货物列车多在天窗前后开行，日间行车与一般高速铁路没有太大差别。采用混合运行模式，考虑到通过能力，旅客列车与货物列车速差不能过大；旅客列车停站可利用客货列车速度差，减少能力浪费；由于旅客列车数量较少，旅客换乘较难，因此输送旅客时尽量直达。

2. 一般规定

旅客列车开行方案应遵循下列原则：

（1）列车开行方案应以大站间客运需求为依据，按流、车对应原则进行设计；客流量较大的车站应提高旅客列车停站的服务频率；高峰时段应加大列车开行密度；主要车站间开行的始发、终到列车较多时，列车的发车时刻宜规格化。

（2）客运需求较大的站间应组织开行不停站直达和交错停站方式的旅客列车。

（3）列车开行方案应兼顾动车组运用效率和基础设施的养护维修。

（4）列车编组辆数应根据高峰小时最大断面客流量、列车运行间隔、列车定员及到发线长度等因素综合确定，一般为 8 辆或 16 辆，特殊情况根据需要进行编组。

3. 运行图编制

高速铁路列车运行图的编制要考虑列车间隔时间，包括列车在车站的间隔时间和追踪列车间隔时间。列车种类参数包括各类列车种类名称及简称、列车等级，以及各类列车的起始与终止车次编码等。列车运行参数包括列车车次，列车始发、终到车站，编图范围内的列车起始、到达站名，列车运行径路，列车运行种类，列车停站及停车时间，列车长度和编组动车组运用、存车和检修等。

列车运行图编制应符合以下规定：追踪列车间隔时间和车站间隔时间应根据列车牵引制动性能、列车运行控制方式、车站布置形式和车站办理进路作业时间等情况具体计算确定；列车区间运行时间应采用牵引计算结果；列车起停车附加时分应结合列车牵引性能，按车站布置参数进行牵引计算确定；综合维修天窗时间不应少于 240min。

高速铁路需综合考虑夜间天窗、确认列车的开行以及与其他交通方式的接驳。列车在中间站的停站时间是指车组列车在中间站上办理必要作业所需要的最小时间，包括列车在中间站办理相关技术作业和客运业务以及列车待避等待等时间。

2.3.4　城际铁路

城际铁路运输组织模式应根据线路的功能定位和运输需求确定，运输组织模式可采用单速度等级列车运行或不同速度等级列车共线运行的模式，列车运行模式可采用越行模式或不越行模式。

城际铁路开行方案应根据客流分布规律、高峰小时断面流量、设置折返作业的工程条件确定，宜采用公交化的列车开行方式；最小行车间隔应按照运输需求确定，目前宜为 3min；列车编组辆数应根据高峰小时最大断面客流量、列车运行间隔、列车定员等因素综合确定，不应大于 8 辆；可根据需要安排一站直达、大站直达、交错停站、站站停等列车开行方案。

2.3.5　重载铁路

重载铁路运输组织有多种类型。

1. 单元式重载运输

单元式重载列车是由机车、车辆组成固定车底运营单元的重载列车，其开行需具备货物流向、品类固定单一，运输系统具备专用重载车辆及相关技术，相关乘务制度。机车交路与该种列车运输方式相协调，无须进行解编作业，具备货物装卸自动化、标准化流程，以及现代化货物运输管理体制等要求。

2. 组合式重载运输

该类型列车质量在 6000～10000t，将两列朝着相同方向行驶的列车合并成一列，运行至前方某组合分解站或终点站后分解为普通列车。在该类车头部与中部挂有机车，达到两列列车利用同一条运行图线路的目的。

该类重载列车适用于既有铁路运输繁忙的线路，根据货物装卸站及编组站的位置、线路布置情况，结合车流、货流实况灵活组织铁路运输，最大程度挖掘铁路运载及技术设备潜力。

3. 整列式重载运输

该类重载列车由电力机车或大功率内燃机车牵引，在列车头部挂有机车，列车长度与车站到发线长度相匹配。

该类重载列车与普通列车的运输组织方式、机车换挂作业相同，通常情况下在列车到达后，通过解体、组编、取车、出发、送车及装卸车等形式，实现铁路重载运输组织目标。

2.3.6 地铁

地铁运营组织设计应根据城市轨道交通线网规划、预测客流量和乘客出行需求，明确运营需求，确定系统的运营模式、运营规模与行车组织、车流组织。

1. 运营模式

地铁在正线上采用双线、右侧行车制。南北向线路以由南向北为上行方向，由北向南为下行方向；东西向线路以由西向东为上行方向，由东向西为下行方向；环形线路以列车在外侧线路的运行方向为上行方向，内侧线路的运行方向为下行方向。

在客流断面变化较大的区段宜组织区段列车运行。列车运行交路应根据各设计年限客流量和分布特征综合确定。交路距离和运行时间需满足有关要求。中间折返点的选择，应保证折返列车停站和清客时间，不影响下次列车进站的正常运行。中间折返点不宜设在车辆段接轨站之后，但可同站。中间折返交路，宜尽量包容线网上的主要线路的换乘点，有利于换乘线之间的高行车密度，减小换乘客流的不对称性。

地铁系统应设置运营控制中心。根据线网的情况，每个运营控制中心可控制一条或数条线路。控制中心应具有对列车运行、信号、道岔、供电等系统进行集中监控的功能。地铁车站应设置车站控制室，车站控制室应具有对列车运行、车站设备进行监视和控制的功能。

2. 运营规模与行车组织

地铁运输能力应满足相应设计年度单向高峰小时最大断面客流量的需要，远期最大能力应满足行车密度不小于 30 对/h 的要求。

列车编组数应分别根据预测的初期、近期和远期的客流量，综合车辆选型、行车组织方案通过技术经济比较确定。初期、近期宜采用相同的列车编组，当远期车辆编组数与初、近期不相同时，应按远期车辆的扩编要求预留条件。

列车的旅行速度应根据列车技术性能、线路条件、车站分布和客流特征综合确定，在计算旅行速度的基础上应留有一定的余量。设计最高运行速度为 80km/h 的系统，旅行速度不宜低于 35km/h；设计最高运行速度大于 80km/h 的系统，列车旅行速度应相应提高。

各设计年度的列车运行间隔，应根据各设计年度预测客流量、列车编组及列车定员、系统服务水平、系统运输效率等因素综合确定。初期高峰时段列车最小运行间隔不宜大于 5min，平峰时段最大运行间隔不应大于 10min。远期高峰时段列车最小运行间隔不宜大于 2min，平峰时段最大运行间隔不宜大于 6min。

车辆基地的功能、规模和各项设施的配置，应满足系统设计最大能力的需要，并应根据线网规划和地铁线路的具体条件确定。

3. 车流组织

（1）考虑网络运行平衡性

地铁形成基本线网规模后，应注意各条线路的换乘点客流交流（尤其高峰小时），减少对车站和列车的压力。两车站的发车密度不一致时，或列车编组长度不一致时，优先采用相等密度为主进行车流组织，同时验算换乘客流的接受能力。一线的终点站与二线的中间站构成的换乘站是最不利条件，尤其是同站台换乘时，终点下车客流中的换乘客流（至中间站）比例和量值应予验算。

（2）不同编组列车长度混合运行

当初、近期客流量级变化较快，且近期与远期客流量级相近，初期开通即采用远期列车编组长度，即固定编组。

从线网运行资源共享规划考虑，某些线路须采用统一的列车车型和编组长度，仅采取不同行车密度，达到运能需求。但某些线路降低发车密度后会导致服务水平降低。当初、近期客流发展不快，并与远期客流预测量级相差较大时，或远期客流预测风险较大时，应既要为远期预留运能储备，又要考虑初、近期的运营经济性，可采用不同列车编组长度，以提高初、近期的服务水平和运营效益。

协调高峰与平峰时段的列车运行，包括长短列车运行，快线运行（包括直达型、混合型、分开型），故障运行及其调整等情况。

2.4　车站分布与选址

为了保证铁路具有必要的通过能力并办理客货运业务，必须合理地分布车站、选择站址。

2.4.1　车站分布

车站分布应在满足运输需要的前提下，结合地形、地质、工程难易程度、方便客货运输、适应城镇规划等因素，综合考虑、比选确定。

1. 内容与方法

（1）内容

车站分布是在满足铁路能力和其他条件的基础上，确定站间距离、选择车站位置、确定车站规模和图式，确定车站设置的主要原则。

（2）方法

在推荐的运输组织模式、列车开行方案的基础上，首先根据沿线经济据点分布、机车交路等条件设置区段站、始发站；其次根据能力要求、客货运量和自然条件等因素分布办理客货运作业的中间站；必要时以线路通过能力必须满足设计年度运量需求为原则，通过列车运行图分析及牵引计算考虑是否需要设置会让站或越行站，当然，会让站、越行站设置得越少越好。

由于车站分布确定后很难在运营中改建调整，所以车站分布应按远期能力和运量需求确定，并考虑能力储备、客货流波动、运输组织弹性等因素。还需要根据近期运量，分析是否有分期开通车站的必要性。

2. 区段站分布

除了采用不同的区段站图式类型之外，对区段站分布产生影响的因素还包括列车在区段站内有无解编作业。无解编作业的区段站只办理无改编中转列车有关作业，没有列车改编任务，或仅承担摘挂列车的整编作业。有解编作业的区段站除办理无改编中转列车有关作业外，还承担区段、摘挂列车和少量直通、直达列车的解编作业。

区段站在铁路网上的分布主要取决于下列因素。

（1）接轨站

区段站设置应与接轨站结合起来考虑，可利用既有线基本段［图2-2(a)、（b)]或设计线新建基本段而在既有线区段站折返［图2-2(c)、(d)］。需根据车流情况、既有线机务段的负荷与改建条件等方面因素经比选确定区段站位置。

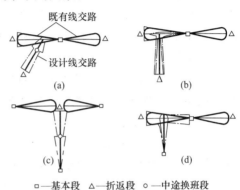

□—基本段　△—折返段　○—中途换班段

图2-2　不同接轨情况下的机车交路和区段站设置示意图

（2）地区及城镇发展规划

区段站应尽可能设在具有一定政治、经济意义及客货运量较大的城市。这样，既可满足地区及城镇生产建设的需要，又可吸引较大的客货流量，还便于解决铁路职工及其家属的生活供应、医疗、教育及文化生活等困难。

（3）自然条件

应在地形平坦、地质条件较好、水源、电源较为方便的地方设置区段站，尽量少占农田，便于废气、废水、废渣处理。

（4）牵引区段的长度

铁路网上牵引区段的长度应根据牵引种类、机车交路及乘务组的连续工作时间确定。内燃、电力机车牵引应采用长交路。货运机车交路宜从一个编组站到下一个编组站；客运机车交路宜从一个较大的客运站到下一个较大的客运站。普通铁路货运机车内燃牵引时交路长度宜为350km左右，电力牵引时交路长度宜为550km左右；客运机车内燃牵引时交路长度宜为500km左右，电力牵引时交路长度宜为交路长度700km左右。为便于运营部门管理，机车交路不应受局界、省界的限制，但不宜超过2个乘务区段。在分布区段站时，应适当考虑我国铁路运营的特点及车流集散的规律。

3. 中间站分布

中间站是为提高铁路区段通过能力、保证行车安全和为沿线城乡及工农业生产服务而设置的车站。中间站规模虽不如区段站大，但数量多且建成后改变站址困难。一般沿线路的基本走向分布中间站，其站址往往会影响线路的局部走向，对铁路的工程与运营指标有较大影响。因此，中间站分布既是铁路车站规划又是铁路线路设计中的重要内容。中间站的分布主要考虑下列影响因素。

（1）满足能力要求

会让站和越行站应按通过能力要求的货物列车走行时分标准分布，即实际通过能力必须大于需要的通过能力。

新建双线铁路的车站分布，应根据不同的列车种类、客车对数和行车速度采用不同的标准。

单线铁路技术作业站相邻区间的列车往返走行时分，应比站间最大往返走行时分减少，区段站相邻站间各减少 4min；其他技术作业站如因技术作业时分影响站间通过能力，且将来不易消除其影响者，可根据需要减少相邻站间走行时分。

车站分布还应考虑沿线各车站通过能力的均衡性，尽量使控制站间的运行图周期与各站间运行图周期的平均值比较接近。

（2）结合自然条件

应结合地形、地质、水文等条件及车站作业与运营条件进行车站分布。避免将车站设在地形困难或地质不良地段以免引起巨大工程，甚至遗留后患，影响今后正常运营。车站应尽量避免设在高填、深挖、高桥或隧道内。在紧坡地段分布车站时要注意对区间线路平纵断面条件留有余地。在跨越深沟或大河向下游展线时，如两岸地形地质条件接近，最好把车站设在过沟之后，以利降低桥高。越岭线靠近垭口的车站一般应设在地形纵坡较缓、展线条件较好的一侧。

由于影响车站分布的因素多，有时会遇到在需设站的地方地形地质条件较差，难于设站，这时一般通过调整相邻车站位置或增设车站来解决。

（3）灵活运用主要技术标准

对运量较大且增长速度较快的 I 级干线铁路，在地形特殊困难地区，当设站会引起巨大工程时可以按部分双线设计车站和线路，以缩短运行图周期。新建单线铁路的个别地段，当设站引起巨大工程时，经技术经济比较，也可设计为双线，以减少工程数量，提高通过能力。

近期为单线、远期为双线的新建铁路宜按双线标准分布车站。近期单线不能满足通过能力需要时，可采用增加会让站等措施过渡；如确有技术经济依据，也可按满足近期单线运量要求分布车站。过渡工程设计应远近结合，尽量减少废弃工程。

新建铁路分期开设的车站，应按各设计年度客货运量要求的通过能力和地方运输需要分别确定开设年度。

（4）规划纵断面及站间距离计算

根据地形特点，考虑通过能力，对一段线路的车站分布进行总体安排，概略估计各车站的位置、标高、区间坡度和站间距离，其线路纵断面称为规划纵断面。

一般规划纵断面分为紧坡地段单面坡、缓坡地段单面坡、平坡、起伏坡 4 种情况。紧坡地段是用足最大坡度进行设计的地段，其单面坡地段的规划纵断面如图 2-3 所示。

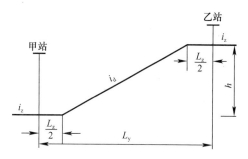

图 2-3　紧坡地段单面坡规划纵断面示意图

先按站坪及区间的加算坡度求得往返走行时分指标，要求各区间往返走行时分（$t_W + t_F$）均不大于允许的最大区间往返走行时分（$t_W + t_F$）$_{max}$。

可用均衡速度法计算区间往返走行时分：

$$t_{WF(i_d)}(L_y - L_z) + t_{WF(z)}L_z + (t_q + t_t) = (t_W + t_F)_{max} \quad (2-3)$$

式中　$t_{WF(i_d)}$、$t_{WF(z)}$——区间、站坪内往返走行时分（min）；

　　　　L_y、L_z——区间、站坪长度（m）；

　　　　t_q、t_t——列车在站启动、停车附加时分（min），按照有关规定取值。

紧坡地段的区间平均定线坡度 i_d 按下式计算确定：

$$i_d = i_{max} - \Delta i \quad (2-4)$$

式中　i_{max}——最大坡度，单机牵引地段为限制坡度（‰）；

　　　　Δi——区间线路考虑曲线、隧道附加阻力后的平均折减坡度，一般取 $0.05 i_{max} \sim 0.15 i_{max}$。

则站间距离为：

$$L_y = \frac{(t_W + t_F)_{max} - t_{WF(z)}L_z - (t_q + t_t)}{t_{WF(i_d)}} + L_z \quad （km） \quad (2-5)$$

克服高程为：

$$h = i_d(L_y - L_z) + i_z L_z \quad （m） \quad (2-6)$$

（5）合理确定站间距离

以电力牵引为例，要求站间货物列车单方向运行时分为 20～30min。据此，根据列车设计运行速度即可推算出站间距离。

为满足通过能力的要求，站间距离不宜过长，过长不利于地方工农业发展，通过能力下降（尤其是单线铁路），会造成日后增站困难，我国单线铁路站间距离不超过 20km。

站间距离也不宜过短。新建铁路最小站间距离：单线不宜小于 8km，双线不宜小于 15km，枢纽内站间距离不得小于 5km。因为过短的站间距不但不能提高通过能力，车站过密将增加列车启停次数，降低列车旅行速度和运输效率，增加运营成本，增加工程费。

（6）方案比选

根据上述条件，找出若干个可能的车站分布方案，从中初步选出可行且较合理的方案，作为后续决策的备选方案。在此基础上，进行方案技术经济

43

比选，确定最终的车站分布方案。

4. 高速铁路

高速铁路中间站分布应满足设计能力要求，便于运营管理，方便旅客乘降，并与城市总体规划相协调，与其他交通方式有机衔接，还留有一定的发展条件。

(1) 大型中间站的分布

高速铁路上的大型中间站，一般设于铁路枢纽和直辖市、省会城市所在地，是具有大量客运业务的客运站。大型中间站主要办理大量停站高、中速列车到发和少量高、中速列车通过作业；还办理较多的高速列车始发终到作业。大型中间站规模较大，其设置应注意与附近的既有铁路线或车站的联系，以便通过高、中速联络线，在车站或附近办理高、中速列车的转线或可能的中速列车换挂机车作业。

(2) 一般中间站的分布

为了尽量吸引沿线中小城市客流，高速铁路的一般中间站应结合沿线的省辖市、县城和县辖市进行分布。省会城市为必设站，地级市原则上应设站，但距离相邻站不足 30km 时，应进行技术经济比较后确定，县级市（镇）需经技术经济比较确定，县级以下城镇一般不考虑设置高速铁路中间站。

由于高速铁路车站造价较高，车站过密将增加大量投资。因此，既要保证高速铁路有足够的客运量又要合理设置车站。

从我国实际情况出发，高速客运站的设站条件应是具有较多的到发客运量的客流集散地和地市（省辖市）级城市，包括一些经济发达的县级城市。从京沪高速铁路所设客运站的情况看，宜设在预测年到发客流均达到 200 万人的城市。

(3) 站间距离

各国高速铁路平均站间距离差别很大。我国高速铁路的站间距离，主要受城市分布、城市间距离及设计速度的影响。当然，设计速度越高，要求的站间距离越长。在一般情况下，包括越行站在内的平均站间距离大多为 30～60km。需要特别说明的是，高速铁路的站间距与设计速度密切相关，将来更高速度的铁路需要更长的站间距。

(4) 其他因素

当高速铁路线路靠近既有铁路的联轨客运站（衔接既有 2 个方向及以上干线的既有站），具有较多的与高速线换乘客运量和地方到发量时，宜在既有站附近设高速站。

高速铁路沿线每 50km 左右需设一处综合养护维修工区，车站分布宜结合工区设置考虑。综合工区岔线尽量在高速站与正线连接，车站选址时应一并考虑综合工区的用地。

5. 重载铁路

重载铁路牵引质量大、运行距离长，其站间距离比客货共线铁路要大一些，其中间站还应满足大宗货物的集疏运要求。目前我国重载铁路站间距离，单线宜为 15km,双线宜为 30～50km。

6. 城际铁路

城际铁路的设计速度介于高速铁路和客货共线铁路之间,其站间距也介于两者之间。目前我国城际铁路站间距离宜为 5～20km。

中华人民共和国成立后的 50 年间,我国铁路的平均站间距基本上维持在 8～9km 之间。进入 21 世纪后,随着双线铁路、高速铁路的比重增加、牵引种类的更新,我国铁路的平均站间距离在逐渐增加,2000 年约为 9km,2010 年约为 10km,2020 年约为 14km。将来的平均站间距还会逐渐增加。中华人民共和国成立后我国铁路平均站间距变化如图 2-4(a) 所示。

7. 城轨

城轨车站分布应符合下列因素:车站应布设在主要客流集散点和各种交通枢纽点上,其位置应有利乘客集散,并应与其他交通换乘方便,有条件的车站要考虑周边 1km 内的以公共交通为导向的开发(TOD);地下车站通常设置在路口位置,高架车站通常设置在偏路口位置;当线路经过铁路客运车站时,选址要考虑换乘的便利性;市域(郊)铁路可预留与铁路联运条件。

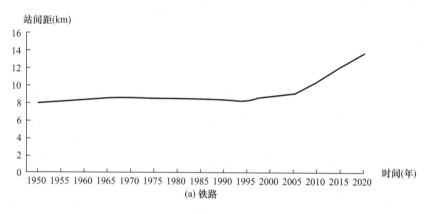

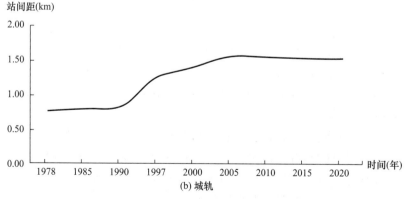

图 2-4 我国铁道平均站间距变化示意图

车站间距应根据线路功能、沿线用地规划确定。在全封闭线路上,市中心区的车站间距宜为 1km 左右,在郊区不宜大于 2km,市域(郊)铁路平均站间距离原则上不小于 3km。在超长线路上,应适当加大车站间距。

从时间变化角度来看，改革开放以来，我国城轨的平均站间距总体在增加，从 0.8km 增加到超过 1.5km，几乎增加了 1 倍，如图 2-4（b）所示。最近十几年，由于我国适度放开了站间距较短的有轨电车等中低运量城轨的发展，使得平均站间距稍有下降，基本稳定在 1.5km 左右。

2.4.2　车站选址

在车站分布已定的情况下，选择合适的站址对降低工程造价、改善运营条件、方便客货运输、促进当地交通具有重要意义。

1. 影响因素

影响车站站址选择的因素有很多，主要有以下几点：

（1）城市规划

作为城市对外联系的窗口，车站的区位和用地方案是城市规划内容之一。铁路车站作为城市的重要基础设施和人流集散点，不仅成为城市的对外交通门户，还将地铁、公交、出租、小汽车、长途汽车等交通方式有机地集聚到一起，发挥着城市综合交通枢纽功能。因此，铁路车站规划选址时要与城市建设总体规划相互配合和协调，考虑配套市政设施用地及相关服务设施用地的需求，高度重视环境保护、水土保持、防灾减灾、文物保护、节约能源和土地等问题。

（2）客货运输

车站是直接办理客货运输业务的地方，站址的选择应有利于吸引客货流。在满足国家、区域要求的运输能力的前提下，尽量将车站设在城镇、大型工矿企业附近，以满足区域客货运输的要求。当线路和车站难于靠近城市和工矿企业时，应根据具体情况做出靠近和不靠近而以支线或公路联运的方案进行比选。

有技术作业的中间站应满足技术作业要求。会让站和越行站应按通过能力要求的列车走行时分标准分布。需要时可适当调整区间、站间距离和走行时分，均衡各区间的通过能力。

（3）自然环境

车站的建设受到自然环境的影响和制约，有时这些因素是决定性因素。自然环境的影响包括地形地质条件、生态环境影响、噪声辐射及干扰、大气污染、水源因素以及对区域政治经济据点、文化古迹、自然保护区及风景名胜等方面的影响等。

车站占地广且建筑物和设备较多，因此站址应选在地质条件良好、地势平缓之处，应尽可能与等高线平行，避免设在高填深挖地段、高桥之上或隧道之内，以利于节省工程造价以及方便运营管理和养护维修。另外，车站选址还应注意考虑水源、电源、光源等因素。

（4）与其他线路或交通运输方式的接驳

车站应便于与其他运输方式的衔接，方便旅客换乘，增强与其他运输方式的竞争能力。车站应选在有利于发挥交通枢纽功能的区域。客运站选址时应充分考虑与城市内外道路网的顺畅衔接，做到与公路、城市道路、机场、城市轨道等其他客运方式有机衔接，发挥交通枢纽的作用。

在高速铁路站址方案比选中，能否与既有铁路网衔接、利用既有铁路设施等应作为比选因素之一。紧贴既有站并列设置的高速铁路车站，可利用既有站房、候车室、广场等客运设施，或利用既有地道、高架通廊等通道，以及利用站区生活服务交通设施，减少铁路和城市的双向投资。

城轨线路中大客流车站的乘降量占全线较大的比例，这些车站主要设置在客流集结的商业区、大型交通枢纽、大型文化旅游聚集点。尤其是对外交通衔接点，可为客流接驳和延伸创造条件，对全线客流的支持是非常重要的。线路的起、讫车站往往邻近市区边缘或向郊外延伸，尤其需要考虑与郊外客运系统具有良好的接驳换乘条件。

（5）工程经济因素

车站选址的工程经济因素主要包括工程费用、运营费用、促进经济发展作用、征地及拆迁条件以及土地增值作用等因素。

客运站站址选择应结合引入线路走向、既有客运站位置和条件、城市总体规划、地形地质条件等因素经综合比选确定。一般应优先选择引入既有客运站或靠近市区。当设置两个及以上客运站时，客运站间应有便捷的联系通路。

2. 一般步骤

铁路车站站址选择的一般步骤是：

① 根据所在地条件，提出初选方案。

② 落实站址的技术可行性。

③ 征询运营部门意见。

④ 征询当地规划部门意见。

⑤ 得到备选方案。

⑥ 进行方案比选，最后确定符合技术经济可行性要求的最佳方案。

3. 案例分析

现以京沪高速铁路镇江站站址方案为例进行说明。镇江市位于长江南岸，既有沪宁铁路在市区内设有镇江站。为了照顾镇江、扬州地区旅客，欲使高速站址尽量靠近市区，又欲尽量减少高速线的绕行长度，减少投资。为此，先后做了5个站址方案，并对①、②、③方案做了同精度研究，如图2-5所示。

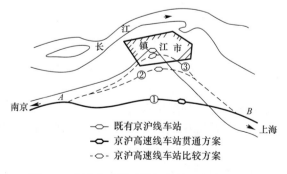

图 2-5　京沪高速铁路镇江站站址方案示意图

方案①为镇江以南 6km 设站方案，方案②为镇江以南 1.6km 设站方案，方案③为经过既有铁路镇江站方案。方案①线路顺直，拆迁较少，可节省工程投资 1.7 亿多元，但高速铁路离市区较远，城市需要配套与车站相适应的基础设施，增加城市建设投资。方案③过既有镇江站，旅客换乘方便，但需对既有设施进行改建，改建工程投资大、实施难度大。方案②离既有镇江站近，旅客乘车方便，城市配套设施完善，应是较理想的站位，但由于线位已被城市道路占用而无法实施。因此，推荐采用方案①。

总之，站址选择与铁路线路走向及车站分布关系非常密切，规划时应点、线结合，通过多因素比选确定合理的中间站分布与选址方案。

2.4.3 总平面布置

铁路车站的总平面布置应包括车站广场、站房和站场客货运设施，如图 1-2 所示。

铁路车站的总平面布置应统一规划，整体设计，应符合下列要求：

(1) 符合城镇发展和交通规划要求，合理布局。

(2) 建筑功能多元化、用地集约化，并留有发展余地。

(3) 使用功能分区明确，各种流线简捷、顺畅。

(4) 车站广场交通组织方案遵循公共交通优先的原则，交通站点布局合理。

(5) 特大型、大型车站应设置与城市公共交通相连的车道。

(6) 当站区有地下车站或地下商业设施时，应设置方便的换乘站台或通道。

(7) 特大型车站站房应采用双方向或多方向进站、出站的布局。

为了叙述的准确与方便，车站内的区域常常用象限表示。假设以站场为中心，沿正线前进方向为横坐标，从站场向站房中心的射线为纵坐标，一般情况下，将右上的区域称为第Ⅰ象限、左上为第Ⅱ象限、左下称为第Ⅲ象限、右下称为第Ⅳ四象限，如图 2-6 所示。

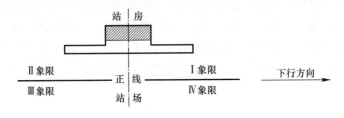

图 2-6 车站象限划分图

2.4.4 车站命名

车站名称的确定应符合下列规定：

(1) 车站名称应与车站所在地的地名一致，且在全国范围内不应有相同的车站名称。

(2) 车站位于城市城区或近郊区的，应使用该城市的名称命名。当车站位于县、乡（镇）或村所在地时，应以当地县、乡（镇）或村庄的名称命名。

（3）城市城区或近郊区内设置多个车站时，其中办理客运业务最主要的车站使用该城市的名称命名，其他主要车站可使用该城市名称加该站实际地理位置的方位词（东、南、西、北）命名，也可使用车站当地小地名命名。

（4）城市内非主要或位于城市远郊区的车站，不应使用城市名称或城市名称加地理方位词的方式命名。

除了方便、规范铁路车站站名管理之外，上述规定主要是方便乘客，避免乘客走错车站、上错车。

2.5　会让站与越行站

从车站作业类型和规模角度可分为会让站、越行站、中间站、编组站、区段站、枢纽等类型。本章后续几节主要介绍这些车站的站型及布置方式。

在实际使用中，为了增加铁路通过能力，可设置仅办理列车会让和越行，必要时可兼办少量旅客乘降作业的个别车站。这样的车站在单线铁路上称为会让站，在双线铁路上称为越行站。会让站、越行站是中间站的特殊形式。

2.5.1　会让站

会让站是在单线铁路上，为满足区间通过能力需要而设置的主要办理列车的通过、会让、越行的车站，有时也办理少量的客、货运业务。会让站应铺设到发线并设置通信、信号、旅客乘降和技术办公房屋等设施。

会让站一般采用横列式布置图型，如图 2-7 所示。其到发线一般情况下应设两股，以便满足三车交会的需要，如图 2-7(a) 所示。当行车辆较少（平行运行图列车对数不超过 12 对）或困难条件时，可设 1 条到发线，如图 2-7(b) 所示。但在行车密度较大的Ⅰ、Ⅱ级铁路上，为使运输秩序出现不正常情况时影响范围不致过大，只有 1 条到发线的会让站不能连续设置。

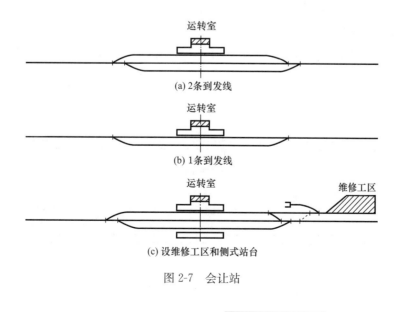

图 2-7　会让站

客货共线铁路约 50km 需设置维修设施（如维修工区或维修车间等）。维修设施一般设在中间站，但考虑长大干线车站分布的原因，个别情况下会设在会让站或越行站，其选址、布置也是会让站、越行站设计的主要内容之一。维修工区一般设在第一象限，如图 2-7(c) 所示。

横列式会让站只设 1 条到发线时，到发线一般设在站房对侧，如图 2-7(b) 所示，有利于值班员办理通过列车的作业。但在旅客列车较多，且有交会通过列车或近期有增设第二条到发线的可能时，则宜将到发线设在站房同侧，以保证旅客列车停靠基本站台，便于旅客进出站。

横列式布置具有站坪长度短、车站布置紧凑、便于集中管理和定员少等优点。一般情况下，会让站应采用横列式图型，在特别困难的情况下，可采用其他合理图型。

会让站一般只设置基本站台、不设中间站台。若旅客乘降较多且远期发展较快时可设第二站台，其位置应设在旅客站房对侧最外侧到发线外侧，设置成侧式站台，如图 2-7(c) 所示。

2.5.2　越行站

越行站是在双线铁路上，为满足区间通过能力的需要而设置的主要办理同方向列车越行作业的车站。

1. 普通铁路

客货共线铁路越行站主要业务包括办理正线各种列车的通过，待避列车进出到发线、停站待避。必要时还办理反方向列车的转线，也办理少量的客、货运业务。越行站应铺设到发线，并设置通信、信号及旅客乘降、办公房屋等设施。越行站应为横列式布置，如图 2-8 所示。

由于双线铁路行车密度大，因此越行站一般应设 2 条到发线，且分别位于正线两侧，使车站具备双方向列车同时待避的条件，如图 2-8(a) 所示。当地形特别复杂或受其他条件限制时，在行车速度不高的普通铁路上的个别越行站或枢纽内的闸站，可只设 1 条到发线。

当需要设维修工区时，一般设在站房同侧左（第 Ⅰ 象限），如图 2-8(b) 所示。

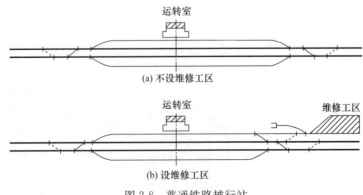

图 2-8　普通铁路越行站

2. 高速铁路

在不同种类的高速铁路车站内，旅客列车的技术作业也不相同。

（1）主要作业

越行站设置在有几种不同速度列车运行的高速线上，高速列车需在车站范围内超越快速列车。该类车站只办理正线列车通过和停站待避作业，不办理客运业务。

（2）布置图型

越行车站中一般设置2条到发线，正线Ⅰ、Ⅱ线办理高速列车通过，到发线3、4线办理中速列车待避。由于不需要办理客运业务，原则上不设站台。其布置图与客货共线铁路大体相同，如图2-9所示。

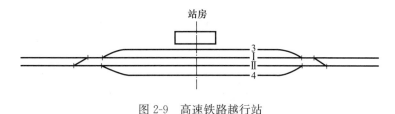

图2-9　高速铁路越行站

2.6　中间站与组合分解站

在铁路车站中，中间站的数量占绝大多数。本节主要介绍普通铁路、高速铁路、城际铁路中间站与组合分解站的作业种类、布置图式及客货运设施。

2.6.1　普通铁路中间站

1. 中间站的作业

普通铁路中间站提供的主要作业包括：

（1）办理列车的会让、越行和通过，在双线铁路上还办理调整反向运行列车的转线作业；

（2）旅客的乘降和行车、包裹的承运、保管与交付；

（3）货物的承运、装卸、保管与交付；

（4）摘挂列车的车辆摘挂和到货场、物流中心或专用线取送车辆的调车作业；

（5）有的中间站如有工业企业线接轨或者是在加力牵引起、终点及机车折返站时，还需办理工业企业线的取送车，补机的摘挂、待班和机车整备等作业。

2. 布置图型

中间站应采用横列式图型。横列式布置具有站坪长度短、工程投资少、站场布置紧凑、便于集中管理、到发线使用灵活和车站定员少等优点。在山区修建单线铁路时，若遇地形陡峻狭窄，若其站房或站台需设在桥上、隧道内或地形受限制等情况时，可采用纵列式等布置图型。图2-10和图2-11分别为单、双线横列式中间站布置图型。

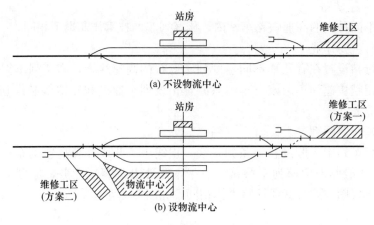

图 2-10　普通单线铁路横列式中间站

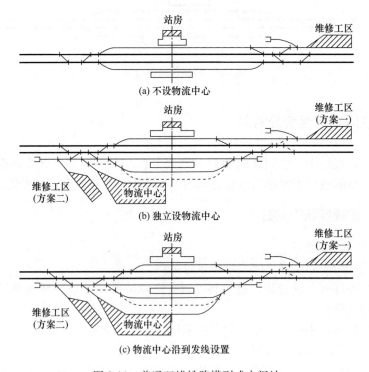

图 2-11　普通双线铁路横列式中间站

图 2-10(a)适用于仅办理客运作业的单线铁路中间站。图 2-11(a)适用于仅办理客运作业的双线铁路中间站。

现行的《铁路车站及枢纽设计规范》TB 10099—2017 规定：新建中间站一般应设置物流中心，建议一般情况下设在第Ⅲ象限（站房对侧右方），如图 2-10(b)及图 2-11(b)所示。年到发运量在 100 万 t 以上或办理大宗货物的中间站，一般应具备整列装卸车技术条件，使主要货流方向具备直通运输条件，这时可选用图 2-11(c)所示图型，使物流中心沿到发线顺向布置。

过去常在站房同侧左（第Ⅰ象限）设置货场，在到发线中间出岔设置贯通式货物线。这种布置由于进入货物线需要经过紧靠基本站台的到发线，故存在安全隐患；受有效长的限制只能进行个别车辆的装卸车作业，办理的货运量小。《铁路车站及枢纽设计规范》TB 10099—2017 建议一般情况下设在第Ⅲ象限，如图 2-10(b)、图 2-11(b)所示。改建中间站应逐步取消货物线在到发线的中间出岔，暂时无法取消的应按要求采取相应的安全措施。

双线铁路两端咽喉的正线间宜各设 2 条渡线，其中每端除应各设 1 条渡线外，其余 2 条渡线应根据调车作业等需要设置或预留。对于改建车站，在特别困难条件下，设计速度小于 140km/h 时，可采用交叉渡线。

3. 设施

为办理列车到发、运行调整和客货运输业务，普通铁路中间站应设置相应的线路、客货运等设施，其中核心设施是车站线路。除了正线之外，车站管理范围内的线路统称为站线，它包括到发线、牵出线、货物线、安全线、避难线等线路。

（1）到发线

到发线供接发、停靠旅客列车或货物列车使用。到发线一般布置在正线两侧，如图 1-3 中的 1、3、4 线。

（2）牵出线

牵出线供在车站内进行调车作业时将车辆牵出使用，如图 1-3 中的 5、6 线。摘挂作业较多的中间站，当行车密度较大时，应设专门的牵出线进行调车作业。

（3）货物线

用于货物装卸作业的货车停留线路称为货物线。为了办理货物的装卸作业，客货共线铁路中间站应在货场、物流中心内铺设货物线。中间站货场、物流中心内的货物线布置形式有通过式、尽头式和混合式。

（4）其他站线

在中间站中，还需要设置安全线、避难线等线路。有专用线接入时，还要考虑专用线的接轨。

（5）客运设施

除了上述站线之外，中间站还需要配置客、货运输需要的其他设施。中间站的客运建筑物及设备包括旅客站房、旅客站台、雨棚和跨线设施等，如图 1-2 所示。

（6）货运设施

客货共线铁路的中间站一般需设置货场或物流中心，包括仓库、货物站台、装卸场、货物堆放场、货物线、装卸机具及货运办公室等货运设施。

2.6.2　高速铁路中间站

高速铁路大部分车站为中间站。

1. 主要作业

高速铁路中间站主要办理高、中速旅客列车停站或不停站通过，中速旅客列车待避高速旅客列车，少量折返高速旅客列车夜间停留，停站的各种旅客列车旅客乘降等客运业务。

2. 普通中间站

当需停站的列车较少时，上、下行各设 1 条到发线即可。若作业量大且某个方向需办理两列停站待避列车时可增加 1 条到发线。

高速铁路中间站一般采用图 2-12(a)所示的图型，两个站台之间夹 4 条线，即所谓的"两台四线"模式。中间两股道是正线，一般不办理旅客列车停车及乘客上下车作业；边上的两股道是到发线。这种布置图的优点是站台不靠近正线，高速列车由正线通过时，不影响站台上旅客的安全，所以不必加宽站台。

对动车组列车停站次数较多且车站作业量较大的中间站，可采用图 2-12(b)所示的图型。

3. 有折返作业的中间站

有列车折返作业的中间站除办理正线通过、到发线停站及通过作业，还有列车始发、终到及立即折返作业。这种车站从全线看属于中间站，但还具有终点站性质。这类车站有可能成为未来全线通过能力的控制点。

对这些有动车组折返停留的中间站，要设置 3～5 股到发线，如图 2-12(c)所示。折返用的到发线应以折返列车到达时不切正线为原则。停站、通过作业参照一般中间站，每个方向设 1 条到发线；始发、终到作业到发线数量参照始发站进行计算，可按每条到发线能够办理 30 列换算旅客列车列数计算，由于立即折返作业量一般较少，其上、下行方向各设 1 条始发、终到列车到发线即可，但需考虑使用灵活和预留发展的需要。

高速铁路的维修工区一般设在第Ⅲ象限。

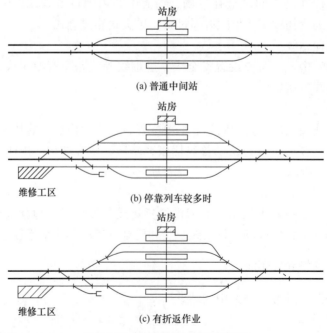

图 2-12　高速铁路中间站布置图

2.6.3　城际铁路中间站

城际铁路是专门服务于相邻城市间或城市群，设计速度200km/h及以下的快速、便捷、高密度客运专线铁路。

1. 特点

城际铁路的速度等级与较高速度的客货共线铁路相当，但其车站设置与高速铁路类似。城际铁路车站有如下特点：一是大部分为高架线路、桥式车站、线下式站房，故平面图上一般显示不出站房；二是由于其为客运专线，故车站内不需要设置货物线、货场或物流中心；三是由于大部分情况下不需要组织列车越行作业，故大多数中间站采用无配线站型，这与地铁类似。

2. 布置图型

一般情况下，城际铁路车站在路基或桥梁地段采用无配线（无到发线）侧式站台，如图2-13(a)所示；当为地下车站时，为了节约空间、降低造价、方便换乘，常常采用无配线岛式站台，如图2-13(b)所示。

为了组织特快、直达等列车运行，一般每3~5个车站或20~30km范围内有一个车站设置到发线。图2-13(c)、(d)为适用于大站快车越行站的城际铁路中间站图型。

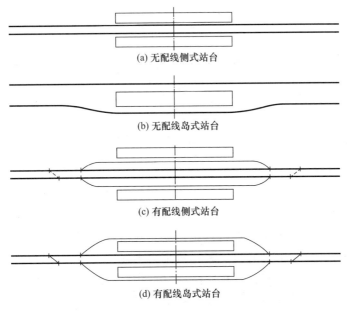

(a) 无配线侧式站台

(b) 无配线岛式站台

(c) 有配线侧式站台

(d) 有配线岛式站台

图2-13　城际铁路中间站

2.6.4　组合分解站

组合分解站是重载铁路的一种车站形式。

1. 重载铁路分类

重载铁路包括单元重载列车、整列重载列车、组合列车等多种形式。这些重载铁路的会让站、越行站和中间站布置图型与客货共线铁路基本相同，

55

不同之处是到发线较长、不设客运设施或者客运设施规模较小。

2. 布置图型

与客货共线铁路相比，组合列车式重载铁路的最大不同之处是设置组合分解站。

组合分解站是为满足重载铁路列车组合、分解作业需要而设置的车站，应采用横列式图型。其与普通铁路中间站不同之处主要包括两方面，一是到发线数量增多，二是为了办理列车组合、分解作业，需要在到发线居中位置设置分别向两个方向开通的渡线。单线铁路组合分解站一般情况下可按图2-14(a) 布置。

组合列车的机车连挂分集中和分散连挂两种方式。当组合列车需要分解时，为减少机车等待及连挂时间，双线铁路宜在两个方向的到发线上设置渡线，如图 2-14(b) 所示。

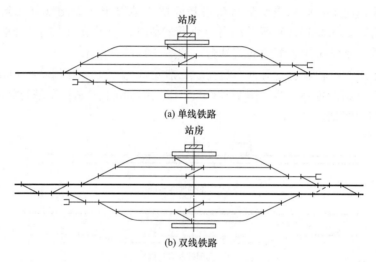

图 2-14　组合分解站图型

组合分解站的到发线宜按重、空车分方向固定使用设置。其到发线数量应根据接发车、连挂、分解、机车走行、列检等时间确定，可按 1 条组合分解线每天办理 6～8 列确定。

设置腰岔的组合分解线相邻腰岔之间、咽喉区与相邻腰岔之间应满足需要组合或分解列车的有效长度。采用机车集中连挂的组合分解到发线出发一端咽喉区应设机待线，机待线有效长度应按一次最多需要停放机车台数确定。

组合分解站股道布置宜采用在 2 条组合或分解到发线中间夹 1 条机走线的布置形式，按组合分解列车的长度，在到发线与机走线之间设置腰岔。

2.7　区段站与始发站

区段站是铁路网上牵引区段的分界点，一般指为货物列车本务机车牵引交路和办理区段、摘挂列车解编作业而设置的车站。除了办理列车运转及客货业务之外，它的主要任务是为邻接的区段供应机车、整备机车及更换乘务组，并为无改编中转货物列车办理规定的技术作业及一定数量的列车解编作业和客货运输业务。

高速铁路、城际铁路交路两端的车站通常是动车段（所）所在的始发站，类似于普通铁路的区段站。

2.7.1 区段站类型

普通铁路机车交路两端的车站称为区段站。区段站都设置一定的机务设施。普通铁路的区段站按工作性质和设施规模分为机务段、折返段和其他。

1. 机务段

机务段也称基本段，它配属有一定数量的机车，担任其相邻交路的运转作业，并设有机车整备和检修设备，配属本段的机车在此整备、检修，隶属本段的机车乘务组在此居住并轮换出乘。

2. 折返段

折返段设在机车返程站上，段内不配属机车，机车在折返段进行整备和检查，乘务组在此休息或驻班。

3. 其他

此外还有担任补机、调机或小运转机车整备作业的机务整备所和担任折返机车部分整备作业的折返所。

2.7.2 机车交路与区段站设置

区段站设置在铁路网上牵引区段的起点或终点。

与中间站相比，区段站有下列特点：有中间站所没有的机务段和为更换机车用的机车走行线；有车辆检修线或车辆段；有比中间站股道更多的到发场和为解编区段列车、零担列车、摘挂列车而设的调车线或调车场，还有规模更大的客货运设施。

1. 机车交路

在铁路线上划分机车（动车组）交路，机车（动车组）在一定的路段内往返行驶。机车（动车组）往返行驶的区段称为机车（动车组）交路，简称交路，该路段的长度称为交路距离。机车（动车组）交路距离影响列车的旅途时间和直达速度。

机车交路由于交路类型、运转方式和乘务制度不同而有多种形式，如图2-15所示，其交路距离也各不相同。

（1）交路类型

短交路：一个往返交路由一班乘务组承担，如图2-15(a)所示。

长交路：一个单程交路由一班乘务组承担，如图2-15(b)所示。

超长交路：一个单程交路由两班乘务组承担，如图2-15(e)～(g)所示。

（2）机车（动车组）运转方式

肩回式：机车（动车组）每次返回区段站时均要入段整备，如图2-15(a)、(b)所示。

循环式：机车（动车组）在相邻两个短交路内往返行驶，在区段站上机车不摘钩、在到发线上整备，如图 2-15（c）所示。

半循环式：机车（动车组）在相邻两个短交路内往返行驶，每一循环入段整备一次，如图 2-15（d）所示。

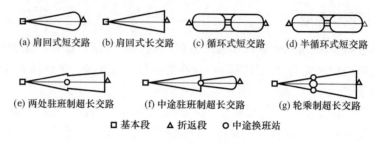

(a) 肩回式短交路　(b) 肩回式长交路　(c) 循环式短交路　(d) 半循环式短交路

(e) 两处驻班制超长交路　(f) 中途驻班制超长交路　(g) 轮乘制超长交路

■ 基本段　▲ 折返段　○ 中途换班站

图 2-15　机车交路

（3）乘务制度

包乘制：机车（动车组）由固定的乘务组驾驶称为包乘制。包乘式乘务组熟悉机车（动车组）的性能和特点，有利于机车（动车组）驾驶和保养，也便于管理。但受乘务组工作时间的限制，机车使用效率低。旅客列车、蒸汽机车多采用这种乘务制度，原则上是三班包乘 ［图 2-15（f）］，更长距离的交路需要四班包乘 ［图 2-15（e）］，若乘务组全月工作时间超过规定，则用三班半制调节。

轮乘制：机车（动车组）不固定包乘组，由不同乘务组分段轮流驾驶，相应采用超长交路，如图 2-15（g）所示。采用超长交路和轮乘制，可以缩短机车（动车组）在区段站非生产停留时间，加速机车车辆周转，机车日车公里客运效率可提高 40% 以上，货运可提高 8% 以上，运用机车可减少 1/6 左右，乘务员劳动生产率可提高 1/4 左右，运输成本也有所降低。目前我国在高速铁路、城际铁路及电力和内燃牵引的普通铁路上广泛采用轮乘制。

2. 区段站设置

区段站设置需考虑如下影响因素综合确定：机车牵引区段的长度、机车交路、路网规划、地区及城镇发展规划。

客货共线铁路在布置机车交路、分布区段站时，首先应考虑将区段站设在下列车站上：

（1）两条或多条线路交叉的车站。机务段设在这些站上可使机务设施为多个交路服务，在这些车站上便于列车换重或改编。

（2）枢纽站和编组站。机务段设在这些车站上便于列车改编、更换机车和乘务组。而这些车站一般又多设在城市附近，水源、电源方便，乘务组人员生活条件较好。

（3）有大量装卸作业的车站。在这些站上更换机车和乘务组可与摘挂作业并行，减少列车停站时间。

（4）需要变更列车牵引质量、摘挂补机或改变牵引种类的车站。在这些车站上，上述作业可与更换机车和乘务组同时进行，节省列车在旅途的时间。

2.7.3 站型及作业

1. 区段站的图型

区段站常见的布置图有横列式、纵列式及客货纵列式3类。一般情况下，区段站应采用横列式或纵列式图型。有充分依据时才可采用客货纵列式图型。

区段站的布置图型，应根据车站的运量、运输要求、地形条件、地质条件及城镇规划等具体情况分析确定。

（1）单线横列式

单线铁路区段站一般采用横列式布置。横列式区段站的到发场、调车场横向并列排列，如图2-16(a)所示。单线铁路横列式图型具有站坪短、占地少、设备集中、定员少、管理方便、对地形条件适应性较强和有利于将来发展等优点，当引入线路方向不多时，完全可以满足运量的需要。横列式图型的缺点是：有一个方向的机车出（入）段走行距离远；在站房同侧接轨的岔线向调车场取送车不方便。

引入线路方向为4个及以上的单线铁路区段站，当各方向的客、货列车对数较多，采用横列式图型两端咽喉区的交叉干扰均较大时，进出站线路应进行疏解，增加立交设施。若地形条件适宜，可预留或采用纵列式布置图型。有充分依据时，也可采用其他合理图型。

（2）双线横列式

对于双线铁路，在旅客列车对数不多、运量不是很大的情况下，也常采用横列式布置，如图2-16(b)所示。

双线铁路横列式图型除具有与单线铁路横列式图型基本相同的优缺点外，还存在一个主要缺点，即一个方向的旅客列车到达（出发）与相反方向货物列车出发（到达）产生交叉，如为客机及全部货机交路的始终点，则交叉更为严重。旅客列车对数不多，运量不是很大的双线铁路区段站一般采用横列式图型即可满足客、货运输的需要。

（3）双线纵列式

在运量比较大又有充足的场地时，过去的新建双线铁路区段站曾采用纵列式布置。纵列式区段站的上、下行两个方向的到发场、调车场分设于线路两侧并纵向排列。

双线铁路纵列式图型基本解决了双线铁路横列式图型客、货列车到发的交叉；且还具有两个方向的货物列车机车出（入）段走行距离较短的优点。其缺点是：有一个方向货物列车机车出（入）段与正线交叉；在两个方向各设调车场而上、下行转场车较多时干扰中部咽喉，降低正线通过能力；只在一个方向设调车场时，有解编列车在反方向到发场的到（发）与另一方向的客、货列车的发（到）交叉；此外还具有站坪长、占地多、设备分散、定员较多和管理不便等缺点。目前已基本不再新建这种车站。

（4）双线客货纵列式

还有一种常见的布置类型是双线客货纵列式图型，一般是因运量增长或

59

新线引入，既有车站需要扩建而在横向发展受限，或客货运量大导致站内作业交叉严重，为疏解交叉而将原站改为客运车站，并沿正线的适当距离另设货运站而形成的，如图 2-16(c) 所示。双线铁路货运车站可在正线的一侧或两侧横列布置到发场；单线铁路可在正线一侧横列布置到发场。目前在我国区段站中，客货纵列式图型约占 1/6，而且都是既有车站改建形成的。

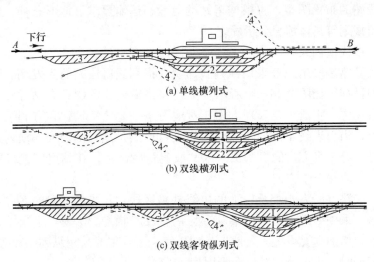

图 2-16　铁路区段站图型

1—到发场；2—调车场；3—机务段；4—物流中心；5—客运车场

客货纵列式图型的优点是：客货运两场分设，作业干扰较少，客货运设施分布集中，管理方便；当在城市同侧接轨的岔线较多时，调车场可布置在城市一侧，对城市发展和地方运输适应性较强等。其缺点是：客货运两场分设，需要增加设备和定员；既有岔线和货场取送车作业不方便；客运、货运两场间距离较近时，靠客运场一端的牵出线长度往往不能满足整列调车的需要或位于曲线上；既有机务段与货运场机车走行距离增加，还可能产生折角走行，甚至需另设出（人）段线；有一个方向的机车出（人）段需横切正线等。

2. 区段站的作业

区段站除了办理中间站有关的所有作业外，还要办理其他有关的作业。根据区段站所担负的任务，它要办理的作业如下：

（1）客运业务

与中间站办理的客运业务基本相同，只是数量较大。

（2）货运业务

与中间站办理的货运业务大致一样，但作业量要大。

（3）运转作业

办理有关旅客和货物列车接发、车列技术检查、解编列车等作业，这被称为运转作业。

① 与旅客列车有关的运转作业。如车列技术检查、更换机车、个别车辆

的摘车修理和不摘车修理。有的车站还办理局管内旅客列车的始发、终到作业及个别车辆的甩挂作业。

② 与货物列车有关的运转作业。如车列检查及货运检查，更换机车及乘务组，办理无改编中转列车的接发和有关作业。对区段列车、摘挂列车和零担列车，要进行接发、解体和编组作业。同时还向货场、物流中心及工业企业线取送作业车等。某些区段站还担当少量的始发直达列车的编组任务。

（4）机车业务

机车业务主要是换挂列车和乘务组，对机车进行整备（包括补充燃料、油脂及转向等）、修理和检查等。

（5）车辆业务

车辆业务主要是指办理列车的技术检查和车辆的检修任务，包括摘车修和不摘车修。在少数设有车辆段的区段站上，还办理车辆的段修业务。

3. 站内作业流程

为了合理地确定各项设施的相互位置和相互联系，需要了解列车在站内的作业流程，分析各项作业间的相互联系。现以单线横列式区段站［图2-16（a）］为例进行说明。

通过旅客列车自 A 方向接入靠站台侧的到发线后，一般不需要换挂机车。旅客乘降及行李、包裹装卸完毕后即可向 B 方向发车。

到达本站不解体，只做技术检查和机车换挂等作业，然后继续运行的列车称为无改编中转列车。无改编中转货物列车自 A 方向接入到发场后，机车入段，进行车列技术作业，然后换挂机车（或本务机车在到发线上进行整备，或者仅更换乘务组）向 B 方向出发。

对于到达解体货物列车，自 A 方向接入到发场后，机车入段，车列经技术检查，由调车机车牵引至驼峰使车列解体，解体车辆在调车场集结待编或待送。

自编始发货物列车的车辆，在调车场集结成列，经过编组作业由调车机车转至到发场进行技术检查等作业，挂上本务机车后出发。

车列解体后，本站货物作业车在调车场内集结成组，由调车机车送往货场、物流中心或岔线。装卸完毕的车辆又由调车机车自货场、物流中心或岔线取回至调车场，编入自编始发车列内。

站修所（或车辆段）扣修的车辆，也由调车机车自调车场送至站修所（或车辆段），修竣的车辆又自作业地点取回至调车场。

从上述作业流程分析，可得出有关设施的布设结论：

（1）旅客列车到发线应紧靠正线，使旅客列车在比较顺直的进路到发。所有客运设施应设于靠城镇的一侧，以利客运业务的组织及旅客出入车站。

（2）货物列车到发场也应紧靠正线，使列车到发有顺直及便捷的进路。

（3）调车场应尽量靠近到发场，使车列牵出转线的行程较短、干扰较少。

（4）机务设施的位置应尽可能接近到发场并且要有便捷的通路，以利机车及时换挂和整备。

（5）物流中心的位置，一方面希望设于靠城镇一侧，便于货物搬运；另一方面又希望靠近调车场，以减少车辆取送时间及干扰。岔线应尽可能从调车场、物流中心或货场接轨，以利本站作业车的取送。

（6）站修所（或车辆段）要靠近调车场，以缩短扣修车辆的取送行程。

2.7.4　主要设施

为了完成区段站的上述作业，在区段站上设有相关建筑物及设备，统称为设施。区段站的客运、货运设施与中间站类似，但规模更大，主要包括客运、货运、运转、机务、车辆等方面的设施。

1. 客运设施

客运设施主要有旅客站房、车站广场、站台、雨棚、跨线设施及上下水设施等。

2. 货运设施

货运设施主要是指物流中心，主要包括货物站台、仓库、雨棚、货物堆放场和货物装卸场、存车线、各种装卸机械以及办公房屋等，详见第3.6节。

3. 运转设施

运转设施主要包括供客运和货运列车运转的线路、建筑物与设备。客运运转线路包括专供旅客列车使用的到发线及客车车底停留线等；货运运转线路包括专供货物列车使用的到发线、机车走行线、机待线、机车出入线、调车线、牵出线等。

（1）到发线

区段站中客、货列车的到发线数量，应根据列车的种类、性质、数量和运行方式等确定。列车对数一般采用换算列车对数，等于各类客货列车对数分别乘以相应的换算系数后相加的总数。到发线数量可按照表2-3选用。

区段站到发线数量　　　　　　　　　　　　　　　　表2-3

换算列车对数	≤12	13～18	19～24	25～36	37～48	49～72	73～96	≥97
双向到发线数量（正线及机车走行线除外）	3	4	5	6	6～8	8～10	10～12	12～14

横列式和纵列式区段站中用于接发旅客列车的到发线应能接发货物列车，货物列车到发线根据铁路等级和相邻区段情况统一规定。

单线横列式区段站的到发线，应采用双方向进路设计。双线铁路区段站的到发线可按上、下行方向分别设计为单进路；而靠近旅客站台的到发线及靠近停车场的部分到发线宜设计为双进路；必要时可全部设计为双进路。

（2）机车走行线

机车走行线简称机走线，是专门供机车走行用的线路，一般设在到发线之间，这段线路一般不会通过普通列车，也基本无调车作业，专供机车走行使用。

每昼夜通过车场的机车在36次及以上的区段站应设1条机车走行线。机车走行线的位置，应按照车站总体布置，以减少机车出入段与接发车交叉干扰次数和缓和交叉的严重程度为原则确定。对于单线横列式区段站，当机务段位于站台对面右侧时，机车走行线应设在到发线之间，如图 2-17 及图 2-16（b）、(c) 中两个到发场 1 之间的线路所示。

（3）机待线

供牵引机车等待连挂列车或等待入段时停留的线路称为机待线。横列式区段站非机务段端的咽喉区和纵列式区段站上机务段对侧到发场出发一端的咽喉区，应设机待线。在换挂机车较少或修建困难的单线铁路横列式区段站可缓设或不设机待线。

机待线宜为尽头式，如图 2-17 所示，必要时也可为贯通式。尽头式机待线的长度以 2 节机车长度为宜，并留有安全距离，应采用 45m，在困难条件下不能小于牵引机车长加 10m；贯通式应采用 55m，在困难条件下不应小于牵引机车长加 20m。双机牵引时，上述有效长度应另加一台机车长。

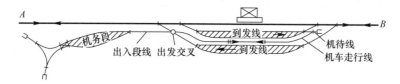

图 2-17　区段站机车走行线、机待线示意图

（4）机车出入段线

机车出入段线设在机务段到车站之间专供机车出入段使用，如图 2-17 所示。机车出入段线数量应根据列车对数、列车到发的不均衡性及机车运转方式等因素设定。一般出、入段线各设 1 条。当出、入段机车每昼夜不足 60 次时，可仅设 1 条，另外一条缓设或不设。

（5）调车线

区段站一般设置调车场，如图 2-16 所示，调车场内设有众多的调车线。为了便于调车机车出入机务段，调车场应与机务段接通。有时调车场内已编好的列车需要直接发车，故部分调车线应与正线接通。调车线是用于车列解体、编组并存放车辆的线路。车列解体是把车列中不同去向的车辆通过驼峰分别送入调车场的指定线路上；把停留在调车线上同一去向的车辆按有关规定连挂起来，编成一个新的车列的作业过程称为编组。

区段站调车线的数量和有效长度应根据衔接线路的方向数量、有调作业车数、调车作业方法和列车编组计划等确定，并符合下列规定：

每一衔接方向不少于 1 条调车线，车流大的方向可适当增加。其有效长度不小于到发线的有效长度。

本站作业车停留线不少于 1 条；设待修车和其他车辆停留线 1 条，车数不多时可与前者共用 1 条，有岔线接轨且车辆较多时可增加 1 条；有危险品车辆时，应设危险品车辆停留线 1 条。上述调车线的有效长度应按该线所集结的最大车辆数确定。

（6）牵出线

牵出线是区段站的主要调车设施。影响区段站牵出线设置的因素很多，如调车作业的多少，解编列车的性质和数量，调车作业方法，物流中心及岔线的位置和作业量的大小，站内调机的台数和作业分工等。

区段站调车场两端一般各设 1 条牵出线，如图 2-16 所示，并需明确两者的主次地位。当每昼夜解编作业量各不超过 7 列时可缓设次要牵出线。牵出线的有效长度，一般不应小于到发线的有效长度，仅进行加减轴作业时主要牵出线可适当缩短，调车作业量不大时次要牵出线可缩短为到发线有效长度的一半。当有运量较小的线路或岔线在该站接轨，其平、纵断面适合调车时，可利用其作为次要牵出线。

4. 机务设施

机务段是区段站的主要设施之一，是管理、运用和维修配属机车的基层生产单位。它应及时向车站提供良好的机车。机务段在区段站中的位置如图 2-16、图 2-17 所示。

机务设施主要指机务段和折返段。机务段内设有机车检修、整备、机车掉头等建筑物与设备，详见第 3.7 节。

5. 车辆设施

车辆设施主要是指车辆段、列车检修所和站修所。

车辆段是管理、运用和维修车辆的基层生产单位。车辆段内设有停车列检、修理、洗车、试车等设施，详见第 3.7 节。

6. 其他设施

除上述设施外，还有通信、信号、供电、照明、房屋等建筑物与设备。

2.7.5　始发站

始发站设置在高速铁路的起点、终点，主要办理旅客列车始发、终到作业及客运业务，故也常被称为始发（终到）站。列车在到发线上作业并立即折返，动车组进入动车段（所）进行检修、整备和存放。

1. 通过式

图 2-18（a）为高速铁路通过式布置的始发站图型。其上下行侧各设到发线 5 条，按照始发终到客车占用到发线时间 22min 计，高峰小时可满足 15 列以上动车组出发需要，可与衔接线路最小追踪间隔时间 3min 相匹配。为满足昼间部分客车立即折返需要，在接车端咽喉设置了顺接反发折返进路，当立即折返列车较多时，为避免折返列车切割正线，干扰正线通过列车运行，可在接车端设置立体疏解的顺接反发折返联络线或末端设置立交折返线（图中虚线所示），以疏解与顺向到达、通过列车的交叉。若车站无不停站通过列车时，图型可简化，正线和到发线间可设置中间站台。

2. 尽端式

图 2-18（b）为高速铁路尽端式布置的始发站图型，一般设置于高速铁路的起点或末端车站。尽端式布置到发线难以严格区分接车、发车进路，客车

均需折角运行，为避免上行一侧到发线发车与接车交叉干扰，根据需要可设置立体交叉的反向接车联络线（图 2-18（b）中虚线所示）。站房可结合需要设置为线侧站房、双侧站房、尽端站房或三者结合的站房。

3. 两条高铁交汇处

当两条高速铁路交汇且两条线路在该站共用一个动车段（所）时，可采用如图 2-18（c）所示的按线路别分场布置的通过式始发站图型。车站上行端跨线列车较多时可设置跨线列车联络线。为满足两线间少量折角列车运行需要，两车场间的最外侧到发线应相互连通。

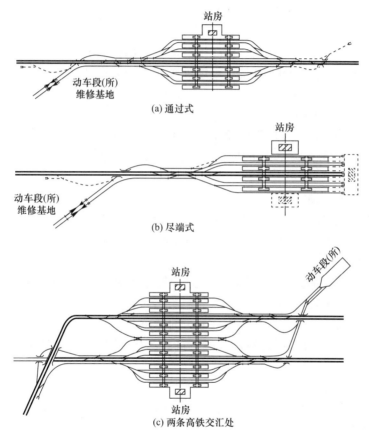

图 2-18　高速铁路始发站

4. 通过兼始发（终到）站

其主要办理高、中速旅客列车的客运业务和旅客换乘，停站、不停站的高、中速旅客列车通过作业，部分始发（终到）高速旅客列车的始发、终到作业，高速列车动车组的整备、检修作业，其功能和规模均介于中间站和始发站之间，例如京沪高速铁路的天津西站、济南站、南京南站为通过兼始发（终到）站。

2.8　编组站

编组站是铁路网上办理大量货物列车解体、编组作业，并为此设有比较完善的调车设施的车站。编组站除办理通过车流外，主要是解体和编组直达、直通、区段、摘挂及小运转等货物列车。车辆经过编组站改编后，又重新组成各种列车驶出，故编组站有"列车工厂"之称。编组站和区段站统称为技术站。

2.8.1 编组站分类

1. 按在路网中的位置和作用分类

根据在路网中的位置、作用和所承担的作业量，编组站可分为路网性编组站、区域性编组站和地方性编组站。

（1）路网性编组站

路网性编组站位于路网、枢纽地区的重要地点，承担大量中转车流改编作业，是编组大量的技术直达和直通列车的大型编组站。日均有调中转车达 6000 辆。

（2）区域性编组站

区域性编组站一般位于铁路干线交会的重要地点，承担较多中转车流改编作业，是编组较多的直通和技术直达列车的大中型编组站。日均有调中转车达 4000 辆。

（3）地方性编组站

地方性编组站一般位于铁路干支线交会或铁路枢纽地区或大宗车流集散的港口、工业区，是承担中转、地方车流改编作业的中小型编组站。日均调车达 2500 辆。

全路目前有编组站 49 个，其中路网性编组站 15 个、区域性编组站 17 个、地方性编组站 17 个。

2. 按调车设施的套数及调车驼峰方向分类

按照调车设施的套数及调车驼峰方向，编组站可以分为单向编组站和双向编组站。

（1）单向编组站

单向编组站只有一个调车场，上、下行合用一套调车设施，其驼峰溜车方向一般顺主要改编车流运行方向，只能向一个方向溜车。

（2）双向编组站

双向编组站有两个调车场，上、下行各有一套调车设施。一般情况下，两系统的调车驼峰可向两个方向溜车、调车。

3. 按车场的相互位置和数目分类

按照车场的相互位置和数目，编组站可以分为横列式编组站、纵列式编组站和混合式编组站。

（1）横列式编组站

横列式编组站的上、下行到发场与调车场横向并列排列。

（2）纵列式编组站

纵列式编组站的到达场、调车场、出发场等主要车场纵向顺序排列。

（3）混合式编组站

混合式编组站的到达场与调车场纵列，出发场与调车场横列。

2.8.2 主要作业

根据编组站在路网和枢纽内的作用和所承担的任务以及其作业对象，编组站主要办理以下几项作业：

1. 改编货物列车

这是编组站最主要的作业，包括解体列车的到达作业和解体作业，始发列车的集结、编组作业和出发作业。这几项作业的数量既多又复杂，分别在不同地点和车场办理。

2. 无调中转列车

这种列车作业比较简单，主要是换挂机车和进行列车的技术检查，办理地点只限于在到发场（或专门的通过车场）。

3. 部分改编中转货物列车

部分改编中转货物列车除进行无改编中转货物列车的作业外，有时还要变更列车牵引质量、变更列车运行方向或进行成组甩挂等少量调车作业，一般在到发场或通过车场进行。

4. 本站作业车

本站作业车是指到达本站及工业企业线或段管线内进行货物装卸或倒装作业的车辆。其作业过程比改编中转列车增加了送车、装卸及取车三项作业，其中重点是取送车作业。

5. 机务作业

这项作业与区段站的机务作业基本相同，包括机车出段、入段、段内整备及检修作业。

6. 车辆检修

编组站内的车辆检修作业包括在到发线上进行的车列技术检查及不摘车维修；在列检或调车过程中发现车辆损坏需摘车倒装后送往车辆段或站修所进行站修；根据检修期限将货车送到车辆段进行段修。

7. 其他作业

编组站还承担多种其他作业，包括旅客乘降等客运作业；货物装卸、换装、保温车加冰加盐、牲畜车上水、清除粪便、鱼苗车换水等货运作业；军运列车供应作业等。

为了减少对编组站解编作业的干扰，确保主要任务的完成，应尽量不在编组站上办理或少办理客、货运业务。

2.8.3 布置图型

编组站内各项设施的相互位置是多种多样的，随各项设施相互位置的不同，编组站可构成不同的配置图型。

一般而言，编组站图型可分为单向和双向两类。凡上、下行改编车流共用一套调车设施完成解编作业的编组站图型，称为单向布置图。凡设有两套调车设施分别承担上、下行改编车流解编作业的编组站图型，称为双向布置图。一般情况下，两个调车驼峰应彼此相对设置。

按车场相互排列位置的不同，编组站又可分为横列式、混合式和纵列式 3 种图型。上、下行到发场与调车场并列配置的称为横列式布置图。到达场、调车场、出发场依次排列的称为纵列式布置图。部分主要车场纵列、另一部分车场横列的称为混合式布置图。

编组站布置图的基本类型，归纳起来有下列 6 种：单向横列式、单向纵列式、单向混合式、双向横列式、双向纵列式、双向混合式。

此外，我国铁路对编组站图型，在习惯上称为"几级几场"。"级"是指同一调车系统中，到达、调车、发车场在车站中轴线上纵向排列数，一级式就是指车场横列，二级式就是指到发场、调车场纵列，而三级式是指到达场、调车场、发车场顺序排列。"场"是指全站主要车场的总数，车站有几个车场，就叫几场。以下是我国常见的编组站图型。

1. 单向横列式

如图 2-19（a）所示，单向横列式编组站的上、下行到发场并列在共用调车场的两侧，为一级三场图型。机务段设在接发列车较多方向的到发场出口咽喉处，车辆段一般设在调车场尾部附近的适当地点。

这种编组站的优点是站坪长度较短，车场较少，管理方便；缺点是解编车列往返转线次数多、距离长。这种编组站适用于上、下行解编作业量均衡、日均作业车在 5000 辆以下的解编作业量不大或站坪长度受到限制，远期无大发展的中、小型编组站。

2. 单向纵列式

如图 2-19（b）所示，单向纵列式编组站各衔接方向共用的到达场、调车场和出发场依次纵向排列。机务段通常设在出发场附近反驼峰方向通过车场的外侧，车辆段可设在调车场尾部任意一侧。

这种编组站图型为三级三场，其优点是改编能力大、站内交叉少、通过能力大、线路使用灵活，宜于实现全站作业自动化。缺点是反驼峰方向改编列车走行距离长、占地较多、工程投资大。这种编组站适用于单一方向车流，顺驼峰方向改编车流较大，解编作业量大（日均作业量在 8000～10000 辆）的大型编组站。

3. 单向混合式

如图 2-19（c）所示，单向混合式编组站衔接各方向线路设置，共用到达场，到达场与调车场纵列布置，上、下行出发及通过车场并列在共用调车场的两侧。机务段一般设在靠近到达场顺驼峰方向的右侧，车辆段一般设在调车场尾部附近的适当地点。

这种编组站图型为二级四场，其优点是顺、反方向改编列车均在峰前场到达，避免了牵引定数较大的到解列车整列牵出的困难，与纵列式图型相比，站坪长度较短，可以减少工程量。缺点是编成车列转场的距离长，调车场尾部牵出线的能力受到一定限制。这种编组站适用于上下行解编作业量均衡、日均作业车在 5000～8000 辆，解编作业量较大或解编作业量大而地形条件困难的大、中型编组站。

4. 双向混合式

如图 2-19（d）所示，双向混合式编组站双方向均为到达场与调车（编发）场纵列、出发场及通过车场在调车（编发）场外侧横列。机务段设在车站一端到达场一侧，另一端可预留第二套机车整备设施的用地。车辆段设在任一调车场尾部附近的适当地点。

这种二级四场式编组站的优点突出，解编能力较大，两方向的改编车流在站内的作业行程较短，通过列车的成组甩挂比较方便。其主要缺点是：增加投资和折角车流的重复作业，维修管理方面的运营支出大。这种编组站一般适用于上下行解编作业量均衡且较大、日均作业车在 10000～14000 辆，或解编作业量大而地形条件受限制且折角车流较少的大型编组站。

5. 双向纵列式

如图 2-19（e）所示，双向纵列式编组站双方向均为到达场、调车场和出发场纵列配置，并组成两个相应并列的独立系统，是规模和能力最大的编组站。机务段一般布置在两改编系统之间，并靠近机车出入段次数较多的一端，车辆段可设在两改编系统之间调车场的附近。

三级六场式编组站的主要优点是两个方向作业流水性都很好，进路交叉少，具有强大的通过能力和改编能力；主要缺点是工程费用高、占地面积大、车站定员多和折角车流需要重复作业。这种编组站适用于上下行解编作业量均衡且规模大、日均作业车在 20000～24000 辆，折角车流在总改编车流中所占的比例较小（不大于 15%），地形条件又不受限制的路网性编组站。

根据规划，武汉枢纽将以武汉北站为主要编组站，逐步弱化武昌南站解编功能，调整江南解编作业至武昌东站作业，形成"一主（武汉北）一辅（武昌东）"格局。同时考虑到枢纽主要编组站需预留一定的能力储备，结合武汉枢纽上下行各方向车流强度比较均衡的特点，武汉北编组站采用双向纵列三级六场式编组站图型，如图 2-19（f）所示。

2.8.4 主要设施

编组站的主要设施包括与调车、行车、机务、车辆、货运等有关的建筑物及设备，如图 2-19 所示。

1. 调车设施

调车设施包括调车驼峰、调车场、牵出线、辅助调车场等，用以办理列车的解体和编组作业。有关驼峰的内容详见第 4 章第 4.6 节。

2. 行车设施

行车设施主要指接发货物列车的到发场，用以办理货物列车的到达和出发作业。根据其作业量的大小和作业性质，可设置到发场或到达场、出发场（包括通过车场）。

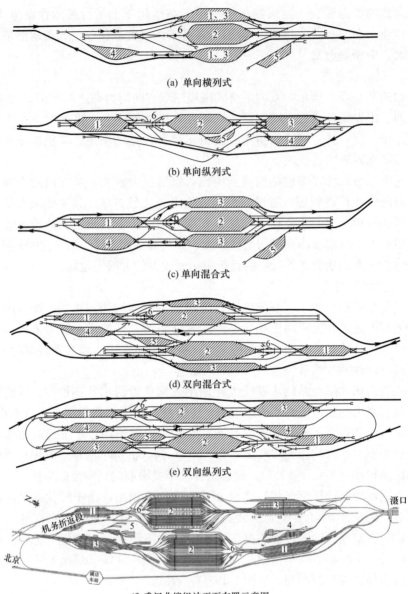

(a) 单向横列式

(b) 单向纵列式

(c) 单向混合式

(d) 双向混合式

(e) 双向纵列式

(f) 武汉北编组站平面布置示意图

图 2-19 铁路编组站图型

1—到达场；2—调车场；3—出发及通过车场；4—机务段；5—车辆段；6—驼峰

3. 机务设施

编组站一般均设有机务段，且规模比较大，供本务机车和调车机车办理检修和整备作业。为了减少另一方向机车出段、入段走行距离，双向编组站必要时还可修建第二套机务整备设施。

4. 车辆设施

编组站一般配备列检所、站修所和车辆段。

5. 货运设施

编组站一般不设专门的货运设施，按照具体情况可设零担中转站台、冷藏车加冰设备以及牲畜车、鱼苗车的上水设备等。

6. 其他设施

编组站还需配备客运、站内外连接线路、信联闭、通信以及照明等建筑物和设备。

2.9 城轨车站

城市轨道交通车站不仅要满足运营及为乘客提供高质量服务的要求，而且还要在工程造价合理的前提下与城市建设相协调。

2.9.1 车站类型

可根据技术特征、布线高程和客流量规模、运营性质等因素对城轨车站进行分类。

1. 按技术特征分类

按照技术特征的不同，城市轨道交通一般包括地铁、轻轨、有轨电车、独轨、磁浮铁路、直驱地铁等形式。其中地铁是其主要类型。相应的车站应根据其特点和要求进行设计，详见第 1 章第 1.2 节。

2. 按布线高程分类

按线路敷设方式和车站布线高程的不同，城轨车站可分为高架车站、地面车站和地下车站。

3. 按客流量规模分类

按客流量规模不同，城市轨道交通车站可分为大车站、中等车站和小车站。

4. 按运营性质分类

按运营性质和车站规模的不同，城轨车站可分为中间站、中间折返站、换乘站和始发（终到）站，如图 2-20 所示。

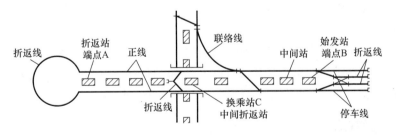

图 2-20　城轨车站平面布置示意图

2.9.2 中间站

中间站是设于城市轨道交通运营线上、仅供乘客上下车的车站。它功能单一，是城市轨道交通数量最多、最常见的车站。中间站一般只有 2 条正线。对于不同的站台方案，线路布置有所不同。

　　侧式站台的 2 条正线布置于两个站台之间，不需要进行线间距加宽，如图 2-13(a)、图 2-21(a) 所示。因此，车站正线和区间正线能够直线相连，有利于列车进出车站。

　　岛式站台的 2 条正线布置于站台两侧，如图 2-20、图 2-21(b) 所示。由于岛式站台有一定的宽度，导致站内两正线的线间距较大，这就需要在车站范围内进行线间距加宽，在车站正线和区间正线之间设置曲线进行过渡，因而会使列车进出车站的速度受到限制。

　　在某些大站快线线路，为配合慢车待避快车而在车站正线两侧修建配线，构成两台四线、岛式站台的平面配置方式，如图 2-21(c) 所示。

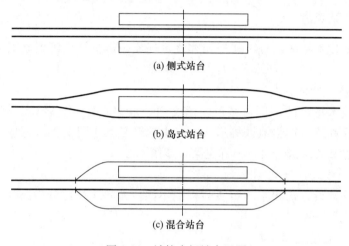

(a) 侧式站台

(b) 岛式站台

(c) 混合站台

图 2-21　城轨中间站布置图

2.9.3　中间折返站

　　中间折返站主要设于行车密度不同的线路交界处，因某一方向的到发客流较大而需设置列车折返设施，以满足列车开行的合理组织，如图 2-20 中的 C 站。中间折返站除具有中间站的基本功能外，还能办理区间列车的终到折返与始发作业。

　　中间折返站的站场布置与中间站相比，只是多了道岔和渡线等折返设施，利用其可完成列车改变线路和改变运行方向的作业。其折返方式有站前折返和站后折返、单渡线折返和双渡线折返。单渡线折返如图 2-22(a) 所示。

2.9.4　换乘站

　　换乘站位于 2 条及以上的线路交叉处，能为乘坐不同线路列车的乘客提供换乘服务，如图 2-20 中的 C 站。因此，换乘站需要设置方便不同线路乘客的换乘设施。

　　换乘站的站场布置需要考虑 2 条线路的连接和乘客换乘。其换乘方式有同站台换乘、结点换乘、站厅换乘、通道换乘等。其换乘方式直接影响车站的布置方式。

2.9.5 始发（终到）站

始发（终到）站往往位于线路的两端，需要办理大量的列车始发和终到折返作业。同时，为方便列车的出入库作业，要设置进、出车辆段（车库）的联络线。

始发（终到）站的站场布置主要取决于折返线的布置和站台形式。

对于图 2-22(b) 所示的站前折返，由于终到列车与始发列车存在一定的干扰，因此在始发（终到）站一般不采用这种方式，只有在车站的地理位置没有线路延伸空间时才采用。

站后折返线折返是常用的站场布置形式，列车折返不掉头，这种方式的终到列车与始发列车相互干扰少，不仅能满足基本折返能力的需求，同时占地较少，还可利用站后折返线进行列车运行调整。

站后折返又分为折返线折返和环行线折返两种形式。岛式站台站后折返如图 2-22(c) 所示。环行线站后折返形式是在站后修建环行线，列车在环行线上掉头，如图 2-20 的左端环线所示。该折返方式折返能力大，且不需要铺设道岔，但占地面积较大、线路半径小，导致列车走行单侧磨耗大、不利于线路延长等，我国通常不采用这种折返方式。

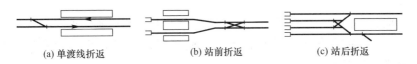

(a) 单渡线折返 　　　　(b) 站前折返 　　　　(c) 站后折返

图 2-22 城轨车站折返布置图

2.9.6 车站布置

车站布置是在车站线路布置确定的情况下，根据车站所在地的地面及地下情况，根据车站区域功能分工，合理布置车站建筑设施。车站总体布置的原则是力求紧凑，能设于地面的设施应尽量设于地面，以降低造价。

车站总体布局应按照乘客进出车站的活动顺序，合理布置进出站的流线，使其简捷、通畅，不发生干扰，为乘客创造便捷、舒适的乘降环境。如图2-23所示为双跨地下侧式车站平面和横断面布置图。

2.9.7 车辆段及停车场

每条城市轨道交通线都应设置一个车辆段，若线路较长则应增设一个停车场。车辆段和停车场除了线路较多、需要大量占地外，办公用房和其他相关设施也要占用不少的土地，因而车辆段与停车场的位置不易设在市区内，一般设于市郊。

车辆段由于线路较多，其站场布置要比一般车站复杂得多，总体上可分为咽喉部分、线路部分和车库部分。咽喉部分由出入段线和多组道岔组成；线路部分包括停车线、洗车线、牵出线、试运行线和材料线等各种不同用途

74

的线路；车库部分是指车辆段内的车辆检修线和相应检修设施。因车辆的检修工序不同，其车库分为停车库、定修库和架修库。

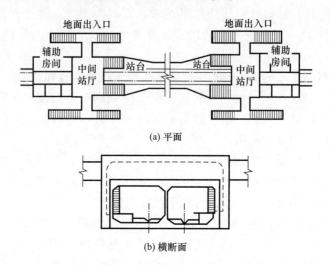

图 2-23 双跨地下侧式车站平面、横断面布置

与车辆段相比，停车场一般没有定修库和架修库，而其他设施的布置则基本一致。

车辆段和停车场的平面布置形式通常有贯通式和尽头式两种，如图 2-24 所示是一个贯通式车辆段的布置图。平面布置内容包括出入口布置、风亭（井）布置、冷却塔设置等。

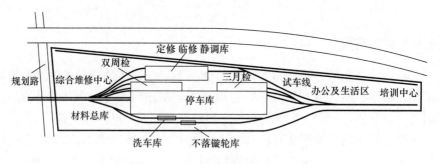

图 2-24 贯通式车辆段平面布置图

思考题及习题

1. 简述车站规划的原则和基本要求。

2. 简述四阶段法和弹性系数法的主要原理和步骤。

3. 行车组织包括哪些工作内容？

4. 简述车流量、列车编组辆数计算的主要内容和基本方法。

5. 车站选址应主要考虑哪些影响因素？

6. 中间站分布的基本要求是什么？

7. 各类车站的站间距离多少比较合适？

8. 从车站作业和规模角度划分，铁路车站共分为哪几种类型？

9. 中间站、会让站、越行站在作业和设施上的区别有哪些？

10. 试绘出单线横列式中间站、区段站的平面布置图型。

11. 中间站需设置哪些主要设施？简述中间站客运、货运和线路设施的配置内容及原则。

12. 中间站有哪些线路，其作用是什么？

13. 普通铁路、重载铁路、高速铁路、城际铁路、城轨中间站有哪些异同点？

14. 区段站在路网上的分布取决于哪些因素？

15. 分析横列式、纵列式、客货纵列式区段站布置图各存在哪些优缺点？说明各自的适用条件。

16. 区段站包括哪些客货运设施？

17. 编组站的主要任务是什么？

18. 根据编组站在路网中的位置、作用和所承担的作业量，编组站分为哪几类？各有何特征？

19. 编组站在作业和设施配置上与区段站有何异同点？

20. 试述单向和双向编组站布置图的主要优缺点及采用条件。

21. 简述城轨车站的类型和站场布置要点。

22. 某Ⅰ级单线铁路，单面坡紧坡地段，$i_x = 6‰$（$\Delta i = 0.8‰$），$i_z = 1.5‰$，站坪位于直线上，采用韶山3型电力机车牵引，半自动闭塞，$t_{WF(i)} = 21\text{min}$，$t_{WF(z)} = 1.6\text{min}$，要求远期年输送能力不小于25Mt（其中包括零担列车1对/天，摘挂列车1对/天），旅客列车6对/天。

试求：（1）紧坡地段允许最大站间往返走行时分 $(t_W + t_F)_{max}$ 是多少？

（2）站间距离 L_y 和相邻站高差 h 是多少？

第3章
站 场 设 施

本章知识点

> 【知识点】站场路基面宽度、形状、路肩高程、路基边坡等的定义及参数取值，站台分类及特点，雨棚分类和设计特点，跨线设施的类型和设计特点，物流中心的组成及设计特点，列车设施的组成和相互区别，闭塞方式的类型和适用条件，出站信号机和警冲标位置确定，安全线、脱轨器、避难线等安全隔开设施的种类及设置条件。
>
> 【重　点】出站信号机和警冲标位置确定。
>
> 【难　点】客货共线铁路、高速铁路、城轨站场设施的共同点和不同点。

车站的站场是列车停靠、旅客乘降、货物装卸和列车解编的场所。站场设施直接影响车站能力、运输效率、行车安全、旅客舒适和运输方便。

站场建筑主要包括站场线路与站场设施两大类部分。本章站场设施主要介绍除了线路之外的其他站场设施，包括站台、雨棚、物流中心、跨线设施及其他设施，这些是完成铁路客货运输不可或缺的设施。而站场部分的核心内容则为站场线路，将在第 4 章介绍。

3.1　概述

站场设施是设在站场内用于运输生产和各种技术作业的建筑物和设备。

3.1.1　站场设施分类

站场设施主要包括下述几种类型。

1. 基础设施

其主要包括站场轨道、路基、取送货物的道路及停车场、给水排水等建筑物与设备。

2. 客运设施

其主要包括用于旅客运输的站台、雨棚、人行天桥、地下通道等建筑物与设备。

3. 货运设施

其主要包括用于货物运输的物流中心、站台、雨棚、货场、仓库、堆放场、装卸场、行包房等建筑物与设备。

4. 其他设施

其主要包括为机车、车辆、动车组、信号、供电、安全等运营及维护服务的建筑物与设备。

3.1.2 接口设计

站场内不光设置有轨道、路基、桥梁、站台、货场等与客货运输密切相关的站前建筑物，还设有电缆、信号、排水、栅栏等站后设备。这些设施是一个有机的整体，它们之间的接口应事先设计好。

站场范围的柱、网及综合管线布局应系统设计、综合考虑，并与站场布置相协调。

站内路基与区间路基接口处的设计宽度应有机衔接，车站与区间路基防护及绿化标准应协调统一。

站内与区间地段、路基与桥梁或涵洞地段的电缆槽，应根据电缆槽铺设的技术要求合理衔接。

电缆沟槽、管线过轨、检查孔等站后设施应与站场路基同步设计、同步施工。

站内路基宽度应符合电缆沟槽和声屏障等设施的设置要求。

站场内基础为金属结构的车站站台面、雨棚、栅栏及闸机等应根据有关技术要求，接入综合贯通地线。

在排水方面，站场排水应与区间排水设施有机衔接；站场排水系统应结合桥涵设置、铁路排水管网、城市排水系统综合设计；站场排水引入桥涵时，入口高程应高于桥涵处的排水出口高程；接触网及雨棚等支柱设置在站内有排水槽（沟）的线间时，有关支柱基础与排水槽（沟）应统一设计。

旅客进出站通道应与站内路基同步设计、同步施工，通道的位置及高程应符合设置站内排水槽、电缆槽等管线铺设的技术要求。

3.2 基础设施

站场基础设施包括站场轨道、路基、给水排水设施、取送货物的道路及停车场等设施。

3.2.1 轨道

与区间线路一样，有砟轨道的站场轨道也是由钢轨、轨枕、道床所组成，如图 3-1 所示。不同之处为，在站场内铺设了大量的道岔。本节主要针对客货共线铁路进行讨论。

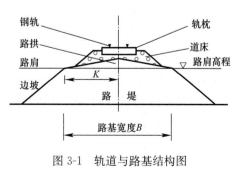

图 3-1 轨道与路基结构图

1. 钢轨

钢轨是轨道结构的直接受力部分，它引导机车、车辆、动车组车轮前进，承受车轮的巨大作用力并将其传递给轨枕及以下轨道结构。

钢轨类型一般按取整后的每米钢轨质量（kg/m）来分类。目前我国使用的标准钢轨有 75kg/m、60kg/m、50kg/m、43kg/m 等类型。

（1）铁路

除了重载铁路之外，目前我国新建高速铁路、城际铁路、客货共线铁路等的正线都选用 60kg/m 钢轨。

到发线采用的钢轨类型一般参考正线标准选用。由于列车在到发线上停站或者列车通过速度比正线低，对于使用率较低的到发线，可采用比正线轻一级的钢轨，如 50kg/m 或 43kg/m 新轨或再用轨。

目前我国生产的钢轨有 12.5m、25m、50m 和 100m 长度的标准轨。当站线为无缝线路时，应采用 100m 定尺长钢轨；为有缝线路时，应采用 25m 定尺钢轨；到发线宜采用 25m 标准长度的钢轨；其余站线可采用 12.5m 标准长度的钢轨。

新建和改建客货共线铁路站线的同一条线路应铺设同一类型的钢轨。在困难条件下，除使用铁鞋制动的调车线外，其余站线可铺设两种不同类型的钢轨，并宜采用异型钢轨连接。

（2）地铁

我国地铁的正线及配线钢轨一般采用 60kg/m 钢轨，车场线宜采用 60kg/m 钢轨。

2. 轨枕

轨枕是置于钢轨之下和道床之上的轨道结构。轨枕的功用是保持钢轨的位置、方向和轨距，并将它承受的来自钢轨的力均匀地分布到道床上，如图 3-1所示。

轨枕的种类按材质可分为混凝土枕、木枕和钢枕 3 类。我国目前主要使用混凝土轨枕。

（1）铁路

我国客货共线铁路线上使用的混凝土枕有Ⅰ型、Ⅱ型、Ⅲ型普通混凝土枕，还有砟桥面用预应力混凝土枕，混凝土宽枕；道岔地段 60kg/m 钢轨 9号、12 号混凝土岔枕以及为提速线路研制的 60kg/m 钢轨 12 号单开、交叉渡线固定辙叉和 12 号、18 号单开可动心轨辙叉提速混凝土岔枕，也可使用 50kg/m 钢轨 9 号、12 号预应力混凝土岔枕等。

客货共线铁路车站道岔地段，除一些特殊情况外，应优先选用混凝土岔枕道岔。

（2）地铁

有砟道床地段一般采用预制钢筋混凝土轨枕，无砟道床地段一般采用钢筋混凝土轨枕。

3. 道床

道床是轨枕的基础，其类型包括以松散道砟组成的道床、用混凝土灌筑的整体道床和沥青等加工材料灌筑的沥青道床等。

站内道床宽度应根据线路数量和线间距确定，但在编组站、区段站上经常有调车作业和列检车作业的调车线、到发线、牵出线、客车整备所的客运及技术整备线及其外侧或扳道作业或调车作业繁忙的咽喉区范围内，为了作业的安全与便利，又不影响排水，应采用渗水性材料将线路道床间及最外线路外侧的洼垄填平。

（1）铁路

铁路车站内到发线及其余站线应采用无砟轨道；高架车站、地下车站或站台范围内设架空层的客车到发线可采用无砟轨道；正线为无砟轨道时，与正线相邻的到发线可采用无砟轨道。特大型、大型客运站的客车到发线及其他车站接发动车组列车的到发线应采用无缝线路。

高速铁路在区间线路上大多使用无砟轨道，但在车站范围内，大多数仍使用传统道床。

正线的轨道类型参见轨道工程教材有关内容。站线有砟轨道类型及设计标准应根据站线的用途按表 3-1 选用。

（2）地铁

地铁地下线、高架线、地面车站一般采用无砟轨道，地面线一般采用有砟轨道，车场库内线一般采用无砟轨道。正线及配线上同一曲线地段一般采用同一种道床结构形式。

各种轨道结构高度可根据隧道结构、轨道结构和路基的实际情况，在保证道床厚度的条件下确定。正线、配线的轨道结构高度，当采用矩形隧道、单线马蹄形隧道、单线圆形隧道时分别为 560mm、650mm、740mm，当采用高架桥无砟轨道时为 500～520mm，当采用木枕或混凝土枕的有砟轨道时为700～950mm；车场线的轨道结构高度，当采用木枕或混凝土枕的有砟轨道时为 580～625mm，在车场库内为 500～600mm。

站线有砟轨道设计标准 表 3-1

项目		单位	到发线							驼峰溜放部分线路	其他站线	
			无缝线路			有缝线路					高速、城际	重载、客货共线
			高速铁路	城际铁路	客货共线铁路	城际铁路	客货共线铁路	重载重车	重载轻车			
钢轨		kg/m	60			50	60、50	60	50	50	50	
扣件		—	弹条Ⅱ型			弹条Ⅰ型	弹条Ⅱ型、Ⅰ型	重载专用	弹条Ⅰ型	弹条Ⅰ型	弹条Ⅰ型	
轨枕	混凝土枕 型号	—	Ⅲ	新Ⅱ	Ⅲ	新Ⅱ	新Ⅱ	Ⅲ	新Ⅱ	重载专用	新Ⅱ	新Ⅱ	新Ⅱ
	铺枕根数	根/km	1667	1760	1667	1760	1520	1760～1520	1680	1600	1520	1440

项目	单位	到发线							驼峰溜放部分线路	其他站线	
		无缝线路			有缝线路					高速城际	重载、客货共线
		高速铁路	城际铁路	客货共线铁路	城际铁路	客货共线铁路	重载重车	重载轻车			
道砟材质	—	一级	一级	一级	一级	一级	一级	一级	一级	一级	一级
顶面宽度	m	3.4	3.3	3.4	3.3	2.9	3.0	2.9	3.1	2.9	2.9
道床 厚度 土质路基 双层 面砖	cm	—	—	—	—	20	—	—	25	—	—
道床 厚度 土质路基 双层 底砖	cm	—	—	—	—	20	—	—	20	—	—
道床 厚度 土质路基 单层 道砟	cm	35	30	35	30	35	35	35	35	25	25
道床 厚度 硬质岩石路基 单层 道砟	cm	35	30	30	30	25	25	25	25	25	20
道床 厚度 级配碎石或级配砂砾石基床 单层 道砟	cm	35	30	30	30	25	25	25	—	—	—
边坡	—	1∶1.75	1∶1.75	1∶1.75	1∶1.5	1∶1.5	1∶1.5	1∶1.5	1∶1.5	1∶1.5	1∶1.5

注: 1. 到发线包含到达线、出发线和编发线,下同;
　　2. 驼峰溜放部分线路系指自峰顶至调车线减速器或脱鞋器出口的一段线路;
　　3. 其他站线系指调车线、牵出线、机车走行线及站内联络线。

有砟道床厚度是指直线、曲线地段内股钢轨部位的轨枕底面与路基基面之间的最小道砟层和底砟层的总厚度。有砟轨道地段正线及配线,当下部结构为非渗水土路基时采用双层道砟,最小道床厚度为 450mm(其中道砟 250mm、底砟 200mm),当下部结构为岩石、渗水土路基或混凝土结构时采用单层道砟,道床最小厚度为 300mm。

4. 道岔

为了保证列车能够由一条线路进入或跨过另一条线路,在铁路车站需铺设线路连接设备。在线路连接设备中,使用最广泛的是道岔。

(1) 道岔种类

道岔种类很多,常用的有单开道岔、对称道岔、三开道岔及交分道岔 4 种。

单开道岔的主线为直线,侧线由主线向左侧或右侧岔出,分为左开、右开两种形式,如图 3-2(a)所示。它由尖轨和转辙器部分、辙叉和护轨部分及连接部分组成,其几何要素如图 3-2(b)所示。单开道岔是线路连接中采用较多的一种道岔,约占各类道岔总数的 90% 以上。为了提高单开道岔的过岔速度,除采用辙叉号数较大的道岔外,还可采用活动心轨辙叉,从根本上消灭道岔的有害空间。

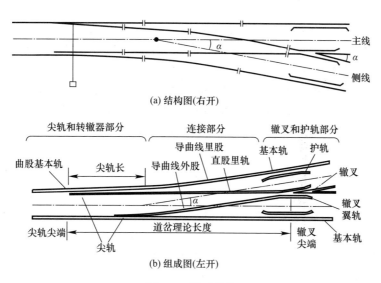

(a) 结构图(右开)

(b) 组成图(左开)

图 3-2　单开道岔

（2）道岔中心线表示法

在车站设计中，通常用道岔处两线路中心线及其交点表示道岔，该交点 O 称为道岔中心，如图 3-3 所示的上半部分。

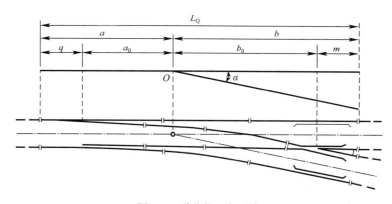

图 3-3　道岔的几何要素

q—尖轨前基本轨长，从道岔基本轨始端轨缝至尖轨始端的距离；a_0—从尖轨始端至道岔中心的距离；

a—从基本轨始端轨缝中心至道岔中心的距离；b_0—从道岔中心至辙叉理论尖端的距离；

m—辙叉后跟长，从辙叉理论尖端至辙叉后跟轨缝的距离；b—从道岔中心至辙叉后跟轨缝的距离；

L_Q—道岔全长，从道岔基本轨始端轨缝至辙叉后跟轨缝的距离；α—道岔辙叉角

（3）道岔号码及选用

1）道岔号码

道岔的辙叉号码 N 可用辙叉角 α 的余切来确定，即：

$$N = \cot\alpha \qquad\qquad (3-1)$$

辙叉号码 N 越大，辙叉角 α 越小，导曲线半径越大，侧向过岔允许速度就越高。但 N 越大，则道岔全长越长，占地长度也越长，工程费用也越高。

2）客货共线铁路道岔号码选用

客货共线铁路站场道岔辙叉号码应尽量取得大些，并按以下规定选用：

① 正线道岔的列车直向通过速度不应小于设计速度。

② 列车直向通过速度为 100~160km/h 的路段内，正线道岔不应小于 12 号道岔。在困难条件下，改建区段站可采用 9 号道岔。

③ 列车直向通过速度小于 100km/h 的路段内，侧向接发列车的会让站、越行站、中间站的正线道岔不应小于 12 号道岔，其他线路可采用 9 号道岔。

④ 列车侧向通过速度大于 80km/h，但不大于 160km/h 的单开道岔，可采用 42 号道岔。

⑤ 列车侧向通过速度大于 50km/h，但不大于 80km/h 的单开道岔，不应小于 18 号道岔。

⑥ 列车侧向通过速度不大于 50km/h 的单开道岔，不应小于 12 号道岔。

⑦ 侧向接发旅客列车的道岔，不应小于 12 号道岔，在困难条件下，非正线上接发旅客列车的道岔，可采用 9 号对称道岔。

⑧ 其他线路的单开道岔或交分道岔不应小于 9 号道岔。

⑨ 驼峰溜放部分应采用 6 号对称道岔和 7 号对称三开道岔；改建困难时，可保留 6 号对称道岔。到达场入口、调车场尾部、物流中心及段管线等线路上，必要时可采用 6 号对称道岔。

3）高速铁路道岔号码选用

客运专线以及高速铁路的列车运行速度高，行车密度大，应采用高于客货共线铁路站场的道岔号码，具体要求如下：

① 正线道岔的直向通过速度不应小于设计速度。

② 正线与跨线列车联络线连接的单开道岔应根据列车通过速度确定，选用侧向允许通过速度为 160km/h 或侧向允许通过速度为 220km/h 的道岔。跨线列车联络线接轨于车站且列车均停站时，可采用侧向允许通过速度为 80km/h 的 18 号道岔，高速铁路应采用高速道岔。

③ 车站咽喉区两正线间渡线应采用侧向容许通过速度为 80km/h 的道岔，在高速铁路上应为高速道岔。困难条件下，大型车站改扩建工程可采用 12 号道岔。

④ 正线与到发线连接的单开道岔应采用侧向容许通过速度为 80km/h 的 18 号道岔，在高速铁路上应为高速道岔。

⑤ 到发线与到发线连接应采用侧向容许通过速度为 80km/h 的 18 号单开道岔。困难条件下，全部或绝大多数列车均停站的个别车站以及改扩建大型站可采用 12 号道岔。

⑥ 动车、养护维修列车等走行线在到发线上连接时应采用不小于 12 号道岔。段管线、维修线在到发线上出岔时，可采用 9 号道岔。

⑦ 位于动车段（所）内到发停车场到达（出发）端外方的道岔，宜采用 12 号道岔，困难条件下可采用 9 号道岔；其他采用 9 号道岔。

为了保证行车平稳以及延长道岔的使用寿命，道岔地段的轨型应与两端线路轨型一致，当直向通过速度大于等于 160km/h 时，应采用可动心轨道岔。

常用单开道岔尺寸见表 3-2。

常用单开道岔尺寸 表 3-2

道岔号码	辙叉角 α	导曲线半径 $R(mm)$	道岔始端至道岔中心距离 $a(mm)$	尖轨前基本轨长 $q(mm)$	道岔中心至辙叉跟段距离 $b(mm)$	道岔全长 $L_Q(mm)$	侧向通过道岔允许速度 $v(km/h)$
9	$6°20'25''$	180000	13839	3520	15730	29569	30
12	$4°45'49''$	350000	16592	2920	21208	37800	50
18	$3°10'47.4''$	800000	22745	3837	31255	54000	75
客专 18	$3°10'47.4''$	1100000	31729		37271	69000	80
客专 42	$1°21'50.13''$	5000000	60573		96627	157200	160
客专 62	$0°55'26.56''$	8200000	70784		130216	201000	220

注：钢轨类型为 60kg/m。

4）地铁道岔号码选用

地铁正线道岔的列车直向允许通过速度不应小于区间设计速度，侧向允许通过速度不应小于 30km/h。正线道岔一般用 12 号道岔，配线道岔一般采用 9 号道岔，车场线一般选用 7 号道岔。

（4）道岔配列

设计车站时，为了缩短车站咽喉长度以及列车站内走行距离，并节省工程投资及运营费用，相邻道岔应力求排列紧凑。但如果两岔心间距离太短，则会影响行车的安全、平稳及道岔使用年限。为此需确定两相邻道岔间的最小距离。该距离与道岔配列的形式及其办理的作业性质有关。

相邻道岔间常常需插入直线段，或称短轨，其目的是减少列车过岔时的剧烈冲撞和摇晃，以保证列车运行安全和提高旅客的舒适度。正线上行车速度较高，其插入的直线段长度应较长，到发线可稍短，其他站线和次要站线因无正规列车通过，且行车速度较低，一般可不插入短轨。

常见的配列形式有如下几种：

1）在基线异侧、同侧布置两个对向道岔（简称基异对、基同对）

在基线异侧、同侧布置两个对向的道岔布置见表 3-3。

两相邻道岔间的最小距离应为：

$$L = a_1 + f + a_2 + \Delta \tag{3-2}$$

式中 a_1——从第一组道岔基本轨起点到道岔中心的距离（m）；

a_2——从另一组道岔基本轨起点到道岔中心的距离（m）；

f——两对向道岔基本轨起点间插入的直线段长（m，按轨缝中心计），如表 3-3 所示；

Δ——一个轨缝的长度（m），对于 25m 或 12.5m 标准轨取 0.012m，12.5m 以下的短轨按 0.008m 计。

2）在基线异侧布置两个顺向道岔或在基线支线上布置两个顺向道岔（简称基异顺、基支顺）

这种情况下，两道岔间插入钢轨最小长度 f 如表 3-3 所示。

两单开道岔间插入钢轨的最小长度 f（m） 表 3-3

两对向道岔间			有列车同时通过两侧线		无列车同时通过两侧线
道岔布置		线别	一般情况	特殊情况	
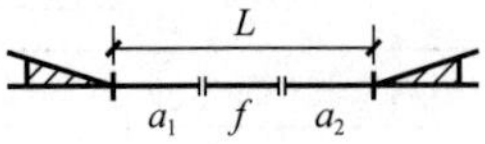 基同对	正线	直向通过速度 $v>120$km/h	—	—	12.5 (25.0)
		直向通过速度 $v\leqslant120$km/h	—	—	6.25 (25.0)
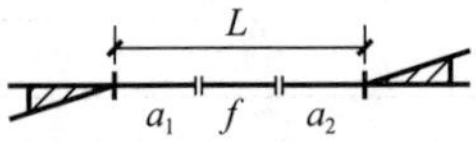 基异对	正线	直向通过速度 $v\leqslant120$km/h	—	—	6.25 (25.0)
		直向通过速度 120km/h$<v$ $\leqslant160$km/h	12.5 (25.0)	12.5 (25.0)	12.5 (25.0)
		直向通过速度 $v>160$km/h	25.0 (50.0)	12.5 (32.0)	12.5 (25.0)
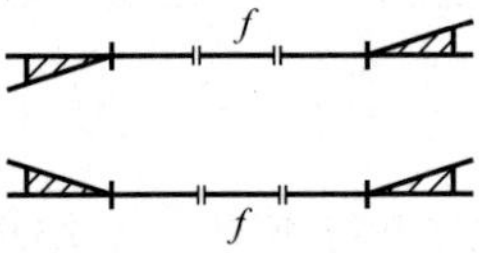	到发线	直向通过速度 $v\leqslant120$km/h	12.5 (25.0)	6.25 (25.0)	6.25 (25.0)
		货车	6.25	6.25	0
	其他站线	客车	12.5	12.5	
		货车	—	—	0

两顺向道岔间			混凝土岔枕道岔	
线别		线别	一般情况	特殊情况
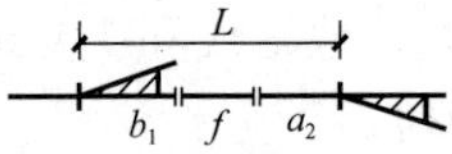 基异顺	正线	直向通过速度 $v>160$km/h	25.0(25.0)	12.5(25.0)
		直向通过速度 120km/h$<v\leqslant160$km/h	12.5(25.0)	12.5(25.0)
		直向通过速度 $v\leqslant120$km/h	12.5(25.0)	8.0(25.0)
		到发线	12.5(25.0)	8.0(12.5)
	其他站线	客车	12.5	8.0
		货车	8.0	6.25
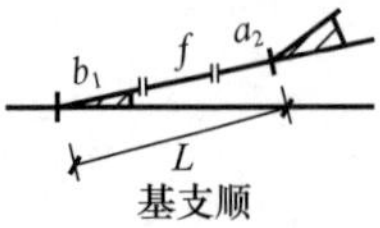 基支顺		到发线	12.5(25.0)	8.0(12.5)
	其他站线	客车	12.5	8.0
		货车	8.0	6.25

注：表中 v 为路段设计速度；括弧内数字为股道采用 18 号道岔时的最小长度。

采用表 3-3 这两种形式时，两道岔间最小距离应为：

$$L = b_1 + f + a_2 + \Delta \qquad (3-3)$$

式中 b_1——从第一组道岔辙岔后跟到道岔中心的距离。

3）在基线同侧布置两个顺向道岔（简称基同顺）

在基线同侧布置两个顺向道岔如图 3-4 所示。梯线上两相邻道岔也属此种布置形式，两相邻岔心间的最小距离 L 取决于相邻线路的最小容许间距 S。其长度根据式(3-4)计算：

$$L = \frac{S}{\sin\alpha} \tag{3-4}$$

$$f = L - (b_1 + a_2 + \Delta)$$

4）在基线异侧布置两个辙岔尾部相对的道岔（简称基尾对）

在基线异侧布置两个辙岔尾部相对的道岔如图 3-5 所示。两平行线间渡线道岔的布置也属此种形式。

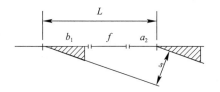

图 3-4　在基线同侧布置
两个顺向道岔

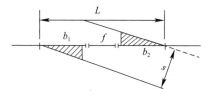

图 3-5　在基线异侧布置两个
辙岔尾部相对的道岔

此种形式的两相邻岔心间的最小距离 L 也决定于相邻线路的最小容许间距 S，其长度为：

$$L = \frac{S}{\sin\alpha_{\min}} \tag{3-5}$$

$$f = L - (b_1 + b_2 + \Delta)$$

式中　b_2——从第二组道岔辙岔后跟到道岔中心的距离。

5）高速铁路相邻道岔间插入钢轨长度

高速铁路正线上道岔若对向设置，有列车同时通过两侧线时，应插入不小于 50m 长度的钢轨；受站坪长度限制时，应插入不小于 33m 长度的钢轨。无列车同时通过两侧线时或道岔顺向布置时，可插入不小于 25m 长度的钢轨。

到发线上两道岔间，有列车同时通过两侧线时，应插入不小于 25m 长度的钢轨；特殊困难条件下，应插入不小于 12.5m 长度的钢轨。无列车同时通过两侧线时，应插入不小于 12.5m 长度的钢轨。

在计算相邻道岔岔心间的最小距离时，所需数据可参阅有关文献。相邻两道岔中心间的距离除应满足最小距离的要求外，还需满足站场线路布置几何形状的要求。

6）地铁相邻道岔间插入钢轨长度

地铁线路两道岔间应设置直线段钢轨连接，其钢轨长度不应小于表 3-4 的规定。

地铁道岔间插入钢轨最小长度（m）　　　　　　表 3-4

道岔布置相对位置		线别	插入钢轨长度 f（按轨缝中心）	
			一般地段	困难地段
两组道岔前端对向布置	f	正、配线	12.5	6.0
		车场线	4.5	3.0
两组道岔前后顺向布置	f	正、配线	6.0	4.5
		车场线	4.5	3.0

续表

道岔布置相对位置		线别	插入钢轨长度 f（按轨缝中心）	
			一般地段	困难地段
两组道岔根端对向布置	f	正、配线	6.0	6.0
		车场线	4.5	3.0

3.2.2　路基

铁路路基是为满足轨道铺设和运营条件而修建，是经过开挖或填筑而形成的土工建筑物。它是轨道（钢轨、轨枕、道床）的基础，承受着轨道及列车的荷载，并将荷载传递至地基。

站场路基具有面积大、投资大等特点，应结合地形、地质、水文、气象等条件，并考虑排水设备的要求和农田水利的需要进行设计。站内正线或进出站线路路基标准应与区间正线相同。客货共线铁路路基的路基填料和压实度应按Ⅱ级铁路路基标准设计。

1. 路基面宽度

为了轨道的铺设而设置的作业面称为路基面。路基宽度等于道床覆盖的宽度与两侧路肩宽度之和，如图 3-1、图 3-6（a）所示。车站范围内的路基面宽度 B，应根据线路数目按式（3-6）确定：

$$B=K_1+\sum E_i+K_2 \tag{3-6}$$

式中　K_1、K_2——最外侧线路中心线至路基边缘（路基面和两侧边坡的交点），可按表 3-5 选用；

　　　　E_i——各线间距。

外侧线路中心至路基边缘宽度表　　　　　　表 3-5

线路名称			距离（m）
客货共线铁路	一般站线	$v\leqslant160km/h$	≥3.0
		$160km/h<v\leqslant200km/h$	≥3.1
	梯线		≥3.5
	牵出线有调车人员上下一侧		≥3.5
	驼峰推送线无摘钩作业一侧		≥4.0
	驼峰推送线有摘钩作业一侧		≥4.5
客运专线	到发线		≥4.6
	其他线路		≥3.5

站内单线（如联络线、机车走行线和三角线等）的路基面宽度，对于速度不大于 160km/h 的客货共线铁路，非渗水土路基不应小于 5.6m，岩石、渗水土路基不应小于 4.9m；速度为 200km/h 的客货共线铁路，非渗水土路基不应小于 5.6m，渗水土路基不应小于 5.0m。高速铁路站线路肩宽度不应小于 0.6m。

凡是通过正规列车的联络线，路基面宽度与所连接的正线标准相同。

按上述方法确定的路基宽度，如遇下列情况应进行加宽：曲线地段；路基边缘设有扳道房，或现有宽度不能满足埋设接触网支柱、信号机柱、电缆沟槽及其他设备的需要时；机械化养路区段对路基有加宽要求时。

2. 路基面的形状

站内正线和单独线路处路基的形状按区间正线路基的设计方法和标准考虑。

站场路基面应有一定的横向坡度，以保证及时排走路基面上的雨水、雪水，保持路基干燥。车站路基面的形状应根据路基宽度、排水要求、路基填挖等情况，可将中间站、会让站、越行站等线路较少的车站路基设计为单面坡或双面坡，站线数量较多的编组站、区段站等站场路基横断面宜采用锯齿形坡，如图 3-6 所示。

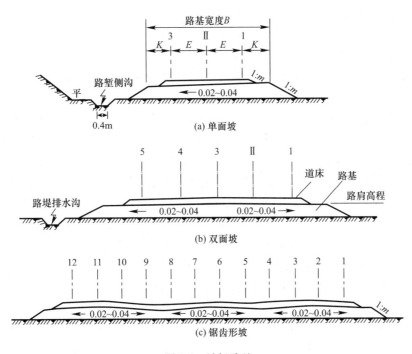

图 3-6 站场路基

（1）铁路

站场横向坡度可根据填土及道砟的种类、降雨量以及同一坡面上的线路数量而定，对路段设计速度不大于 160km/h 的客货共线铁路，其车站横向坡度及坡面最大线路数一般可采用表 3-6 中的标准。

路基面横向坡度及线路数量   表 3-6

基床岩土种类	地区年平均降水量 （mm）	横向坡度 （%）	一个坡面最多线路数 （条）
块石类、碎石类、砾石类、砂类土 （粉砂除外）	＜600	2～4	4
	≥600	2～4	3
除上述外其他土质	＜600	2～4	3
	≥600	2～4	2

注：横向坡度为零时，其线路数不受本表限制；线路较多的区段站、编组站和工业站等宜采用锯齿形坡。

88

为保证正线路基的稳定性，正线与站线路基共用时，应保证正线路基为三角形，其横坡率在时速 160km/h 客货共线铁路上为 3‰，时速 200km/h 客货共线铁路以及客运专线上为 4‰。高速铁路除正线外，到发线应设在横坡为 4‰的路基面上。

为了减少土方工程，挖方时一般采用单面坡，填方时则采用双面坡。当采用单面坡时，横向排水坡应从旅客站房、仓库或堆放场向外侧倾斜。降雨量较大及线路较多的车站可采用双面坡，其横向排水坡应由中间的线路向两侧倾斜。

（2）地铁

地铁路基面应设计为三角形路拱，应由路基中心线向两侧设 4‰的人字排水坡。曲线加宽时，路基面仍应保持三角形。

3. 路肩高程

路肩高程也称路肩标高，一般指站场的最外侧线路（包括外包正线）路基边缘的高程，如图 3-6(b) 所示。

路肩高程应保证路堤不被洪水或内涝积水所淹没。在有可能被洪水淹没地带的路肩高程，应在考虑设计水位加波浪侵袭高加壅水高的基础上再加 0.5m。当站场与河流平行，靠河一侧筑有防洪堤时，站场路基边缘的标高按内涝水位另加 0.5m 设置。站场线路所有路基的路肩高程均应高出最高地面积水或最高地下水位，高出的数值应视土中毛细水上升可能达到的高度和冻结深度而定。在易于积雪地区，新建车站的站坪应设在路堤上，路堤高度不小于当地 10 年每年最大积雪厚度的平均值。不论何种情况，路堤高度不应低于 0.6m。

为避免机动车误入铁路线，对于与车站道路平行的正线、联络线等线路，客货共线铁路路肩应高于道路路肩 0.6m，高速铁路高出 0.7m。

4. 路基边坡

路基边坡应根据土质及工程地质条件等因素确定。路堤边坡高度在 8～20m 时，其边坡一般为 (1∶1.75)～(1∶1.3)。路堑边坡高度不超过 20m，且地质条件良好时，边坡一般为 (1∶1.75)～(1∶1)。

5. 基床

铁路路基面以下受到列车动静荷载作用和水文、气候四季变化影响的深度范围称为基床。基床状态直接影响到列车运行的平稳和速度的提高。设计、施工及养护维修时应严格执行有关规范对基床厚度、填料、压实度、排水等方面的要求。路基基床分为表层和底层，如图 3-7 所示。

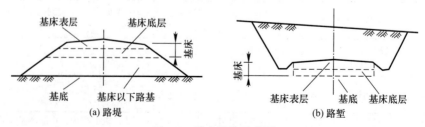

图 3-7　道床结构示意图

（1）铁路

车站内正线路基基床标准应与区间正线相同。到发线与正线处于同一路基时，到发线路基应与正线标准相同。到发线与正线间设有纵向排水槽、站台等设施时，到发线路基可与正线路基分开设置。

客货共线铁路路基基床表层厚度一般为 0.6m，底层厚度一般为 1.9m，总厚度一般为 2.5m。

高速铁路站场路基基床设计应符合下列规定：到发线路基与正线路基分开设置时，到发线的路基填料和压实标准应按客货共线Ⅱ级铁路标准设计，基床厚度同上；到发线以外的站线、动车段（所）及综合工区（保养点）内的线路路基填料和压实标准应按Ⅱ级铁路标准设计，路基基床表层厚度为 0.3m，基床底层厚度为 0.9m，基床总厚度为 1.2m。

在利用既有铁路车站改扩建地段，应根据列车的最高通过速度确定车站正线路基的加固措施。在高速铁路路基基床上修建排水沟、站台墙等设施时，路基的回填应符合其相应部位的压实标准。

（2）地铁

地铁路基基床表层厚度不应小于 0.5m，底层厚度不应小于 1.5m。基床厚度应以路肩施工高程为计算起点。

6. 基底

基底即为路堤的基础，也是路堤填土的天然地面以下受填土自重及轨道、列车动荷载影响的土体部分。

站场路基范围较大，一般需对基底进行妥善处理，特别是在软弱土上修建路堤时更是如此，以免危及行车安全及正常运营。

站场路基设计的详细内容详见有关的教材、设计规范及设计手册。

3.2.3 排水

站场内的地面水主要有雨水、雪水、客车上水时的漏水、洗车时的废水等。排水系统的功能是拦截路基处的地面水和地下水，汇集路基本体内的地面水和地下水，并把它们导入顺畅的排水通道，将其宣泄到路基外方或桥涵下方。

站场建筑物多，排水面积大，地面高程不一，应设置满足要求的排水系统。站场地面排水设施应根据站场路基排水的特点和要求，整体规划、合理设置，并应与铁路内既有排水系统及地方的排灌系统密切配合，能及时迅速将水排走。

1. 排水设施

站场排水设施的类型有多种，按设置位置分为纵向排水及横向排水设施。

纵向排水设施的主要作用是汇集线路间的积水，横向排水设施的主要作用是把纵向沟内的水排出站外。排除地面水的纵向排水设施一般采用排水槽（砟顶式或砟底式）、排水管或排水沟等，穿越线路的横向排水设施一般采用三角涵管、排水槽（砟底式）、排水管和检查井等。

排水设施的选择应根据地区气候、站场作业性质及特点、各类排水设备的性能、结构的经济合理性以及施工养护方便等因素，本着因地制宜的原则确定。

2. 普通铁路

站场排水设施布置对车站路基面排水起着决定性的作用。

（1）布置原则与要求

① 设计站场排水系统时，要从全局出发，处理好站场排水与农田水利、城市排污系统的关系，做到排水顺畅且经济合理。在改建或扩建站场时，应尽量利用既有排水设施。

② 纵向和横向排水设施应紧密配合。为了使站内的积水迅速、畅通地排出站外，应使水流径路最短，并尽量顺直。

③ 站场排水设施的横断面尺寸，应按 1/50 洪水频率的流量进行设计。在地势较低或受潮汐影响的地区，应注意防止站外水流倒灌进站内。

④ 宜利用站内桥涵进行横向排水。无桥涵可用时，可采用横向排水槽或排水管。高速铁路横向排水槽不宜穿越正线。

（2）纵向排水设施的布置

客运站和办理上水作业的车站，一般在两站台之间设一条纵向排水槽；客车整备场内，每隔 2～4 条线路设一条纵向排水槽。货场排水应与货区场地的路面硬化相结合。纵向排水设施的坡度应使水流的平均速度不小于 0.5m/s，其纵坡一般不应小于 2‰，困难条件下，不应小于 1‰。

（3）横向排水设施的布置

横向排水设施的距离应结合站场宽度、车场路基面横向坡度、出水口位置和纵、横排水设施的深度来确定。一般情况下，在一个车场范围内，主要横向排水设施的数量为 1～2 条，最多不应超过 3 条；横向排水设施应尽量利用站内桥涵在桥台、涵顶或涵壁预留的泄水洞，也可采用横向排水槽；为了迅速、有效地排水，横向排水设施的坡度不应小于 5‰，有条件者可增至 8‰或以上。

纵向和横向排水槽（管）的交汇点、排水管道的转弯处和标高改变处，应设检查井或集水井，其间距一般为 3～6 条线路，并以 40m 左右为宜。

（4）案例

图 3-8 是位于年降雨量大于 1000mm 地区的站场排水系统示意图。其中图 3-8(a)为路基横断面，采用锯齿状横断面，路基面横向坡度为 3‰；图 3-8(b)为排水系统平面图，每隔 4 条线路设 1 条纵向排水槽，线路间地面水经排水槽流入集水井，经横向排水涵管流出站外；图 3-8(c)为排水槽槽底纵断面图，表示集水井间距、排水槽各段的坡度及各变坡点的标高。

3. 高速铁路

高速铁路车站站场排水槽的设置应符合下列规定：

（1）车站站台范围内纵向排水槽宜设于到发线与到发线、到发线与站台之间。困难条件下，也可设于到发线与正线之间。

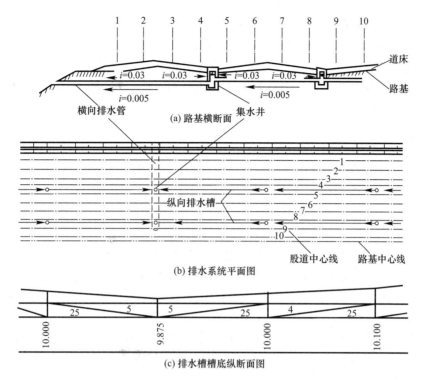

图 3-8　站场排水系统示意图

（2）在纵向排水槽凹型纵坡变坡点处，宜设置横向排水槽，横向排水槽不宜穿越正线。

（3）站、场、段内排水槽应设置盖板。

（4）纵向排水槽底宽常为 0.4m，深度大于 1.2m 时，底宽应采用 0.6m。

（5）一个坡面上的线路数量不宜超过 2 条。

（6）站场排水设施不应与接触网柱、雨棚柱基础等交叉。困难条件下可绕行，但不得降低排水能力。

（7）水管、风管等管线应进行系统设计，避免与排水设施相互干扰。

（8）在无砟道岔的岔区，应采取措施避免积水。

车站范围内的侧沟、天沟、排水沟应采用混凝土浇筑或预制拼装，混凝土强度等级不应低于 C25。侧沟、天沟、排水沟应进行基础、接缝和防渗设计。

4. 地铁

地铁应在路堤天然护道外设置单侧或双侧排水沟，路堑地段应于路肩双侧设置排水沟，堑顶外应设置单侧或双侧天沟。

路堤排水纵坡不应小于 2%，单面排水坡段长度不应大于 400m。

3.3　跨线设施

跨线设施也称为横越设施、跨越设施（或设备），是站房与中间站台间或站台与站台之间的来往通道。其设置应根据车站站型、客流量、客流性质及站台、站房、车站广场的相互位置等因素确定。

按与站内线路交叉方式的不同，跨线设施分为平交过道、人行天桥和地下通道。按其用途不同，可分为供旅客使用和供搬运行包、邮件使用的设施等类型。

3.3.1　平交过道

平交过道处的路面标高与铁路轨顶标高相同，是最简易的跨线设施。

1. 人行平交过道

人行平交过道跨线距离短，不占用站台，不遮挡视线，造价低，适用于客运量较小的客货共线铁路车站及有旅客乘降作业的其他小型车站。

小型通过式车站的平交过道一般设于站台端部，以便于必要时机动车辆跨线行驶。供旅客和运转人员使用的平交过道可布置在站台的中部接近进出站检票口处，也可布置在站台端部位置，如图 3-9(a) 所示。平交过道的宽度不应小于 2.5m。

大型客运站可设专供运转人员和食品售货车使用的平交过道，一般设于运转室附近和站台端部。

2. 行邮平交过道

行邮是行包、邮件的简称。中小型车站主要侧重于行包（行李、包裹），大型、特大型车站除了考虑行包之外，还需要设置邮件的通道及流线。

在一般通过式车站上，供搬运行李、包裹使用的平交过道设在站台的两端。行包搬运由两端平交过道至中间站台可形成由行包房经基本站台两端及平交过道至中间站台的 2 条流线，便于行包搬运。

尽端式客运站上，由于旅客进、出站及行邮搬运均通过分配站台至中间站台，分配站台上流线交叉干扰大，因此作业量不大时搬运行包邮的平交过道应设在咽喉区的站台端部，行包房可设在站房一侧或分别在两端设置到达和发送行包房，如图 3-9(b) 所示。

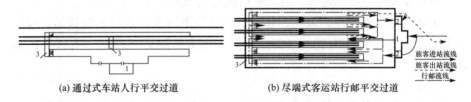

(a) 通过式车站人行平交过道　　　　　　(b) 尽端式客运站行邮平交过道

图 3-9　车站平交过道设置示意图
1—站房；2—行包房；3—平交过道

3.3.2　人行天桥和地下通道

在旅客上、下车人数较多且旅客出、入站的通路经常被通过列车、停站列车或调车作业阻断的通过式车站上，以及站房设于线路一侧、旅客列车较多的尽端式车站上，为了减少跨线客流对行车的影响，应设置旅客人行天桥或地下通道。

人行天桥是在铁路站场的站台间，为旅客和行人跨越股道修建的桥梁建筑物。人行天桥一般设置在旅客人数较多的通过式大、中车站上。

地下通道为铁路车站内穿越站台间股道的地下建筑物，设在旅客众多、运输繁忙的车站内。有的车站除设有旅客人行地道外，还因行包、邮件数量很多而设有行邮专用地道。

人行天桥的优点是造价低，受水文、地质条件影响小，维修、扩建方便，排水、通风、采光条件好，但其升降高度较大，斜道占用站台面积较多，遮挡工作人员视线；而地道的优缺点则与此相反。故一般情况下应优先采用地道。

天桥和地道的出、入口应与站台、站房、进出站检票口及车站广场的位置相配合，以减少旅客在站内的交叉干扰，其位置应保证旅客通行和行包、邮件装卸作业的安全与便利。

1. 设置条件

可根据多方面因素确定人行天桥和地下通道的设置。

（1）车站种类

天桥、地道的数量应根据同时上、下车的客流量和行包邮件量确定。中小型客运站可设置1～2处天桥或地道；大型、特大型客运站可设置2～3处；设有高架候车室时，出站天桥（地道）不应少于1处；当旅客和行包、邮件数量很大时，可设置行邮地道1～2处。

（2）站房规模

旅客人行天桥、地道的设置，当站房规模为400～2000人及以下时不应少于1处，站房规模为2000～10000人时不应少于2处，站房规模10000人及以上的大型客运站不应少于3处；设有高架候车室时，出站地道或天桥不应少于1处。

（3）正线数目

在双线区段，地县所在地或一次上下车旅客人数在400人以上（或日均发送人数在1500人以上）的车站，以及一次上下车旅客人数在200人以上的技术作业站上，可设天桥或地道。

在单线区段，客车对数在10对以上，一次上下车旅客人数在400人以上的车站，可设立交横越设备。

2. 设置位置及流线

小型车站设1处天桥或地道时，宜设在进出站检票口之间，其位置如图3-10（a）中的虚线所示；设2处时宜分别靠近进站和出站检票口附近，如图3-10（b）中的7、8所示，也可将进出站的天桥或地道分别与站房及出站检票口相连，以便进出站旅客分开使用。中型车站可采用该种进出站方式。大型客运站的长短途、市郊旅客均多，应设置长短途和市郊旅客的进站通道，一般设3处旅客跨线设施，如图3-10（c）中的9、10、11所示，长途和短途旅客由高架通廊进站上车，市郊旅客由地道进入站台，出站旅客则由另一地道出站，形成合理的旅客流线，避免客流的交叉。

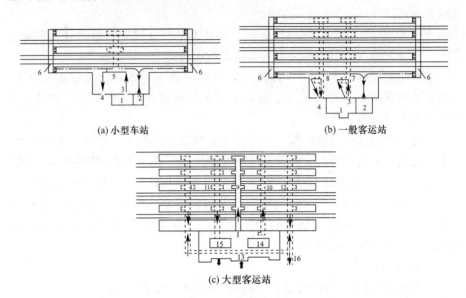

(a) 小型车站   (b) 一般客运站

(c) 大型客运站

图 3-10　跨线设施设置示意图

1—站房；2—行包房；3—进站检票口；4—出站检票口；5—跨线设施；6—平交过道；
7—进站跨线设施；8—出站跨线设施；9—进站高架通廊；10—市郊进站地道；11—出站地道；
12—行邮地道；13—纵向行邮地道；14—发送行包房；15—到达行包房；16—通向邮政大楼

←→ 旅客进出站流线；--→ 行包流线

3. 宽度

天桥、地道的宽度应根据同时上、下车的客流量来确定。客运站天桥或地道的最小宽度为 6m，见表 3-7。行包、邮件地道的宽度不小于 5.2m。

地铁、中低速磁浮铁路通道或天桥的最小宽度为 2.4m。

4. 高度

跨线设施的高度与其宽度密切相关。天桥的宽度为 8.0m 时，最小净空高度不得小于 3.6m；天桥的宽度为 20.0m 时，最小净空高度不得小于 5.0m；天桥、高架候车室底部吊顶面到站台面的最小距离不得小于 6.0m。地道宽度为 8.0m 时，净高应不低于 3.5m；宽度为 12.0m 时，净高不低于 4.5m。旅客地道的净高不应小于 3m。

高速铁路车站段（所）内跨越电气化铁路的跨线桥，其梁底距桥下轨面的高度在直线地段应符合下列规定：跨越高速正线的跨线桥不应小于 7.25m；跨越折返线及动车段（所）内线路的跨线桥不应小于 6.55m，困难条件下不应小于 6.2m，有充分依据时，既有跨线桥不应小于 5.8m。

地铁、中低速磁浮铁路通道或天桥的高度指地面装饰面至吊顶面的高度，其最小值为 2.4m。

当跨线桥梁底位于曲线且设置超高地段时，立交桥净高应根据计算另行加高。

3.3.3　行邮通道

铁路客站应根据行包、邮件、餐饮物料配送、垃圾转运以及保洁机具和维修设备作业需要，设置通往站台的作业地道。

大型客运站的行包、邮件数量较大时，为了使人流和行包流分开，应设置专用的行邮地道，以消除站台上行包、邮件搬运作业与旅客间的交叉干扰，缩短作业时间，确保车站作业的安全。

1. 通道数量

大型站宜设 2 处行邮通道，中小型站的行邮通道不应少于 1 处。

当行包和邮件数量很大时，可设行邮地道 1～2 处，也可根据需要分别设置行包地道和邮件地道各 1 处。

对于平交过道，无中间站台的中间站及尽端式客运站应设 1 处，有中间站台的中间站及客运量较小的通过式客运站应设 2 处，其他站应不少于 2 处。

对于线侧式站房，当到达与发送行包集中于一处时，可在站台一端设置专用的行包地道，另一端采用平交过道；当到达与发送行包房分设 2 处时，应在站台两端各设 1 条行包地道。为了便于行包的中转作业，可设置纵向地道，将到达与发送行包房联系起来。为了便于邮件运送，可将行邮地道与邮政大楼联系起来，如图 3-10(c) 所示。

对于线端式站房，因运送行包需经由一端的分配站台，故一般不设行包地道，但应在咽喉区的站台端部设平交过道。

2. 通道宽度

高速铁路车站行邮通道宽度不应小于 5.2m。

客货共线铁路行包地道通向各站台，应设单向出入口，其宽度不宜小于 4.5m。当受条件所限且出、入口处有交通信号指示时，其宽度不应小于 3.5m。

3. 通道高度

车站行包、邮件通道的净高不宜小于 3.0m。

4. 其他

行邮通道通向旅客站台的出入口，宜设计为单向出入口，其宽度不应小于 4.5m。通道应设置在站台的端部。

3.3.4 出入口

旅客天桥、地道通向站台时宜设双向出入口。地下铁道还需设置地面出入口。

1. 铁路客站

天桥和地道的出入口阶梯或斜道宽度一般与天桥和地道的宽度相同。通向各站台的天桥、地道宜设双向出入口。高速铁路、城际铁路和客货共线铁路旅客站台出入口的宽度按表 3-7 取值。

旅客站台进出站通道尺寸及出入口宽度（m） 表 3-7

项目		特大型、大型站	中型站	小型站
进出站通道最小尺寸	最小净宽	12	8～12	6～8
	地道最小净高	3.0		2.5
	封闭天桥最小净高	3.5		3.0

续表

项目			特大型、大型站	中型站	小型站
出入口 宽度	高速铁路、 客货共线铁路	基本站台、岛式 中间站台	5.0~5.5	4.0~5.0	3.5~4.0
		侧式中间站台	5.0	4.0	3.5~4.0
	城际铁路	站台	—	4.5~5.0	3.0~4.0

出入口设有自动扶梯或升降电梯时，其宽度应根据升降设备的数量和要求确定。

2. 城轨车站

城轨的地下车站需设置地面出入口，或称进出站口，如图 3-11 所示。车站出入口是连接城轨车站与外界的窗口，除了功能齐全、设计先进外，还需要具备美观大方等艺术特点。

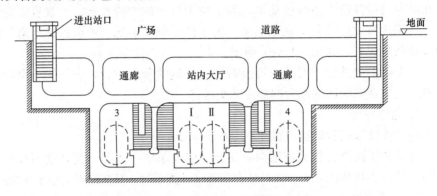

图 3-11　城轨地下车站横断面图

（1）出入口数量

根据客流量的大小和其车站的重要性，一般 1 个地铁车站设有 2~8 个出入口，每个公共区直通地面的出入口数量不得少于 2 个。浅埋地下车站的出入口数量不宜少于 4 个，深埋地下车站的出入口数量不宜少于 2 个。

（2）出入口宽度

地铁、中低速磁浮铁路的出入口宽度应按远期或客流控制期分向设计客流量乘以 1.1~1.25 不均匀系数计算确定。

3.4　旅客站台

站台是车站内供旅客上、下车或装卸货物用的平台，分为旅客站台和货物站台两种。货物站台是供货物列车到发、中转、换装、存放货物需要而设置的站台。货物站台将在 3.6 节介绍，本节主要介绍旅客站台。

旅客站台是为旅客上下车及行李包裹（简称行包）、邮件装卸和搬运而设置的站台。旅客站台应保证旅客上下车的安全和便利，加快旅客的乘降速度，缩短行包、邮件的装卸及旅客列车的停站时间，提高车站的作业效率和通过能力。

3.4.1 形式与布局

旅客站台有多种类型及多种布局方式。

1. 站台分类

（1）按照与站房的平面关系划分

按其与站房和车站到发线的相互位置不同，旅客站台可分为基本站台、中间站台和分配站台 3 种，如图 1-3、图 3-12 所示。

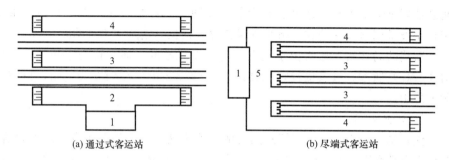

(a) 通过式客运站　　　　　　　　(b) 尽端式客运站

图 3-12　站台平面布置方式

1—站房；2—基本站台；3—中间站台；4—侧式站台；5—分配站台

1）基本站台

通过式客运站中，靠近站房一侧的站台称为基本站台，不论单线铁路还是双线铁路，通过式中间站均应设置基本站台，以便旅客乘降。

2）中间站台

设在线路之间的站台为中间站台，也称为岛式中间站台。

单线铁路中间站当旅客列车在 7 对以上时，列车交会的机会增多。一般在客流量较大、旅客乘降较多或有旅客列车进行技术作业（如试风、凉闸等）的中间站应设置中间站台；当旅客列车和摘挂列车对数不多，客流量又不大时，则视其远期发展情况，适当设置中间站台或预留其位置。双线铁路中间站因行车按上、下行分开运行，且列车行车速度高、行车密度大，在客流较大的中间站，应设置中间站台。

中间站台的位置，现行《铁路车站及枢纽设计规范》TB 10099—2017 图型推荐设在旅客站房对侧与正线相邻的到发线外侧，如图 2-11、图 3-12 所示。

3）侧式站台

侧式站台设在外侧到发线、配线外侧。实际上基本站台也是一种侧式站台，但目前铁路的侧式站台一般专指基本站台与站房对侧最外侧到发线之外的站台，也称为侧式中间站台，如图 2-7(c)、图 2-12(a)、图 3-12 所示。

4）分配站台

尽端式客运站中设在线路尽端，位于站房和线路终端之间的站台为分配站台，如图 3-12(b) 所示。各站台上的上下车乘客均利用分配站台进出站，其优点是不需要修建跨线设施，缺点是进出站流线交叉严重。

（2）按与线路之间的关系划分

城市轨道交通站台一般将站台形式分为岛式站台、侧式站台和混合式站台，如图 3-13 所示。

1）岛式站台

地铁岛式站台通常位于上、下行线路的中间。岛式站台具有站台面积利用率高、能灵活调剂客流、乘客使用方便等优点，常用于客流量较大的车站。由于岛式站台有一定的宽度，使得站内两正线的线间距加大，这就需要在车站正线和区间正线之间设置一组反向曲线进行过渡，形成所谓的喇叭口，因而会使列车进出车站的速度受到限制，如图 3-13（a）所示。有喇叭口（常用作车站设备用房）的岛式车站在改建扩建时延长车站是很困难的。

铁路的岛式站台通常位于到发线与到发线之间，通常称为中间站台，如图 3-12（a）所示。过去也曾将铁路岛式站台设在正线与到发线之间，目前一般不采用。

2）侧式站台

侧式站台位于上、下行线路的两侧。侧式站台在面积利用率、调剂客流、站台之间联系等方面不及岛式站台，因此多用于客流量不大、无越行列车作业的车站及高架车站。侧式站台中间站一般采用 2 台夹 2 线的形式，车站与区间的线间距相同，故无需喇叭口，改建扩建时，延长车站比较容易，如图 3-13（b）所示。客流量较小的城际铁路中间站可采用侧式站台。我国城轨采用侧式站台的车站较少，欧洲较多采用。

3）混合式站台

当行车密度较高、列车载客人数较多或采用大站快车模式运行时，可采用混合式站台，将岛式站台及侧式站台同设在一个车站内，常见的有一岛一侧或一岛两侧形式，如图 3-13（c）所示。乘客可以同时在线路两侧站台上下车，可以适应列车中途折返的要求。

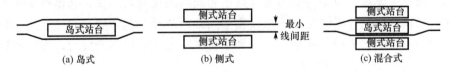

图 3-13　城轨站台分类图

（3）按照与轨顶的高程关系划分

按站台面高出相邻线路轨顶面的高度，旅客站台可分为低站台、普通站台和高站台 3 种。

2. 站台布置

旅客站台的数量及位置应与站房、旅客列车到发线的布置相适应。

（1）2 台夹 1 线

每 2 站台之间设 1 条股道时，能保证某一列车旅客由一个站台下车的同时另一个站台的旅客可以上车，可加快旅客上下车时间［图 3-14（a）、（b）］，便于组织同站台换乘。但当旅客到发线较多时，站台增多，占地面积大，对列检作业及更换轨枕不方便，站台利用率也低。这种形式一般不常采用。两站台之间设两条或多条股道时，可克服上述缺点。

（2）2台夹2线

每2站台之间设2条股道的布置形式如图3-14(c)、（d）所示，目前城轨的侧式站台车站广泛使用这种形式。过去单线普通铁路中间站曾广泛采用这种站场布置方式，目前一般情况下不再采用，而大型铁路客站到发线之间的站台广泛采用这种布置方式。

（3）2台夹3线

每2站台之间也可布置3条股道，这种形式目前在客货共线单线铁路上广泛使用。在通过式客运站上，中间一条股道用作列车通过或机车走行；在尽端式客运站上，中间一条股道仅用作机车走行，如图3-14(e)、（f）所示。

（4）2台夹4线

每2站台之间设4条股道，中间两条线路主要运行不停车通过的列车，两侧的两条线路停靠停站的列车，如图3-14(g)所示。高速铁路中间站一般采用这种2台夹4线的站台布置方式。

有高速列车通过的正线两侧不宜设站台，当站台位于到发线一侧时，为保证站台上旅客安全，站台旅客安全退避距离为1.0m，当站台位于有不停车通过的正线一侧时，正线一侧站台旅客安全退避距离应采用2.0m，并设置防护栅栏；站台应位于直线上，困难条件下可适当伸入到曲线范围内；站台两端应设置宽度不小于3.5m的栅栏门，并标有禁行标志。

站台宜设在直线上；站台设在曲线上时，曲线半径不宜小于800m；采用12号道岔时，困难条件下曲线半径不应小于600m。

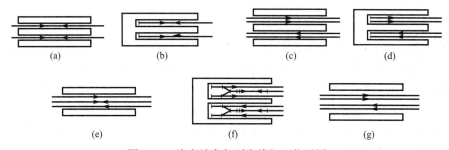

图3-14　旅客站台与到发线相互位置图

3.4.2　站台数量

站台数量与铁道类型、客货运输性质、正线数目、股道数量等因素密切相关。

1. 1个站台

车站只设1个站台的一般为城轨中间站，设1个岛式站台即可满足要求，如图3-13(a)所示。

2. 2个站台

城际铁路的中间站一般设置2个侧式站台，城轨中间站也可设置2个侧式站台，如图 3-13(b) 所示。

客货共线铁路中间站一般设 1 个基本站台、1 个中间站台或侧式站台，如图 1-3、图 2-10、图 2-11 所示。

高速铁路正线两侧的站台布置一般采用 2 台夹 4 线的形式，即基本站台（或中间站台）和侧式站台（或中间站台）当中夹 4 股道，如图 2-12、图 3-14(g) 所示。

3. 3 个站台

列车数量较多的普速铁路、高速铁路中间站一般设置 3 个站台，即基本站台、中间站台和侧式站台，如图 3-12(a) 所示。

列车数量较多的城轨中间站也可设置 3 个站台，即 1 个岛式站台、2 个侧式站台，如图 3-13(c) 所示。

4. 多个站台

对大型、特大型的始发客站，股道和站台数量均很多。一般情况下，其站场布置主要采用 2 台夹 2 线的形式，再考虑到在站场最外两侧一般都设置站台（基本站台和侧式站台），则站台数量可根据股道数量按下式进行估算：

$$N_台 \approx N_线 /2 + K \tag{3-7}$$

式中　$N_台$——站台数量；

　　　$N_线$——股道数量；

　　　K——站台布置系数，大型始发站为 1，通过式或始发兼通过式为 0。

我国目前站场规模最大的高铁车站为西安北站，为 18 台 34 线，上海虹桥站、郑州东站和昆明南站的站场规模为 16 台 30 线。

3.4.3　站台长度

站台长度分为站台总长度和站台有效长度两种类型。站台总长度是指包含了站台有效长度和所设置的设施、管理用房等总的长度，即每侧站台的总长度，即车站规模长度。站台有效长度即站台计算长度，是指停靠列车、供乘客及司机上下车及进行有关作业的有效长度。

站台长度不能太短，需不短于列车长度；也不能太长，若站台较长，则增加站场长度，增加工程数量和工程造价。站台有效长度根据远期列车编组有效使用长度和停车误差（或停车余量），按下式计算确定：

$$L = L_J + n L_L + L_W \tag{3-8}$$

式中　L_J——机车长度（m），当采用分散式动车组时为 0；

　　　L_L——车辆长度（钩中心至钩中心距离）（m）；

　　　n——车辆联挂节数；

　　　L_W——列车停站误差（m）。

1. 客货共线铁路

对于大型站，普速旅客列车按每节长度为 25.5m 的 25 型车编组 20 辆计算，车底长度为 510m，加上机车长度约 22m。为使整列车能停靠站台，根据式 (3-8) 计算，客货共线铁路的站台长度一般按 550m 设置；改、扩建既有客运站，在特殊困难条件下，有充分依据时，个别站台长度可采用400m。仅服务于短途小编组旅客列车和节假日代用旅客列车的站台长度可适当缩短，可按其实际列车长度确定。尽端式客运站的站台长度应按上述规定增加机车及供机车出入的必要长度。其他办理客运业务车站旅客站台长度应按客流量和具体情况确定，但不宜小于300m。

2. 高速铁路

高速铁路车站旅客站台长度是按旅客列车长度加前后富裕长度确定的。站台长度一般按能停留16辆编组动车组计算，列车最大长度为428m，另考虑前后各加10m的停车余量，确定旅客站台长度按450m设置，条件困难时可不考虑停车余量，长度不应小于430m。只停留8辆编组动车组的站台长度按230m设置，条件困难时不应小于220m。

3. 城际铁路

城际铁路的旅客站台长度，当采用8辆编组列车时，列车编组长度是214m，旅客站台长度一般设220m；当城际铁路兼具路网功能采用16辆编组时，旅客站台长度为450m。

4. 城轨

城轨站台有效长度即站台计算长度，根据式（3-8）计算确定。对于远期列车编组在6~8辆时，站台长度一般为130~180m。

车辆种类不同，其长度也有所不同，目前我国地铁车辆主要有A、B和C三种车辆类型。A车长22m，宽3m；B车长19m，宽2.8m；C车长19m，宽2.6m。其中，有些车辆存在特殊性，例如上海地铁列车，有司机室车辆长23.54m，宽3m，高3.8m；总质量38t；无司机室车辆宽高不变，长度为22.1m，总质量32t。

中低速磁浮铁路的站台有效长度，在无站台屏蔽门的站台应为列车首末两节车辆驾驶室门外侧之间的长度；在有站台屏蔽门的站台应为列车首末两节车辆尽端客室门外侧之间的长度。其停车误差，在无站台屏蔽门时宜取为1~2m；在有站台屏蔽门时不应大于±0.3m。

3.4.4 站台宽度

旅客站台的宽度应根据车站性质、站台类型、客流密度、行包搬运工具、安全退避距离、站台上通道出入口宽度和站台上设置设施的宽度等因素合理确定。

在旅客站房和其他较大建筑物范围内，基本站台宽度由站房或建（构）筑物的突出部分边缘算至基本站台边缘。

中间站台的宽度主要考虑旅客通道出入口宽度、通道边墙厚度、宽度和边墙边缘至站台边缘的距离确定，如图3-15所示。其最小宽度可按式（3-9）计算。

$$b=b_1+2b_2+nb_3 \tag{3-9}$$

式中　b_1——旅客通道站台出入口宽度（m），一般情况下，特大型及大型站、中型站、小型站分别为 5.0m、4.0m、3.5m，按表 3-7 取值；

b_2——站台出入口边墙厚度（m），采用不锈钢栏杆时的宽度为 0.25m；

b_3——站台出入口边墙边缘至站台边缘的距离（m），一般为 3.0m；

n——站台出入口两侧旅客通道的数量，岛式站台取 2，侧式站台根据需要取 2 或 1。

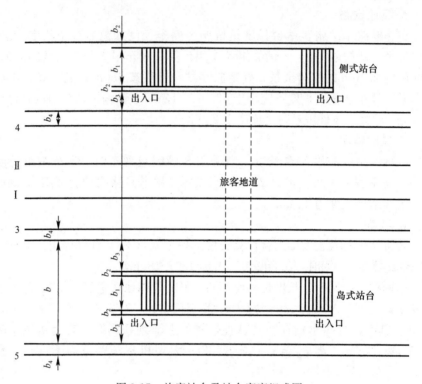

图 3-15　旅客站台及站台宽度组成图

由上式可计算特大型及大型站、中型站、小型站岛式站台的最小宽度分别为 11.5m、10.5m、10.0m。

1. 客货共线铁路

根据上述分析，我国规定客货共线铁路站台宽度按表 3-8 的下限取值。在旅客站房或其他较大建（构）筑物范围以外地段，基本站台宽度不应小于侧式中间站台的宽度。

设有天桥、地道并采用双面斜道时，大型客运站旅客中间站台的宽度不应小于 11.5m，一般客运站不应小于 10.5m，其他办理客运业务的车站不应小于 8.5m；采用单面斜道的中间站台宽度不应小于 9m；在站台上不设天桥、地道出入口但需设雨棚柱时，站台宽度不应小于 6m。不设天桥、地道出入口和雨棚柱时，单线铁路中间站的中间站台宽度不应小于 4m，双线铁路中间站的中间站台宽度不应小于 5m。设计速度为 120km/h 及以上时，靠近正线一侧的中间站台应按上述宽度再增加 0.5m。

2. 高速铁路

高速铁路的站台宽度根据车站性质、站台类型、客流密度、安全退避距离、站台出入口宽度等因素确定。

基本站台的宽度，特大型、大型站为便于举行较大规模迎送活动并与站房建筑景观相协调，一般采用 15～25m；中型站为满足旅客上下车和一些小型运输工具车调头作业的需要，可选用 8～15m；小型站可适当减少，但一般不小于 8m，该距离系考虑工作人员活动空间以及避免旅客在检票口前拥挤，满足人员的通行所需。

岛式、侧式中间站台可按表 3-8 中的上限采用。站台端部最小宽度不宜小于 5.0m。

3. 城轨

城轨站台宽度主要根据车站远期预测高峰小时客流量大小、列车运行间隔时间、结构横断面形式、站台形式、站房布置、楼梯及自动扶梯位置等因素综合考虑确定。

为保证乘客在站台上候车安全，距站台边缘 400mm 处应设不小于 80mm 宽的醒目安全线。为保证列车高速进站及出站的限界要求，设于站台计算宽度外的所有立柱、墙与站台边缘的距离不得小于 220mm。

楼梯及自动扶梯沿站台中间纵向布置，两侧布设侧式通道（图 3-15 中的 b_3）。岛式站台宽度包含了沿站台纵向布置的楼梯（自动扶梯）的宽度、结构立柱（或墙）的宽度和侧式通道宽度。侧式站台沿站台纵向布设楼梯（自动扶梯）时，则站台总宽度由楼（扶）梯的宽度、设备和管理用房所占的宽度（移出站台外时则不计宽度）、结构立柱的宽度和侧通道宽度等组成。

通道与站台方向垂直布置时，楼梯（自动扶梯）均布置在通道内，则站台总宽度包含设备和管理用房所占的宽度（移出站台外时则不计宽度）、结构立柱的宽度和侧通道宽度。

地铁、中低速磁浮铁路站台各部位的最小宽度应符合表 3-8 最小值的规定。

旅客站台宽度（m）　　　　　　　　　　　　　表 3-8

名称	高速铁路、客货共线铁路				城际铁路		地铁、中低速磁浮铁路
	特大型站	大型站	中型站	小型站	始发站	中间站	
基本站台	20.0～25.0	15.0～20.0	8.0～15.0	8.0	5.0	5.0	8.0
中间站台（岛式站台）	11.5～12.0	11.5～12.0	10.5～12.0	10.0～12.0	5.0	5.0	6.0～8.0
侧式站台	8.5～9.0	8.5～9.0	7.5～9.0	7.0～9.0	11.5	8.5～11.5	2.5～4.0

4. 算例

【例 3-1】 某高速铁路，设计速度为 300km/h，其小型中间站，上下车乘客较少，乘客可以从站房二层进出基本站台，通过地下通道进出侧式站台上下车。试进行站场线路与站台布局并确定站场横向宽度。

【解】

（1）站场布局

由于为小型中间站且上下车乘客较少，采用 2 台（即基本站台、侧式站台）夹 4 线站场布局形式即可满足能力要求，如图 2-12(a)、图 3-14(g) 所示。根据设计速度查有关规定，线间距 $D=4.8\text{m}$。

（2）站台宽度确定

根据已知条件，基本站台不需要设跨线设施出入口，查表 3-8 得其宽度为：$b_{基}=8.0\text{m}$。

对于侧式站台，查表 3-7 得，地下通道站台出入口宽度 $b_1=3.5\text{m}$；查前述资料得站台出入口边墙厚度 $b_2=0.25\text{m}$，站台出入口边墙边缘至站台边缘的距离 $b_3=3.0\text{m}$。由于上下车乘客较少，站台通道出入口只在一侧（线路侧）设置即可。根据式（3-9）可得侧式站台宽度为：

$$b_{侧}=b_1+2b_2+nb_3=3.5+2\times0.25+1\times3.0=7.0\text{m}$$

（3）站场横向宽度确定

由图 3-16 及上述计算结果，可得站场横向宽度为：

$$b=b_{基}+2b_4+3D+b_{侧}=8.0+2\times1.75+3\times4.8+7.0=32.9\text{m}$$

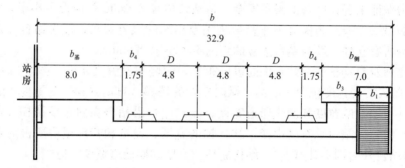

图 3-16 站场横向规模计算图

3.4.5 站台高度

站台高度一般指站台面高出相邻线路轨顶面的高度。旅客站台高度根据铁道类型、客货运输性质、开行列车种类、列车运行速度等因素确定。

1. 分类

按站台面高出相邻线路轨顶面的高度，旅客站台可分为低站台、普通站台和高站台 3 种，如图 3-17 所示。

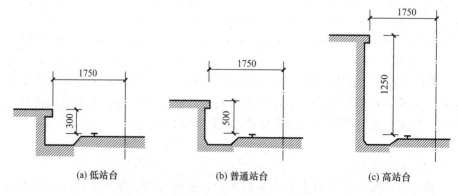

图 3-17 旅客站台高度示意图（单位：mm）

（1）低站台

低站台的高度（轨顶面距离站台面的高度）为 0.3m，如图 3-17（a）所示。由于站台面在客车车厢阶梯最低踏步以下，旅客上、下车、行包装卸不方便，线路养护时抬道比较困难。其优点是造价低，通行超限货物列车不受限制，便于进行列检作业。

（2）普通站台

普通站台的高度为 0.5m，站台面与原先客车车厢阶梯最低踏步基本相平，如图 3-17（b）所示。这种站台克服了低站台的一些缺点，无超限货物列车通过的站台一般都可采用。客货共线铁路一般采用这种站台。

（3）高站台

高站台的高度一般为 1.0~1.5m。适用于旅客列车的高站台高度为 1.25m，其站台面与客车车厢底面基本等高，便于旅客上、下车，如图 3-17（c）所示。但不便于车站工作人员跨越线路、站台及列检作业，造价高，且靠近站台的线路不能通行超限货物列车，旅客列车不便高速行驶通过。非邻靠正线或不通行超限货物列车到发线的旅客站台宜采用高站台。高速铁路、城际铁路一般采用高站台。

站台的高度应根据实际情况选用。

2. 客货共线铁路

过去的站台因为造价和方便列检作业等诸多因素，除少数车站的基本站台外，一般都设置为 0.3m 或 0.5m 较低的站台，以便通行超限货物列车，这使得列车门和站台之间存在较大的高差，旅客上下车不方便。目前规定，客货共线铁路邻靠不通行超限货物列车的到发线一侧应高出轨面 1.25m，邻靠通行超限货物列车的到发线一侧应高出轨面 0.3m；仅运行普速客车的既有站可保留高出轨面 0.5m。

3. 高速铁路、城际铁路

为了便于旅客上下车，高速铁路、城际铁路车站站台一般采用高站台。站台高度应高出轨面 1.25m，车厢地面与站台面基本平齐，乘客可方便地上下车，如图 3-17（c）所示。正线及通行超限货物列车线路旁侧一般不设站台。既有铁路提速改造时，可将设在正线与到发线之间的中间站台靠正线一侧仍采用高出轨面为 0.3m，靠到发线一侧改造为高出轨面为 1.25m 的高站台。

4. 城轨

站台高度是指线路走行轨顶面至站台地面的高度。站台实际高度是指线路走行轨下面底板面至站台地面的高度。站台高度主要根据车厢地板面距轨顶面的高度确定。

城轨站台也有高站台和低站台之分。车厢底板与站台同高即为高站台，反之若站台高度低于车厢底板高度则为低站台。城轨一般选用高站台，以方便乘客上下车。

根据标准设计，车站中一般采用道床的高度为 0.54m，站台面至轨顶面高度为 1.08m，因此从站台面至下部底板面的高度为 1.62m。

3.4.6 其他

1. 站台上部净空

为了给乘客在站台候车时提供一个比较明快舒适的感觉，除了要有站台面积的基本保证之外，还要有站台上部净空高度的基本要求。站台上部净空高度通常由顶部建筑和施工方法来决定。铁路客站地下车站站台公共区最小净高为 3.0m。

地铁、中低速磁浮铁路的站台公共区高度，地下车站时指站台装饰面至吊顶面的高度，其最小高度为 3.0m；地面、高架车站时指站台装饰面至雨棚的高度，其最小高度为 2.6m。

2. 建筑物边缘至站台边缘宽度

旅客站台上设有天桥或地道的出入口、房屋和其他建筑物时，站台边缘至建筑物边缘的距离，如图 3-15 中的 b_3 所示，客运站上不应小于 3.0m，其他办理客运业务的车站不应小于 2.5m。

3. 轨道中心与站台边缘距离

根据车辆类型确定的建筑限界可得到从轨道中心到站台边缘的距离，如图 3-15 中的 b_4 所示。

铁路的 b_4 一般情况下为 1.75m。

城轨的 b_4 可查有关表格选用，实际设计时还要再考虑 10mm 左右的施工误差。

若站台设在曲线上时，需考虑线路加宽、超高、车辆偏移、倾斜的影响，轨道中心至站台边缘距离 A 可按下式确定：

$$A = b_4 + 0.01 + w + 0.8h \tag{3-10}$$

式中　b_4——轨道中心到建筑限界边缘的距离；

　　　w——曲线总加宽；

　　　h——线路超高值。

3.5 雨棚

雨棚是车站为使旅客、货物免受日晒、雨雪等天气条件影响而在站台或线路上方设置的遮蔽建筑物。

3.5.1 雨棚结构的发展

雨棚结构随着科技发展、运量增加及乘客需求而逐渐发展起来。

位于地面上的铁路、城轨车站一开始是不设站台雨棚的。例如丰台站建于 1895 年，为北京最早的车站，当时并未设置雨棚，如图 3-18(a) 所示。

随着交通和社会的发展，尤其是客货运量的增加、人们生活水平的改善、运输服务质量的提高，在 20 世纪初才开始修建雨棚。一开始雨棚比较简陋，其构造类型、结构参数、使用材料千差万别。

1. 站房外廊

早期车站采用在站房靠基本站台一侧设置门厅或纵向外廊,起到遮风避雨雪的作用。比如1904年建成的道泽铁路新乡县站,在基本站台一侧、沿着线路方向、在站房建筑结构中靠基本站台侧设置了站房外廊,方便乘客遮风避雨雪,如图3-18(b)所示。1909年建成的京张铁路,其西直门、张家口等大型车站采用了站房外廊的结构形式。其实这种遮风避雨雪设施是站房结构的一部分,还不是独立的雨棚结构。

2. 站房连廊

由于站房外廊避雨雪能力有限且影响站房空间充分利用,在同期还建设了依靠于站房搭建的雨棚,可称为站房连廊,也称为站房雨棚。主要有两种实现方式。第一种是在三段式站房结构中,有时两侧翼平面会相对于线路中心线退后些,形成的退后空间正好可以用来建设雨棚,可称为房翼连廊,例如建于20世纪初的北京三家店站即采用这种形式,如图3-18(c)所示。第二种方式是利用站房墙体作为支撑在基本站台上搭建与站房平行的连廊雨棚,例如于1902年建设的石家庄站〔图3-18(d)〕及20世纪40年代改建的原西直门站〔现北京北站,图3-18(e)〕即采用这种方式。

站房连廊的优点为雨棚结构依靠站房墙体而建,结构稳定、建造速度快、造价低。不足之处是宽度较窄,只能为基本站台上紧靠站房侧的部分乘客提供服务,不能为中间站台或基本站台靠近列车侧的乘客提供服务。

3. 站台立柱雨棚

为了更好地为旅客提供遮风避雨雪的需求,20世纪20~30年代,开始在铁路车站站台上建造雨棚。20世纪50年代,我国站台雨棚一般采用钢筋混凝土"Y"形柱,上铺木檩条石棉瓦或瓦楞铁;20世纪60年代多采用预制的钢筋混凝土檩条,上铺石棉瓦;20世纪70年代以后,一般采用钢筋混凝土"Y"形柱,上铺预应力钢筋混凝土圆孔板,板面铺沥青油毡防水层。钢筋混凝土"Y"形柱雨棚如图3-18(f)所示。

20世纪80年代,有些大型车站雨棚改为纵向梁上铺预应力混凝土圆孔板,柱距可达9m,甚至12m。20世纪90年代后,有的雨棚采用12m大柱距现浇钢筋混凝土柱梁板结构。

在中华人民共和国成立初期,我国铁路曾对一批车站进行改造,有的车站增加了雨棚,有的车站扩大了雨棚的覆盖范围。比如北京北站(原西直门站)在原来连廊雨棚的基础上,增加了站台立柱钢结构雨棚,如图3-18(e)的左侧部分雨棚。

目前我国客货共线铁路一般采用站台立柱雨棚。

4. 线间立柱雨棚

2004年北京站线间站台柱钢结构雨棚(当时称为无柱雨棚)启用后,我国铁路开始大量采用大跨度空间结构的线间立柱雨棚。目前大部分高速铁路车站采用这种雨棚结构,如图3-18(g)所示。

108

5. 多功能雨棚

近期,多个车站将雨棚的功能提升,不光是作为棚子起到防晒避雨雪的作用,还将其上盖作为停车场或其他建筑物使用。例如丰台站将站房两侧的雨棚作为承重结构设计,建造了两个棚上停车场,提高了建筑空间利用率,如图3-18(h)所示。

(a) 未设雨棚(丰台站,1895年)

(b) 站房外廊(新乡县站,1904年)

(c) 房翼连廊(三家店站,20世纪初)

(d) 站房连廊(石家庄站,20世纪初)

(e) 站房连廊加站台立柱钢结构雨棚
(北京北站,20世纪40年代)

(f) 站台立柱钢筋混凝土雨棚
(秦岭站,20世纪90年代)

(g) 线间立柱雨棚(高速铁路车站,2012年)

(h) 雨棚上盖停车场(丰台站,2021年)

图 3-18 车站雨棚发展过程

6. 城轨

位于地下的地下铁道不需要单独修建雨棚。有轨电车一般沿着城市道路修建，雨棚规模小，结构最为简单。轻轨、单轨、中低速磁浮等车站雨棚可结合当地实际根据有关规定设置，其规模介于铁路和有轨电车之间。

由于城轨车站雨棚的规模较小且形式、结构差别较大，本节不详细介绍。除特别说明指出之外，本节主要介绍铁路雨棚。

3.5.2 分类

影响雨棚结构选型及工程经济性能的因素很多，包括建筑、结构、施工、养护、维修等多个方面。雨棚结构选型主要有跨度、结构形式的选择，影响结构选型的主要因素是荷载类型、高跨比、高宽比、刚度等。

根据不同的分类方法，雨棚有多种类型。

1. 按用途划分

雨棚按用途可分为旅客站台雨棚、货物站台雨棚。

（1）旅客站台雨棚

旅客站台雨棚是车站为使上下车旅客免受日晒、雨淋，并保证旅客在恶劣天气下能在站台上通行或候车而在站台上方设置的雨棚，如图 3-19 所示。高速铁路、城际铁路车站均设置雨棚。对于客货共线铁路，雨棚一般设置在多雨地区，以及客流量较大且一次上下车旅客人数较多的车站。

（2）货物站台雨棚

货物站台雨棚是车站为使存放的货物不受日晒、雨雪等天气条件影响而设置的雨棚。

2. 按与车站建筑物的关系

根据与车站建筑物的关系，可分为站房雨棚和站台雨棚。

（1）站房雨棚

站房雨棚是指在紧贴站房向外延伸一定宽度搭建的雨篷，如图 3-18(c)、(d) 所示。该种结构虽然从功能上讲应该属于雨棚的范畴，但它与站房结合，可作为站房的一部分考虑，实际上并非为一种独立结构，故不介绍。

（2）站台雨棚

站台雨棚是指覆盖在站台上方的雨棚，如图 3-18(f)、图 3-19 所示。除非特别说明，本节所讨论的雨棚均指该站台雨棚。

3. 与站房的位置关系

站台雨棚与站房有着密切的关系。由于使用功能和客货流组织需要，雨棚与站房两者呈相连或相互交融方式。根据雨棚与站房的平面关系，雨棚分为 3 种类型。

（1）房侧式雨棚

雨棚位于站房一侧，雨棚长度覆盖整个站台，雨棚和站房需要通道衔接，如图 3-19(a) 所示，这是目前大多数雨棚常用的结构形式。

110

（2）房翼式雨棚

站房位于站台上方，雨棚位于站房两翼，此时雨棚需要覆盖站房两端的站台，如图3-19(b) 所示。目前特大型、大型客站大多采用建桥合一的高架站房，其雨棚大多采用该种结构形式。

（3）房顶式雨棚

房顶式雨棚主要用于桥式车站，雨棚在站台层正上方，且与站房房顶连为一体，如图3-19(c) 所示。

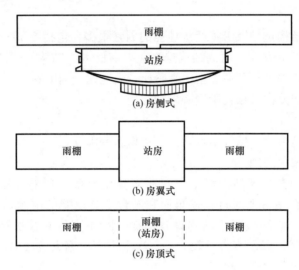

图3-19 雨棚与站房位置关系图

4. 与跨线设施的关系

雨棚柱列与站台跨线设施出入口的关系如图3-20所示。

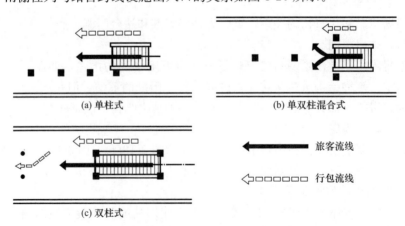

图3-20 雨棚柱列与站台跨线设施出入口的关系

（1）单柱式

雨棚柱设为单排。当站台上设置天桥、地道出入口时，单柱式雨棚柱通常与出入口的一侧对齐，如图3-20(a) 所示；若在基本站台上，考虑到上下车旅客流线的顺畅，一般设计为不对称雨棚，雨棚柱往线路外侧偏移一段距离，如图3-21(a) 所示。单柱占用站台面积少，站台内空间开敞，便于旅客和搬运车辆两侧通行，旅客流线与行包流线互不干扰，使用效果良好。但该雨棚结构为不对称形式，需个别设计。这种雨棚适用于站台宽度在10m以内的站台。

（2）单双柱混合式

一般地段采用单柱雨棚，而在天桥或地道口处改成双柱，此时雨棚柱在站台对称排列，如图3-20(b)所示。其旅客流线和行包流线干扰小，使用效果较好。

（3）双柱式

这种雨棚采用双排立柱支撑，雨棚柱与天桥、地道外边对齐且在站台上对称排列，如图3-20(c)所示。该种雨棚柱距大，便于车辆穿行。站台宽度在10m以上、跨线设施出入口较多时多采用双柱雨棚。

5. 按照结构材料划分

按照主体结构分类可将雨棚分为木结构雨棚、钢筋混凝土雨棚和钢结构雨棚。

（1）木结构雨棚

该种雨棚的主体结构为木结构。除了早期车站使用外，木结构雨棚现在极少采用。

（2）钢筋混凝土结构雨棚

按照其施工方法，钢筋混凝土雨棚结构可以划分为装配式雨棚、现浇整体式雨棚两大类。现浇雨棚整体性能好，铁路车站曾大量采用，如图3-18(f)所示。当遇到不规则站台时则需采用现浇结构；这种雨棚还可以创造一些特殊建筑造型，使雨棚形式更加多样化。装配式雨棚有安装速度快、现场模板少、施工方便等特点，如图3-21(a)所示。

高风压、沿海、酸雨等地区的雨棚宜采用钢筋混凝土结构。

（3）钢结构雨棚

钢结构雨棚用纤巧钢柱代替了粗大笨重的钢筋混凝土柱，如图3-18(e)所示。雨棚屋面造型丰富，鲜艳的钢板、铝板及新型材料代替了千篇一律的混凝土，使得雨棚的可观赏性大大提高。钢桁架、实腹钢梁、张弦梁、管桁架等结构是目前经常采用的钢结构雨棚结构形式。目前越来越多的雨棚采用钢结构雨棚。其中钢桁架雨棚如图3-21(b)所示。

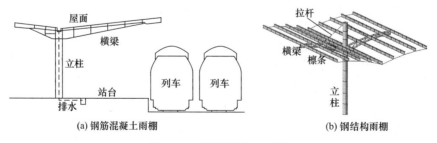

图3-21 雨棚结构与组成图

6. 其他分类

除了上述分类方法之外，还有其他多种分类形式。

根据有无雨棚柱，雨棚分为有柱雨棚和无柱雨棚；

根据雨棚柱的位置，可分为中间柱雨棚和无中间柱雨棚（边柱雨棚）；

根据雨棚中间柱的位置，可分为站台立柱雨棚和线间立柱雨棚；

根据雨棚的受力特点，可分为悬挑雨棚和篷式雨棚（或门式雨棚）；

根据横断面上雨棚柱的数量，可分为单柱雨棚、双柱雨棚和多柱雨棚；

根据雨棚上方有无拉杆，可分为有拉杆雨棚和无拉杆雨棚；

根据雨棚顶面形状，可分为平顶雨棚、拱式雨棚和多曲面雨棚；

根据雨棚上方是否再利用，可分为普通雨棚及上盖雨棚。

下面介绍几种常用的雨棚形式。

3.5.3 站台立柱雨棚

站台立柱雨棚简称站台柱雨棚，也称为悬挑雨棚，过去曾在工程界称为有柱雨棚。一般在站台上设置一排或两排立柱来支撑雨棚，如图 3-18(e)、图 3-20、图 3-21(a) 所示。雨棚宽度在中间站台为站台宽度，在基本站台一般覆盖不了整个站台；雨棚高度可适当低些，满足铁路限界要求即可，一般在 4.55m 左右。这种雨棚完全是为旅客上下车遮雨而设置，属于功能型雨棚。

我国铁路大部分采用线侧式站房、房侧式雨棚。我国铁路中小型车站一般采用这种站台立柱雨棚形式。

1. 悬挑方向

根据功能与结构形式的不同，站台立柱雨棚可以只向一侧悬挑，也可以向双侧悬挑。

（1）单侧悬挑雨棚

单侧悬挑雨棚向左或向右单侧悬挑，如图 3-22(a)、（b）所示。单侧悬挑结构简单，单榀雨棚的造价低。但因为雨棚向单侧悬挑，雨棚左右侧受力不均，雨棚柱承受的弯矩较大。故这类雨棚适合于股道数量少的车站，或者设在站场两侧的侧式站台上。

（2）双侧悬挑雨棚

双侧悬挑雨棚既向左也向右悬挑，如图 3-22(c)、（d）所示。相比于单侧悬挑雨棚，双侧悬挑结构单榀雨棚的造价较高。但因为雨棚向双侧悬挑，雨棚左右侧受力比较均匀，雨棚柱承受的弯矩较小。故这类雨棚适合于股道数量较多的车站，或者设在站场中间的岛式站台上。

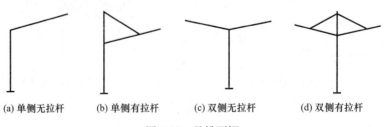

(a) 单侧无拉杆　　(b) 单侧有拉杆　　(c) 双侧无拉杆　　(d) 双侧有拉杆

图 3-22　悬挑雨棚

2. 雨棚拉杆

根据雨棚上方是否设置斜向拉杆，雨棚分为无拉杆雨棚和有拉杆雨棚。

（1）无拉杆雨棚

当雨棚悬挑长度不太长且雨棚结构刚度较大时，雨棚上方可不设拉杆结构，如图 3-22(a)、(c) 所示。目前钢筋混凝土结构雨棚大多采用这种无拉杆雨棚，如图 3-21(a) 所示。

（2）有拉杆雨棚

当雨棚悬挑长度较长且雨棚结构刚度不大时，为了增强雨棚悬挑部分的抗弯性能，可在雨棚悬挑部分的中部设置斜拉杆，斜拉杆的另一端固定在立柱上方，此种雨棚称为有拉杆雨棚，如图 3-21(b)、图 3-22(b)、(d) 所示。目前钢结构雨棚大多采用这种有拉杆雨棚。

3. 横梁结构

横梁在雨棚屋面之下，既承受雨棚屋面的荷载，又将荷载传递到雨棚立柱，如图 3-21 所示。横梁结构既要有足够的强度和刚度，又要考虑经济因素及美观因素。

（1）材质

过去雨棚横梁常采用钢筋混凝土制作，目前广泛采用钢结构。当悬挑长度较短时一般采用实腹钢梁，当悬挑长度较长时一般采用平面桁架结构。

（2）结构形式

钢结构横梁又可划分为实腹、平面桁架等形式。雨棚横梁还可采用型钢、箱梁、空间桁架等结构形式。

（3）结构参数

在横梁结构尺寸确定及优化方面，一般先确定雨棚的跨度、悬挑长度、柱高的参数；再初选横梁截面，主梁截面需同时满足强度、稳定和刚度要求。其结构参数需满足功能需求和有关规定要求。

4. 站台柱

站台柱也称为站台立柱、雨棚柱，其作用是支撑上部雨棚并将受力传到站台或路基。站台立柱雨棚柱设置于站台之上。

（1）柱身材质

雨棚柱一般采用钢筋混凝土、H 型钢、钢管、钢管混凝土等材料制成。

（2）柱高

一般情况下站台需通行消防车，根据消防要求，雨棚下缘至站台顶面的高度不应小于 4.0m，因此柱高不低于 4.0m。

对我国近些年建成的高速铁路房侧式站台立柱雨棚进行统计，雨棚结构柱高最小值 4.6m，最大值 16.8m，平均高度为 9m。站台柱的柱高主要集中在 4.5~7m 和 13~14.5m 两个范围。通常第一种范围的站台柱高度较低，满足功能、空间等要求的情况下可选用；而第二种范围的站台柱由于上部大部分为钢索斜拉结构，可满足较高空间的要求。

（3）顺股跨度

顺股跨度也称纵向跨度，实际上为顺股柱距，即沿着列车运行方向的站台柱网的间距。顺股跨度主要受横梁和檩条结构类型及受力条件影响，目前我国铁路站台雨棚的横梁和檩条主要采用钢结构建造。

单柱悬臂钢梁结构具有美观、经济等优点，在普速铁路中、小型站台雨棚和轻轨车站设计中应用较广。其顺股跨度在9～18m之间，以12m比较常见。其立柱通常采用圆钢管混凝土柱、焊接H型钢梁主梁，当悬挑距离较大（如大于10m）而梁高又受到限制时，可以在柱顶设置钢拉杆以减小主梁弯矩。

对近些年建成的高速铁路房侧式雨棚进行统计，若采用钢桁架结构体系，顺股跨距比普通雨棚大，一般均大于14m，目前主要跨距有14.4m和15m两种；钢箱梁结构体系雨棚较少，且顺股跨度主要为13.5m；型钢梁是雨棚采用较多的结构形式，其顺股跨度较小，为12m左右，通常在小跨度布置的情况下选用型钢梁的结构形式。

5. 悬挑长度

悬挑长度是指雨棚最外侧边缘至站台柱中心的横向长度。其长度根据悬挑方向、雨棚柱数量、站台宽度等因素确定。

（1）普通铁路

我国中小型客货共线铁路车站大多采用单柱悬臂钢梁结构雨棚，主梁悬挑长度在8.5～12.0m之间。

（2）高速铁路

我国高速铁路车站雨棚若采用钢桁架结构体系，则悬挑长度大多选用12m；采用钢箱梁结构时，悬挑长度大多为11m；采用型钢梁结构时，悬挑长度大部分在8～14m之间。

6. 雨棚长度

雨棚的纵向长度与站台长度基本相同。若是高架站房，雨棚长度还需减去其中的站房顺股长度，如图3-19(b)所示。

普速铁路站台长度一般为550m、高速铁路站台长度一般为450m、城际铁路站台长度一般为220m或450m。与此相对应，站台雨棚的纵向长度一般达400～550m，属超长结构，温度变化将在结构中引起较大的内力和变形。通常沿横向（垂直轨道方向）设置温度缝将雨棚结构分为3个温度区段。设置温度缝后的纵向温度区段长度一般为130～200m。

3.5.4　线间立柱雨棚

线间立柱雨棚简称线间柱雨棚，俗称无站台柱雨棚（曾称为无柱雨棚）。这种雨棚结构形式并不是没有雨棚柱，而是其结构柱设置在铁路股道之间，站台上不设置结构柱，故应称为线间立柱雨棚，如图3-23所示。

线间立柱雨棚可以突出景观特点，设计新颖，造型别致，形成覆盖整个站台的通透的无柱空间，为旅客提供更为

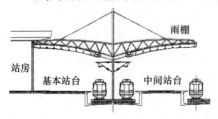

图3-23　线间立柱雨棚

开敞和舒适的上下车与通过空间，同时也使得车站的城市门户形象更为突出，给旅客以更深刻的印象。我国大型、特大型客站及高速铁路的雨棚大部分为线间立柱雨棚。当然，线间立柱雨棚的造价比站台立柱雨棚高。到底采用站台立柱还是线间立柱需要根据客站的等级、客运量的大小等因素综合考虑决定。

1. 线侧式车站

我国铁路大部分高速铁路采用线侧式站房、房侧式线间立柱雨棚。它是一个全开敞的窄长建筑，雨棚屋面会出现较大的负风压（吸力）；由于跨度大，通常还有较大的悬挑长度，风荷载体形系数大，风振效应明显。对于采用线侧式布局的中小型站房，由于站房体量相对较小且偏于一侧，相对来说线间立柱雨棚与站房的结合处理比较困难，与跨线天桥在高度上的配合较复杂。一般来说，需对跨线天桥上方的雨棚做局部处理，把雨棚局部抬高或逐步升起，避免出现为了完全覆盖天桥而将雨棚高度整体提升过高的情况。

基于对收集的高速铁路车站样本进行统计，线间立柱雨棚结构柱高最小值 8m，最大值 26.3m，平均高度为 12.8m；线间立柱雨棚为大跨结构，上部一般为钢结构屋盖体系，追求大空间，所以结构柱通常比线间立柱雨棚的柱高要高一些。这样的雨棚屋盖结构体系和增大的柱高都使得工程数量、工程造价不同程度地增加。

基于上述分析，对于中小型房侧式雨棚，应考虑选用传统的站台柱雨棚结构，这样既可以简化设计和施工、节省工程用量，同时也可以满足中小型客站服务旅客上下车的空间要求。对于大型、特大型车站，应优先选用线间立柱雨棚。

2. 高架车站

大型、特大型铁路客站大多采用线上的跨线高架站站房、房翼式雨棚，采用雨棚、站房、雨棚这种三段式结构，如图 3-19（b）所示。一般来说这种结构形式对站棚一体化的处理比较容易。北京朝阳站的雨棚上盖停车场，其与高架站房的结合如图 3-24 的地上二层部分所示，雨棚柱的布置如图 3-24 的地上一层部分所示。

图 3-24　高架车站雨棚（北京朝阳站）

（1）柱高

考虑列车通行以及与站房、天桥等高程和形体的协调，这种线间立柱结构雨棚利用大跨结构形式，形成覆盖整个站台的通透的无柱空间。一般情况下，线间立柱较高，除去雨棚柱顶端复杂结构部分，柱高主要集中于 12～

16m 的范围内。

（2）顺股跨度

目前我国高速铁路线间立柱雨棚的顺股跨度集中分布在 18m、20m、23m 和 24m。钢管混凝土柱结构形式雨棚柱的顺股跨度目前集中在 22～24m。跨度大于 30m 时大多采用钢结构柱。

（3）垂股跨度

垂直轨道方向的雨棚柱跨度为垂股跨度。垂股跨度直接受到所覆盖的股道、站台布置的影响，故其分布规律性较强。目前我国高速铁路雨棚对应的垂轨跨度集中于 42～47m，还有部分垂轨跨度集中于 20～22m。目前采用钢管混凝土柱的较多，其垂轨跨度集中在 42～50m 范围内。垂股跨度值短于 40m 的多采用钢结构柱；而垂股跨度值大于 50m 的多采用钢管混凝土柱结构。

南宁东站采用线间柱雨棚，雨棚总面积约 76653m²，雨棚结构顺轨道最大长度为 116.5m，垂直于轨道方向最大长度为 318.8m，最大高度 15.5m。

3. 桥式车站

在城市轨道和城际铁路车站中，较多采用桥式车站，即站场层和候车厅均建于桥上。目前高速铁路、城际铁路桥式车站，当股道较多时，其雨棚多采用线间立柱结构形式。

（1）雨棚结构高度与柱高

桥式站房的线间立柱雨棚结构高度变化范围较大，主要集中在 10～20m

图 3-25　桥式车站房顶式雨棚（苏州北站）

范围内。因为雨棚结构高度的变化范围较大，雨棚柱的高度范围变化也较大，主要集中在 6～16m 的范围内。由于站台层在站厅层上部、雨棚在站台层上部，这使得雨棚贯穿车站顶部成为可能，可采用房顶式雨棚，如图 3-19(c)、图 3-25 所示。

（2）顺股跨度

目前我国铁路桥式车站雨棚的长度与列车编组长度对应，一般由多段组成，顺股跨度主要为 10.9m 和 32.7m 两种布置方式。

（3）垂股跨度

雨棚柱垂直股道跨度范围一般为 5～70m，变化较大。其中较多采用的两种跨度为 17m 和 30m。雨棚柱垂股跨度布置主要考虑车站到发线和站台的布置。由于站场规模不同，故变化范围较大。

（4）立柱类型

目前我国高速铁路、城际铁路中，桥式车站的雨棚柱主要有钢柱、钢管混凝土柱、钢筋混凝土柱 3 种类型。其中钢柱为主要类型，占 70% 以上；其次为钢管混凝土柱，占 15% 左右。

钢筋混凝土柱的工程造价相对较低，但采用此种结构形式的例子并不多，主要是与其他结构形式比较，其在用于大跨度结构时优势不明显；钢管混凝土柱在承载力等方面优势明显，但其施工复杂，此种形式较少应用；钢结构柱相对于钢管混凝土结构柱自重小、承载力强，大部分桥式雨棚柱选用这种结构形式。

3.5.5 无中间柱雨棚

上述车站无论是线间柱雨棚还是站台柱雨棚，都在站场中设有雨棚柱，因此可统称为有中间柱雨棚，简称有柱雨棚。

随着铁道科技的发展，我国目前出现了一些在车站中不设任何中间柱的雨棚，雨棚结构的受力全由股道、站台外侧的墙体或结构柱承受，如图3-26（a）、（b）所示。

目前我国无中间柱雨棚主要用在城际铁路和城市轨道车站。这主要是因为这两种铁道方式的站场规模较小，一般为2~4股道，雨棚横股跨度小。广珠城际铁路的新会站共有2个站台和4个股道，如图3-26(c)所示。这些站台采用无中间柱雨棚之后使得视野开阔、乘客进出站方便。

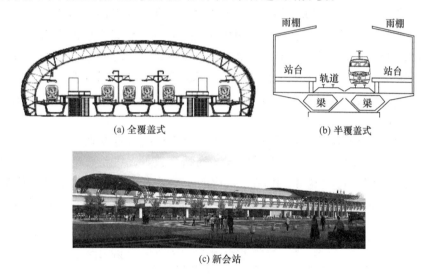

(a) 全覆盖式　　　　(b) 半覆盖式

(c) 新会站

图 3-26　无中间柱雨棚

目前我国无中间柱雨棚主要用在桥式车站之上。桥式车站的站厅层在下、站台层在上，乘客采用下进下出的方式进出站。因为不便于在空中架设进出站天桥，不便于组织上进下出的乘客流线，故这种方式一般不用在高架式站房的车站。

为了节省用钢量、增加结构的安全性、稳定性，无中间柱雨棚通常采用拱式结构，个别情况下可采用门架式或多曲面结构。

当股道数量较多时，无中间柱雨棚的横股跨度增大，使得其受力加大、结构复杂，这时采用前述的站台柱雨棚或线间柱雨棚更为合理。故我国的客货共线铁路、高速铁路目前较少采用这种无中间柱雨棚。

在欧洲，一些大站也采用这种无中间柱雨棚，配以线端式站房、分配式站台，再加上高净空的拱形钢架玻璃结构，显得整个车站建筑雄伟、高大、通透、明亮，增加了车站的结构简洁度、环境美好感和换乘便利性。

3.5.6 雨棚屋面

雨棚的屋面也称棚面，是普通雨棚的顶面，如图 3-21 所示。

为了建筑外观的需求，现代雨棚的顶部棚面采用了多种不同风格的新型建筑材料，从色彩、质感等方面比传统的雨棚有了大幅、快速发展。另外，雨棚跨度大、空间高、覆盖面积大，棚面的清洁、排水等问题比较突出，如果处理得不好可能会严重影响雨棚的使用与美观。

1. 典型做法

目前棚面的结构一般为：0.8mm 厚压型钢板（镀铝锌），50mm 厚玻璃棉（高强聚丙烯贴面），钢檩条（镀锌钢龙骨），面向底面的吊顶一般采用 0.8mm 厚钢扣板（密拼）或 1.0mm 厚铝扣板（板宽 180mm，缝宽 120mm）。

封口檐板一般采用 3mm 厚铝板，屋面排水沟采用 2.5mm 厚不锈钢天沟。

2. 棚面清洁

雨棚巨大的金属和玻璃屋面容易积存灰尘污垢，不及时清洁会影响美观甚至使用功能，尤其是在北方地区，风沙灰尘多，问题就显得更加突出。应采用新型棚面材料，如防水等级高、耐老化、轻盈美观并有较好自洁作用的彩钢板、复合铝板等材料。这可提高棚面的自洁效果，从而减少清洗次数。另外，对于有大面积玻璃等清洁度要求较高的屋面，可以专门设置棚面清洁通道和清洁设备。

3. 雨棚面积

雨棚面积是指雨棚的投影面积，是各雨棚长度与宽度乘积之和。雨棚面积与雨棚屋面面积有关。由于不同车站的站台数量、线路数量、雨棚结构形式、雨棚宽度不同，再加上雨棚与站房的空间位置与结合方式不同，使各车站的雨棚面积有所不同。表 3-9 列出了一些较大车站的雨棚面积，可供参考。

部分车站雨棚面积表 　　　　　　　　　　　　　表 3-9

车站	车场规模	雨棚覆盖面积（万 m^2）
西安北站	18 台 34 线	9.4
虹桥站	16 台 30 线	6.9
郑州东站	16 台 32 线	7.8
贵阳北站	15 台 32 线	8.2
南宁东站	13 台 30 线	7.7
天津西站	13 台 26 线	7.6
武汉站	11 台 20 线	14.4
深圳北站	11 台 20 线	6.8
昆明站	9 台 14 线	1.03
南京站	8 台 16 线	4.75
北京朝阳站	7 台 15 线	6.2
无锡站	6 台 12 线	2.1
通辽站	6 台 12 线	3.0

4. 排水处理

铁路客站不允许站台雨棚把水直接排在轨道面上，因此传统的站台雨棚都采用 Y 字形的形式，把水汇集到雨棚中间再排出，如图 3-21 所示。线间立柱雨棚往往采用造型独特的大型金属棚面，需要设置专门的排水系统。

目前较先进的棚面排水系统有压力流（也称虹吸或满管流）排水系统。其主要原理是利用顶面雨水斗与排出管之间的高差，当降雨强度达到设计值时，管道内雨水呈满流状态，雨水从水平管流入立管时，管道内形成负压，产生虹吸作用，可快速排除顶面雨水。实践证明对大面积的棚面排水其具有很高的效率。

3.5.7 雨棚上盖

上述的车站雨棚均在其上方设置棚盖，雨棚上方空间不再利用。近年来，我国有多个车站开始利用雨棚上方的空间，上盖其他建筑物，该种结构可称为雨棚上盖，或称为上盖雨棚。这种情况下，雨棚的棚盖不能作为普通屋盖进行设计，其棚盖与其下的雨棚柱应作为承载结构进行设计。

该种雨棚主要采用三段式站房、线间立柱结构形式。上盖建筑物目前主要有停车场和商业建筑两种用途，将来还会有更多的用途和结构形式出现，比如上盖建筑作为车站建筑使用，整合、优化站房空间，可有效节约土地资源或减少地下空间。

1. 停车场

该种雨棚结构形式与线间立柱雨棚不同。一是雨棚的屋面不采用通常的棚式轻型结构，而是采用钢筋混凝土结构；二是屋面之上修建停车场，节约了土地资源，克服了上部空间不能充分利用的缺点；三是因为雨棚之上增加了结构静载及车辆活载，其雨棚立柱与其上的屋面需要加强，立柱横、垂向间距不能过大；四是进站车流一般安排在地上二层，需要在站停留的车辆可以直接停在二层的停车场，使得车辆流线简洁明快。

比如已建成的北京丰台站［图 3-18(h) 右端］、北京朝阳站［图 3-24 地上二层两端、图 3-27(a)］均为上盖雨棚，在雨棚上方设置了停车场。

2. 商业建筑

该种雨棚与上述上盖停车场不同之处在于在雨棚上方盖多层商业建筑，使得车站空间得到更进一步开发利用。

杭州西站枢纽雨棚上盖开发项目践行"集约节约"，利用土地要求和站城融合开发理念，在新建高铁站雨棚上盖商业开发项目，规划开发特色酒店、总部办公综合体，其设计效果如图 3-27(b) 所示。

(a) 上盖停车场(北京朝阳站)

(b) 上盖商业建筑(杭州西站)

图 3-27　雨棚上盖

3.5.8 城轨车站雨棚

地铁大部分建在地下，站台上方不需要专门加装雨棚，但在出入口处，需要建造一定长度的雨棚。

除地铁之外的其他城轨的运量较小、列车编组长度短，其雨棚规模较小。大连轻轨的某车站及雨棚如图 3-28(a) 所示；日本中低速磁浮铁路的雨棚如图 1-20 所示；加拿大温哥华新千年线列车采用直线电机驱动，其车站雨棚造型各异，如图 3-28(b) 所示。

 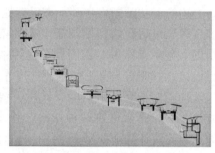

(a) 轻轨 (大连)   (b) 直驱地铁 (温哥华新千年线)

图 3-28　城轨车站雨棚

3.6　货运设施

一般在枢纽范围内设置物流基地，在车站设置物流中心。

3.6.1　物流基地

铁路货运系统包括枢纽内物流基地、物流中心、集装箱中心站、各类铁路货场换装站、工业站（港湾站）等货运设施。我国铁路货运场站大致经历了三个发展阶段，分别为传统货场、集装箱中心站以及铁路物流基地。

铁路物流基地主要服务不具备铁路专用线的实体经济，集货物集散、存储、分拨等基础功能以及金融服务、商务办公、交易展示、餐饮住宿等增值和配套功能为一体，具有辐射范围广、集聚效应强、服务功能全、运行效率高等特点。未来，铁路货运将逐步形成以服务于百货市场的物流基地（含货场）和服务于大宗货物的专用线为基础的货运体系。由于工业站、港湾站等设施布局和发展主要以地方需求为主导，相关规划均由地方发起和审定，不在本书论述范围，本部分介绍铁路物流基地。

1. 分级标准

我国铁路物流基地共分三级，包括一级物流基地、二级物流基地、三级物流基地，各级物流基地分级标准见表3-10。

由于物流基地的层次类别具有向下兼容性，即具备建设高等级物流基地的铁路枢纽也具备建设低等级物流基地所需的条件，因此枢纽物流基地空间层次类别主要是确定能建设的最高级别的物流基地。原则上，枢纽内一级物流基地数量不超过1个,具备一级物流基地建设条件的枢纽可设若干个二级物流基地和三级物流基地,具备二级物流基地建设条件的枢纽可设若干个三级物流基地。由于三级物流基地属于补充性质的物流节点,因此枢纽物流基地布局重点是对一、二级物流基地布局进行研究。

物流基地分级标准 表3-10

指标		物流基地				三级
		一级		二级		
		东部	西部	东部	西部	
区域经济地位	承载城市GDP	≥6000亿元	≥2000亿元	≥1000亿元	≥300亿元	低于上述标准的物流基地,主要承担一般城市货物集散及城市配送功能
路网作用	路网功能	位于全国性铁路枢纽城市,货物聚集、班列组织、路网中转功能强		位于重要铁路枢纽城市,具备较强货物聚集、班列组织或专业物流功能		
	物流基地远期到发量	≥500万t		≥200万t		
	可拓展空间	满足国家物流枢纽要求的可拓展空间				

2. 案例——武汉

武汉铁路枢纽为全国重要铁路枢纽之一。2019年武汉市GDP为16223.21亿元,远大于6000亿元,结合上述三级物流基地层次结构及分级标准,确定武汉枢纽宜建设1个一级物流基地、2个二级物流基地以及若干个三级物流基地。规划吴家山为一级物流基地,主要服务于武汉东西湖经济技术开发区及沌口发达的汽车产业;规划滠口为二级物流基地,服务于汉口北小商品市场及青山大临港经济区;规划大花岭为二级物流基地,服务于白沙洲及海吉星农产品市场等,结合枢纽货运环线布局;规划西南环线的常福、东南环线的光谷南、林四房等三级物流基地。

3.6.2 物流中心

过去的铁路货运设施主要是货物线和货场,中间站标准图型中一般在第一象限设置货物线。为了适应铁路运输的需要,2017年新颁布的《铁路车站及枢纽设计规范》TB 10099—2017将此改为在第三象限设置物流中心,如图2-10、图2-11所示。区段站的标准图型也将货场改为物流中心,如图2-16所示。

铁路物流中心是依托铁路、具有完整信息网络、为社会提供物流活动的场所,并具备为社会或企业自身提供物流服务、物流功能健全、聚集辐射范围大和存储吞吐能力强等功能。铁路物流中心应包括运转车场、物流功能区和其他物流配套服务设施。运转车场与物流功能区宜集中布置。

1. 功能

铁路物流中心应具有物流服务功能和配套服务功能,需要设置物流生产、物流服务功能,可根据需要设置综合服务、生产辅助和生活辅助等配套服务功能。

（1）物流生产

物流生产包括商务手续办理、货物到发、中转、收货、理货、装卸、搬运、暂存、储存、接取送达、配送、信息服务、货运安全监测监控、分拣、储运包装、销售包装、流通加工、组装、加固、配载、交割、越库、换装、应急物流、专业物流（小汽车物流、冷链物流、快件物流等）定制服务、托盘共用等功能。

（2）生产辅助

生产辅助包括停车、综合维修、加油、加气、供电、供水等功能。

（3）物流服务

物流服务包括金融物流、货运代理、咨询与方案设计、市场交易、贸易代理、商品展示、建筑物与设备租赁、结算、代收款、保价运输、保险代理、物流培训、招聘与求职、广告、中介与担保、清关报关、保税等功能。

（4）综合服务

综合服务包括物业管理、工商税务、保险、通信邮政、银行等功能。

（5）生活辅助

生活辅助包括为入驻企业、往来客户、员工提供住宿、餐饮、洗浴、休息等功能。

铁路物流中心的功能应结合货物品类和客户类型采用模块化设计、差异化选择，各功能模块应便于物流作业。

2. 分类

（1）按照办理货物品类和性质

按照办理货物品类和性质可分为专业型和综合型铁路物流中心。

专业型铁路物流中心面向大宗及特殊货物，主要以大型装卸车点为基础设置。根据货物品类不同，可分为长大笨重货物、散堆装货物、危险货物、商品汽车及自轮装卸等铁路物流中心。

综合型铁路物流中心应设置在产业聚集区域、多式联运货物运输节点，可由集装箱、长大笨重货物、包装成件货物、商品汽车、散堆装货物、危险货物、冷藏、仓储配送、内陆港、流通加工、交易展示及综合服务等功能区组成。

提供危险货物运输、仓储、装卸、配送等物流服务时，宜单独设置专业型危险货物铁路物流中心。

（2）按照吞吐量分级

综合型铁路物流中心按承担吞吐量、服务功能、建设规模和在路网中的作用等因素可分为一级、二级和三级铁路物流中心。

1）一级铁路物流中心。主要担任全国性铁路物流节点城市的货物集散与分拨任务，设置于全国综合交通枢纽和市场需求旺盛地区，满足特快货物班列、跨局货物快运列车、跨局大宗货物直达货物班列、国际班列和多式联运需求，年吞吐量在300万t以上，具备20项以上物流服务功能及相关配套服务功能。

2）二级铁路物流中心。主要担任区域性铁路物流节点城市的货物集散任务，设置于区域交通枢纽和市场需求充足地区，满足快速货物班列、管内货物快运列车、管内直达货物班列和多式联运需求，年吞吐量在100万t以上，具备10项以上物流服务功能及若干配套服务功能。

3）三级铁路物流中心。主要担任地区性铁路物流节点城市的货物集散任务，设置在一般地级市或生产制造企业附近，满足普快货物班列、管内循环货物快运列车、普通货物列车和多式联运需求，年吞吐量在50万t以上，一般具备7项以上物流服务功能。

在上述三级铁路物流节点网络基础上，根据需要建设物流作业站、受理站、受理点及无轨站，加强物流网络覆盖。物流作业站、受理站、受理点及无轨站可参照三级铁路物流中心基本物流服务功能设计。

（3）按照服务类型

按照服务类型可分为货运服务型、生产服务型、商贸服务型、口岸服务型和综合服务型铁路物流中心。

3. 布置

铁路物流中心应包括物流功能区、到发及调车场和其他物流配套服务设施。物流中心可根据需要设置集装箱、长大笨重货物、包装成件货物、商品汽车、散堆装货物、仓储配送、快件、危险货物、冷藏货物、流通加工包装及交易、展示区等功能区。

（1）布置原则

铁路物流中心各功能区应按下列原则布置：

1）长大笨重货物功能区宜靠近集装箱功能区布置。

2）商品汽车功能区宜邻近集装箱功能区布置，通往商品汽车功能区的道路和大门宜单独设置。

3）有扬尘污染的散堆装货物功能区宜独立设置，必须与其他功能区合设时，应布置在物流中心外侧、主导风向下方侧，宜远离包装成件货物、商品汽车功能区。

4）危险货物功能区应远离其他功能区和生产办公及生活设施，并位于主导风向下方侧。

5）不需邻靠铁路装卸线的仓储配送功能区、流通加工包装功能区宜远离铁路装卸线，并靠近门的区域布置；必要时可设置独立大门。

6）商贸、交易、展示区宜布置在邻近物流中心外主要通道上，并与装卸、仓储作业区域相对隔开。综合服务楼、社会停车场应靠近门的区域布置，客车、货车停车场宜分开布置。

7）海关监管作业区宜集中设置并实行封闭式管理。

各功能区的布置形式可根据物流需求、管理模式、规划、用地、功能等因素综合比选确定。

（2）布置图型

铁路物流中心的物流功能区和到发及调车场布置图一般有两种形式，如

图 3-29 所示。

第一种布置主要表现为各功能区在铁路线路一侧顺势展开,其中与铁路装卸作业密切相关的功能区靠近铁路线路布置,其他作业区依次向外延伸。美国联合太平洋洛杉矶铁路物流中心采用该种布置图,如图 3-29(a) 所示。

第二种布置主要表现为在铁路线路旁直接设置功能区,同样这些功能区与铁路作业密切相关,经过铁路运输的货物再过铁路装卸作业直接进入各功能区,其他与铁路作业相关度低的功能区依次向外延伸。德国不来梅货运村采用该种布置图,如图 3-29(b) 所示。

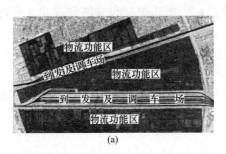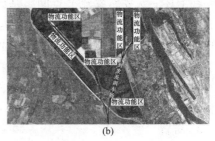

图 3-29　铁路物流中心布置图

在实际应用时结合铁路物流中心所处位置、功能设置、作业流程、与公路衔接情况等具体布置。总体来说,与传统货场相比,铁路线路在铁路物流中心内集约布置,存储功能区面积要保证铁路物流中心内各项物流功能的开展。

4. 货运设施

铁路物流中心的设施包括铁路线路、车辆、仓库、货棚、站台、堆货场地、生产用房、道路、排水、大门等建筑物和载货汽车、装卸机械、检斤、量载、货运安全监测、通信信号、信息、装卸机械修理、篷布修理等设备;铁路口岸物流中心可包括换装、保税和监管仓储、海关查验、检验检疫等设施。货车洗刷除污地点应设有处理污染及排泄的设施。

本节介绍了完成铁路货运作业必备的主要货运设施,包括货场、装卸场、货物站台、仓库、货物堆放场、行包房和货运办公房屋等建筑物与设备,如图 3-30 所示。

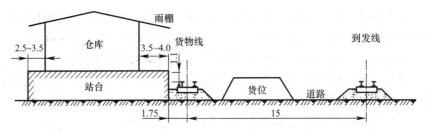

图 3-30　中间站货运设施示意图(单位:m)

3.6.3　装卸场

装卸场也称货场,是客货共线铁路车站的重要组成部分,是铁路组织货物运输的基层生产单元。在物流中心都设有专门办理货运作业的货场，其主要任务是办理货物的承运、保管、装卸和交付等作业。

物流中心装卸场布置图一般采用横列式布置，基本上可分为尽端式、贯通式和混合式3种类型。

1. 贯通式

贯通式装卸场的装卸线两端与正线全部贯通，装卸线为通过式，如图3-31(a)所示。这种布置图的优点是取送车作业可在货场两端咽喉同时进行，互不干扰；可办理整列装卸作业，提高调车作业效率。其缺点是占地比尽端式货场多，工程投资也相应增大；货场道路与装卸线交叉处多，取送调车与搬运货物车辆作业相互干扰。

地形较宽阔时，宜采用这种横列贯通式图型。零散货物快运中心站装卸场宜采用可接发列车、2台夹1线横列贯通式图型。

2. 尽端式

装卸场横列布置，装卸线为尽端式，仅一端与正线贯通或与正线不贯通，如图3-31(b)所示。这种布置图的优点是物流中心用地省、工程投资少；货场内道路和货物线交叉少，因此搬运货物车辆出入方便，与取送车干扰少；货场布置易结合地形，有利于与城市规划配合。其缺点是货车取送作业集中在货场一端进行，咽喉区的负担较重。

位于路网尽端或地形条件困难，且两方向接发车显著不均衡时，可采用这种横列尽端式图型。商品汽车装卸场宜采用尽端式布置图型。

3. 混合式

受地形条件限制，装卸线与正线全部贯通会引起较大工程，且车站两端接发车不均衡时，可采用装卸场横列布置、装卸线两端与正线部分贯通的横列混合式图型，如图3-31(c)所示。

装卸线一部分为尽端式，一部分为贯通式；兼有尽端式与贯通式货场的优点；其缺点是占地和工程投资较尽端式货场大，两端咽喉负担不够均衡。

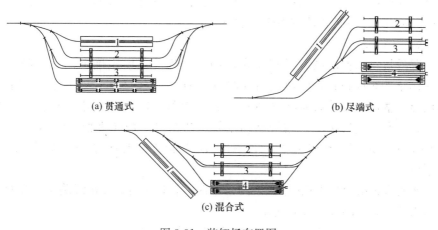

(a) 贯通式　　(b) 尽端式

(c) 混合式

图 3-31　装卸场布置图

1—散堆装货区；2—长大笨重货区；3—集装箱货区；4—成件包装货区

各装卸场布置应根据车站规模、作业量、货物种类、作业性质、地形条件、城镇规模、工程情况等因素综合考虑选择。一般情况下，大、中型装卸场宜设计为尽端式或混合式，其线路可采用平行布置或部分平行布置。中间站小型装卸场可设计为贯通式或混合式。

3.6.4 货物站台

货物站台是装卸及存放货物的重要设施，如图 3-30 所示。货物站台可分为普通站台、高站台、低站台、尽端式站台等类型。

1. 普通站台

我国大部分铁路物流中心内的货物站台为普通货物站台。

（1）设置条件

普通货物站台一般在下列情况下设置：为了存放不受风、雨、雪及阳光等自然条件影响的成件货物，并且用人力、手推车、电瓶车和叉车等进行装卸作业时；整车中转车辆由于货物（笨重货物除外）装载不良或因车辆需要修理必须进行换装作业时；零担中转货物需要按到达站或方向加以选用时；当需要设置仓库或货棚时。

站台与装卸线的布置可根据到货物发运量、运输组织、装卸作业工艺要求等，采用 1 台 1 线或 2 台夹 1 线的形式，也可采用 2 台夹 2 线、2 台夹 3 线、3 台夹 2 线等其他布置形式，参见图 3-14。

（2）站台长度

货物站台的长度可根据需要确定，应与装卸线长度相匹配，有整列装卸需要的货物站台应满足整列装卸的要求。

（3）站台宽度

站台的宽度可根据货物品种、作业量、取送车数、作业性质、装卸搬运机械设备类型及站台上设置仓库等情况确定。如有仓库时，按仓库要求加两边走道考虑，如图 3-30 所示；如无仓库时，一般露天站台的宽度不宜小于12m；零担中转站台其宽度以 20～40m 为宜；单侧装车单排货位时不应小于16m，双侧装车双排货位时不应小于30m。

（4）站台高度

普通货物站台的高度是根据车辆的车底板的高度来确定的。一般平板车、棚车的车底板顶面距轨面高度约为 1.1m。为了装卸作业的方便，站台高度与车辆底板面高度应尽量保持一致，力争装卸作业平进平出。我国规定货物站台的高度为站台边缘顶面至轨面的距离，普通货物站台为 0.95～1.1m，靠场地侧应高出场坪 1.1～1.3m，并根据需要设置可调节高度的升降平台。

普通货物站台高出轨面的距离 1.1m 时，货物站台边缘至线路中心线的距离为 1.75m，如图 3-32（a）所示。

上述站台尺寸主要针对中小型物流中心的散堆装货物功能区站台而言，对集装箱、长大笨重货物等功能区的站台尺寸需按照规定确定。

2. 高站台

为了节约劳力，加速货物装卸作业，对大量散装货物及不怕摔碰的货物利用敞车装车时，根据地形条件和材料情况，设置高站台。高站台站台面距轨顶高度大于1.1m。

高站台可分为平顶式高站台和滑坡式高站台两种类型。平顶式高站台适用于煤炭、砂石、小铁块及原木等装车作业，如图3-32(b)所示。滑坡式高站台采用滑坡重力装车，如图3-32(c)所示，其站台高度不应小于3.4m。高站台投资较大，使用范围不广，采用时应有充分根据。当地形条件许可、散装货物作业量大及装卸机械能力不足时方可采用。

货物高站台高出轨面的距离小于4.8m时，站台边缘至线路中心线的距离为1.85m。

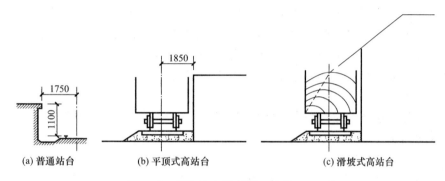

图3-32　货物站台示意图（单位：mm）

3. 尽端式站台

为了装卸能自行移动的货物（汽车、军用装备车辆、拖拉机等），有条件的车站可设置尽端式站台。

尽端式站台设在线路尽端处，一般为矩形单独布置，如图3-33(a)所示；也可根据需要设置与线路平行的L形、凹形或凸形站台，如图3-33（b）、（c）所示。

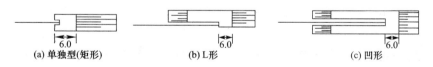

图3-33　尽端式站台示意图（单位：m）

3.6.5　货物仓库

货物仓库也称为货运仓库或货场仓库，简称仓库，是以库房、货场及其他设施、装置为劳动手段，对货运物资进行收进、整理、储存、保管和发送等作业的场所。为方便装卸作业，仓库应设在货物站台上，如图3-30所示。

1. 形式选择

仓库可分为单层仓库、双层仓库和多层仓库。

单层仓库一般设计成库外布置装卸线的仓库。当气候不良，作业量较大，且有根据时，也可设计为库内布置装卸线仓库，见表 3-11。

在货运量大、用地困难、有相应装卸机械设备时可采用双层或多层仓库。

2. 尺寸确定

仓库墙壁外侧至站台边沿的宽度，在铁路一侧一般不小于 3m，在场地一侧一般不小于 2m。

仓库面积应根据货物品类、存货量、货物周转时间、堆存方式、物流作业要求和消防等因素确定且不宜小于 3000m²。

（1）仓库宽度

仓库的宽度应根据货运量、货物品种、作业性质、装卸机械类型、取送车组长度以及仓库结构的模数等因素确定，见表 3-11。

中间站小型货场货物仓库宽度 A 一般采用 9～12m，大、中型货场一般不小于 15m。靠货物线侧货物站台宽度 B，叉车作业时宜采用 4.0m，但主要零担货物中转站台宜采用 7.0m；人力作业时可采用 3.5m。靠道路侧货物站台宽度 C，叉车作业时宜采用 3.5m，但作业量大的零担仓库宜采用 4.0m；人力作业时可采用 2.5m。

仓储配送型、储存型仓库或货棚的宽度不宜小于 30m；中转型仓库或货棚宽度宜为 18m 及以上。

（2）仓库长度

仓库的长度应根据需要的堆货面积和所采用的仓库宽度计算确定。当仓库的总长度比较长时，为了便于仓库的管理及成组装卸作业，减少取送调车与装卸作业的干扰，仓库的总长度应分为若干节。对矩形站台仓库的每节仓库长度，大型货场不大于 210m，中型货场不大于 140m，跨线仓库以 210m 为宜，阶梯形站台仓库一般为 70～100m。

（3）仓库高度

仓库高度应根据货物堆码高度、装卸机具通行及堆码作业要求等确定。使用货架的单层仓库或货棚净高不宜小于 8.5m，堆存货仓库或货棚以及使用货架层数较少的单层仓库或货棚净高不宜大于 7m；多层仓库的底层净高不宜小于 6m，楼层净高不宜小于 5m；设有桥式起重机的仓库或货棚高度，应根据起吊货物的最低起吊高度和设备高度综合确定。

单层仓库形式表 （m） 表 3-11

仓库形式	仓库剖面示意图	选择条件
库外布置装卸线	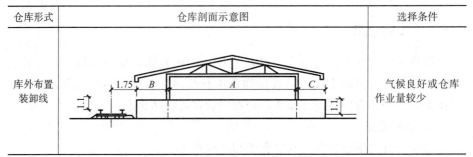	气候良好或仓库作业量较少

仓库形式	仓库剖面示意图	选择条件
库外布置装卸线	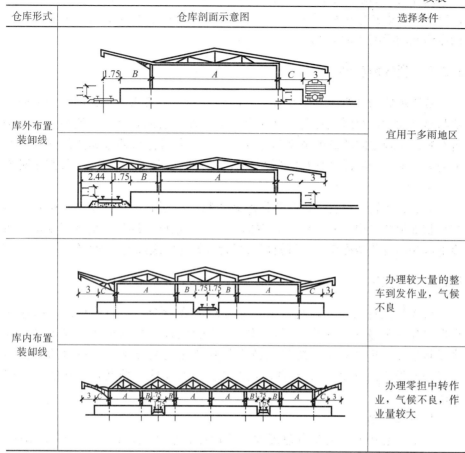	宜用于多雨地区
库内布置装卸线		办理较大量的整车到发作业,气候不良
		办理零担中转作业,气候不良,作业量较大

3. 货棚、雨棚

跨线货棚是内部布置装卸线的货棚,一般在中转零担站台和多雨地区且作业量大的货场内根据需要设置。

为避免货物在装卸和搬运作业时遭受湿损,一般情况下,仓库雨棚的宽度应伸至站台边缘,如图 3-30 所示。在多雨地区且作业繁忙的大中型货场仓库,雨棚在铁路一侧时可根据需要伸至车辆中心线或将车辆全部遮盖,此时伸出宽度为 3.75m;在场地一侧时,应满足库门站台处汽车门顺向作业的需要,一般应伸出站台边缘 3.5m。

一般有上翘式和下落式两种雨棚形式,见表 3-11。上翘式雨棚净空较高,调车作业安全,不影响仓库采光,雨棚及库顶汇集的雨水不致淋落于车辆上,但下雨时,雨水有时会飘入仓库站台。下落式雨棚较低,下雨时可减少雨水飘入库内,但棚檐要用水槽截水,而且采光条件不好,对铁路一侧调车作业不安全。设计时可根据仓库形式、气候条件选择雨棚形式。

4. 库门

库门大小应满足装卸机械作业要求,一般大、中型货场不小于 3.0m,小型货场采用人力作业时不小于 2.4m。

两库门间的距离还需要考虑车辆的长度，使得车辆装卸作业尽量能与库门对应。考虑到货车车辆以 50t、60t 为主，车辆的长度为 14m 左右，故目前两库门间的距离通常为 14m。

3.6.6　货物堆放场

货物堆放场主要用于堆积长大、散堆装和粗杂货物。货物堆放场地面一般与路基面平，有时也可与轨枕顶平。为了便于装卸，货位一般与装卸线平行布置。货堆之间的通道宽度为 0.5～0.7m，货堆边缘距道路边缘的安全距离为 0.5m，距装卸线钢轨外侧的距离，在有装车时不少于 2m，仅卸车时不少于 1.5m。

煤炭、矿石、粮食、化肥等散堆装货物堆货场宜封闭，煤炭、矿石散堆装货物堆货场可根据具体情况设置防尘、抑尘设施，满足当地环保要求。寒冷地区尚应设置防冻设施并可根据需要设置解冻库线或人工卸车线。

3.6.7　行包房

行包房全称行李、包裹用房，是办理旅客行李、包裹的托运、储存和提取等作业的场所。客货共线铁路行包房的位置应与旅客托、取行包的顺序及行包流线密切相关，应尽量减少与其他流线的交叉。行包房的位置还应考虑与候车区（室）、站台和广场的关系，与跨线设施及行包运输方式密切配合。

1. 主要组成

行李、包裹用房主要由包裹库、托运厅、票据室、总检室、牵引车库、拖车存放处、装卸工休息室、办公室、微机室等部分组成，其设置应符合有关规定。

包裹托取厅使用面积及托取窗口数需满足使用要求，不应小于有关规定。

2. 行包房布置

行包房的布设位置与行包房数量、进出站流线、行包作业等因素有关。

（1）设一个行包房

中小型客站可设一个行包房，兼办托运和提取业务，根据其不同位置又有以下两种形式：

1）设在旅客进、出站流线之间，见图 3-34（a）中的 4。其特点是旅客上车前托运行包和出站后提取行包的流程较短。但旅客出站流线、行包托取流线和行包专用车辆流线集中、交叉，容易堵塞，不利安全，同时也不利于设置室外行包堆放场，故只适用于中、小型站房。

2）设置在站房的右侧或左侧，见图 3-34（b）、（c）。其特点是旅客流线、行包流线和车辆流线间干扰较少，便于设置室外行包堆放场。图 3-34（b）中的 4 对来站托运行包的旅客比较方便；图 3-34（c）中的 4 对离站提取行包的旅客比较方便。但在图 3-34（b）中，旅客出站后立即提取行包又与进站旅客流线交叉；图 3-34（c）中旅客来站托运行包又与出站旅客流线交叉。由于出站后立即提取行包的旅客较少，故大、中型客运站设置一个行包房时，宜采用图 3-34(b) 的布置。

（2）设两个行包房

行包托取业务量较大的车站可设两个行包房，分别办理托运和提取业务，见图 3-34(d)。发送行包房 7 布置在站房右侧，到达行包房 6 布置在站房左侧。这种布置既方便了进、出站旅客托、取行包，又避免了旅客流线与行包流线的互相干扰。这种布置的行包仓库利用不灵活，需增加管理人员，行包搬运不便。这种布置适用于大型或特大型站房。

大型及以上旅客站房和线下式站房的行包房宜设在地下或设置多层行包房，各层间采用垂直升降机和皮带等搬运设施搬运行李。中转行包量较大时，宜单独设置中转行包房。特大型、大型站房的行李、包裹库房宜与跨越股道的行李、包裹地道相连。特大型车站的行李提取厅宜设置行李传送带。

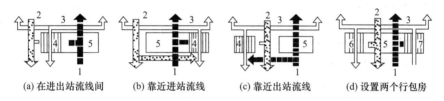

图 3-34　行包房在站房中位置示意图
1—进站客流；2—出站客流；3—行包流线；
4—行包房；5—候车室；6—到达行包房；7—发送行包房

随着高速铁路、城际铁路的增多、人们出行次数的增加以及快递、物流行业的发展，旅客出行的行李、包裹数量已大大减少。铁路客站已不像过去那样设置较多的行包设施。将来需要根据形势的发展对行包房有关设施的设置及时做出调整。

3.7　列车服务设施

列车是铁路客货运输的载运工具，在车站内需要配备相应的建筑物与设备为其进行在站服务，包括为机务、车辆、动车服务的设施。列车服务设施简称列车设施。

3.7.1　机务设施

客货共线铁路的车列是靠机车牵引运行的，在区段站需要设置机务段等设施为机车提供服务。

1. 分类

按工作性质和设施规模，机务设施分为机务段和折返段。

（1）机务段

机务段也称机务基本段，配属有一定数量的机车，担任其相邻交路的运转作业，并设有机车整备和检修设施，如图 2-2、图 2-16 所示。配属机务本段的机车在机务段进行整备、检修，隶属机务本段的机车乘务组在机务段驻班并轮换出乘。按机车修程和牵引种类的不同，机务段可分为以下 3 种：①中修机务段，担任机车的整备作业及中修、小辅修等作业；②小辅修机务段，担任机车的整备作业及小辅修等作业；③运用机务段，担任干线机车交路的机车保养和运用任务，可设机车辅修设备。此外，机务段还有担任补机、调机或小运转机车整备作业的机务整备所和担任折返机车部分整备作业的折返所。

（2）折返段

折返段设在机车返程站上，不配属机车，机车在折返段进行整备和检查，乘务组在段内休息或驻班，如图 2-2 所示。机务折返段可以有以下两种形式：①无派驻机车的折返段，段内无派驻机车，不担任机车交路，仅为外段进行机车折返整备作业，根据需要设置全部或部分运转整备设施，不设检修设施；②有派驻机车的折返段，段内有派驻机车，担任工作量较小的机车交路、小运转和调车业务，设有运转整备设施，为了派驻机车的需要，有时可设置机车中检及部分临修设施。

（3）机车整备所

机车整备所担当补机、调机、小运转机车等的整备作业。

（4）机务折返所

机务折返所担任小运转机车、补机折返或个别机车交路不需在折返站折返的整备作业。

（5）机务换乘所

机务换乘所为长交路乘务员中途换乘之处，负责安排乘务员的出乘班次和生活。

2. 主要设施

机务设施包括机车检修、运转整备、机车掉头和其他建筑物与设备。机务折返段不设检修设施。

（1）检修设施

机务段的检修设施包括检修机车用的各种设备、工具备品及有关建筑物。检修设施的规模及能力是根据机务段所承担的机车修程和检修工作量确定的。检修线群的布置，按车库形式不同可分为尽头式和贯通式两种。检修线群可包括中修库线、小修库线、辅修库线、油漆库线、机车负载试验线等。

（2）运转整备设施

为保证机车在定期检修之间正常地担任牵引任务，必须对机车进行日常的整备。因此，机车运转整备设施是机务段的主要组成部分，是机车运行的基本保证，直接影响机车运用效率。

机车肩回式运转时，机车的主要整备设施应设在机务段内；循环运转时，机车的主要整备设施可设在机务折返段内，如经过技术经济比选认为合理时，也可在机务段所在站到发线上设置必要的整备设施。

内燃机车运转整备设施一般应设置机车外皮洗刷、燃料油供应、润滑油供应、冷却水供应、检查、待班、转向、化验、自动停车装置的测试等建筑物与设备。电力机车的运转整备设施一般应根据需要设置机车外皮洗刷、给润滑油、检查、待班、自动停车装置测试等设施。在各种牵引类型的机务段内，电力机车的整备设施最简单，其规模也最小。运转整备线群包括机车出入段线、机车整备待班线、机车走行线、转向设施、卸油线、卸砂线、卸机油线、机车外皮清洗线等。

（3）机车掉头设施

为保证机车能分别牵引上下行的车列，机务段需配备机车掉头设施，一般采用三角线［图3-35（a）］或转盘［图3-35（b）］方式使机车掉头。

城市轨道交通中一般情况下不掉头，采用折返线进行折返，如图2-20、图2-22所示。有时会使用环线来使列车掉头，如图3-35（c）所示。

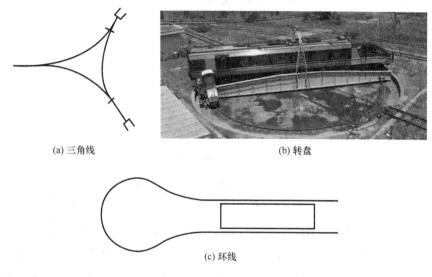

(a) 三角线　　　　　　　　　　(b) 转盘

(c) 环线

图 3-35　机车掉头设施

除了上述设施之外，还需设置机车车辆整备检修作业的检查坑、水塔、给砂设备、站场照明灯桥、备用线、待修机车停留线、救援列车停留线等其他建筑物与设备。

3. 机务设施的布置

整备设施的布置可遵循以下原则：各整备作业应尽量平行进行，机车移动次数要少，整备行程要短而顺直，尽量避免机车在段内走行的相互干扰；在同一段、所内有不同牵引种类的机车整备作业时，内燃与电力机车的整备待班线应分开设置；在客、货机车混合段内，整备台位宜共用，待班线可单独设置；机务段内应设转向设施。

（1）机务段

内燃机车在段内的整备作业程序为：转向→给燃料油、给润滑剂、给砂、给冷却水、检查机车、吹扫牵引电动机→待班，图3-36（a）中的机车转向设施为机车转盘，图3-36（b）为设三角线的内燃牵引机务段。

133

电力机车在段内的整备作业程序为：转向→给润滑剂、给砂、检查机车、吹扫牵引电动机→待班，如图 3-37 所示。图 3-36(b) 去掉卸油线和油库也可称为电力机务段布置图。

为使厂房之间的配件、材料搬运方便，检修厂房应尽量布置在同一标高上。根据作业需要，定修库应直接与修配车间相连或靠近修配车间。中修库线及小辅修库线一般可分为两组，分别布置在修配车间两端或两侧。

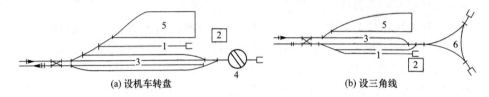

(a) 设机车转盘　　　　　　　(b) 设三角线

图 3-36　内燃机务段布置示意图

1—卸油线；2—油库；3—整备、待班；4—转盘；5—厂房；6—三角线

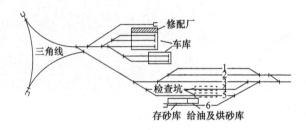

图 3-37　电力机务段布置示意图

1—卸油线；2—油库；3—整备、待班；4—转盘；5—厂房；6—三角线

检修设施与整备设施一般平行布置。平行布置的主要优点是设施集中、便于管理、作业联系方便、检修线群可与出段待班线部分连接，保证机车自车库出段时有方便的通路。库线采用贯通式布置时，另一端可与机务段的尾部三角线连接。采用平行布置方式时，机务段的长度一般较短，但占地较宽。当地形、地质条件在宽度上受到限制时，也可考虑改变上述检修线群在整备线群部分的出岔地点，而使检修设施与整备设施适当地纵向错开，其错开的距离应随地形和地质条件不同而异。

(2) 机务折返段、所

机务折返段、所设置有简单的整备设备。内燃、电力机车折返所一般仅设机车检查、待班设施，必要时也可设内燃机车给燃料油的设施。

(3) 到发线上机务设施的布置

在循环运转机车交路上，机车常不进入机务段进行机车整备而循环运行。这时需要在到发线上设置机车整备设施。

内燃机车的主要整备设施是设在机务段所在站的到发线上或在机务折返段内，应根据技术经济比较确定。在循环运转制时，内燃机务段所在站到发线上的机务设施应有给燃料油、给砂、给冷却水、给润滑油等设施，还应有吹扫牵引电动机的给风设备及检查坑等。

电力机车的主要整备设施应设在机务折返段内，并在机务段所在站的到发线上设必要的整备设施。在循环运转制时，电力机务段所在站到发线上的机务设施主要包括给砂、给润滑油、吹扫牵引电动机的给风栓及检查坑等，由于不需要供应燃料，其设施较内燃机车更简化，在到发线机车停留处布置整备设施也容易。

3.7.2 动车服务设施

我国高速铁路、城际铁路列车为动车组列车，需要设置动车服务设施。

1. 动车组的修程

动车组的检修分为一至五级修程，一、二级检修为运用修，三、四、五级检修为高级修。其中，三级检修周期为累计运行 45 万 km 或 1 年，四级检修周期为累计运行 90 万 km 或 3 年，五级检修周期为累计运行 180 万 km 或 6 年。

2. 设施类型

动车服务设施包括动车段、动车运用维修所、动车运用所。

（1）动车段

动车段是负责动车组的检修和整备的设施。动车段除了要有动车整备设施外，还要有拖车的整备设施。动车段与客货共线普通铁路机务段的不同之处在于，机务段只负责机车的检修和整备而不需要设置客车整备设施。动车段配属一定数量的高速动车组，承担动车组日常运用、夜间存放、备用车组长期存放以及客运整备作业。动车段承担一级至三级修程的检修任务，一般应预留进行大修的条件。

（2）动车运用维修所

动车运用维修所没有配属的高速动车组，只承担派驻在本所高速动车组的日常运用、夜间存放、折返、客运整备、日常检查和一级修程的检修任务。

（3）动车运用所

动车运用所没有配属的高速动车组，仅承担外段动车组的折返停留、客运整备以及外段动车组的日常检查任务。

3. 布置方式

动车段（所）的主要设施有：到发兼停车场、检修库（线）、台车检查设备、机动车清洗设备等。动车段（所）总平面布置应有利于动车组运用，检修作业流程顺畅，避免流程交叉、相互干扰。动车段（所）内主要设施的布置形式有横列式、纵列式两种类型。

（1）横列式

在横列式动车段中，到发兼停车场与检修库横向排列，如图 3-38（a）所示。其优点是占地少、作业集中；缺点是检修车需折返运行，增加转线作业费用，且咽喉区有交叉干扰。当停车的动车组数较少（4～10 列）时可以采用。北京动车段采用横列式布置，设计效果图如图 3-38（a）所示。

（2）纵列式

到发兼停车场与检修库纵向排列，如图 3-38（b）所示。其优点是节省动车组转线作业时间，转线作业与到发作业互不干扰；缺点是占地面积较长。当动车组到发列数较多时采用此形式。

分析国外动车段（所）平面图发现，无论动车段（所），新建时一般均采用纵列式布置形式，只有当利用既有设施改建成动车段（所）且受到地形制约时，才可能采用横列式。

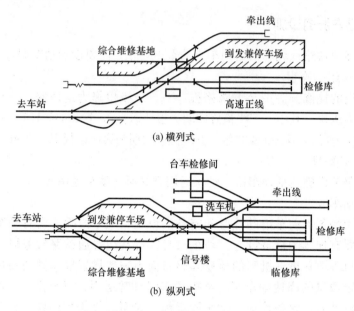

图 3-38　动车段设施布置图

4. 段内线路

动车段（所）的线路包括：出入段线、走行线、存车（整备）线、车体外皮清洗线、轮对踏面诊断线、卸污线、检修（检查）线、临修线、不落轮镟修线、试验线、牵出线、材料运输线等。

3.7.3　车辆设施

对于客货共线铁路的车辆，为保证车辆良好的技术状态，需要设置进行车辆定期检修作业的车辆段。车辆段主要承担车辆的段修、部分事故性临修、维修，保养段管范围的有关设备、机具，并供应所需的材料和配件。

1. 设置原则

客车车辆段应设在配属客车达 300 辆（包括委修段配属客车）的始发、终到旅客列车较多的客运站地区；货车车辆段应设在有车辆解编、空车集结并便于扣车的编组站、港口、厂矿及工业站所在地，必要时也可设在有上述条件的区段站；客、货车辆混合车辆段宜设在配属客车 200 辆以上（包括委修段配属客车）且远期客运量发展不大以及货车段年维修工作量 1800 辆左右的车站；罐车车辆段应设在配属专列罐车较多或有大量油类产品装卸的车站；机械保温车辆段应根据易腐货流情况，设在编组站或大量装卸易腐货物的车站上。

为了对车辆进行日常维修和整备作业，需设车辆运用设施。客车运用设施有客车技术整备所、旅客列车检修所等；货车运用设施有货物列车检修所、站修所、机械冷藏车加油站等。

2. 货车车辆段

货车车辆段一般由修车库、辅助车间、办公生活房屋和线路 4 部分组成。

车辆段内各生产房屋及设施应以修车库为中心，根据工艺流程，按系统进行布置。与修车库关系密切的辅助生产车间宜布置在侧跨或其附近便于车辆、配件、材料运输的地点。

车辆段应设修车线、存车线、轮对装卸线、卸料线，并根据需要设牵出线、整备线、机车走行线、洗罐线等。某货车车辆段的平面布置如图 3-39 所示。

3. 货物列车列检所

货物列车检修所（简称列检所）应根据保证车辆运行安全、提高运输效率的要求，结合机车交路、站型及线路特点等进行设置。列检所根据检修范围、工作性质划分为主要列检所、区段列检所两类，此外还有列检所的派驻机构。

（1）主要列检所

主要列检所设在作业量大的编组站或距编组站较远而作业量大的车站。其任务是对列车按规定的技术作业范围进行检查修理，保证列车能安全运行到下一个编组站。

（2）区段列检所

区段列检所设在编组作业量较大的车站。实行长交路的区段，应根据实际设置区段列检所。其任务是对列车按规定的技术作业范围进行检查，以消除危及行车安全的故障。

（3）列检所的派驻机构

其主要包括装卸列检所、制动检修所、车辆技术交接所等派驻机构。在站场内应避免列检人员跨越调车线和正线作业，列检所一般设在车场外侧的中部。当线路有效长为 850m 及以上时，其车场两端或一端适当位置应设待检室。列检所应设工作、办公、料具、生活等房屋并配置相应的设施。列检值班员室设于楼层上，以便瞭望现场。

4. 站修所

铁路货车的站修所是铁路货车日常维修的主要基地。它承担辅修、摘车临修等工作。

站修所应设在每日有辅修 9 辆以上且摘车临修 3 辆以上且有列检所的车站。其规模一般采用 6～24 台位。当站修所所在车站有货车车辆段时，站修所宜与货车段合建。

应根据取送车辆方便、减少与列车运行或调车作业干扰，不妨碍站、所发展等因素确定站修所在车站上的位置，一般可设在调车场（线）的外侧或尾部。

此外，在干线上应设置红外线探测网、轴温探测站，其距离一般为 30～50km。

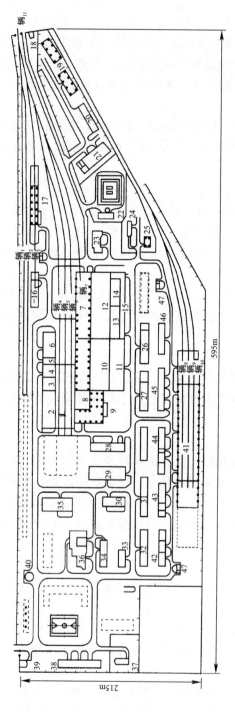

图3-39　货车车辆段总平面布置图

1—修车库；2—钩缓间；3—铆焊间；4—备品间；5—漆工间；6—木工间；7—存轮场；8—转向架冲洗间；9—水泵间；10—转向架间；11—配件加修间；12—轮轴间；13—轮对滚动轴承同温卸间；14—滚动轴承退压装间；15—滚动轴承间温卸间；16—调机库；17—调梁库；18—门卫；19—材料棚；20—易燃品库；21—材料库；22—油泵间；23—锅炉房；24—气浮间；25—浮油收集棚；26—机械钳工间；27—金属器材间；28—制动间；29—设备维修间；30—压缩空气间；31—电气工具设备、修车、办公、更衣综合楼；32—化验计量修配办公综合楼；33—变电所；34—浴室；35—锻工间；36—食堂；37—工休室；38—段办公室；39—门卫；40—厕所；41—修车棚；42—材料棚，材料棚；43—木工备品修车工具存放间；44—锻工、熔焊、配件加修间；45—工具机械钳工间；46—站修所办公楼；47—厕所；股道：辆₁₋₂—存车线；辆₃—调梁线；辆₄₋₆—修车线；辆₇—卸车线；辆₈₋₁₀—站修线；辆₁₁—牵出线

5. 客车整备所

为保持客车技术状态，在配属有大量旅客列车车底和动车组的始发、终到客运站，或有大量长途旅客列车的折返站，以及有大量城际、市郊旅客列车的始发、终到站上，应设置客车整备所，以便对客车进行技术整备和客运整备作业。客车整备所也称客车技术整备站（简称客技站）。

（1）作业种类

1）技术整备作业。其包括客车车底或动车组取送（或到发）、改编、停留待发，公务车、备用车停留以及个别客车转向；客车车底或动车组技术检查、日常维修和摘车维修，防寒、防暑的整备，以及外段车辆故障处理等；办理厂、段修客车的回送及车辆技术状态和备品的交接；冬季客车暖气管道预热、排气、排水以及充电等。

2）客运整备作业。其包括客车车底或动车组内、外部清扫和洗刷，可结合列车运行距离、运行区段的气候条件及经过隧道的多少等因素决定车辆外皮酸洗次数，平时只用清水洗刷；客车上燃料、上水、上餐料和换卧具，在旅客列车对数不多或客运站不在市内时，此项作业也可在客运站站台上进行。

（2）作业方式

客车整备所的主要作业方式有定位、移位两种，应根据整备所的布置图型、整备车底的数量、车底整备作业的干扰情况以及当地地形等情况予以选择。

1）定位作业。客车车底送到后，除改编作业外，技术整备、客运整备及等待送往客运站等项作业都在一条整备线上进行，并尽可能平行作业。其主要优点是调车作业少；易于组织平行作业；作业集中，管理方便，工具、人员可集中使用；车场少，占地面积少，节约投资。其缺点是各项作业都在一条整备线上进行，互相干扰；车底取送与调车作业也有干扰；除备用车停留线外，各条线都要设置相应的设施（如管道、排水、硬化地面、检查沟等），当需设置整备库时，还要增加更多设施；部分整备线的间距要考虑同时通行两三辆汽车或电瓶车的需要，间距需要进行加宽。

2）移位作业。客车车底送到后，按照作业顺序，分别在到发场进行客运整备，在整备场（库）进行技术整备。其优缺点与定位作业相反。

（3）设施配置

1）线路设施。其包括到达线、整备线、备用车停留线、出发线及其他线路，如洗车机线、临修线、消毒库线、机车走行线和牵出线等。

2）客车外部清洗设施。客车外部清洗设施是指清洗车辆外皮的洗车机。定位作业时宜设在整备所入口的前方；移位作业时宜设在到达场与整备库（棚）的连接线上。

3）客车整备库（棚）。冬季室外温度在-22℃以下的地区应设客车整备库，其他地区也可设整备库（棚）。库或棚的线路数一般按整备线的50%设计。

4）消毒设施。客车消毒可在露天消毒线上进行，必要时设消毒库。消毒线宜采用尽头式，其设置地点应符合卫生标准要求。消毒设施应根据需要设置，不必在每个整备所都设置。

5）其他设施。其他设施包括车底转向设施、洗烫卧具的洗衣房、供应餐车的餐料库以及技术办公房屋等。

（4）布置图

定位作业的车场一般布置为横列式，如图3-40(a)所示，在到发兼整备场（2、4）的一侧设有备用车停留场（6），另一侧设车辆段（5），对个别车的摘挂作业比较方便。洗车机（1）设在整备所入口处，可为检修车底创造良好的卫生条件。

移位作业布置图的到达、出发场（3）与整备场（4）纵列布置，可保证车底整备作业流水进行，如图3-40(b)所示。

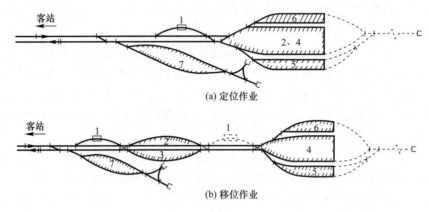

(a) 定位作业

(b) 移位作业

图 3-40　客车整备所布置图

1—洗车机；2—客运整备场；3—出发场；4—车辆技术整备场；

5—车辆段；6—备用车停留场；7—机务段

客车整备所布置图的选择取决于整备车底的数量、用地及其他条件。当整备工作量较小时，可采用定位作业布置图；当整备工作量较大且用地允许时，也可采用移位作业布置图。

客运站与整备所纵列配置时，站、所联络线数量应根据入所整备车底数、出入段机车次数、整备所布置形式、调车工作量以及站、所间距离远近等因素确定。一般设1条联络线，能力受控制时可设2条。当客运站与整备所横列时，应设牵出线1条。

3.7.4　城轨

城市轨道需设车辆段与综合基地，一般由生产设施（包括运用设施和检修设施）、辅助生产设施和办公生活设施等组成。车辆段是车辆的维修保养基地，也是车辆停放、运用、检查、整备和修理的管理单位，其设计的优劣直接关系到轨道交通系统的工作质量和运营效率。

1. 类型

地铁车辆段根据功能可分为检修车辆段（简称车辆段）和运用停车场（简称停车场）。车辆段根据其检修作业范围可分为架（厂）修段和定修段。独立设置的停车场应隶属于相关车辆段。

2. 主要功能

（1）车辆段

1）列车的停放、调车编组、日常检查、一般故障处理和清扫洗刷、定期消毒。

2）车辆的修理，包括月修、定修、架修与临修。

3）车辆的技术改造或厂修。

4）车辆段内通用设施及车辆维修设备的维护管理。

5）乘务人员组织管理、出乘计划的编制、备乘换班的业务工作。

（2）运用停车场

根据城轨线路的情况，有时可以另外设置仅用于停车和日常检查维修作业的停车场或检车区，管理上一般附属于主要车辆段，规模较小。其功能主要如下：列车的停放、调车编组、日常检查、一般故障处理和清扫；车辆的修理——月修与临修；附设工区管理乘务人员出乘、备乘轮班。

定修段的功能介于车辆段和停车场之间。

3. 主要设施

车辆段的必备设施包括：

（1）车辆段应有足够的停车场地，确保能够停放管辖线路的回段车辆。车辆段的位置应保证列车能够安全、便捷地进入正线运行，并应尽量避免车辆段出入线坡度过大、过长。

（2）车辆段内需设检修车间。检修车间的工作地点为架修库、定修库和月修库；列检作业在列检库或停车库（线）进行；架修库、定修库内要有桥式起重机和架车设备、车轮镟削机床及存轮库，必要时应设不落轮车轮镟床；架修库、定修库内应有转向架、电机、电器、制动机维修间，应设转向架等设备的清扫装置，应单独设立喷漆库；车辆段内还应有车辆配件的仓库。

（3）根据运营管理模式的要求，多数运营单位在段内设运用车间，车间下辖乘务队、运转值班室、信号楼、乘务员备乘休息室、内燃轨道车班等。

（4）车辆段内还应有设备维修车间，负责段内的动力设施及通用设备维修。

（5）车辆清洗设备，并设专用的车辆清扫线。

（6）车辆段内一般还设有为供电、通信信号、工务和站场建筑服务的维修管理单位。

（7）办公楼与其他服务设施，如培训场地、食堂、会议厅等。

4. 线路配置

轨道交通车辆段根据生产需要和所担负的任务范围一般应设置下列线路。

（1）连接线路：出入段线。

（2）停放线路：列车停放线。

（3）作业线路：列检作业线、月检作业线、定修线、临修线、架修线（或大修线、架修线）。

（4）辅助作业线路：外皮清洗线、吹扫线、油漆线、不落轮镟修线。

（5）试验线路：静态调试线、动态试车线。

（6）辅助线路：调机停放线、牵出线、材料装卸线、回转线、国铁联络线、救援列车线。

5. 布置形式

车辆段主要由列车停放区、车辆清洗区、检查和小修库、大修车间、机车库等组成。

（1）按车间、厂房组合形式

地铁车辆段的总平面布置按车间、厂房组合形式可分为集中式和分散式两种。

1）集中式布置

集中式布置将性质相近的车间合并成联合厂房，如将大架修库、定临修库、油漆库、转向架间等合并成检修主厂房，将周检库、月检库、不落轮镟库等合并成运用库。

2）分散式布置

分散式布置为各主要车间独立设置或集中程度较小，厂房单体面积较小。

地铁车辆段一般位于城郊，车间采光通风可通过设备得到较好解决，因而在国内外地铁车辆段总平面设计中集中式布置已成为主流。

（2）按车间、厂房的位置关系

根据车间、厂房的位置关系，地铁车辆段总平面布置形式一般可分为并列式、纵列式和复合式 3 种。

1）并列式布置

并列式为检修主厂房、运用库及停车库三者并列布置，列车在三者之间的转场一般通过牵出线进行。

2）纵列式布置

纵列式为主要设施串联布置，按主出入段方向依次布置停车库、运用库和检修主厂房，也可将运用库设于停车库前，列车转场一般通过走行线进行，主要适用于狭长地形。

3）复合式布置

复合式为三者之间有并联布置也有串联布置。根据组合方式不同，一般有两种布置方式，一种是停车库和运用库并列布置，与检修主厂房纵列布置，其优点是出入库较频繁的作业集中在一起，运用和检修分开，带电区和无电区分开，对安全作业有利；另一种是运用库与检修主厂房并列布置，与停车库纵列布置，它的优点是运用检修作业集中，方便管理和零部件的供应。

（3）按站段关系

地铁车辆段的总平面布置按照站段关系可分为尽端式和贯通式两种。我国早期设计的地铁车辆段一般为尽端式布置，而近期设计的地铁车辆段一般为贯通式布置。

1）尽端式车辆段

尽端式的布置由一个方向出入段，占地面积及工程量较小，但运用的灵活性较贯通式差。根据车辆段内部运用停车库和检修修理库的排列形式，又可将其分为将停车部分与检修部分并列平行设置 [图 3-41(a)] 和将停车部分与检修部分的咽喉逆向设置两种形式。

2) 贯通式车辆段

车辆段的两端均设置咽喉区并与正线相连，这两个出入段线方向一般与两个地铁车站连接，一个为主出入口，一个为辅出入口。此种形式的车辆段由于两端均设有咽喉区，使得列车的出入段作业十分方便，为高效运用列车创造了条件。此种形式的缺点是占地规模较大，对车辆段用地有一定的限制且线路工程量较大。可停放 22 列 6 辆编组的车辆段总体布局如图 3-41(b) 所示。

6.新型城轨车辆段

城轨目前主要包括地铁、轻轨、单轨、槽轨、磁浮、直驱地铁、直驱单轨等类型，根据驱动、支承、导向及轨道类型的不同，车辆的检修内容、工作量及流程不同，导致这些车辆段与综合基地的规模、布局也不尽相同。

采用直线电机驱动的新型轨道交通，检修工作量大大减少、检修速度大大加快，故需要的车辆段与综合基地的规模大大缩减。例如中低速磁浮铁路、直驱地铁的车辆段的占地比传统地铁减少一半以上。日本名古屋的东部丘陵线为中低速磁浮铁路，其车辆段的布局如图 3-41(c) 所示。

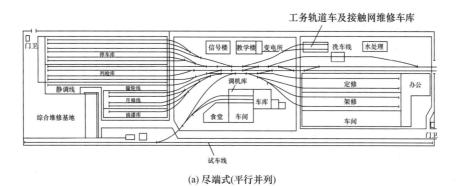

(a) 尽端式(平行并列)

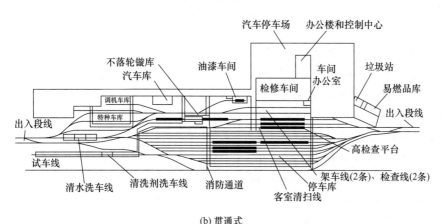

(b) 贯通式

图 3-41 城轨车辆段布置示意图（一）

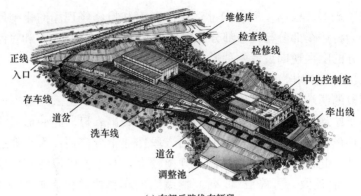

（c）东部丘陵线车辆段

图 3-41　城轨车辆段布置示意图（二）

3.8　运行控制与安全设施

列车运行控制设施简称列控设施，习惯称为信号设备，是进行列车运行控制、保证行车安全的重要建筑物与设备，主要包括闭塞设备、站内信号机、轨道电路、控制系统等设施。

3.8.1　信联闭设施

信联闭设施是信号、联锁、闭塞设施的简称。

1. 闭塞类型

为了保证行车安全、提高运输效率，利用信号设备等来管理列车在区间运行的方法称为闭塞类型，也称闭塞方式。

（1）铁路

闭塞方式是客货共线铁路的主要技术标准之一，主要包括自动闭塞、半自动闭塞和自动站间闭塞。在单线区段，应采用半自动闭塞或自动站间闭塞，繁忙区段根据运输需要也可采用自动闭塞。在双线区段，应采用自动闭塞，根据情况也可采用半自动闭塞或自动站间闭塞。

（2）城轨

城市轨道交通的列车运行控制发展，经历了固定闭塞、准移动闭塞的发展过程，现在已基本普及移动闭塞 CBTC（Communication Based Train Control System），目前已有多条线路实现了列车全自动运行系统 FAO（Fully Automatic Operation），将来会应用基于车车通信的列车自主运行系统 VBTC（Vehicle Based Train Control System）。

2. 站内信号及联锁设备

铁路站内联锁设备分为集中联锁和非集中联锁。

（1）集中联锁

集中联锁采用继电联锁或计算机联锁，是一种信号机与道岔均由调度员或车站值班员（信号员）在室内控制台上集中操纵，站内到发线及道岔区段都设有轨道电路的联锁设备。

（2）非集中联锁

非集中联锁采用电锁器联锁，是一种信号机由车站值班员在室内控制台上操纵或控制，道岔由带电锁器的道岔握柄分散在咽喉区由扳道员操纵的联锁设备。根据采用的信号机类型不同分为色灯与臂板电锁器两种。

编组站、区段站和电源可靠的其他车站，有条件时均应采用集中联锁。在新建铁路线上，条件不具备时，可临时采用非集中联锁。区段站及其以上的车站或站内有独立调车机车的其他车站，可根据调车作业需要设置平面调车区集中联锁，集中联锁设备宜优先采用计算机联锁。

3. 驼峰调车场的信号设备

铁路大能力驼峰应设驼峰进路自动控制及驼峰速度自动控制信号；中能力驼峰应设驼峰进路自动控制及驼峰钩车溜放速度自动或半自动控制、驼峰推峰机车信号或驼峰推峰机车速度自动控制信号；小能力驼峰宜设驼峰进路自动控制、驼峰推峰机车信号。

驼峰信号设备包括信号机、转辙机及其控制设备，轨道电路设备，车辆减速器及其控制设备，测速、测长、测重设备，车轮传感器、气象设备，有关信号设备供电及转辙机和车辆减速器使用的动力设备。

驼峰信号楼及动力站的信号设备的数量应根据制动位、调车线数以及制动设备控制方式确定。驼峰信号楼位置选择应考虑各楼作业员便于瞭望和控制。

4. 城轨信号系统

城轨信号系统沿用铁路的制式，但有其自身的特点：行车间隔时间短，对列车速度监控的要求高；大部分车站无配线，不设道岔，联锁关系简单；信号系统通常包含自动排列进路和运行自动调整功能，自动化程度高；各条线路行车组织相对独立，同一城市不同线路采用的信号系统也可以不同。城轨系统一般采用以速度控制为基础的列车自动控制系统。

城轨信号设备主要包括信号机、转辙机、轨道电路和计轴器等。

（1）信号机

城轨地面信号机设于列车运行方向右侧，在地下部分一般安装在隧道壁上。特殊情况可设于列车运行方向的左侧或其他位置。

车辆段的进、出段信号机及车场进、出场信号机均采用高柱信号机，其他一般采用矮型信号机。信号机为色灯信号机，分为单显示、二显示和三显示。单显示仅用于阻挡信号机，二显示和三显示可单独使用，也可以组合构成各种信号显示。

（2）计轴器

计轴器作为检查区段的安全设备，其作用和轨道电路等效。在采用基于通信的列控系统CBTC的城轨线路，当无线传输设备发生故障时可用计轴器检测列车位置，构成"降级"信号。

3.8.2 钢轨绝缘与轨道电路

普通铁路的列车运行一般是司机根据信号灯或机车信号来进行工况操作的。而信号的显示与钢轨绝缘及轨道电路密切相关。

1. 轨道电路

轨道电路是利用铁路线路的两条钢轨做导体，两端分别连接电源（发送设备）和接收设备，用以检查有无车占用并能传递信息的电路。其也用于控制信号装置或转辙装置，以保证行车安全。

（1）铁路

铁路的区间依据轨道电路划分成若干闭塞分区，各闭塞分区以轨道绝缘接头隔开，形成一套独立轨道电路，如图 3-42 所示。各闭塞分区的起始点处皆设有信号机，当列车进入闭塞区间后，轨道电路立即反应，此时位于闭塞分区入口的信号机立即显示为红色，表示本闭塞分区已有列车占用，禁止其他列车进入该分区。

为了保证轨道电路的可靠工作，轨距保持杆与道岔连接杆、连接垫板、尖端杆等均应装设绝缘，混凝土轨枕应有良好的绝缘性能。

符合下列条件之一的区段应装设轨道电路：电气集中联锁车站内的列车和调车进路；装有动力（如电动、电控或电液）转辙集中控制的道岔区段；电锁器联锁车站的正线及到发线接车进路的股道上；电气集中车站（场）内的牵出线、机待线、出库线、尽头线、禁溜线、迂回线和专用线等入口处调车信号机的接近区段；装有驼峰车辆减速器或其他调速设备并进行自动或半自动控制的轨道区段，以及驼峰调车线测长轨道区段。

（2）城轨

城轨的轨道电路不仅用来检测列车是否占用，更重要的是传输列车自动防护 ATP 信息。除车辆段可采用 50Hz 相敏电路外，其余均需要采用音频轨道电路。音频轨道电路具有检测列车占用和传递 ATP/ATO 信息两个功能，为无绝缘轨道电路。

2. 钢轨绝缘的设置地点

钢轨绝缘可划分轨道电路闭塞分区，以保证轨道电路可靠工作、排列平行进路的需要和便于车站作业。

异型轨处无法安装绝缘，故在装设钢轨绝缘的地点，在做配轨设计时，应留出轨型相同的轨缝，同时两钢轨绝缘的错开距离（死区段）不得大于2.5m，如图 3-42(a) 所示。

在道岔地段，一般应留有钢轨绝缘缝，如图 3-42(b) 所示。单渡线和交叉渡线道岔应留轨缝，如图 3-42(c) 所示，道岔辙叉跟处的接缝一般不能安装绝缘。在电力牵引区段为了使交叉渡线两侧的轨道电路稳定工作，必须增设两组单边钢轨绝缘（如图 3-42(c) 中黑色实心圆），使两侧轨道电路完全隔开，为了使死区段不大于 4.4m，在辙叉跟处的绝缘可设胶接绝缘，在工厂生产道岔时加上。

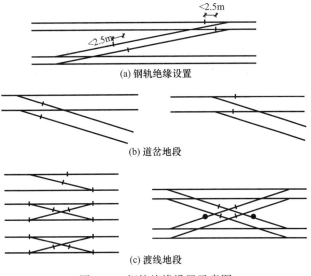

(a) 钢轨绝缘设置

(b) 道岔地段

(c) 渡线地段

图 3-42　钢轨绝缘设置示意图

联锁区与非联锁之间应留有足够的间隔，从顺向道岔的警冲标至非联锁道岔尖轨尖端应不少于 3.5m+q（q 为尖轨尖端至基本轨缝长度，如图 3-3 所示），以便于设防护调车信号机。若不留足够的距离，无法设钢轨绝缘及防护调车信号机，会扩大联锁范围，当相邻的车场采用电气集中设备时，还会增加场间相互联锁的复杂性。

3.8.3　警冲标

列车在站内停车时，列车头尾不能越过警冲标，否则将影响临线列车的行驶。警冲标是确定股道有效长的重要标志物。

1. 设置

警冲标是防止停留在一条线路上的机车、车辆、动车组与邻线行驶的机车、列车发生侧面冲突、设在两条汇合线路中心线内侧、距每一侧线路间垂直距离各 2m 的地点设置的警惕冲突的线路标志，如图 3-43(a) 所示。

警冲标通常在图纸上显示为一个圆点"·"，当警冲标位于直线与直线之间时，警冲标与直线的垂直距离为 $P_1=P_2=2m$，如图 3-43(b) 所示。当警冲标位于直线与曲线（包括道岔的导曲线）之间时，其与曲线的距离为 P_2+W_1，其中 W_1 为曲线内侧加宽量，如图 3-43(c) 所示。

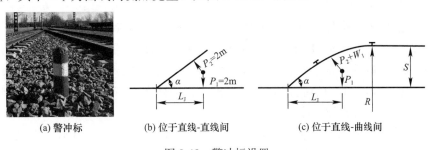

(a) 警冲标　　　(b) 位于直线-直线间　　　(c) 位于直线-曲线间

图 3-43　警冲标设置

2. 警冲标至道岔中心距离

设计时需要确定道岔中心与警冲标的水平投影距离 L_J。L_J 与辙叉角 α、线间距离 S 及连接曲线半径 R 等有关，设计中一般查表确定，见表 3-12。在有轨道电路的地段，警冲标位置还需和轨道电路的绝缘缝相配合。

警冲标至道岔中心距离 L_J（m） 表 3-12

道岔号码		9			12		18	
连接曲线半径		200	300	400	400	500	600	800	1000
线间距离 S	5.0	38.051	38.931	40.425	49.857	50.560	51.576	73.230	74.007
	5.2	37.485	38.230	39.404	49.280	49.825	50.573	72.711	73.254
	5.3	37.259	37.951	38.991	49.055	49.544	50.185	72.528	72.983
	5.5	36.897	37.486	38.320	48.704	49.090	49.588	72.277	72.581
	6.0	36.366	36.721	37.254	48.232	48.415	48.686	72.064	72.126
	6.5	36.159	36.330	36.648	48.095	48.148	28.263	72.058	72.058
	7.5	36.110	36.113	36.166	48.084	48.084	48.084	72.058	72.058
	8.5	36.110	36.110	36.110	48.084	48.084	48.084	72.058	72.058
	9.5	36.110	36.110	36.110	48.084	48.084	48.084	72.058	72.058
	10.5	36.110	36.110	36.110	48.084	48.084	48.084	72.058	72.058
	11.5	36.110	36.110	36.110	48.084	48.084	48.084	72.058	72.058
	12.5	36.110	36.110	36.110	48.084	48.084	48.084	72.058	72.058

3. 与钢轨绝缘的配合

设在警冲标内方的钢轨绝缘，除在渡线上之外，其距警冲标的计算位置，对于客货共线铁路约为 3～4m（一般取 3.5m），对于高速铁路约为 5m。这样可保证车轮停在该钢轨绝缘节内方时，车钩不至于越过警冲标。

3.8.4 信号机

站内信号机包括进站信号机、出站信号机、进路信号机、调车信号机、驼峰信号机等。

1. 一般要求

凡有可靠交流电源的普通铁路车站应采用色灯信号机，无可靠交流电源时可采用臂板信号机。

一般应采用高柱信号机，如图 3-44（a）所示。当设于下列地点时可采用矮型信号机［图 3-44（b）］：不办理通过列车到发线上的出站、发车进路信号机和道岔区内的调车信号机，以及在驼峰调车场内的调车线上设置线路表示器时，指示机车上峰的线束调车信号机。特殊情况下需将高柱改为按矮型信号机时，必须经铁路局批准。

因受限界限制，不能安装信号机柱时，以信号桥代替。当车场内股道较多时，比如在编组站，常在车场上方将众多的信号机集中安装在桥形门架上，如图 3-44(c) 所示。

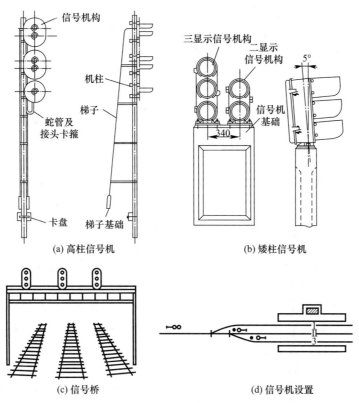

图 3-44　信号机

高柱信号机应尽量避免设在桥梁上和隧道内。铁路信号机不得侵入建筑接近限界，并应设于列车运行方向的左侧和所属线路的中心线上空，不得已需设于右侧时，必须经铁路局批准。

站内色灯信号机根据灯光颜色来划分，有红色、黄色、绿色、蓝色、月白、空位、白色等灯光。它们与信号机高矮的不同组合构成了不同的灯光配列方式和用途。

当信号机处设有轨道电路时，还应考虑钢轨绝缘与出站信号机、警冲标的相互位置。钢轨绝缘应与通过信号机、进站信号机、出站信号机、进路信号机及调车信号机设在同一坐标处。

2. 进站信号机

有列车接车作业的铁路车站必须装设进站信号机，用来防护车站安全，指示列车能否进入车站以及进入车站的相关条件。进站信号机一般采用高柱信号机，有 380mm 和 410mm 两种宽度，常用的宽度为 380mm；对信号机建筑限界，线路通行超限列车时为 2440mm，不通行时为 2150mm。

（1）设置

进站信号机应设在距最外方进站道岔始端基本轨缝（顺向为警冲标）不少于 50m 的地点，如因调车作业或制动距离等原因需要外移时，不宜超过 400m。进站信号机一般采用高柱信号机，通常表示为"卜"加两个圆圈，即

"├─∞",如图 1-1、图 3-44(d)、图 3-45(a) 所示。

（2）与钢轨绝缘及警冲标的配合

进站进路、接车进路、自动闭塞区间并安置通过信号机处的钢轨绝缘可设在进站信号机前方或后方各 1m 的范围内，如图 3-45 所示。

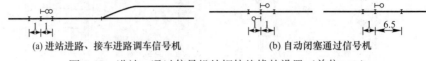

（a）进站进路、接车进路调车信号机   （b）自动闭塞通过信号机

图 3-45　进站、通过信号机处钢轨绝缘的设置（单位：m）

3. 出站信号机

车站的正线和到发线上应装设出站信号机。出站信号机应设在每一发车线的警冲标内方（对向道岔为始端基本轨缝）适当地点。在调车场的编发线上，必要时可装设线群出站信号机，并应在各编发线路的警冲标内方适当地点装设发车线路表示器。出站信号机通常表示为"├"加一个圆圈，即"├─∞"，如图 3-44(d) 所示。矮柱色灯信号机根据配置的机构数量以及是否有表示器等具有不同的宽度。

在铁路车站内正线、到发线列车运行方向的左侧应装设出站信号机。它的位置除满足限界要求外，还决定于信号机处道岔的方向（顺向或逆向）、信号机类型及有无轨道电路等。

（1）机柱中心与两侧线路中心的最小距离

高柱信号机一般指高柱色灯信号机，一般在客货共线铁路正线出站使用，见图 3-44(a)、图 3-46。高柱信号机距两侧线路中心的允许垂距，按下式计算：

$$P = 0.5b + B + W_1 \tag{3-11}$$

式中　b——信号机基本宽度，高柱信号机有 380mm 和 410mm 两种宽度；

　　　B——信号机建筑限界，线路通行超限列车时为 2440mm，不通行时为 2150mm；

　　　W_1——曲线加宽值，在直线段 $W_1 = 0$。

矮柱信号机也称矮型色灯信号机，在不办理列车通过的到发线及其他股道用作出站或发车进路信号，见图 3-44(b)。

根据列车运行方向的不同，道岔可分为对向道岔和逆向道岔。列车迎着道岔尖轨运行（即先经过岔尖再经过辙叉）时称为逆向道岔。否则，列车顺着岔尖运行时称为顺向道岔。

如无轨道电路时，信号机应与逆向道岔尖轨尖端平列，如图 3-46(a) 所示；如有轨道电路时，可将信号机安设在基本轨接头绝缘节处，如图 3-46(b) 所示。这样可以保证列车在出站前车头不越过出站信号机、道岔尖轨和轨道电路。据此可以确定出站信号机距道岔中心的距离 L_X。

最常碰到的情况是出站信号机前为顺向道岔时确定出站信号机至道岔中心距离 L_X。其计算方法与至警冲标的距离 L_j 计算相同。水平投影距离 L_X 与辙叉角 α、线间距离 S 及连接曲线半径 R 等因素有关，如图 3-46(c) 所示。

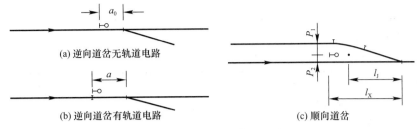

图 3-46 道岔前出站信号机位置

（2）信号机边缘至相邻线路中心的距离

在直线地段，对于高柱信号机，若相邻线路通行超限货物列车时，则采用直线建筑限界，否则采用信号机建筑限界；对于矮柱色灯信号机，其边缘不得侵入建筑限界。在曲线地段，需要在限界的基础上，增加曲线加宽的距离。

具体数据可查阅有关的设计手册。当设置为高柱信号机（基本宽度为380mm）时，出站信号机至道岔中心距离 L_X 取值见表 3-13。

高柱信号机至道岔中心距离 L_X（m）　　表 3-13

道岔辙叉号	连接曲线半径	线路使用情况	线间距离 S									
			5.0	5.2	5.3	5.5	6.0	6.5	7.5	8.5	10.5	12.5
9	200	二	49.116	46.683	45.902	44.864	43.352	42.645	42.256	42.249	42.249	42.249
		⊙—	62.737	53.517	51.558	49.209	46.697	45.598	44.901	44.859	44.859	44.859
		⊙⊙—	—	—	64.296	55.898	50.464	48.756	47.611	47.485	47.485	47.485
	300	二	51.125	48.284	47.334	45.937	44.033	43.078	42.341	42.249	42.249	42.249
		⊙—	66.635	55.820	53.545	50.789	47.555	46.170	45.062	44.861	44.859	44.859
		⊙⊙—	—	—	68.029	58.155	51.660	49.478	47.869	47.502	47.485	47.485
	400	二	53.967	50.711	49.551	47.759	45.084	43.703	42.550	42.264	42.249	42.249
		⊙—	70.867	58.837	56.369	53.195	48.995	46.979	45.369	44.909	44.859	44.859
		⊙⊙—	—	—	72.129	61.155	53.635	50.596	48.291	47.602	47.485	47.485
12	400	二	63.452	60.796	59.935	58.743	57.186	56.523	56.258	56.258	56.258	56.258
		⊙—	80.352	68.921	66.754	64.179	61.408	60.314	59.746	59.738	59.738	59.738
		⊙⊙—	—	—	82.514	72.139	66.119	64.327	63.284	63.230	63.230	63.230
	500	二	65.377	62.301	61.244	59.689	57.663	56.770	56.268	56.258	56.258	56.258
		⊙—	83.408	71.022	68.658	65.664	62.081	60.685	59.794	59.738	59.738	59.738
		⊙⊙—	—	—	85.459	74.223	67.205	64.848	63.396	63.230	63.230	63.230
	600	二	67.587	64.106	62.866	60.977	58.287	57.113	56.317	56.258	56.258	56.258
		⊙—	86.603	73.422	70.846	67.450	63.054	61.166	59.901	59.738	59.738	59.738
		⊙⊙—	—	—	88.557	76.603	68.621	65.550	63.583	63.234	63.230	63.230
18	800	二	91.480	88.448	87.475	86.183	84.746	84.345	84.308	84.308	84.308	84.308
		⊙—	112.207	98.893	96.499	93.559	90.605	89.720	89.528	89.528	89.528	89.528
		⊙⊙—	—	—	115.796	103.831	97.059	95.329	94.756	94.756	94.756	94.756

续表

道岔辙叉号	连接曲线半径	线路使用情况	线间距离 S									
			5.0	5.2	5.3	5.5	6.0	6.5	7.5	8.5	10.5	12.5
18	1000	⚌	94.145	90.432	86.160	87.329	85.183	84.472	84.308	84.308	84.308	84.308
		⊶	116.369	101.915	99.127	95.511	91.337	90.004	89.528	89.528	89.528	89.528
		⊶	—	—	119.817	106.812	98.412	95.835	94.754	94.754	94.754	94.754

注：⊶代表通行超限货物列车；⚌代表不通行超限货物列车。

（3）与钢轨绝缘及警冲标的配合

为了避免在安装信号时造成串轨、换轨或锯轨等，出站（包括出站兼调车）或发车进路信号机一般设在轨缝处，如图 3-47（a）所示。自动闭塞区间单置信号机处的钢轨绝缘可以车站中心为界，设在信号机内侧 1m 或外侧 6.5m 范围内，如图 3-47(b)、（c）所示。在确定出站信号机、钢轨绝缘和警冲标的位置时，首先应考虑在不影响到发线有效长的条件下，按现有的钢轨接缝设绝缘节和信号机的位置，然后再将警冲标移设至距钢轨绝缘 3～4m 的距离。如现有的钢轨接缝安装绝缘不能保证到发线有效长或不宜设置信号机时，应以短轨拼凑等方法安装绝缘，以满足各方面的要求。

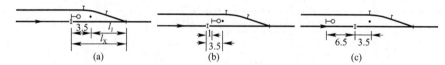

图 3-47 出站信号机、钢轨绝缘及警冲标的位置（单位：m）

4. 其他信号机

（1）进路信号机

有几个车场的车站，为使列车由一个车场安全地开往另一个车场，应装设进路信号机。接车进路信号机应装设引导信号。

（2）调车信号机

根据站内调车作业的过程和繁忙程度、必要的平行作业和较短的机车走行距离等因素设置调车信号机。调车信号机处的钢轨绝缘可设在其信号机前方或后方各 1m 的范围内，当该信号机设在到发线上时，应按上条规定执行。

（3）驼峰信号机

驼峰应装设驼峰信号机。当到达场与调车场呈纵列布置时，到达场的到发线上应设置驼峰辅助信号机，驼峰辅助信号机可兼作出站或发车进路信号机。

（4）其他

除了上述信号机外，还有通过信号机、预告信号机、遮断信号机等，均根据有关规定进行设置。

5. 出站信号机、警冲标位置确定算例

【例 3-2】 某客货共线铁路，设计速度为 120km/h。某中间站 Ⅰ 道和 Ⅱ 道用 12 号提速道岔连接，岔后连接曲线半径 400m，线间距 5m。Ⅱ 道通行超限货物列车。原始资料如图 3-48（a）所示。试确定 Ⅰ、Ⅱ 股道间的出站信号机和警冲标的位置。

【解】

（1）基础资料

取钢轨长度为 12.5m，轨缝为 8mm，查表 3-2 得 12 号道岔 $b=21.208$m。

（2）钢轨排列

查表 3-12 得警冲标至道岔中心计算距离 $L_J=49.857$m；查表 3-13，得出站信号机到道岔中心计算距离 $L_X=80.352$m。

因 L_X 大于 L_J，可知钢轨绝缘及钢轨排列受信号机位置控制。初步测算，在钢轨绝缘处至道岔中心之间可以排列 5 根 12.5m 长的钢轨，共 5 个 8mm 的轨缝。钢轨绝缘至道岔中心的距离为 $12.5×5+0.008×5+21.208=83.748$m。钢轨排列情况见图 3-48(b)。

（3）信号机布置

按现有轨缝，信号机距其内方轨缝 A 约 3.4m（大于 1m），符合要求；距外方轨缝 B 约 9.1m（大于 6.5m），不符合要求。

甲方案：可将信号机内移至 A 轨缝处，在 A 处安设绝缘，并将警冲标内移距 A 轨缝 4m 处，如图 3-48(c) 所示。由于 I 道和 II 道为双进路股道，警冲标因绝缘缝内移，有效长减少，甲方案使上行有效长减少 $(83.748−4)−49.875=29.873$m。

乙方案：如果有效长受到控制，可铺一段长 6.25m 的短轨 BC，轨缝距道岔中心距离为 $83.748−6.25=77.498$m。这可使信号机仍在计算位置（$L_X=80.352$m）不动，绝缘设在 C 轨缝，轨缝 C 距信号机外方 $80.352−77.498=2.854$m（<6.5m），满足规定要求，如图 3-48(d) 所示。警冲标内移，距 C 轨缝 4m，上行有效长比甲方案少损失 6.25m。

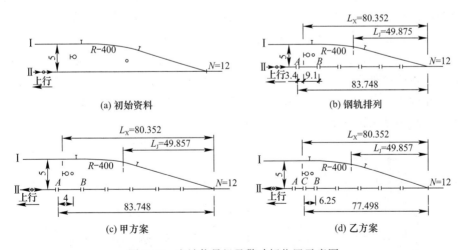

图 3-48 出站信号机及警冲标位置示意图

3.8.5 止挡设备

在货场线、专用线和段管线的线路中，有许多属于尽头式线路，比如安全线和避难线，个别的客车到发线也都是尽头式的线路。止挡设备设置在线路尽端，其作用是阻止列车前进、使列车停下来。止挡设备的类型有：车挡、挡车器、停车器、停车顶、铁鞋等。

1. 车挡

车挡也称为车挡器，设于尽头线末端。除安全线及避难线的车挡外，均应设车挡表示器。车挡表示器设置在线路终端的车挡上，昼间显示一个红色方牌，夜间显示红色灯光。车挡分固定式、缓冲式两大类型。

（1）缓冲式车挡

在线端式站房、分配式站台的客运站，由于几乎每列客车都在线路终点处停车，为了保证乘客和列车安全，常常在线端设置带有缓冲器的车挡。在城轨地下折返线线路终端有条件时应采用缓冲式车挡。

缓冲式车挡利用弹簧、阻尼元件或滑动摩擦吸收列车端部撞击车挡的能量，达到既挡车又减振的功能。根据缓冲器的构造，这种车挡分为弹簧型、滑动型［图 3-49(a)］、液压型［图 3-49(b)］等类型。其中液压缓冲式车挡靠液压起缓冲作用，技术先进，结构合理，制动距离短，占用线路短，综合造价低，应优先选用。由于增加了缓冲器，使得这种车挡的伸出部分重量加大，故这种车挡大都固定在钢筋混凝土基础上。

（2）固定式车挡

固定式车挡包括弯轨式、埋入式等类型。

当钢轨为 50kg/m 及以下的较轻钢轨时，可采用弯轨式车挡，其分为甲式、乙式两类。甲式车挡本身的连接采用铆接或螺栓连接为主、焊接为辅的连接方式，如图 3-49(c) 所示，一般适用于客运站、客车整备所的尽头线路。乙式车挡采用焊接方法连接，一般适用于编组站、中间站的安全线、牵出线、货物线的尽头线路。当钢轨为 60kg/m 的重型轨时，一般采用钢轨架车挡，车挡前方 5m 范围内的线路要求做成面向车挡 5‰左右的上坡。

埋入式车挡也称为墩式车挡，适用于一般尽头线，包括土堆式、浆砌片石式及钢筋混凝土式车挡。图 3-49(d) 为浆砌片石式车挡，适用于地势狭窄或防止雨水冲刷地点，边墙基础埋置深度可根据地质情况予以增减。目前，国内外较多采用钢筋混凝土墩式车挡。

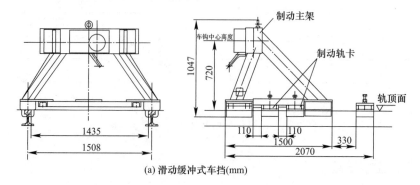

(a) 滑动缓冲式车挡(mm)

图 3-49　车挡（一）

(b) 带缓冲器的车挡(巴塞罗那站)

(c) 弯轨式车挡

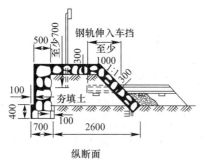

纵断面

横断面

(d) 浆砌片石式车挡(mm)

图 3-49　车挡（二）

2. 挡车器

为了防止作业中发生冲撞车挡事故，近年来广泛推广使用挡车器。当尽头线末端地形复杂，紧靠民房、办公室、公路、厂房，甚至深沟和悬崖时，为保证安全，在铁路尽头线上安装挡车器以防止车辆溜逸。

挡车器一般设在距车挡 5～10m 处，它通过弹簧扣件将挡车器卡在钢轨上，当车辆在顶送或自行溜逸时撞上挡车器后，挡车器可以在钢轨上滑行一段距离，吸收冲击动能，避免爬上车挡造成损失，如图 3-50 所示。挡车器一般只容许 15km/h 以下速度的撞击。

为了有效发挥其挡车的作用，挡车器须安装在直线路段且在挡车器滑行范围内无轨缝。

图 3-50　挡车器

3. 铁鞋

小能力驼峰调车作业量较少时，可采用铁鞋作为车辆防溜设备，如图3-51所示。

4. 停车顶

停车顶是一种安装在轨道内侧的停车设备。它适用于调车场尾部停车作业系统及专用线停车作业系统。

图 3-51　铁鞋

155

3.9 供电设施

电力牵引是利用电能作为牵引动力，将电能转换为机械能，驱动电力机车、电动车组和城市电动车辆等有轨运输工具运行的一种牵引形式。

电气化铁道供电系统由一次供电系统、牵引供电系统和电力供电系统组成。

3.9.1 一次供电系统

一次供电系统是指电力系统向电气化铁道的供电部分。电力系统由分布各地的各种不同类型的发电厂、升压和降压变电所、输电线路和电力用户组成，该系统起着电能的生产、输送、分配和消费的作用。

在我国，电力系统通常以三相交流110kV（或220kV）的电压等级向电气化铁道供电，如图3-52所示。向牵引变电所供电的输电线路（三相三线）即为一次供电系统。它有不同的输入形式，为保证供电可靠性，每个牵引变电所至少应有两路电源进线。

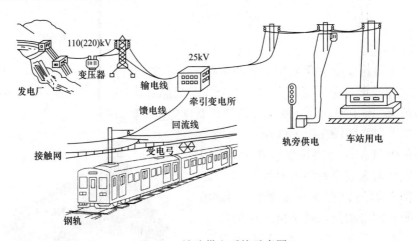

图3-52 铁路供电系统示意图

3.9.2 电力供电系统

电力供电系统也称供配电系统，其设计应保证供电安全、可靠、技术先进、节能、环保和经济合理，应能满足不同负荷的供电要求。

1. 电力负荷等级

电力负荷应根据供电可靠性要求及中断供电所造成影响或损失的程度分为一、二、三级。

一级负荷应包括：与行车相关的通信、信号系统；火灾自动报警系统、机电设备监控系统、供电调度系统、变电所操作电源；客票系统、客运广播系统、综合监控系统、门禁系统；人防门、防淹门、站台门、防火（卷帘）门；地下站公共区照明、消防应急照明；地下车站或区间主要排水泵、事故疏散用自动扶梯及其他灾害时仍需使用的用电设备等。

二级负荷应包括：高架及地面站公共区照明；普通风机及相关阀门、污水泵、电梯、非消防疏散用自动扶梯；为通信、信号主要设备配置的专用空调；接触网远动开关操作电源；车辆检修设备、综合检测与维修、工务机械、视频监控设备、给水排水设施等。

三级负荷应包括：车站广告照明、空调制冷及水系统、区间维修电源、清洁设备、电热设备及附属房间的电源插座等。

2. 车站供电

铁路枢纽、车站、段（所）等地区外部电源设计应结合负荷近远期规模统筹考虑，一般采用 25kV 电压供电，如图 3-52 所示。配电变压器装机容量近期达 10MVA 以上、经技术经济比较合理时，宜采用 35kV 及以上电压等级的地区变配电所进行集中供电。

动车段（所）应采用两路相互独立可靠的外部电源供电。有变配电所的车站宜按两路相互独立可靠的外部电源设计。无变配电所的车站的电源数量可根据负荷性质及容量、外部电源及贯通线路的供电能力，经技术经济比较后确定。

车站及区间通信、信号等与行车有关的一级负荷应由电力一级负荷、综合负荷贯通线路提供两路相互独立的电源供电，变电所高压接引方式宜为环网接线，并宜独立设置变电所，有条件时，车站信号负荷可由车站综合变压器低压侧另接引第三路备用电源。远离贯通线路的通信信号一级负荷可采用三路相互独立的电源供电。供电能力允许时，贯通线路可对难以取得外部电源的其他用电负荷供电。

特大型旅客站房应设应急备用发电机组，发电机组的电压等级应结合供电容量、供电距离、并机台数等因素综合确定。

3. 轨旁供电

车站及区间在轨道旁边安装有一些设备，比如道岔转辙机设备、信号机设备和轨道电路设备等，简称为轨旁设备，如图 3-52 所示。这些设备与安全行车关系密切，需按一级负荷、两路供电的方式供电。

4. 动力照明

铁路的动力照明配电系统应满足安全、可靠、节能、环保和经济适用的要求。负荷性质重要或用电负荷容量较大的设备宜采用放射式配电；中小容量动力设备宜采用树干式配电；用电点集中且总容量不超过 10kW 的次要用电设备可采用链式配电，链接的设备不宜超过 5 台。

地下区间及长度大于 500m 的山岭隧道应设置照明及检修电源，安装的灯具及配电设施应具有防潮、防腐蚀、防振动、抗风压等功能。

应急照明包括疏散照明、备用照明，并应符合有关要求。车站站厅、站台、避难走道、疏散走道、楼梯间等场所应设置疏散照明；车站重要的设施及管理用房应设置备用照明；其他铁路场所根据需要设置备用照明。上述场所的照明度应满足有关要求。

3.9.3 牵引供电系统

在电气化铁道上,铁路沿线需设有向电力机车和电动车组供电的牵引供电系统。国家电网的高压交流电送到铁路的牵引变电所,进行第一次降压后送到轨道上空的接触网,如图 3-52 所示。机车从接触网上获取电流后,在机车内进行第二次降压,用以驱动电动机。电动机带动机车轮轴转动,牵引车厢前进。

1. 分类

牵引供电系统可从供电的电压制式、电流制式、频率、接触方式及支持装置结构等方面进行分类。

(1)按照电压制式不同

我国铁道供电网的电压主要有 25kV、1500V 和 750V 三种。铁路供电电压一般为 25kV。城轨若为接触网供电,大多为 1500V;若为接触轨供电,一般为 750V。

(2)按照电流制式不同

电气化铁道牵引网所用的电流种类经历了从直流到交流、从低频到工频的发展过程。目前世界上主要有 4 种电流制,分别为直流制、三相交流制、低频单相交流制和工频单相交流制。我国牵引网以工频单相交流制供电为主。

(3)按照频率不同

电气化铁道牵引供电目前绝大部分为固定频率,为工频交流电。

直线电机驱动的轨道交通,例如高速磁浮铁路,主要采用变压变频 VVVF 供电技术驱动列车前进。其过程为:在主变电站降压后的电流,先在各牵引变电所进行整流,将其变成高品质的直流电;之后再变流,将其逆变为电压恒定频率可变的三相交流电;最后沿供电电缆经供电开关供给线路上相应的供电分区,给直线电机定子线圈供电,从而产生牵引力。地面控制中心通过调节变电站送到导轨处驱动绕组中电流的频率来控制、调整列车的运行速度和运行工况,通过改变电流的大小和磁场的强弱来控制牵引力的大小。

(4)根据支持装置结构不同

根据支持装置的结构及悬挂方式不同,牵引供电网可分为柔性悬挂和刚性悬挂两种方式。

1)柔性悬挂

柔性悬挂由带张力的柔性金属导线组成,在运行过程中,列车受电弓与接触线保持可靠的弓网压力,并进行动态受流,如图 3-52 所示。这种方式以线索形式存在,能够满足较高的运行速度要求,隧道净空要求较大,运营维护工作量也较大。我国铁路广泛采用柔性悬挂方式。

2)刚性悬挂

刚性悬挂是将接触导线夹装在汇流排上的一种悬挂方式。依靠汇流排自身的刚性使得接触导线保持在同一安装高度,从而取消柔性悬挂承力索而使接触悬挂系统具备最小的结构高度,最大程度利用有限的悬挂空间。刚性悬挂接触网具有占用空间少、安装简单、少维护、稳定性好、安全可靠等特点。

根据与列车受流装置相接触的供电线的种类不同，刚性接触网可分为全刚性和半刚性两种类型。若接触线为柔性接触线则称为半刚性接触网，在我国铁路隧道中广泛采用；若其为刚性接触轨则称为全刚性接触网，在我国铁路及地铁隧道中开始广泛采用。

（5）按照接触方式不同

按供电接触方式不同，牵引供电可分为接触网供电和接触轨供电两大类型。

1）接触网供电

接触网供电是列车从上部的牵引供电网取得电能。我国电气化铁路供电均采用接触网供电。对地铁或轻轨，若使用的电压较高（1500V），也大多采用接触网供电。

2）接触轨供电

接触轨供电一般从列车侧面对动车供电。电压较低（750V）的地铁、轻轨大多采用这种供电方式，个别1500V的直驱地铁，例如广州地铁4、5、6号线，也采用接触轨供电。

2. 牵引供电组成

牵引供电系统由牵引变电所、接触网、馈电线、钢轨和回流线等组成，如图3-52所示。

（1）牵引变电所

牵引变电所的作用是将110kV（或220kV）三相交流高压电变换为25kV单相交流电，向牵引网供电。

（2）接触网

接触网是一种悬挂在电气化铁道线路上方，并和轨顶保持一定距离的链形或单导线的输电网。电力机车的受电弓和接触网滑动接触取得电能，铁路接触网的额定电压为25kV。

（3）馈电线

馈电线是连接牵引变电所和接触网的导线，把牵引变电所变换后的电能送到接触网。馈电线一般为大截面的钢芯铝绞线。

（4）钢轨

在非电气化牵引情况下，钢轨只作为列车的导轨。在电气化铁道，钢轨除仍具上述功用外，还需要完成导通回流的任务，是电路的组成部分。因此，电气化铁道的钢轨应具有畅通导电的性能。

（5）回流线

连接轨道和牵引变电所中主变压器接地相之间的导线称为回流线，它也是电路的组成部分，其作用是将轨道、地中的回路电流导入牵引变电所。

从图3-52可以看出，铁路牵引供电回路是：牵引变电所→馈电线→接触网→电力机车→钢轨→回流线→牵引变电所。习惯上把馈电线、接触网、钢轨、回流线统称为牵引网。

（6）分区所

在电气化铁道上，为了提高运行的可靠性，增加供电工作的灵活性，在

160

相邻两变电所供电的相邻两供电分区的分界处需用分相绝缘器断开。若在断开处设置开关设备和相应的配电装置，则组成分区所，也称分区亭。分区所（亭）的结构形式有多种，它与铁路运量、正线数目、牵引网供电方式、设备类型等因素有关。

在单线单边供电的电气化区段，相邻两供电臂之间仅设分相绝缘器即可，可不设分区所（亭）。在复线电气化区段和单线电气化区段双边供电时，一般设置分区所（亭），在分区所（亭）内用断路器将同一供电分区的上下行接触网或相邻两供电分区的接触网在末端连接起来，相邻两供电臂间设分相绝缘器和与之并联的隔离开关（或断路器）。

另外，电气化铁道牵引供电系统还设有开闭所、自耦变压器 AT 所等。

（7）开闭所

某些远离牵引变电所的大宗负荷地段，如枢纽站、电力机务段等，接触网按作业及运行的要求分成若干组，需要多条供电线路向这些接触网分组供电，采用建立开闭所的办法来解决。

开闭所即单相开关站，其中只有配电设备而无牵引变压器，仅用于接受和分配电能。为保证开闭所供电的可靠性，一般从相邻两供电分区上引入两路电源，互为备用。

（8）自耦变压器站（AT 所）

电气化铁道供电方式主要包括直接供电（TR）、吸流变压器供电（BT）、带负馈线（回流线）的直接供电（TRNF）、自耦变压器供电（AT）和同轴电缆供电（CC）。我国普通电气化铁道一般采用 TRNF 供电方式，如图 3-53(a) 所示。

高速铁路和重载铁路优先选用 AT 供电方式，如图 3-53(b) 所示。AT 供电方式每隔 10km 左右将低阻抗自耦变压器并联接入接触网（T）和馈电线（F）之间，绕组的中性点与钢轨（R）相接，形成两组牵引电流，使接触网与钢轨、正馈线与钢轨间的自耦变压器两线圈上电压相等。在理想情况下，接触网与正馈线中流过的电流大小相等，方向相反，因此，在通信线中产生的感应影响相互抵消，可有效减弱电磁影响。自耦变电器将牵引网的供电电压提高 1 倍，而供给电力机车的电压仍为 25kV，这种供电方式供电能力增大，电压损失减少，供电距离长。

供电分区中间设有分区所或开闭所时，自耦变压器站（即 AT 所）可与分区亭或开闭所合并。

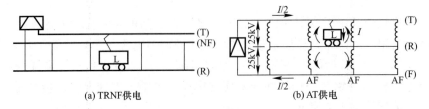

(a) TRNF供电　　　　　(b) AT供电

图 3-53　接触网供电方式

L—机车；T—接触网；R—钢轨；NF—回流线；F—馈电线；AF—自耦变压器

3. 辅助系统

牵引供电系统除了上述设施之外，还需要远动系统 SCADA、供电安全监控系统、供电维护管理系统等辅助系统的支持。需要在车站设置一定规模的生产用房。

3.9.4 城轨供电

城轨供电系统主要是将高压供电系统（城市电网、主变电所）获得的电能经变换后提供给牵引供电系统、供配电系统和电力监控系统。

城轨供电系统一般由主变电站、开闭所、中压供电网络、牵引变电所、降压变电所、牵引网等部分组成，如图 3-54 所示。

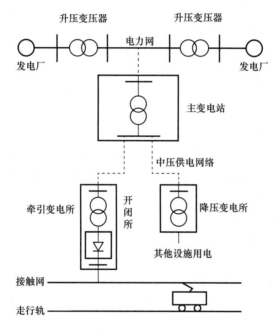

图 3-54 城轨供电系统示意图

1. 主变电站

城轨供电系统中，主变电站将城市电网的高压 110kV（或 220kV）电能降压后以 35kV 或 10kV 的中压电后供给中压供电网络，再由中压供电网络分别供给牵引变电所和降压变电所。

2. 开闭所

分散供电时开闭所将城网 10kV 或农网 35kV 的中压电直接引入到中压供电网络，一般与牵引降压混合变电所或降压变电所合建。

3. 中压供电网络

中压供电网络又称为中压环网，是供电系统中主变电所站（或电源开闭所）与牵引供电系统、动力照明系统间相互连接的重要环节。它负责将主变电站或开闭所输出的电能传输到各个牵引变电所和降压变电所，纵向连接主变电站与牵引变电所、降压变电所，横向连接各个牵引、降压变电所。

4. 牵引变电所

牵引变电所的电源一般来自电力系统的区域变电所,其任务是将电力系统提供的三相工频交流电变为牵引所用的电能。根据牵引制式的不同,牵引变电所又分为直流牵引变电所和交流牵引变电所。根据不同的牵引制式,在变电所内完成相应的变压、变相、变流作用。目前我国地铁与轻轨采用直流牵引变电所。

5. 降压变电所

降压变电所将主变电站或开闭所送来的中压电降成 380V/220V 低压电,向车站、区间的动力、照明负荷和其他设施的动力照明负荷供电。

6. 牵引网

牵引网的功能是将牵引变电所的直流电能传输到在线路上运行的列车上。牵引网包括馈电线、接触网、钢轨和回流线。

7. 动力照明系统

动力照明配电系统给车站、区间、车辆段与综合基地、停车场、控制中心等的动力和照明负荷配电。配电系统采用 380/220V 电压。

8. 电力监控系统

电力监控(SCADA)系统对全线的主变电所或开闭所、牵引降压混合变电所、降压变电所、跟随式降压变电所、牵引网等主要设备的运行状态进行实时监视、控制和数据采集,实现供电设备的自动化调度管理。

3.10　车站设施能力

铁路能力体现在区间能力和车站能力两方面,前者为线状能力,后者为点状能力。铁路设计的基本要求是点线能力要协调,满足运量的要求。区间能力主要在铁路线路设计课程中研究解决。

车站能力是在现有技术装备条件下,采用合理的技术作业过程,利用现有设施发挥最大的效能,在一昼夜内所能通过的列车数或能改编的列车数(车辆数),前者称为车站通过能力,后者称为车站改编能力。

车站能力是车站设计、车站技术管理的重要内容。它不但是加强车站基础工作、指导日常运输生产活动、挖掘技术装备潜力、提高运输效率和效益的主要技术指标,而且是制定列车编组计划、列车运行图、技术计划和运输组织方案的重要依据。

车站设施能力主要包括客运设施通过能力和货运设施能力。

3.10.1　客运设施通过能力

铁路客运设施的通过能力包括到发线通过能力和客车整备场通过能力。

1. 到发线通过能力

客运设施的到发线通过能力是指在一定的列车运行图、车站设施、作业性质(有无货物列车接发)和旅客列车技术作业过程情况下,到发线一昼夜能够接发的最多旅客列车数。

该能力的主要影响因素包括各种列车占用到发线的时间、车站接发各种列车的比例、列车到发的不均衡性、空费时间、旅客列车到发线数量、车站站型等。

（1）能力计算

车站到发线通过能力可按下列公式进行计算：

$$N_客 = \frac{M_客(1440 - t_停)(1 - \alpha_{空费})}{t_{占均}} \tag{3-12}$$

式中 $N_客$——到发线通过能力（列/d）；

$M_客$——用于接发旅客列车的到发线数；

$t_停$——车站一昼夜内停止接发旅客列车的时间（min）；

$\alpha_{空费}$——旅客列车到发线空费系数，根据模拟、回归分析，其计算公式为：

$$\alpha_{空费} = 0.3181 - 0.000887N_客 + 0.2236\alpha_通 + 0.2602\alpha_折 \tag{3-13}$$

$t_{占均}$——平均一列旅客列车占用到发线的时间（min）。

$$t_{占均} = \alpha_通 \, t_{占通} + \alpha_折 \, t_{占折} + \alpha_始 \, t_{占始} + \alpha_终 \, t_{占终} \tag{3-14}$$

式中 $\alpha_通$、$\alpha_折$、$\alpha_始$、$\alpha_终$——通过、车站折返、始发、终到旅客列车占一昼夜接发旅客列车总数的比例，$\alpha_通 + \alpha_折 + \alpha_始 + \alpha_终 = 1.0$；

$t_{占通}$、$t_{占折}$、$t_{占始}$、$t_{占终}$——通过、车站折返、始发、终到旅客列车每列占用到发线的时间（min）。

$$\begin{cases} t_{占通} = t_接 + t_{通停} + t_发 \\ t_{占折} = t_接 + t_{折停} + t_发 \\ t_{占终} = t_接 + t_{终停} + t_{转入} \\ t_{占始} = t_{转出} + t_{始停} + t_发 \end{cases} \tag{3-15}$$

式中 $t_接$、$t_发$——接车、发车占用到发线时间（min）；

$t_{转入}$、$t_{转出}$——客车车底由到发线转到整备场或由整备场转到到发线的转线时间（min）；

$t_{通停}$、$t_{折停}$、$t_{终停}$、$t_{始停}$——各种旅客列车在到发线上的平均停站时间，可根据列车技术作业过程予以确定（min）。

（2）高速客运站能力计算

高速客运站到发线的通过能力可按密集到发情况下，到发线一昼夜能够接发的最多的列车数计算：

$$N_客 = \frac{t_{占均}}{I_{间隔}} M_客 \tag{3-16}$$

式中 $N_客$——高速客运站到发线通过能力（列/d）；

$I_{间隔}$——列车运行图规定最小发车间隔时分（min）。

2. 客车整备场（所）通过能力

客车整备场（所）通过能力是指在一定的列车运行图、整备线作业方式、整备线数量及整备车底条件下，整备场（所）一昼夜能够整备的最多车底套数。

客车整备场（所）通过能力的主要影响因素包括运行图规定的始发、终到旅客列车开、到时刻，旅客列车性质，整备作业方式，空费时间及整备场（所）离客运站的距离以及取送客车车底的调机台数等。

整备场（所）通过能力采用利用率法进行计算：

$$K = \frac{n_{整}t_{占}}{1440 M_{整}(1 - \alpha_{空费})} \tag{3-17}$$

$$\alpha_{空费} = \frac{t_{空}}{t_{占} + t_{空}} \tag{3-18}$$

式中　$n_{整}$——根据列车运行图或设计年度运量确定的需在该站整备的始发、终到客车对数（市郊、车站折返旅客列车不计）；

$M_{整}$——整备场（所）整备线数量，条；

$t_{占}$——每列车底占用整备线的时间（min）；

$t_{空}$——每列车底摊到的空费时间（min）；

$\alpha_{空费}$——空费系数。

根据有关资料分析，占用时间 $t_{占}$ 为泊松分布，空闲时间 $t_{空}$ 为负指数分布，可根据整备车底的性质和数量取值，见表 3-14。

$t_{占}$、$t_{空}$ 取值表　　　　　　　表 3-14

项目	时间档（h）	采用条件
$t_{占}$	8	短途客车比例较大
	9	长、短途客车比例接近
	10	长途客车比例较大
$t_{空}$	3	始发、终到客车 20 对及以上
	4	始发、终到客车 10 对及以上
	5	始发、终到客车 10 对以下

根据表 3-14 中所列数据和上述公式计算出空费系数 $\alpha_{空费}$ 和利用率 K 后，则可求得该整备场（所）的通过能力 N。

$$N = \frac{n_{整}}{K} \tag{3-19}$$

3. 通道及楼梯通过能力

站房的进出站通道、换乘通道、楼梯、自动扶梯宽度应根据车站高峰小时发送量按表 3-15 计算确定，并应符合消防疏散要求。

车站各部位最大通过能力表　　　　　　　表 3-15

部位名称	每小时通过人数	
每米宽楼梯	下行	2500
	上行	2300
	双向混行	2000
每米宽通道	单向	3000
	双向混行	2400
每米宽自动扶梯（0.65m/s）	—	5800

3.10.2 货运设施能力

货运设施能力包括仓库、货棚、货物站台、堆货场能力，集装箱货物中转站台能力，装卸线作业能力，道路能力及活动货运设备能力等。

1. 仓库、货棚、货物站台、堆货场能力

发送、到达的仓库、货棚、货物站台或堆货场的堆放能力可按下式计算：

$$Q_年 = \frac{365FP}{\alpha t} \tag{3-20}$$

式中　$Q_年$——仓库、货棚、货物站台或堆货场的年堆放能力（t/年）；

　　　F——仓库、货棚、货物站台或堆货场的使用面积（m²）；

　　　P——该项设施单位面积堆货量（t/m²）；

　　　α——月度货物发送或到达不均衡系数，一般采用1.2；

　　　t——货物保管期限（d），目前发送货物采用1.5d，到达笨重货物采用4d，到达其他货物采用3d。

2. 集装箱货物中转站台能力

（1）按每昼夜中转车数计算的能力

$$n_车 = \frac{K_次\, n_容}{\alpha} \tag{3-21}$$

式中　$n_车$——每昼夜能完成的中转车数（车/d）；

　　　$K_次$——每昼夜中转作业的次数；

　　　$n_容$——中转站台线路的最大容车数；

　　　α——车辆送入站台的不均衡系数。

（2）按每昼夜能完成的中转货物吨数计算的能力

$$Q_中 = \frac{F_{使用}P_中\, \lambda}{\alpha r t_中} \tag{3-22}$$

式中　$Q_中$——每昼夜能完成的中转货物吨数能力（t/d）；

　　　$F_{使用}$——中转站台办理中转货物作业的总面积（m²）；

　　　$P_中$——中转站台单位面积堆货量（t/m²）；

　　　$t_中$——中转货物保管期限（d）；

　　　α——车辆送入站台的不均衡系数；

　　　λ——货位有效利用率，一般取0.9；

　　　r——落地货物占中转货物的比例。

3. 装卸线作业能力

$$N_线 = \frac{L_线 Pd}{qt} \tag{3-23}$$

式中　$N_线$——装卸线作业能力（车/d）；

　　　$L_线$——货物装卸线有效长（m）；

　　　P——货位单位面积堆货量（t/m²）；

　　　d——装卸线一侧或两侧设计货位总宽度（m）；

　　　q——货车平均净载重（t/车）；

t——货物保管期限，d。

4. 道路能力

货场道路能力按货场道路面积与货场总面积的百分数（R）表示，即：

$$R = \frac{F_{路}}{F_{总}} \tag{3-24}$$

式中　$F_{路}$——包括车辆走行通道和车辆装卸作业停靠场的道路面积（m²）；

$F_{总}$——货场总面积（m²）。

当 R 大于 20％时，则认为货场道路能力足够，不发生堵塞现象。

5. 活动货运设备能力

以上项目为固定货运设施的能力。此外，还有下列活动货运设备，也需要确定其能力。

（1）取送车能力

取送车能力指该货场调车机车一昼夜所能完成的取送车数或吨数。它与配备的调车机车类型及台数、货场牵出线的容车数、取送配车作业时间、装卸线的容车数等因素有关，可采用实地查定的方法予以确定。

（2）装卸机械能力

装卸机械能力指该货场装卸机械一昼夜所能完成的装卸车数或吨数。它与各货场配备的装卸机械台数、类型以及装卸人员数量等因素有关，可根据不同装卸机械采用有关公式计算或采用查定的方法予以确定。

（3）进出货物搬运能力

进出货物搬运能力指短途运输工具和人力一昼夜能从货场搬出和搬入的货物车数或吨数。它与配备的专用汽车和人力等因素有关，可根据不同机械采用有关公式计算或查定。

货场配备的各项设施（包括固定设施和活动设备）能力必须互相协调，作业互相配合，避免某项设备能力较小而成为整个货场能力的瓶颈，以便充分发挥各项设备的作用。

思考题及习题

1. 站场建筑物、设备各由哪些部分组成？

2. 常见的道岔种类有哪几种？试绘出单开道岔几何要素图。

3. 为什么道岔辙叉号码大小能影响列车侧向通过速度？

4. 常见的道岔配列形式有哪几种？相邻岔心间插入直线段的作用是什么？

5. 与区间路基相比，站场路基的设计特点是什么？

6. 铁路站场排水设施有哪些？各具有什么作用？

7. 旅客站台有哪些类型？各种类型的设计特点及适用条件是什么？

8. 客货共线铁路、高速铁路、城际铁路、城轨的站台设计及设计参数有何不同？

9. 铁路客站中几台几线是什么概念？

10. 高速铁路、城际铁路的中间站一般采用几台几线方式？其与普通铁路中间站布置有何不同？

11. 简述影响客运站站台宽度的因素。

12. 车站雨棚有哪些类型，各自的特点是什么？

13. 按照悬挑方向、是否有拉杆、檩条结构、站台柱等因素对悬挑雨棚进行分类。

14. 线侧式车站、高架车站、桥式车站等车站线间立柱雨棚的设计特点是什么？

15. 城轨车站雨棚有何特点？

16. 平过道、天桥和地道3种跨线设施各有何优缺点？其适用条件是什么？

17. 简述跨线设施出入口宽度与站台宽度的关系。

18. 简述物流中心的分类和主要组成部分。

19. 物流中心一般有哪些主要作业和主要设施？

20. 分析比较尽端式、贯通式和混合式装卸场布置图的特点。

21. 货场内普通站台、高站台与旅客站台中的普通站台、高站台有何区别？

22. 根据机车作业性质不同，机务设施都有哪几种形式？各自承担哪些作业？

23. 简述常用机务设施布置图的特点。

24. 简述动车段的类型和布置方式。

25. 请说明动车段与机务段的相同及不同之处。

26. 简述车辆设施的分类及其作用。

27. 简述闭塞方式的种类及采用条件。

28. 站内信号机主要有哪些类型？其适用条件是什么？

29. 为什么有轨道电路要考虑轨缝与警冲标和信号机的相互位置？如何考虑？

30. 警冲标、出站信号机距离道岔中心的距离如何确定？

31. 电气化铁道供电系统主要由哪几部分组成？

32. 牵引供电系统主要由哪几部分组成？

33. 分析客运站到发线和客车整备场（所）通过能力的影响因素及其计算方法。

34. 货运设施的能力计算包括哪些内容？

35. 某高速铁路，设计速度为250km/h，其中某小型中间站上下车乘客较多，拟采用2台5线的站场布置方式，乘客需要通过人行天桥进出基本站台和中间站台上下车。试确定站房至最外侧线路中心线之间的距离。

36. 某客货共线铁路中间站，咽喉区布置如图3-55所示，正线通行超限货物列车，有轨道电路，出站信号机采用高柱信号机，试确定出站信号机及警冲标至道岔中心的距离。

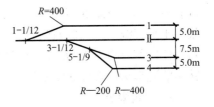

图3-55 习题36图

第4章

站 场 线 路

本章知识点

> 【知识点】站场线路的种类和设置，线路全长、铺轨长度、股道有效长、到发线有效长等线路长度的概念和确定方式，警冲标、出站信号机、钢轨绝缘的概念和相互位置确定，中间站平面计算，车场梯线的特点，驼峰的组成及平纵断面设计特点。
>
> 【重　点】中间站设计。
>
> 【难　点】中间站平面计算。

站场线路是本课程的核心内容。本章主要介绍线间距、线形、线路连接、线形车场、驼峰及车站通过能力等与站场线路的有关内容。

4.1　概述

不管何种车站，其线路、建筑物与设备都有相同或相似之处。本节主要介绍具有共性的车站线路的种类、线路编号、道岔编号和列车进路等内容。

4.1.1　限界

铁道限界是指为了确保列车在线路上运行的安全，防止机车、车辆、动车组剐蹭、撞击邻近线路的建筑物和设备，而对机车、车辆、动车组和接近线路的建筑物、设备所规定的不允许超越的轮廓尺寸线。铁道基本限界包括机车车辆限界和基本建筑限界。

1. 机车车辆限界

机车车辆限界是规定机车、车辆或动车组不同部位的宽度、高度的最大尺寸和底部零件至轨面的最小距离，是机车车辆横断面的最大极限。无论是具有最大标准公差的新车，或是具有最大标准公差和磨耗限度的旧车，在停放在水平直线上、无侧向倾斜与偏移的条件下，除电力机车升起的集电弓外，其他任何部分均不得超出这个范围。时速不超过 160km 客货共线铁路、重载铁路的机车车辆限界如图 4-1(a) 的内轮廓线所示。

2. 建筑限界

为了保证列车运行安全，要求靠近铁路线路修建的建筑物及设备，不得侵入规定的与线路中心线垂直的断面轮廓尺寸线，称为建筑限界。时速不超过 160km 的客货共线铁路、重载铁路的建筑限界如图 4-1(a) 所示，高速铁路建筑限界轮廓及基本尺寸如图 4-1(b) 所示。

建筑限界包括直线建筑接近限界、桥梁建筑限界、隧道建筑限界。

建筑限界和机车车辆限界之间的空间为安全空间，可适应运行中列车的横向偏移和竖向振动，防止列车与邻近的建筑物或设备发生接触、碰撞。

3. 超限货物和设计要求

（1）超限货物

铁路所承运的货物的高度和宽度都有一定的限制。货物装车后，车辆停留在水平直线上，货物的任何部位超出机车车辆限界基本轮廓者或车辆行经半径为 300m 的曲线时，货物的计算宽度超出机车车辆限界基本轮廓者，均为超限货物。

判断超限货物的标准有 3 条：一是一件货物装车后，在平直线路上停留时，货物的高度和宽度有任何部位超过机车车辆限界者；二是一件货物装车后，在平直线路上停留虽不超限，但行经半径为 300m 的曲线线路时，货物的内侧或外侧的计算宽度仍然超限者；三是对装载通过或到达特定装载限界区段内各站的货物，虽没有超出机车车辆限界，但超出特定区段的装载限界者。

根据货物的超限程度，超限装备分为 3 个等级：一级超限、二级超限和超级超限。

（2）超限货物运输

由于机车车辆限界和建筑接近限界之间有一定的安全空间，如采取一定的措施，有些超限的大件货物还是可以通过铁路运送。

为保证超限货物列车在站内的通过和交会，除站内正线须保证能通行超限货物列车外，在各区段内应选定 3~5 个中间站（包括给水站）设置超限列车到发线。单线铁路应另有一股道，双线铁路上、下行方向各有一股道能通行超限货物列车。铁路车站设计时需考虑超限货物的运输，即在站内一般要有通过超限货物的股道，这时有关的线间距及线路中心线距相邻建筑物或设备的距离需要加宽。

上述通行超限货物列车的车站一般选择到发线数量较多的中间站，以利于超限货物列车和其他列车的会让和越行。

4. 城轨限界

地铁车辆限界及地下铁道圆形断面直线段建筑限界、隧道内设备布设如图 4-1(c) 所示，中低速磁浮铁路建筑限界如图 4-1(d) 所示。

4.1.2 线路种类

铁路线路分为正线、站线、段管线、岔线及特别用途线（图 4-2）。

1. 正线

正线是指连接区间并贯穿或直股伸入车站的线路，如图 4-2 中的 Ⅱ。

正线可以分为区间正线和站内正线。连接车站之间的正线部分为区间正线，如图4-3(a) 所示；贯穿或直股伸入车站的部分为站内正线（一般供列车通过之用），如图4-3(b)、(c) 所示。

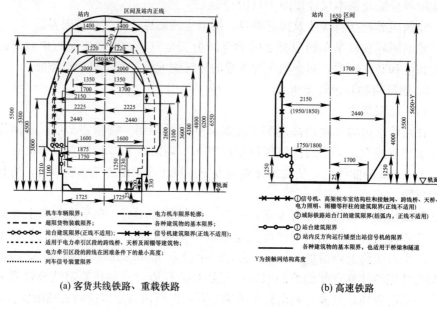

(a) 客货共线铁路、重载铁路　　　　　　(b) 高速铁路

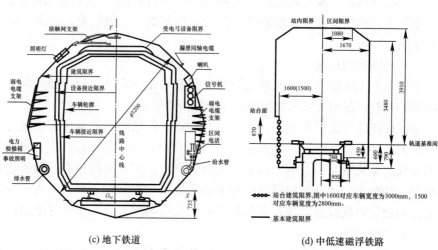

(c) 地下铁道　　　　　　　(d) 中低速磁浮铁路

图4-1　建筑限界轮廓及基本尺寸（单位：mm）

2. 站线

站线是指车站内除正线以外的线路，如图4-2所示，图中的线路编号覆盖在线路中心线上，道岔编号则放在道岔侧面标注，图形下的标注均为线路编号。

3. 段管线

段管线是指机务、车辆、动车、工务、电务等段专用并由其管理的线路。

4. 岔线

岔线是指在区间或站内接轨，出岔后通向路内、路外其他单位的专用线路，如支线、专用线、工业企业线等。路外单外包括厂矿企业、砂石场、港湾、码头、货物仓库等。

岔线直接为厂矿企业服务，为了取送车的方便，有的岔线连接大的厂矿，这时也需要设置车站，车站间还需要办理闭塞。但这些车站不办理铁路营业业务，仅为取送车服务，均不算入国家铁路的营业车站。

5. 特别用途线

特别用途线是指为保证行车安全而设置的安全线和避难线。

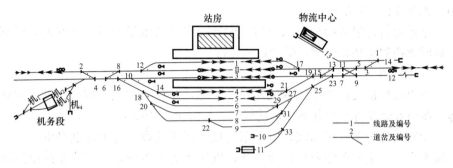

图 4-2　车站线路图

Ⅱ—正线；1、3、4、5—到发线；6、7、8—调车线；9、10、11—站修线；12、14—牵出线；
13—货物线；机₁—机车走行线；机₂、机₃—整备线；机₄—卸油线

4.1.3　站线种类

车站内除正线以外的线路统称为站线，铁路车站的站线主要包括如下种类。

1. 到发线

到发线是车站范围内办理列车到达、出发作业的线路，见图 4-2 中的线 1、3、4、5。

（1）到发线数量

中间站的到发线数量应根据运量和运输性质确定。单线铁路中间站应设 2～3 条到发线，如图 2-10 所示，以使车站具有列车三交会的条件，对提高作业效率和加速车辆周转十分必要，也能适应某些特殊车辆如水槽车、机械化养路的

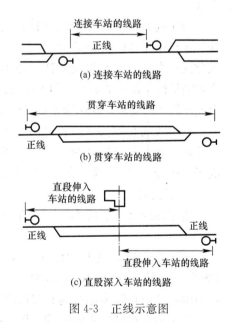

图 4-3　正线示意图

工程车和轨道车以及不能继续运行而必须在车站摘下停留的需要。双线铁路中间站应设 2～4 条到发线，以使双方向列车有同时待避的机会，如图 2-11 所示。对作业量大的单、双线铁路车站，可设置多条到发线。

另外，下列中间站的到发线数量可根据需要增加：枢纽前方站、铁路局局界站、补机始终点站、长大下坡列车技术检查站、机车乘务员换乘站；有两个方向以上的线路引入或岔线接轨的中间站；有摘挂列车进行整编作业的中间站；采用长交路的区段站；办理机车折返作业的中间站。当车站同时具

备上述两项及以上作业时，其线路数量应综合考虑，不宜逐项增加。

（2）超限列车到发线

为保证超限货物列车在站内的通过和交会，除站内正线须保证能通行超限货物列车外，在各区段内应选定 3～5 个中间站（包括给水站）设置超限列车到发线。单线铁路应另有一股道，双线铁路上、下行方向各有一股道能通行超限货物列车。超限货物列车运行线通常在线路上加圆圈表示"—⊙—"，如图 4-2 的线 Ⅱ、3 所示。

上述通行超限货物列车的车站一般选择到发线数量较多的中间站，以利于超限货物列车和其他列车的会让和越行。

2. 牵出线

牵出线是指设在到发线或调车场的一端，并与到发线连接，专供车列解体、编组及转线等牵出作业使用的线路，见图 4-2 中的线 12、14。

中间站是否设置牵出线，应根据衔接区间正线数、行车速度高低、行车密度大小、车站调车作业量以及货场设置位置等因素确定。双线铁路中间站应设置牵出线。对单线铁路中间站，当路段设计行车速度大于 120km/h，或平行运行图列车对数在 24 对以上，或车站调车作业量大时，一般应设置牵出线。

当中间站上有岔线接轨且符合调车作业条件时，可利用岔线进行调车作业。不设牵出线的单线铁路中间站，可利用正线进行调车作业。当利用正线或岔线调车时，为避免调车作业越出站界，进站信号机可适当外移，外移距离应满足调车作业的需要，但不应超过 400m。其平、纵断面及视线等条件应适合调车作业的要求。在困难条件下曲线半径不应小于 300m，坡度不应陡于 6‰。

牵出线的有效长度应满足摘挂列车一次牵出车列长度的需要，一般不短于该区段货物列车长度的一半。当受地形限制或本站作业量不大时，至少应满足每次能牵出 10 辆、有效长度不小于 200m 的要求。

3. 货物线

用于办理货物装卸作业、货车停留的线路称为货物线，如图 4-2 中的线 13 所示。

为了办理货物的装卸作业，客货共线铁路中间站应在货场、物流中心（图 2-10、图 2-11）内铺设货物线。其数目和长度与货物装卸量有关，应根据需要确定并符合物流中心的有关规定。

为了便于车站的正常运营工作，中间站一般铺设 1～2 条货物线。其长度除应满足平均一次来车的长度外，还应保证货物线两侧有足够的货位。中间站货物线与到发线间的间距，在线间无装卸作业时，一般不小于 6.5m；线间有装卸作业时，一般不小于 15m。

集装箱、长大笨重货物、散堆装货物装卸线的间距，应根据装卸机械类型、货位的布置、通道的宽度以及相邻线路的作业性质等因素确定。

4. 调车线

为了集结车辆、解体和编组区段列车及摘挂列车（有的还办理直通或直达列车的解体作业），停放本站作业车或其他车辆而设置的线路称为调车线，见图 4-2 中的线 6、7、8。

5. 机车走行线

机车走行线是在有机务段的车站内设置的专为无作业机车通过而铺设的线路，如图 4-2 中的机₁。以减少机车出入段与接发车交叉干扰次数和缓和交叉的严重程度为原则确定机车走行线的位置。一般的中间站不设机车走行线。

6. 机车出入段线

机车出入段线是为保证车站与机务段间机车出入畅通，设置在机务段与到发场之间的线路，如图 4-2 所示。

7. 机待线

机待线是设置在有机务段的车站远离机务段一端的咽喉区，供机车停放等待的线路。机待线一般设在区段站内，宜为尽头式，如图 4-4(a) 中"J"线；必要时也可为贯通式，如图 4-4(b) 中"J"线。

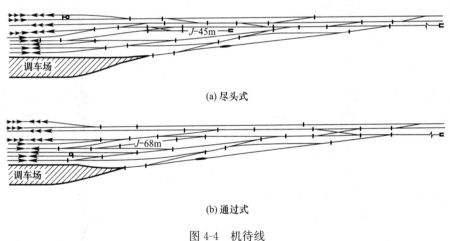

(a) 尽头式

(b) 通过式

图 4-4　机待线

8. 其他线路

其他线路如存车线、机车整备线（图 4-2 中的机₂、机₃线）、机车检修线（图 4-2 中的线 9、10、11）、禁溜线、峰下迂回线等。

9. 高速铁路站线

高速铁路车站线路平面布置应根据引入线路数量、线路客运能力、客车作业量及开行方案、车站性质及运营要求确定。

车站到发线数量在越行站应设 2 条（图 2-9），在中间站可设 2～4 条（图 2-12）。始发站和有立折作业的中间站到发线数量应根据车站最终承担的旅客列车对数及其性质、列车开行方案、引入线路数量和车站技术作业过程等因素确定，并应符合高峰时段列车密集到发的要求。近年来，我国建成的高速铁路车站规模庞大，例如：西安北有 34 条股道，丰台站为 32 条股道，上海虹桥、郑州东、昆明南站为 30 条股道，广州南、南京南、杭州东、贵阳北为 28 条股道，成都东、重庆北站为 26 条股道。

车站咽喉区布置应符合列车接发需要和能力要求。车站咽喉区布置应紧凑，并应减少正线上道岔数量。当有动车段（所）出入线引入时，其引入端咽喉区布置应符合列车到、发，动车出、入段（所）平行作业数量的要求。车站可在两端各设一条单渡线组成八字渡线。个别与相邻站间距较近的车站，可不设渡线。始发站的两端和有始发作业的中间站有发车作业端，应设一组八字渡线。

当正线长度为100km左右时，宜在车站内设置一条施工作业车停留线；每200km左右还应增设一个大型养路机械、卸砟车和换轨车停留基地。停留线或停留基地内的线路有效长度应为650m。

10. 城轨车站线路

根据线路在地铁运营中的地位和作用，一般将地铁线路划分为正线（有干线与支线）、配线（或叫辅助线）和车场线（或叫段场线）3种。

（1）正线

正线是为载客运营并贯通车站的线路，当线路分叉时，可细分为干线和支线。一般情况下，在正线上分岔以侧向运行的线路为支线，直向运行线路为干线。支线通过配线连接干线，可混合运行，也可独立运行。由于干线与支线有主次地位之分，所以干线、支线应单独正名，但其技术标准没有区分。

（2）配线

配线原称"辅助线"。凡在正线上分岔的，为配合列车越行、转换线路或运行方向等某些运营功能服务的，并增加运行方式灵活性的线路，统称为配线。配线又分为到发线、车辆基地出入线、联络线、折返线、停车线、渡线、安全线等。

1）到发线。也称配线，一般的城轨车站不设到发线，如图2-20、图2-21(a)、(b)所示。在某些大站快线线路，为配合快车越行慢车、慢车待避快车而在车站正线两侧才修建到发线。一般采用2台4线、岛式站台方式配置，如图2-21(c)所示。

2）车辆基地出入线。简称为"出入线"，从正线上分岔引出至车辆基地的线路，是地铁列车从车辆段/场到正线之间的连接线。

3）联络线。设置在两条不同正线之间，为各种车辆过渡运行的线路为联络线，如图2-20所示。两条线路之间的联络线用于非营运时段内车辆转线或材料货物运输。

4）折返线。其是指专供改变列车运行方向的线路，通常设置在线路的终点站或部分中间车站，如图2-20所示。

5）停车线。停车线是为故障列车待避、临时折返、临时停放或夜间停放列车的线路。专门用于列车停放使用，或可开展少量检修作业，一般设置于终点站或中间车站。当出现非正常情况时，为了使故障列车及时退出运营不影响后续列车运行，一般每隔3~5个车站需设置临时存车线。

6）渡线。渡线是设置在正线线路左右线之间，为车辆过渡运行的线路；在平行换乘站内，为相邻正线线路之间联络的线路；或用于改变列车运行进路或者运行方向的线路。当存车线用于故障列车临时停放时，为了使故障列车及时返回车辆段/场，一般会使用渡线。

7）安全线。安全线是为了防止列车冒进另一进路，发生与其他列车或机车车辆冲突而设置的一种线路设施，是进路隔开设备之一。对某些配线的尽端线，或在正线上的接轨点前，根据列车运行条件，设置在设计停车点以外，具有必要的安全距离的线路，以避免停车不准确发生冒进的安全问题。其有效长度不小于50m。

（3）车场线

车场线（或叫段场线）设在车辆基地（或停车场）内，提供列车停、检、修的线路，或各种维修车辆停放的线路。车场线是车辆段、停车场内线路的统称，包括运用和检修库线、调机及工程车库线、试车线、洗车线、吹扫线、镟轮线、平板车停放线、待修车和修竣车存放线、走行线、牵出线、回转线及国铁专用线等，应根据作业需要设置。

一般正线的行车速度高，行车间隔小，为了保证行车安全和乘坐的舒适性，线路标准要求最高，并按照双线设计，采用右侧行车制。而辅助线及段场线运行速度较低，线路标准要求也相对较低。

4.1.4　线路设备编号

为了车站作业和维修管理上的方便，站内线路和道岔应有统一的编号。同一车站或同一车场内线路和道岔均不得使用相同的编号。

1. 线路编号

正线应编为罗马数字（Ⅰ、Ⅱ……），站线应编为阿拉伯数字（1、2、3……）。

（1）单线铁路

单线铁路的车站线路，从靠近站房的线路起，向站房对侧依次顺序编号；位于站房左右或后方的线路，在站房前的线路编完后，再由正线起，向远离正线顺序编号，如图4-5（a）所示。

（2）双线铁路

双线铁路的车站线路，从正线起按列车运行方向分别向外顺序编号，上行为双号，下行为单号，如图4-5（b）所示。

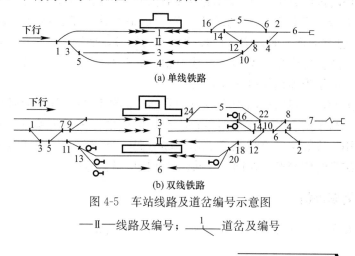

图4-5　车站线路及道岔编号示意图

—Ⅱ—线路及编号；　道岔及编号

（3）尽头式车站

尽头式车站若站房位于线路一侧时，从靠近站房的线路起，向远离车站方向顺序编号，如图 4-6（a）所示；站房位于线路终端时，面向终点方向由左侧线路起顺序向右编号，如图 4-6（b）所示。

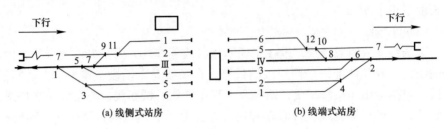

图 4-6　尽头式车站线路、道岔编号

（4）区段站及编组站

在大型车站划分为数个车场时，应分车场编号。车场靠近站房时，股道的编号应从靠近站房（信号楼）的股道起，向远离站房方向顺序编号；车场远离站房或无站房时，顺千米标前进方向从左向右顺序编号。股道编号用阿拉伯数字，在股道编号前冠以罗马数字表示车场，如二场三股道，应为 Ⅱ-3 股道。

（5）大型及特大型客运站

客运车场的正线及到发线编号应由站房侧起，按"1、2、3……"依次向外连续编号；当分场横列布置时也应连续编号。客运车场两侧均设有站房时，线路编号应以主站房侧的线路起顺序向辅助站房侧编号。客运车场内的其他线路，应在正线及到发线编号后，再按先上行端、后下行端的顺序，由站房侧向对侧依次编号。衔接客运车场的其他场、段（所）应分场编号，并冠以场号或场名。

大型及特大型客运站旅客站台应以站台面编号，并应与线路编号一致。线路不邻靠站台时，站台可不连续编号。

2. 道岔编号

道岔用阿拉伯数字从车站两端由外向内、由主向次依次编号，上行列车到达端用双数，下行列车到达端用单数。如果车站一端衔接两个以上方向（有上行，也有下行）时，道岔应按主要方向编号，如图 4-2、图 4-5、图 4-6 所示。每一道岔均应单独编号，渡线道岔、交叉渡线道岔及交分道岔等处的联动道岔，应编为连续的单数或双数。

站内道岔，一般以车站中心线或信号楼中心线作为划分单数号与双数号的分界线。当车站有几个车场时，每一车场的道岔必须单独编号，此时道岔号码应使用三位数字，百位数字表示车场号码，个位和十位数字表示道岔号码。道岔编号时应当避免在同一车站内有相同的道岔号码。

4.1.5　列车进路

列车在车站接入、发出、通过所经由的一段线路称为列车进路，也叫作业进路，简称进路。进路由其路段上的所有道岔开通的位置确定。进路的始、终端由信号机、警冲标、车挡标或站界标限定。中间站的到发线可以设计成单进路或双进路。

1. 单进路

单进路是指股道固定由一个运行方向（上行或下行）使用。双线铁路原则上应按上下行分别设计为单进路，如图 4-5（b）中Ⅰ、Ⅱ、3、4 道均为单进路设计。

2. 双进路

双进路是指股道可供上、下行两个方向使用。图 4-5（a）中的正线及到发线进路均为双进路。双进路机动性大，但需要增加信号联锁设备。单线铁路到发线一般均应按双进路设计，以使列车办理运行调整有更大的灵活性。有时为增加在调整列车运行上的灵活性以及方便摘挂列车作业，双线铁路的个别到发线也可按双进路设计。

3. 平行进路

互不妨碍的两条进路，叫平行进路，即两项作业可以同时办理。

4. 敌对进路

互相妨碍的两条进路叫敌对进路（或称交叉进路），即两项作业不能同时办理。

5. 进路的表示方法

上下行列车不同运行方向的进路由不同方向的箭头表示，其中货物列车的进路由单箭头表示，旅客列车的进路由双箭头表示，客货共用的进路由三个箭头表示，如图 4-2、图 4-5 所示。

4.2 线形

在铁道正线的平、纵断面上设置车站配线的地段叫站坪。在站坪范围内的线路平纵断面，除了满足区间平纵断面设计的基本要求外，还必须满足车站设计的特殊要求。

4.2.1 线间距

线间距是指相邻线路中心线间的距离及线路中心线与主要建筑物（设备）的距离。线间距根据运输性质、设施类型、机车车辆限界和建筑限界确定。

1. 线路中心线与主要设施的距离

车站内各种用途线路的两旁，一般都设有相应的设施，如旅客站台、货物站台、各种技术房屋、信号机、警冲标、雨棚柱、接触网及电力照明的支柱等建筑物及设备。这些建筑物和设备的设置必须保证行车及人身安全和不影响办理规定的作业，应根据建筑接近限界、机车车辆限界以及其他有关因素来确定这些建筑物（设备）到线路中心线的距离。

177

在线路的直线地段，客货共线铁路、重载铁路、高速铁路、城际铁路站内各建筑物及设备至相邻线路中心线的距离见表4-1。在曲线地段，需根据有关规定进行加宽。

主要建（构）筑物和设备至线路中心的距离（mm）　　　表4-1

序号	建（构）筑物和设备名称			高速铁路	城际铁路	客货共线铁路和重载铁路	
						高出轨面的距离	至铁路中心线的距离
1	跨线桥柱、天桥柱、雨棚柱和电力照明等杆柱边缘	位于站内正线一侧		≥2440	≥2200	—	≥2440
		位于站线间	通行超限货物列车时	—	—	≥1100	≥2440
			不通行超限货物列车时	≥2150	≥2150	≥1100	≥2150
		位于站场最外站线的外侧		≥3100	≥3100	≥1100	≥3100
		位于最外梯线或牵出线一侧		≥3100	≥3100	≥1100	≥3500
2	接触网支柱边缘	位于站内正线一侧或站场最外线路的外侧	无砟	≥3000	≥2500	—	—
			有砟	≥3100	≥3100		≥3100
		位于站线间	通行超限货物列车时	—	—	≥1100	≥2440
			不通行超限货物列车时	≥2150	≥2150	≥1100	≥2150
		位于最外梯线或牵出线一侧		≥3100	≥3100	≥1100	≥3500
3	高柱信号机边缘	高速铁路和城际铁路	正线	≥2440	≥2200	—	—
			到发线	≥2150	≥2150	—	—
		客货共线和重载铁路	通行超限货物列车时	—	—	≥1100	≥2440
			不通行超限货物列车时	—	—	≥1100	≥2150
4	货物站台边缘	普通站台		—	—	950～1100	1750
		高站台		—	—	≤4800	1850
5	旅客站台边缘	高站台	位于正线一侧	1800	1800	—	—
			位于站线一侧	1750	1750	1250	1750
		普通站台	位于不通行超限货物列车的到发线一侧			500	1750
		低站台	位于通行超限货物列车的到发线一侧	—	—	300	1750
6	车库门、转车盘、洗车架和洗罐线、机车走行线上的建（构）筑物边缘					≥1250	≥2000

序号	建（构）筑物和设备名称		高速铁路	城际铁路	客货共线铁路和重载铁路	
					高出轨面的距离	至铁路中心线的距离
7	清扫或扳道房和围墙边缘		≥3500	≥3500	≥1100	≥3500
8	起吊机械固定杆柱或走行部分附属设备边缘至货物装卸线		—	—	≥1100	≥2440
9	连续墙体、栅栏、声屏障边缘	位于正线或站线外侧（无人员通行）	路基面外	路基面外	—	路基面外

注：1. 表序 1、2 在考虑大型养路机械在有砟轨道路基地段作业时，距离不应小于 3100mm；
　　2. 表序 5 中，无列车通过或通过速度小于 80km/h 的正线，距离可采用 1750mm；
　　3. 表序 9 中的距离，高速、城际铁路还应分别不小于栅栏距地面高度加上 2440mm、2200mm 之和。

在线路的直线地段，站内两相邻线路中心线的线间距应符合下列规定：

（1）两正线间的线间距应与区间正线相同。

（2）当两线路间无建筑物或设备时，正线与相邻到发间、到发线间或到发线与其他线间不应小于 5.0m。

（3）当两线路间设有建筑物或设备时，按表 4-1 中的建筑物和设备至线路中心线的距离和建筑物及设备的结构宽度计算确定。

2. 相邻线路间的中心距离

两相邻线路中心线之间的距离简称为线间距。

（1）区间正线

时速 350km、300km、250km 高速铁路区间正线的线间距分别为 5.0m、4.8m、4.6m。

时速 200km、160km、120km 客货共线铁路区间正线的线间距分别为 4.4m、4.2m、4.0m。

重载铁路区间正线的最小线间距，第一、二线之间为 4.0m，第三、四线间为 5.3m。

德国 TR 高速磁浮铁路当列车运行速度在 400～500km/h 时的线间距一般取为 5.1m，列车运行速度在小于等于 300km/h 时的线间距一般取为 4.4m。我国《磁浮铁路技术标准（试行）》TB 10630—2019 规定，一般明线地段，设计速度为 400km/h 及以下、500km/h、600km/h 时的线间距分别为 4.8m、5.1m 和 5.6m。

日本 ML 超导高速磁浮铁路，最高设计速度为 550km/h，目前设计的线间距为 5.8m，为目前世界铁路的最大线间距。

（2）站内线路

1）影响因素

在车站内，线间距一方面要保证行车安全及车站工作人员工作时的安全和便利；另一方面还要考虑通行超限货物列车、大型养路机械和在两线间装设行车设备的需要。对于高速铁路，线间距还应考虑列车交会时压力波的影响。

线间距取决于下列各项因素：机车车辆限界、建筑限界、超限货物装载限界、设置在相邻线路间有关设备的计算宽度、在相邻线路间办理作业的性质、线路上通行的列车速度、车站平面布置。

2）线间距计算

当相邻两线间装有高柱信号机，且只有一线通行超限货物列车时，其线间距按式（4-1）计算：

$$S = S_{JX} + S_{XK} + S_{XJ} + S_Y \tag{4-1}$$

式中　S——线间距（mm）；

S_{JX}——建筑限界（mm）；

S_{XK}——信号机宽（mm）；

S_{XJ}——信号机建筑限界（mm）；

S_Y——余量（mm）。

到发线与其他线路间有中间站台式时的线间距如图 3-15 所示，可按式（4-2）计算：

$$S = b_{4-1} + b + b_{4-2} \tag{4-2}$$

式中　b_{4-1}、b_{4-2}——站台边缘至站线中心距离（mm），按表4-1取值；

b——站台宽度（mm），按表3-8取值。

根据相邻线路的类型，对以上因素进行取舍、累加，并考虑一定的余量，便可计算出线间距离。例如，在 $v \leqslant 160 \text{km/h}$ 客货共线铁路车站上，相邻两线间装有高柱信号机，且只有一线通行超限货物列车时，由图 4-1 得建筑限界 S_{JX} 为 2440mm，由第 3 章第 3.8 节知高柱信号机宽度 S_{XK} 为 380mm，不通行超限货物列车时信号机建筑限界 S_{XJ} 为 2150mm，留有余量 S_Y 为 30mm，则线间距按式（4-1）计算：

$$S = S_{JX} + S_{XK} + S_{XJ} + S_Y$$
$$= 2440 + 380 + 2150 + 30 = 5000 \text{mm}$$

又如，在速度为 250～350km/h 高速铁路车站上，查表 4-1 得站台边缘至站线中心距离 b_4 为 1750mm，则到发线与其他线间有中间站台时的线间距按式（4-2）计算：

$$S = b_{4-1} + b + b_{4-2} = 1750 + b + 1750 = 3500 + b \quad (\text{mm})$$

3）线间距取值

根据上述计算分析，在线路的一般直线地段，铁路站内两相邻线路中心线的间距见表 4-2。

高速铁路站内两平行线路中心线之间的线间距，除了满足限界的要求、满足列车交会运行时压力波的影响，还要满足车站平面布置、作业安全及两线间设置有关设施（例如接触网支柱、雨棚柱）等要求，其线间距计算见表 4-3。

铁路车站内线间距（mm） 表 4-2

序号	名称				线间最小间距
1	站内正线间	高速铁路和城际铁路	站内正线间无渡线时		与区间正线相同
			站内正线间有渡线时	$v \leqslant 250$km/h	4600
				250km/h$<v \leqslant$300km/h	4800
				300km/h$<v \leqslant$350km/h	5000
		客货共线铁路			5000
		双线与第三线间，或相同行车方向的正线间			5300
2	站内正线与相邻到发线间	无列检、上水及卸污作业			5000
		有列检、上水及卸污作业	$v \leqslant 120$km/h	一般	5500
				改建特别困难	5000（保留）
			120km/h$<v \leqslant$160km/h	一般	6000
				改建特别困难	5500（保留）
			$v \geqslant 160$km/h	一般	6500（设栅栏）
				改建特别困难	5500（保留）
3	到发线间、调车线间	一般			5000
		铺设列检小车通道或有客车上水、卸污作业			5500
		改建特别困难			4600（保留）
4	装有高柱信号机的线间	相邻两线均通行超限货物列车			5300
		相邻两线只一线通行超限货物列车			5000
5	动车组存车线间				4600
6	客车车底停留线间	一般			5000
		改建特别困难			4600
7	动车组及客车整备线间	线间无照明和通信等电杆			6000
		线间有照明和通信等电杆			7000
8	货物直接换装的线路间				3600
9	牵出线与其相邻线间	区段站、编组站及其他调车作业频繁			6500
		中间站及其他仅办理摘挂取送作业			5000
10	调车场各线束间				6500
11	调车场设有制动员的线束间				7000
12	梯线与其相邻线间				5000

注：1. 表序 3，列检小车通道不宜设置在通行超限货物列车的到发线间，线间铺设机动小车通道的到发线间距不应小于 6000mm；

2. 在区段站、编组站及其他大站上，线间距应与灯桥、接触网软横跨或硬横跨等横向最大跨度相适应，一般最多每隔 8 条线路或 40m 应设置一处不小于 6500mm 的线间距，且宜设在两个车场或线束之间；

3. 照明和通信电杆等设备，在站线较多的大站上应集中设置在有较宽线间距的线路间，在中间站宜设置在站线之外；其他杆柱不宜与高柱信号机布置于同一线间，若确需布置在同一线间时，应确保高柱信号机的瞭望条件。

高速铁路车站线间距计算表（mm） 表 4-3

序号	线别	线间设施		最小线距（mm）
1	正线间	无		同区间且不小于 4600
2	正线与相邻到发线间	无		5000
		接触网支柱	有砟	5600＋结构宽
			无砟	5600＋结构宽
		雨棚柱		4590（5250）＋结构宽

续表

序号	线别	线间设施	最小线间距（mm）
3	到发线间或到发线与其他线间	无	5000
		有站台	3500＋站台宽
		接触网支柱	5000＋站台宽
		雨棚柱	4300＋站台宽
4	正线和其他线间	无	5000
5	正线与动车走行线	无	5000

注：括号内数字为正线有大型养路机械作业需要的宽度。

3. 曲线地段线间距加宽

位于曲线地段的车站，其线间距有可能需要加宽。

（1）加宽原因

1）车体几何关系引起

车辆位于曲线上时，车辆中部向曲线内侧凸出，其值为 W_1，两端向外侧凸出，其值为 W_2，如图 4-7(a) 所示。根据几何关系，可求出 W_1、W_2 如下：

$$W_1 \approx \frac{Z^2}{8R}, W_2 \approx \frac{1}{8R}(L^2 - Z^2) \tag{4-3}$$

式中 L——车体长（m）；

Z——转向架中心距（m）；

R——曲线半径（m）。

我国车辆按最大长度 $L=26$m，$Z=18$m 计算，则：

$$W_1 \approx \frac{18^2}{8R} \times 1000 = \frac{40500}{R} \quad (\text{mm})$$

$$W_2 \approx \frac{1}{8R}(26^2 - 18^2) \times 1000 = \frac{44000}{R} \quad (\text{mm}) \tag{4-4}$$

2）外轨超高引起

曲线上外侧实设超高 h 使车体向内侧倾斜，如图 4-7(b) 所示，在距轨面高度 H 处，车体内侧倾斜值为 W_3，若两轨头中心距按 1500mm 计，则可得：

$$\frac{W_3}{H} = \frac{h}{1500}$$

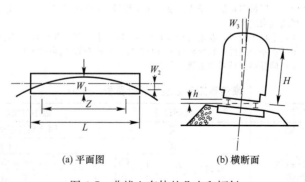

(a) 平面图　　　　　　(b) 横断面

图 4-7　曲线上车体的凸出和倾斜

$$W_3 = \frac{H}{1500}h \quad (\text{mm}) \qquad (4\text{-}5)$$

式中 H——计算高度，一般可取 2000mm；

$\quad\quad h$——曲线地段外轨超高（m）。

（2）加宽值计算

根据曲线地段加宽值的上述计算公式，得到曲线地段线间距的加宽值。

1）建筑物在曲线内侧时：

$$W_n = W_1 + W_3 = \frac{40500}{R} + \frac{H}{1500}h \quad (\text{mm}) \qquad (4\text{-}6)$$

2）建筑物在曲线外侧时：

$$W_w = \frac{44000}{R} \quad (\text{mm}) \qquad (4\text{-}7)$$

3）曲线地段线间距加宽值，应为内外侧加宽值总和，即：

$$W = W_n + W_w = \frac{84500}{R} + \frac{H}{1500}h \quad (\text{mm}) \qquad (4\text{-}8)$$

实际计算站内线间距加宽 W 时，常根据内外侧线路设置超高的情况分 3 种方式进行简化计算（式中 H 取 2000mm）：

① 当外侧线路无超高或超高小于等于内侧线路超高时：

$$W = \frac{84500}{R} \quad (\text{mm}) \qquad (4\text{-}9)$$

② 当外侧线路超高大于内侧线路超高时：

$$W = \frac{84500}{R} + \frac{1}{2}\left(\frac{H}{1500}h\right) = \frac{84500}{R} + \frac{2}{3}h \quad (\text{mm}) \qquad (4\text{-}10)$$

③ 当外侧线路有超高而内侧线路无超高时：

$$W = \frac{84500}{R} + \frac{H}{1500}h = \frac{84500}{R} + \frac{4}{3}h \quad (\text{mm}) \qquad (4\text{-}11)$$

表 4-4 为根据上述公式计算得出的曲线车站线间距加宽及基本建筑限界加宽值。

曲线车站线间距加宽及基本建筑限界加宽表（mm） 表 4-4

	曲线半径（m）		2000	1500	1000	800	700	600
	行车速度 $v_{max} = 4.3\sqrt{R} \leqslant 120\text{km/h}$		120	120	120	120	114	105
	外轨超高 $h = 7.6 v_{max}^2/R \leqslant 150\text{mm}$		55	75	110	135	150	150
车站线间距加宽值（mm）	外侧线路无超高或超高小于等于内侧线路超高时		45	55	85	105	120	140
	外侧线路超高大于内侧线路超高时		80	105	155	195	220	240
	外侧线路有超高而内侧线路无超高时		115	155	230	290	320	340
建筑物突出部分至线路中心线的加宽值(mm)	建筑物在曲线外侧时		20	30	45	55	65	75
	建筑物在曲线内侧、曲线无超高时		20	25	40	50	60	70
	建筑物在曲线内侧，且曲线有超高时，各高度处	$H=3000\text{mm}$ 处	130	175	260	325	360	370
		$H=1100\text{mm}$ 处	60	80	120	150	170	180
		$H=(500\text{mm}-0.6h)$ 处	35	50	70	90	100	110
		$H=(300\text{mm}-0.6h)$ 处	30	40	60	70	80	90

注：表中 $0.6h$ 表示因曲线外轨超高 h 引起的站台高度相对降低值。

184

（3）加宽方法

曲线车站各股道中心线一般均设计为同心圆曲线，由铁路线路设计课程可知，其曲线要素的计算公式见式（4-12）～式（4-16）。

不设缓和曲线时：
$$T_y = R\tan\frac{\alpha}{2} \quad (\text{m}) \tag{4-12}$$

$$L_y = \frac{\pi\alpha R}{180} \quad (\text{m}) \tag{4-13}$$

设置缓和曲线时：
$$T = (R+p)\tan\frac{\alpha}{2} + q \quad (\text{m}) \tag{4-14}$$

$$L = \frac{\pi\alpha R}{180} + l_0 \quad (\text{m}) \tag{4-15}$$

$$p = \frac{l_0^2}{24R} - \frac{l_0^4}{2688R^3} \approx \frac{l_0^2}{24R} \tag{4-16}$$

式中　α——曲线转向角（°）；

　　　l_0——缓和曲线长度（m）；

　　　q——切垂距(m)，$q = \dfrac{l_0}{2} - \dfrac{l_0^3}{240R^2} \approx \dfrac{l_0}{2}$。

由于正线有外轨超高、曲线半径为 R_w 并一定要设缓和曲线，而站线无外轨超高，设曲线半径为 R_N，既可设缓和曲线也可不设缓和曲线。因此，为满足上述曲线加宽要求，车站曲线可采用下列不同的线间距加宽方法。

站线不设超高时［图 4-8(a)］，当站线在正线外侧时，依靠调整、加长正线缓和曲线长度，使正线缓和曲线内移量 $\Delta = p$［图 4-9(a)，其计算见式（4-16）］满足线间距加宽 W 的要求，此时直线部分线间距不加宽。

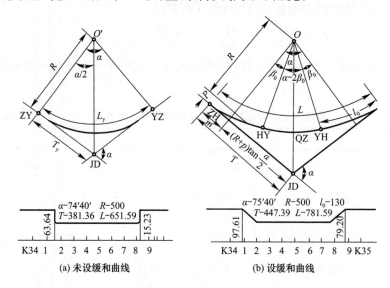

（a）未设缓和曲线　　　（b）设缓和曲线

图 4-8　线路平面曲线

当站线在正线内侧时，外侧正线缓和曲线的内移量 p 使曲线线间距减小，为使曲线线间距加宽 W，直线线间距应加宽 $\Delta = p + W$，使曲线部分线间距正好加宽 W 值，如图 4-9(b) 所示。

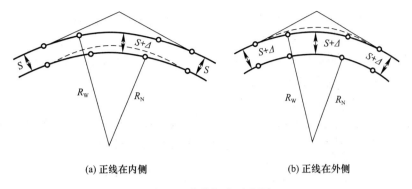

(a) 正线在内侧	(b) 正线在外侧

图 4-9　曲线加宽示意图

在站线设缓和曲线的情况下，无论是站线和正线之间或是站线和站线之间均可利用调整站线的缓和曲线长度，使内移量之差达到线间距加宽要求。

4. 线间距与道岔位置确定算例

【例 4-1】　某客货共线单线铁路，某区段站 A 端咽喉布置如图 4-10 所示，列车正线直向通过速度按 100km/h 以下设计，车站道岔采用钢筋混凝土岔枕，中间站台为宽 9m 的普通站台。试确定各股道线间距、各道岔的辙叉号码及相邻道岔岔心间的距离。

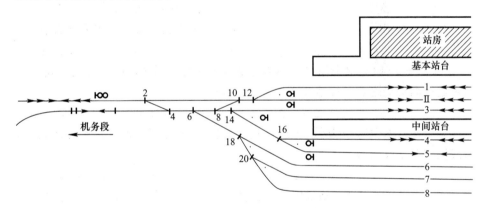

图 4-10　某站 A 端咽喉布置

【解】

（1）确定相邻线路中心间距

1）1 至Ⅱ、Ⅱ至 3 股道间为站内正线与相邻到发线间距离，按无技术作业考虑，查表 4-2，线间距取值 5.0m。

2）3 至 4 道间夹有中间站台，查表 4-1，旅客站台边缘至线路中心距为 1750mm，站台宽度取为 9000mm，其线间距按式（4-2）计算确定：

$$S_{3-4} = b_{3-站台边缘} + b_{站台宽} + b_{站台边缘-4}$$
$$= 1750 + 9000 + 1750 = 12500mm = 12.5m$$

3）4 至 5 道间为到发线间距离，查表 4-2，取值 5.0m。

4）5 至 6 道间为到发场与调车场间距离，查表 4-2，取值 6.5m。

5）6 至 7 及 7 至 8 道间为调车线间距离，查表 4-2，取值 5.0m。

6）正线至机车出入段线间按照站内正线与相邻到发线间距离取值，为 5.0m。

（2）确定各道岔应选用的辙叉号码

根据道岔号码选用原则，2、4、12、14、16 位道岔需侧向接发旅客列车，采用 12 号道岔，其他采用 9 号道岔。

（3）计算两相邻道岔岔心间的距离

1）2～4 位道岔为基线异侧两个道岔辙叉尾部相对布置的形式，采用式（3-5)计算，查表 3-2，得 12 号道岔的辙叉角为 $4°45'49''$。

$$L_{2-4} = \frac{S}{\sin\alpha_{\min}} = \frac{5}{\sin4°45'49''} = 60.208\text{m}$$

2）4～6 位道岔为基线异侧两道岔对向布置的形式（见表 3-3），按到发线无正规列车同时通过两侧线考虑，不设插入轨，查表 3-2 得道岔基本轨起点至道岔中心的距离，4 位道岔 $a=16592$mm、6 位道岔 $a=13839$mm，按式（3-2)进行计算：

$$L_{4-6} = a_4 + f + a_6 + \Delta = 16.853 + 0 + 13.839 + 0 = 30.692\text{m}$$

3）6～8 位道岔为基线异侧道岔顺向布置的形式（见表 3-3），基线按到发线计算，采用 9 号道岔，查表 3-3 得 $f=8.0$m，查表 3-2 得 9 号道岔 $b=15.730$m，按式（3-3）计算：

$$L_{6-8} = b_6 + f + a_8 + \Delta = 15.730 + 8.0 + 13.839 + 0.008 = 37.577\text{m}$$

4）8～14 位道岔为基线异侧两道岔顺向布置形式，基线按到发线计算：

$$L_{8-14} = b_8 + f + a_{14} + \Delta = 15.730 + 8.0 + 16.592 + 0.008 = 40.330\text{m}$$

5）10～12 位道岔为基线异侧两道岔对向布置的形式，按正线无正规列车同时通过两侧线考虑，查表 3-3 得 $f=6.25$m，则：

$$L_{10-12} = a_{10} + f + a_{12} + \Delta = 13.839 + 6.25 + 16.592 + 0.008 = 36.689\text{m}$$

6）6～18 位道岔为基线分支线路上两道岔顺向布置的形式，不设插入轨，基线按次要站线计算：

$$L_{6-18} = b_6 + f + a_{18} + \Delta = 15.730 + 0 + 13.839 + 0 = 29.569\text{m}$$

7）18～20 位道岔为基线同侧两道岔顺向布置的形式，采用 9 号道岔，查表 3-2 得辙岔角 $\alpha=6°20'25''$，按式（3-4）计算相邻线间距：

$$L_{18-20} = \frac{S}{\sin\alpha} = \frac{5.0}{\sin6°20'25''} = 45.276\text{m}$$

8）14～16 位道岔为基线同侧两道岔顺向布置的形式，采用 12 号道岔，由前知 3 道至 4 道间的线间距为 12.5m，应保证相邻线间距：

$$L_{14-16} = \frac{S}{\sin\alpha} = \frac{12.5}{\sin4°45'49''} = 150.521\text{m}$$

4.2.2 站坪长度

站坪长度 L_Z 包含到发线有效长 L_Y、咽喉区长度 L_{YH} 和为避免区间平面或竖曲线与车站咽喉区最外侧道岔叠加而需要设置的直线段长度，如图 4-11 所示。

《铁路线路设计规范》TB 10098—2017 规定：客货共线铁路、重载铁路车站站坪长度可根据远期的车站布置图型和到发线有效长设计，站坪长应不小于表 4-5 中的数值。

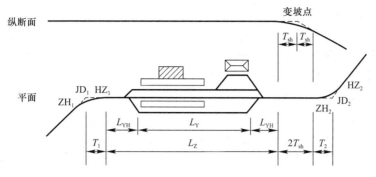

图 4-11　站坪构成及与区间平、纵断面配合

站坪长度（m）　　　　　　　　　表 4-5

车站种类	车站布置形式	设计速度（km/h）	远期到发线有效长度						
			1050		850		750		650
			单线	双线	单线	双线	单线	双线	单线
中间站	横列式	200	—	2150 (2600)	—	1950 (2400)	—	1850 (2300)	—
		≤160	1550	2050	1350	1850	1250	1750	1150
会让站 越行站	横列式	200	—	1750 (2200)	—	1550 (2000)	—	1450 (1900)	—
		≤160	1400	1700	1200	1500	1100	1400	1000

注：1. 表中为正线按 12 号道岔布置的数值，括号内为按 18 号道岔布置的数值；

2. 多机牵引时，站坪长度应根据机车数量及长度计算确定；

3. 旅客列车设计速度为 200km/h 时，越行站、双线中间站站坪长度由正线上的 18 号或 12 号道岔、旅客列车进路上的其他道岔采用 12 号确定；设计速度为 160km/h 及以下时，正线及旅客列车进路均采用 12 号道岔确定；当采用其他型号道岔时应另行计算确定；

4. 远期到发线有效长度大于 1050m 的站坪长度由计算确定。

当站坪受车站两端的纵断面坡度或平面曲线限制时，还应考虑下列规定：

（1）在平面上，若在站端外设置曲线，则缓和曲线不要伸入站坪范围内，即曲线交点与站端的距离至少大于曲线的切线长 T_1、T_2，如图 4-11 所示。在地形条件允许时还应适当留有余地。当中间站利用正线调车时，为考虑作业视线条件，最好使曲线与进站信号机间要有不小于 200m 的直线段。

（2）在纵断面上，站坪端部至站坪外变坡点的距离不应小于竖曲线的切线长度 T_{SH}（图 4-11）。

（3）站坪范围内的平面和纵断面设计要合理配合，以保证车站两端道岔咽喉区设在直线上，在困难条件下，也要尽量避免进入竖曲线范围内。

4.2.3　站坪平面

站线平面的设置受正线的平面布置、地形、作业类型与方式、作业量以及列车走行速度影响。为了保证作业安全与高效，站坪一般应设在直线上。车站的规模越大、作业越多，上述影响越严重。因此，有关规范对站坪平面线形做出了规定。本部分先讨论站坪正线的线形，之后再讨论站线与进出站线路平面的线形。

1.圆曲线

在线路设计时，不可能将所有站坪都设置在直线地段，尤其是在地形复杂的地区。车站设在曲线上时，曲线半径的选用应因地制宜，合理选用，以使曲线半径既能满足列车运行速度、瞭望人员联系、作业便利、建筑物设置以及线路维修等项要求，又能适应地形地质条件，减少工程量，做到技术可行、经济合理、运营安全。车站内到发线的曲线半径标准应与正线的曲线半径标准一致，曲线部分与正线一般按同心圆设计，如图4-12(a)所示。

设置在曲线上的站坪有以下缺点：司机瞭望条件不好；影响作业安全；增加了曲线附加阻力，列车启动困难；车站管理不便，需增加有关人员；小半径曲线将限制不停站列车的通过速度；道岔布置在曲线上时，线路、轨道的设计、铺设和养护都较困难。

(1) 客货共线铁路

设计速度 $v \leqslant 160$km/h 的客货共线铁路车站，区段站的正线应设计为直线，中间站、会让站、越行站的正线宜设计为直线；在困难条件下需设在曲线上时，其曲线半径不得小于表4-6规定的数值；改建车站时，一般应按上述标准执行。特殊困难条件下，如有充分技术经济依据，可保留小于表4-6规定的曲线半径。

车站最小圆曲线半径（m） 表4-6

路段设计速度（km/h）			200	160	120	100	80
区段站			2000	1600	800		
中间站、会让站、越行站	工程条件	一般	3500	2000	1200	800	600
		困难	2800	1600	800	600	600

(2) $v > 160$km/h 的快速铁路、高速铁路

对于设计速度 $v > 160$km/h 的线路，车站均应设在直线上。困难条件下设在曲线上时，曲线半径应结合设计速度合理确定。曲线半径一般宜符合区间正线标准，困难条件下可按通过列车速度确定，但不得低于1000m。车站咽喉采用18号道岔时，列车到发进路上的曲线半径不应小于800m。曲线车站应尽量减少曲线偏角，以改善作业视线条件。

(3) 反向曲线

若相邻两个曲线的转角方向相反，则这组曲线称为反向曲线，如图4-12(b)所示。反向曲线对接发列车及调车作业极为不利，因此《铁路线路设计规范》TB 10098—2017规定：

1) 对于 $v \leqslant 160$km/h 的客货共线铁路，横列式车站不应设在反向曲线上，以免更加恶化瞭望条件，降低作业效率，影响运行安全；纵列式车站如设在反向曲线上时，则每一运行方向的到发线有效长度范围内，不应有反向曲线，且其曲线半径应不小于800m。

2) 对于 $v > 160$km/h 的线路，车站均不应设在反向曲线上。

2. 外轨超高

列车到发进路上的曲线应设外轨超高，其超高值根据平面曲线半径以及列车通过速度计算确定，并应符合允许欠超高、允许过超高以及过、欠超高之和允许值的规定，且不应小于 20mm。

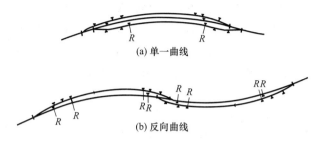

(a) 单一曲线

(b) 反向曲线

图 4-12 设在曲线上的车站

3. 缓和曲线

列车到发进路上的曲线应设缓和曲线，缓和曲线长度应根据列车通过速度、设计超高、（欠）超高时变率、超高顺坡率计算确定，且不应小于 20m。当曲线半径大于等于 1200m 时，可不设缓和曲线。

4. 夹直线

位于正线上的车站咽喉区两端最外一组道岔，其直向与相邻曲线之间应设有一定长度的直线段过渡，以减少正线上列车高速运行时的振动和摇晃。该直线段长度应保证列车在曲线上产生的振动与道岔上产生的振动不叠加，其长度受列车振动、振动衰减特性和列车运行速度的影响。该夹直线长度与设计速度密切相关，一般情况下按照式（4-17）计算确定。

$$L_j \geqslant \alpha v \tag{4-17}$$

式中　L_j——直线段长度（m）；

α——速度系数，一般取值范围为 0.4～0.6。

正线上道岔与缓和曲线间的直线段最小长度应结合运输性质、设计速度、工程条件、车站性质及列车加减速特性等因素计算确定，并符合表 4-7 的规定。

正线道岔与缓和曲线间的直线段最小长度　　　　　　　　表 4-7

铁路性质		高速铁路	城际铁路		客货共线及重载铁路		
设计速度 v(km/h)		250≤v≤350	200	<200	200	120<v<200	≤120
直线段最小长度（m）	一般	0.6v	0.4v		0.5v		
	困难	0.5v	30	25	0.4v	30	20

注：困难条件下，计算数值按 10m 的倍数向下取值。

站线上道岔至曲线之间的直线段长度，应根据站线性质、曲线半径、道岔结构、轨距加宽和曲线超高等因素计算确定。

动车组列车到发进路上道岔前后至曲线超高顺坡终点的直线段长度不应小于 20m；困难条件下，岔前直线段长度应满足曲线超高设置要求，岔后直线段长度不应小于道岔跟端至末根长岔枕的距离与超高顺坡所需长度之和。

动车段所内道岔至曲线间直线段最小长度，岔前不应小于 7.5m，岔后不应小于道岔跟端至末根岔枕的距离与曲线轨距加宽递减或曲线超高顺坡所需的直线段长度之和。

5. 咽喉区

车站咽喉区范围内有较多道岔，道岔设在曲线上有众多缺点，如尖轨不密贴且磨耗严重、道岔导曲线和直线部分不易连接、轨距复杂不好养护、列车通过时摇晃严重且易脱轨，曲线道岔又需特别设计和制造等。所以车站咽喉区范围内的正线，无论新建或改建车站，均应设在直线上，以保证道岔能够布置在直线上。

6. 站线与进出站线路平面

上面主要针对站内正线线形而言。对于站内的站线和进出站处的线路平面，其线形也有特殊要求。

（1）曲线半径

1）进出站线路

为了满足各种不同运行要求，在进出枢纽或车站处修建并与正线相衔接的线路统称为进出站线路。进出站疏解线路因与区间线路直接连接，为使客、货列车保持正常运行，故其平面设计标准应与所衔接的正线一致。但位于枢纽范围内车站的进出站线路大多在城市附近，列车进出站速度较低。因此，在困难条件下，为避免引起大量工程，减少用地和拆迁，其曲线半径可以比区间线路标准低些，最小曲线半径可采用 300m。

2）编组站线路

编组站由到达场、调车场、出发及通过车场等车场组成，如图 2-19 所示，各种作业复杂且量大。为改善运营条件，提高作业效率，要求编组站各车场应设在直线上。如果条件困难，为了节省工程量，可允许利用咽喉区的道岔及其连接曲线，在车场咽喉部分设置较小的转角以适应地形的需要，但在线路有效长度范围内，仍应保持直线。

在特别困难条件下，如有充分依据，允许将到达场、出发场和到发场设在曲线上，其曲线半径不应小于 800m。由于设在曲线上的调车线影响车辆溜放，故调车场不得设在曲线上。

3）牵出线

牵出线如设在曲线上会造成调车司机瞭望信号困难，调车司机与调车人员联系不便，调车速度不易控制，给作业带来困难。这不仅降低调车效率，而且作业也不安全，容易发生事故。因此，牵出线应设在直线上，在困难条件下，可根据不同的调车方式使用不同的标准。

对于办理解编作业的调车牵出线，因调车工作量大，作业比较繁忙，在困难条件下，为了节省工程量，可将牵出线设在半径不小于 1000m 的同向曲线上；在特别困难条件下，半径不应小于 600m。

对于仅办理摘挂、取送车作业的货场或其他厂、段的牵出线，因调车作业量小，调车方式简单，当受到正线、地形或其他条件的限制时，可低于上述标准，但曲线半径不应小于 300m。

牵出线如设在反向曲线上，在进行调车作业时，信号瞭望更加困难，对司机和调车员的联系极为不利，影响作业安全；此外，车列受到的外力复杂，不易掌握调车速度。因此，牵出线不应设在反向曲线上，但在咽喉区附近为调整线间距而设置的转线走行地段的反向曲线除外。

改建车站由于受到地形、建筑物的限制，施工中会对运营产生干扰，故经过技术经济比较并有充分依据时，作为特殊情况可保留既有牵出线的小半径曲线。

4）货物装卸线

当装卸线设在小半径曲线上时，由于车辆距站台的空隙较大，货物装卸不方便又不安全；同时，相邻车辆的车钩中心线相互错开，车辆的摘挂作业比较困难。因此，货物装卸线应设在直线上；在困难条件下，可设在半径不小于 600m 的曲线上，在特别困难条件下，曲线半径不应小于 500m。

5）大型客运站高站台旁线路

位于旅客高站台旁的客运站线路应设在直线上，若在曲线上，将导致车门与站台之间缝隙过大，造成旅客乘降和行包装卸的不便。对于客货共线铁路改建车站，在困难条件下，旅客高站台旁的线路可设在半径不小于 1000m 的曲线上，特别困难条件下，曲线半径不宜小于 600m。

6）其他

站内联络线、机车走行线等，因列车在其上的运行速度较低，可采用较小半径的曲线，但其最小值必须保证列车的安全运行。根据我国机车车辆的构造，同时考虑尽量减少线路养护维修工作量，这类线路的曲线半径不应小于 200m，但编组站车场间联络线的曲线半径不应小于 250m。

时速 250～350km 高速铁路列车到发进路上的曲线应设缓和曲线，其长度不应小于 20m，当曲线半径大于等于 1200m 时，可不设缓和曲线。其他站线上由于行车速度较低，曲线段可不设缓和曲线，有时为了节省工程量，改善运营条件，也可设置缓和曲线。

（2）超高

站线上由于行车速度较低，一般不超过 45～55km/h，因此站线范围内的曲线可不设缓和曲线和曲线超高，但有时为了线间距加宽、节省工程数量、改善运营条件，也可设置缓和曲线和曲线超高。

为了平衡列车在通过曲线时产生的离心力，保证行车安全，减轻钢轨侧磨，利于维修养护，并考虑列车进入曲线的平顺性和旅客的舒适度，在电气化铁路的车站内，凡上部架设接触网的到发线曲线地段和连接曲线地段宜设曲线外轨超高。除道岔内的导曲线外，道岔后连接曲线的外轨可采用 15mm 的超高；到发线曲线地段的外轨可设 25mm 的超高；并宜在直线段顺坡，顺坡率可采用 1‰～3‰。

（3）夹直线

通行正规列车的站线，两曲线间应设置直线段，直线段长度主要考虑如下几个因素：满足曲线轨距加宽渐变的需要；两曲线间的直线段应大于一辆车的转向架中心距，以平衡车辆绕纵轴的旋转；考虑旅客列车运行的平顺性和旅客舒适度。综合如上因素，通行正规列车的普通铁路站线上，两曲线间的直线段长度不应小于 20m。

对于不通行正规列车的普通铁路站线，可仅考虑曲线轨距加宽渐变的需要，故两曲线间的直线段最小为 15m；在困难条件下，为了避免工程量增加和节约用地，曲线轨距加宽渐变率可按 3‰考虑，此时两曲线间的直线段长度不小于 10m。

在站线上，道岔后连接曲线半径不宜小于相邻道岔的导曲线半径，非动车组列车通行的道岔至其连接曲线间的直线长度应按表 4-8 的规定确定。

道岔至圆曲线最小直线段长度（m）　　　　　　表 4-8

道岔前后圆曲线 半径 R(m)	一般（轨距加宽或超高递减率 2‰）		困难（轨距加宽递减率 3‰）	
	岔前	岔后	岔前	岔后
$R \geqslant 350$	2	L'	0	L'
$300 \leqslant R < 350$	2.5	$2.5 + L'$	2	$2 + L'$
$R < 300$	7.5	$7.5 + L'$	5	$5 + L'$

注：1. L' 为道岔跟端至末根岔枕的距离；
　　2. 在困难条件下，道岔后直线段长度可采用道岔跟端至末根长岔枕的距离 L'_k 替代表中 L' 的计算长度。

4.2.4 站坪纵断面

与区间纵断面一样，站坪纵断面也包括坡度、坡段长度和坡段连接三部分内容，但具体规定差别较大。

1. 站坪坡度

为了车站作业安全和运营方便，站坪应设在平道上。受地形、地质、水文条件的限制必须设在坡道上时，站坪坡度必须保证列车在站内停车后能顺利起动。在有调车、甩车或摘下机车作业的车站上，单独停放的车辆受外界条件（如风力及振动等）影响时不致滑溜，保证调车作业的安全与方便。站坪布置应遵守下列原则：

① 新建车站时，站坪一般设在平道上，困难条件下，客货共线铁路允许设在不大于 1.5‰的坡道上。在地形特别困难条件下，允许将会让站和越行站设在不陡于 6.0‰的坡道上，但不得连续设置。客运专线车站，在困难条件下，可设在不大于 1.0‰的坡道上，特殊困难条件下，越行站可设在不大于 6.0‰的坡道上。

② 改建车站时，站坪坡度原则上应按上述新建车站的规定办理。在特殊困难条件下，如有充分依据，可以保留既有坡度，但应采取防溜安全措施。在特殊困难条件下，有充分技术经济依据时，改建车站的咽喉区可设在不大于限制坡度或双机牵引坡度的坡道上，但区段站咽喉区的坡度分别不得大于 4‰，中间站、会让站、越行站不得大于 15‰。

③ 车站咽喉区坡度宜与站坪坡度相同。特殊困难条件下，允许将咽喉区

设置在限制坡度减 2‰ 的坡道上，但区段站、客运站上不得大于 2.5‰，中间站、会让站、越行站不得大于 10‰。咽喉区外的个别道岔和渡线可设在不大于限制坡度的坡道上。

④ 站坪范围内一般应设计为一个坡段，如因地形条件或车站布置需要，也可以设计成几个坡段，但变坡点不应多于两个，坡段长不应小于 200m，每个坡段坡度的最大值不应超过规定的站坪坡度。

⑤ 在大风地区，应根据风向考虑风力影响，适当减缓站坪坡度，宜设计为平道和凹形纵断面。

⑥ 所有设计在坡道上的车站，均应保证列车的启动条件，并按下式进行列车启动检查：

$$i_{q(max)} = \frac{F_q - Pw'_q - Gw''_q}{(P+G)g} \quad (‰) \tag{4-18}$$

式中　P——机车计算质量（t）；

　　　F_q——机车计算启动牵引力或持续牵引力（kN）；

　　　G——列车牵引质量（t）；

　　　w'_q——机车的单位启动阻力，（N/t）电力、内燃机车取 $5g$ N/t；

　　　w''_q——货车车列单位启动阻力（N/t），$w''_q = (3+0.4i_q)g$，w''_q 小于 $5g$ N/t 时取 $5g$ N/t；

　　　i_q——列车启动地段的折算坡度（‰）。

客运专线动车组的启动牵引力和制动性能较高，列车的启动、停车以及站内作业安全都不成问题，因此不需进行启动检查。

2. 坡段长度

车站到发线是接发、停留客货列车的线路，列车在到发线上要进行制动减速和启动加速。为了减少列车经过变坡点时产生附加力的影响，使列车运行安全及平稳，在列车长度范围内尽量减少变坡点。故纵断面宜设计为较长的坡段。

站坪一般设计为一个坡段，但由于较短的坡段能较好地适应地形，为了减少工程量，在地形困难地段也可将站坪设在不同的坡段上。当设置多个坡段时，需满足客运列车运行平稳、货运列车不致产生断钩事故的要求。

（1）客货共线铁路

客货共线铁路站坪坡段的设置以货运列车的需求为主，兼顾客运列车。坡段的长度受纵断面形式、列车牵引质量、车钩强度以及制动机类型的影响，同时需保证相邻两变坡点的竖曲线不重叠。其到发线的纵断面坡段长度不宜小于表 4-9 的规定。其他行驶正规列车的站线（例如有正规列车到达经过的场间联络线），考虑其长度较短，为了坡段连接方便，同时使列车长度范围内的变坡点不增加过多，故坡段长度不应小于 200m。

站内不行驶正规列车的站线、联络线、机车走行线、三角线和段管线，仅行驶单机或车组，因行车速度低，车钩附加应力小，可采用较小的竖曲线半径。为了配合地形条件，尽量减少工程量，其坡段长度可减少到 50m，但应保证竖曲线不重叠，以免给行车及养护造成困难。

客货共线铁路车站最小坡段长度（m） 表 4-9

远期到发线有效长度	1050 及以上	850	750	650
坡段长度	400	350	300	250

注：1. 路段设计行车速度为 160km/h 地段，最小坡段长度不宜小于 400m，且不宜连续使用 2 个以上；
   2. 路段设计行车速度为 200km/h 地段，最小坡段长度不宜小于 600m，困难条件下不应小于 400m，且连续使用时不应超过 2 个。

（2）高速铁路

从列车运行平稳性的角度考虑，客运专线正线的最小坡段长度除应满足两竖曲线不重叠外，还应考虑两竖曲线间有一定的夹坡段长度，确保列车在前一个竖曲线上产生的振动在夹坡段长度范围内完成衰减，不与下一个竖曲线上产生的振动叠加。

高速铁路最小坡段长度应满足式（4-19）的计算要求，并取整为 50m 的整倍数。

$$L_p = (\Delta i_1 + \Delta i_2)/2 \times R_{sh} + \beta v_{max} \tag{4-19}$$

式中　L_p——最小坡段长度（m）；

　　　Δi——相邻坡段最大坡度差（‰）；

　　　R_{sh}——竖曲线半径，按表 4-10 取值（m）；

　　　β——速度系数，一般取值为 0.4；

　　　v_{max}——设计速度（km/h）。

高速铁路正线坡段长度一般条件下不应小于 900m，困难条件下不小于 600m；列车全部停站的车站可适当减少，不应小于 400m；动车组走行线不应小于 200m。

到发线上列车运行速度一般不超过 80km/h，为保证列车在制动减速和启动加速阶段运行平稳，在有效长范围内宜设计为一个坡段，困难条件下坡段长度不应小于 450m，可保证一个列车长度内变坡点不超过两个。

3. 坡段连接

坡段连接参数包括竖曲线和相邻坡段的坡度代数差。枢纽进出站线路和站线竖曲线的设置，主要从保证列车通过变坡点时不脱轨、不脱钩和行车平稳等条件来考虑，当相邻坡度差超过一定数值时，应以竖曲线连接。

（1）竖曲线

竖曲线半径大小受轮缘高度、列车运行速度以及相邻车钩中心线允许的上下错动量等因素影响。现行规范对车站内竖曲线半径选取的规定见表 4-10。

站内竖曲线半径（m） 表 4-10

线路类型		相邻坡段坡度差（‰）	竖曲线半径（m）
客货共线铁路	正线 160km/h<v≤200km/h	Δi≥1	R_{sh}≥15000
	正线 v=160km/h	Δi>1	R_{sh}=15000
	正线 v<160km/h	Δi>3	R_{sh}=10000
	到发线、通行列车的站线	Δi>4	R_{sh}=5000 困难时 R_{sh}≥3000
	无通行列车的站线	Δi>5	R_{sh}≥3000
	设立交的机走线	Δi≤30	R_{sh}≥1500
	高架卸货线	—	R_{sh}≥600

	线路类型		相邻坡段坡度差（‰）	竖曲线半径（m）
高速铁路	一般地段	300km/h、350km/h		$R_{sh} \geqslant 25000$
		250km/h	$\Delta i \geqslant 1$	$R_{sh} \geqslant 20000$
	限速地段	250km/h、160km/h		$R_{sh} = 15000$
		120km/h		$R_{sh} = 10000$
		80km/h		$R_{sh} = 5000$

道岔是轨道薄弱环节之一，结构较复杂，为使列车经过道岔时保持较好的平稳性和减少对道岔的冲击力，故布置道岔时一般应离开纵断面变坡点一段距离，其距离不小于竖曲线的切线长度。在困难条件下必须布置时，在车站到发线和列车行车速度不大于 100km/h 的正线上，竖曲线半径不应小于 10000m；在不行驶正规列车的线路上，竖曲线半径不应小于 5000m。

竖曲线与缓和曲线不应重叠设置。

高速铁路正线道岔两端距竖曲线起、终点或变坡点不宜小于 20m。

（2）坡度代数差

站线和进出站线路相邻坡段的最大坡度代数差应符合表 4-11 的规定。

有货物列车通过的线路相邻坡段最大坡度代数差 表 4-11

远期货物列车到发线有效长（m）		1050 及以上	850	750	650
最大坡度代数差（‰）	一般	8	10	12	15
	困难	10	12	15	18

（3）坡度顺接

车站内正线与到发线、到发线与到发线的轨顶宜按等高设计。咽喉区轨面有高差时，其轨面高差的顺接，应根据路基面横向坡度和道床厚度等因素设计。到发线的顺接坡道范围应为道岔终端后普通轨枕至停车标起点。顺接坡度不宜大于 6‰，且相邻坡段的坡度差不宜大于 3‰，坡段长度不应小于 50m。其他站线上的顺接坡道按《铁路车站及枢纽设计规范》TB 10099—2017 的有关规定办理。

4. 站线及进出站线路纵断面

以上线形参数主要针对站内正线而言。对于站内的站线和进出站处的线路纵断面线形有其特殊要求。

（1）坡度

1）进出站线路

进出站线路的纵断面应符合相邻区段正线纵断面的规定。在困难条件下，仅为列车单方向运行的进出站线路可设在大于限制坡度的下坡道上；Ⅰ、Ⅱ级铁路坡度不应大于 12‰，Ⅲ级铁路不应大于 15‰；相邻坡段最大坡度差应符合《铁路车站及枢纽设计规范》TB 10099—2017 的有关规定。

当在繁忙干线和电气化铁路上需利用该线作反向运行时，则应经动能闯坡检算以不低于列车计算速度通过该线。

进出站线路的坡段长度，应采用相邻区段正线的规定。在困难条件下，可不小于 200m，以避免两竖曲线的切线重叠。

2）编组站线路

峰前到达场宜设在面向驼峰的下坡道上；在困难条件下，可设在上坡道上，其坡度不应大于 1.5‰，并应保证车列推峰和回牵的启动条件和解体时易于变速。

调车场纵断面，应根据所采用的调速工具及其控制方式、技术要求确定。

到发场和出发场宜设在平道上，在困难条件下，可设在不大于 1.5‰ 的坡道上。到发场、出发场和通过车场当需利用正线甩扣修车时，正线的纵断面应满足半个列车调车时的启动条件。

对于改建车站，当到达场、到发场、出发场和通过车场采用上述标准引起较大工程时，可适当放宽标准要求，但应采取相应的防溜安全措施。

编组站车场间联络线的坡度应满足整列转场的需要。

3）牵出线

牵出线的纵断面根据不同的调车方式采用不同的规定。办理解编作业的调车牵出线，如编组站、区段站、工业站等有大量解编作业的牵出线，往往采用溜放或大组车调车，为确保解体作业的安全和效率，牵出线应设在不大于 2.5‰ 的面向调车线的下坡道上或平道上。

车站调车使用的机车，要求其动作灵活方便，但其牵引力一般较区段使用的本务机车小。由于调车通过咽喉区时增加道岔及曲线阻力，为使调车方便，利于整列转线，故咽喉区坡度不应大于 4‰。平面调车的调车线在咽喉区范围内应尽可能设在面向调车场的下坡道上，这样能使调机进行多组连续溜放，提高调车效率。

货场或其他厂、段的牵出线一般采用摘挂、取送调车，牵引辆数不多，作业量也少。但为考虑有利用牵出线存放车辆的可能，牵出线的坡度不宜大于 1.5‰。如为了节省较大工程，在困难条件下，允许将牵出线设在不大于 6‰ 的坡道上。

4）货物装卸线

货物装卸线如设在较大的坡道上时，车辆受外力影响易于溜动，很不安全。因此，货物装卸线应设在平道上。在困难条件下为与站坪坡度一致，可设在不大于 1.5‰ 的坡道上。液体货物装卸线、危险货物装卸线、漏斗仓线应设在平道上。

货物装卸线起讫点距竖曲线始、终点不应小于 15m，相当于留出 1 辆货车的长度，目的是使车辆不易溜走，保证作业安全。

5）其他线路

因为客车采用滚动轴承，为防止自行溜走，确保安全，旅客列车和个别客车整备或停放的线路宜设在平道上，困难条件下方可设在不大于 1.5‰ 的坡道上。

站场内某些建筑物也会设置相应线路，如库内的机车、车辆检修线和库、棚内的货物装卸线和洗罐线等。这些线路一般都有检修作业或装卸作业。由于检修和装卸作业有可能对车体某些部位产生附加外力，如设在坡道上，就容易造成车辆溜动，危及检修和装卸作业人员的人身安全以及设备安全，因此应设在平道上。

（2）站坪与区间纵断面的配合

车站站坪与区间纵断面的配合，常见以下 6 种形式。

1）站坪和两端线路均为平道或缓坡道。此种配合有利于利用区间正线调车作业。

2）站坪位于凸形断面上。列车出站为下坡，有利于加速；列车进站为上坡，便于制动停车；当上、下行列车同时进站时也较安全，如图 4-13（a）所示。地铁设计时将这种坡度称为节能坡。但这种配合也有缺点，如进站上坡较陡，列车因故在进站信号机外方停车后启动较困难。为了克服这个缺点，可在进站信号机前不短于远期列车长度范围内，设置能保证列车起动的启动缓坡。

3）站坪位于凹形断面上。列车出站为上坡，不易加速；列车进站为下坡，不易减速，如图 4-13（b）所示。当两端坡度较陡时，为了克服上述缺点，可将站坪两端 $200\sim300\mathrm{m}$ 范围内设计为缓坡。这种站坪也有其优点，如当站线上停留车辆时，尤其是车辆采用滚动轴承后，偶有外力推动时车辆不会溜入区间。

4）站坪位于阶梯形纵断面上，如图 4-13（c）所示。此种配合一般用于越岭地段，其特点是半凸半凹，对一个方向列车运转有利，而对另一方向列车运转不利。在分方向限制坡度地段，最好将重车方向设为对列车运转有利的阶梯形断面。

5）站坪位于半凹形断面上，如图 4-13（d）所示，特点与凹形相似。

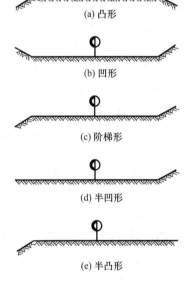

(a) 凸形

(b) 凹形

(c) 阶梯形

(d) 半凹形

(e) 半凸形

图 4-13　站坪与区间纵断面的配合

6）站坪位于半凸形断面上，如图 4-13（e）所示，特点与凸形相似。

（3）进出站缓坡

在客货共线铁路，有时因到发线无空闲等原因可能导致列车在进站信号机前停车。若是在上坡段，为了防止列车停车后再启动的困难，当牵引质量较大且坡度较陡时，需在站外进站信号机前设置不短于远期到发线有效长的启动缓坡，如图 4-14（a）所示。客货共线铁路站坪启动缓坡应不大于列车最大启动坡 $i_{\mathrm{q(max)}}$，按式（4-18）计算确定。在列车启动范围内如有曲线时，则列车长

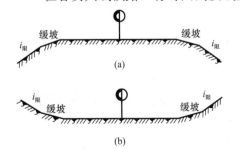

图 4-14　进出站缓坡设置

度内包括曲线附加阻力的加算坡度值不应大于最大启动坡度。

车站出站方向如为上坡道，为使出站上坡的列车自车站启动后能顺利加速，若列车进入限坡以后的运行速度低于计算速度，宜在出站邻接站坪处考虑设置加速缓坡，如图 4-14（b）所示，其坡度和坡段长度按有关规定计算确定。

4.2.5　高速铁路

高速铁路站场内的正线与到发线的平纵断面线形前面已介绍，与客货共线铁路大体相同。在车站内还有一些特殊的线路，需要考虑自身的特殊性。

1. 折返线

有大量立即折返列车作业的高速铁路车站，宜在接车方向末端设置折返线。正线通过列车较多时，应设置立交折返线。折返线有效长度不应小于480m；折返线宜设在直线上，困难条件下可设在曲线半径不小于 600m 的曲线上；折返线宜设在平道上，困难条件下可设在不大于 6‰坡道上；折返线用于走行部分线路的平面曲线半径不宜小 400m，坡度不宜大于 30‰。

2. 动车段（所）

动车段（所）平面布置应符合下列规定：车场应设在直线上；道岔后连接曲线半径不应小于相邻道岔导曲线半径，且不应小于 250m；道岔至曲线的直线段长度，岔前不应小于 6.0m，岔后不应小于道岔跟端至末根岔枕的距离与设置曲线轨距加宽和曲线超高所需的最小直线段长度之和；轨距加宽渐变率不应大于 2‰，困难条件下不应大于 3‰，曲线超高顺坡率不应大于 2‰；曲线地段可不设缓和曲线。

3. 综合工区（保养点）

综合工区（维修工区、保养点）一般布置在第三象限，如图 2-12 所示。平面设计标准应符合现行《铁路车站及枢纽设计规范》TB 10099—2017 和《高速铁路设计规范》TB 10621—2014 的有关规定。

4. 纵断面

动车段（所）、综合工区（保养点）、大型养路机械段内的线路宜设在平道上，困难条件下可设在不大于 1‰的坡道上。咽喉区可设在不大于 2.5‰的坡道上，困难条件下，可设在不大于 6‰的坡道上。

养护维修列车走行线的坡度，困难条件下不应大于 30‰；牵出线的坡度不宜大于 6‰。

4.2.6　城轨

1. 平面曲线

我国《地铁设计规范》GB 50157—2013、《中低速磁浮交通设计规范》CJJ/T 262—2017 中规定的城轨最小曲线半径取值见表 4-12。

地铁车站的站台应设在直线上，当设在曲线上时，其站台有效长范围内的最小曲线半径，A 型车无站台门时为 800m，设站台门时为 1500m。

线别	地铁 A 型车		地铁 B 型车		中低速磁浮铁路	
	一般地段	困难地段	一般地段	困难地段	一般情况	困难情况
正线	350	300	300	250	150	100
出入线、联络线	250	150	200	150	100 （最大总重状态）	75 （整备状态重量）
车场线	150	—	150	—	75	50

城轨最小曲线半径值　　　　　　　表 4-12

2. 地铁车站纵断面

地铁车站宜布置在纵断面的凸形部位上，可根据具体条件，按节能坡理念，设计合理的进出站坡度和坡段长度。车站站台范围内的线路应设在一个坡道上，坡度宜采用 2‰，当具有有效排水措施或与相邻建筑物合建时，可采用平坡。道岔宜设在不大于 5‰ 的坡道上，在困难地段应采用无砟道床，尖轨后端为固定接头的道岔，可设在不大于 10‰ 的坡道上。

地铁的坡段长度不宜小于远期列车长度，并应满足两相邻竖曲线间夹直线长度不小于 50m 的要求。

3. 中低速磁浮铁路纵断面

中低速磁浮铁路地下车站站台计算长度段的线路坡度宜采用 2‰。地面和高架桥上的车站站台计算长度段的线路宜设在平坡上，需设置在坡道上时，其坡度不应大于 3‰。道岔宜设置在平坡上，需设置在坡道上时，坡度不得大于 3‰。

中低速磁浮铁路的坡段长度不应小于远期列车编组长度，且两相邻竖曲线间夹直线长度不应小于 40m。

4.3　线路连接与线路长度

车站线路连接是指在车站范围内正线与正线、正线与站线、站线与站线之间的相互连接与过渡方式，包括线路终端连接、渡线、梯线及线路平行错移等形式。线路连接是进行站场设计、车站平面计算的基础性内容。

4.3.1　线路终端连接

1. 普通式线路终端连接

在站场设计中，将相邻两平行线路中的一条线路的终端与另一条线路连接起来，便构成最常见的普通式线路终端连接，如图 4-15 所示。

（1）计算公式

普通式线路终端连接由一副单开道岔、一段连接曲线及道岔与曲线间的直线段组成。为了标定曲线及全部连接长度，应确定角顶 C 的坐标，按式（4-20）、式（4-21）计算：

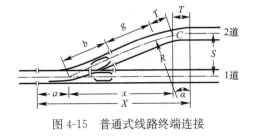

图 4-15　普通式线路终端连接

$$x = (b+g+T)\cos\alpha \qquad (4\text{-}20)$$

$$y = (b+g+T)\sin\alpha = S \qquad (4\text{-}21)$$

全部连接长度在水平方向的投影为：

$$X = a + x + T \qquad (4\text{-}22)$$

一般情况下，连接曲线不设缓和曲线，如图 4-8(a) 所示，此时连接曲线切线长度按式（4-23）进行计算：

$$T = R\tan\frac{\alpha}{2} \qquad (4\text{-}23)$$

式中　R——连接曲线半径，其值不应小于连接道岔的导曲线半径，根据道岔
　　　　　辙叉号码不同，普通铁路分别选用 200m、300m、400m 和 500m，
　　　　　并适当用大者；

　　　　g——道岔与连接曲线间的直线段的长度，由式（4-21）得：

$$g = \frac{S}{\sin\alpha} - (b+T) \qquad (4\text{-}24)$$

（2）有关规定

为了缩短线路连接长度，连接曲线有时采用较小的曲线半径，往往导致轨距需要加宽。直线段 g 的长度除应满足线间距离的要求外，还应满足道岔前后曲线轨距加宽的要求。曲线轨距加宽值见表 4-4。如果连接曲线设有缓和曲线，可不插入此直线段。若两曲线相接且两曲线间通行正规列车，此站线应设置不短于 20m 的直线段；不通行正规列车的站线，应设置不小于 15m 的直线段；困难条件下，可设置不小于 10m 的直线段。

道岔应尽量避免布置在竖曲线范围内。当条件困难、必须设置在竖曲线范围内时，竖曲线半径不能太小，在正线及到发线上竖曲线半径不小于 10000m，在其他线路上不小于 5000m。

（3）客运专线

由于道岔导曲线与岔后连接曲线形成反向或同向曲线，在客运专线上，通行旅客列车的到发线上的直线段 g 的长度还应考虑减少列车振动叠加、提高旅客乘车舒适度的要求，其长度应满足：

$$g \geqslant \beta v \qquad (4\text{-}25)$$

式中　v——道岔侧向允许通过速度（km/h）；

　　　　β——速度系数，一般取 0.4，困难条件下可取 0.2。

由上式算出的直线段 g 应大于道岔跟端至末跟岔枕的长度与曲线超高顺坡所需长度之和，且不应小于 20m。

例如侧向通过速度 80km/h 的 18 号道岔岔后连接曲线间的直线段长度为：

$$g \geqslant 0.4v = 0.4 \times 80 = 32m$$

考虑钢轨排布，可铺设 1 根 25m 标准轨和一根 8m 短轨，故最终取 33m。

（4）线路终端连接算例

【例 4-2】　某 I 级单线客货共线铁路，设计速度为 120km/h，1、Ⅱ道下行到达端咽喉区如图 4-16(a) 所示。试进行 1 号道岔岔后曲线的终端连接计算。

【解】

① 道岔配置

根据资料分析，1 位道岔选择 12 号道岔，其岔后曲线为普通式线路终端连接，曲线半径取为 300m。

② 曲线资料计算

查表 3-2 得该 12 号道岔的辙岔角 $\alpha = 4°45'49''$，道岔中心至辙岔根段距离 $b = 21208$mm，站线曲线不设缓和曲线。

由式（4-12）、式（4-13）得岔后曲线的切线长、曲线长分别为：

$$T_y = R \tan \frac{\alpha}{2} = 300 \times \tan \frac{4.76}{2} = 12.478 \text{m}$$

$$L_y = \frac{\pi \alpha R}{180} = \frac{3.14 \times 4.76 \times 300}{180} = 24.942 \text{m}$$

③ 曲线终端连接布置

假设线路上无列检作业，查表 4-3 得 1、Ⅱ道之间的线间距 S 为 5.0m，道岔与连接曲线之间的夹直线长度按式（4-24）计算：

$$g = \frac{S}{\sin \alpha} - (b + T) = \frac{5}{\sin 4.76} - (21.208 + 12.478) = 26.568 \text{m}$$

则得该处的道岔布置和曲线终端连接布置如图 4-16（b）所示。

2. 缩短式线路终端连接

当两平行线路的线间距很大时（如机务段、货场、车辆段等地或两线间有建筑物），如按上述方式连接，则全部连接线路的长度就很长，如图 4-17（a）所示。为了缩短全部连接的长度，可将岔道处以 α 角出岔后的岔线再向外转一个 φ 角，形成缩短式的线路终端连接，如图 4-17（b）所示。

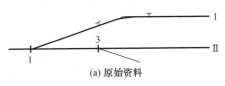

(a) 原始资料

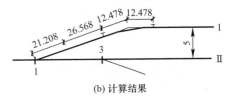

(b) 计算结果

图 4-16　线路终端连接算例

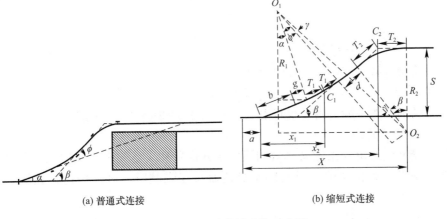

(a) 普通式连接　　　　　　(b) 缩短式连接

图 4-17　缩短式终端连接示意图

这种线路连接方式需要铺设一段附加曲线，并在道岔终点与附加曲线起点间设置直线段 g，在反向曲线间设置直线段 d。直线段 g 应根据连接曲线对轨距加宽的要求确定，参见表 3-3 中的 f。直线段 d 在通行正规列车的线路上应不短于 20m，不通行正规列车的站线上应不短于 15m，在困难条件下，也不能短于 10m。

4.3.2 渡线

为了使列车能从一条线路进入另一条线路，应在站场线路间设置渡线。

1. 普通渡线

普通渡线设在两平行线路之间，由 2 组辙叉号数相同的单开道岔及两道岔间的直线段组成。图 4-18 是最常见的一种渡线形式。

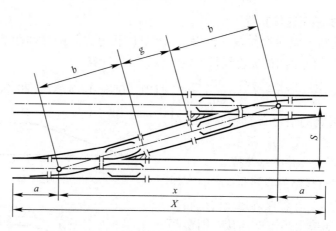

图 4-18　普通渡线

若两道岔的辙叉号码已经选定，线间距 S 为已知，则渡线在水平和垂直方向的投影为：

$$x = (2b + g + \Delta)\cos\alpha = \frac{S}{\tan\alpha} \approx NS \tag{4-26}$$

$$y = (2b + g + \Delta)\sin\alpha = S \tag{4-27}$$

$$g = \frac{S}{\sin\alpha} - 2b - \Delta \tag{4-28}$$

式中　N——道岔号码。

全部连接长度在水平方向的投影为：

$$X = 2a + x \tag{4-29}$$

普通渡线一般适用于线间距不大于 7m 的两平行线之间的连接。

2. 交叉渡线

交叉渡线由 4 组辙叉号数相同的单开道岔和 1 组菱形交叉组成。在需要连续铺设两条相反的普通渡线而受地面长度限制时，可采用这种渡线，如图 4-19 所示。

交叉渡线的计算与普通渡线相同。

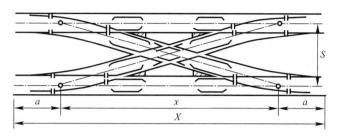

图 4-19　交叉渡线

3. 线路平行错移的连接

在车站两平行线路间的某一段需要修建站台或其他建筑物，以及为某种作业需要而变更线间距离时，其中一条线路要平行移动，移动后的线路与原线路之间用反向曲线连接，这种连接形式称为线路平行错移。图 4-20 中线路平行错位的线间距由 S 变为 S_1。

在站内正线设置反向曲线时，其曲线半径应根据运输性质、铁路等级、线路类型、行车速度及当地条件比选确定。

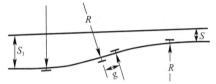

图 4-20　线路平行错移连接

站内正线两反向曲线的缓和曲线间应设置夹直线，其最小长度应满足规范的要求。客货共线铁路的站线一般不设缓和曲线，两相邻曲线间也应设置夹直线 g，其长度一方面要满足曲线轨距加宽的要求，另一方面还应能平衡车辆绕纵轴的旋转，保证车辆运行的平顺性。对于客货共线铁路车站，在通行正规列车的线路上夹直线 g 应不短于 20m，在不通行正规列车的站线上，g 应不短于 15m，在困难条件下，也不能短于 10m。

对于设计速度 200～250km/h 的客运专线，到发线上两曲线间应设不小于 30m 的直线段，并应满足无超高直线段长度不小于 5m 的要求。

对于设计速度 250～350km/h 的高速铁路，列车到发进路上的曲线在设置缓和曲线时，圆曲线和两曲线之间的夹直线长度不应小于 25m，不设缓和曲线时，两曲线间应符合无超高直线段长度不小于 20m 的要求。

4.3.3　线路长度

车站线路的长度用线路全长、铺轨长度和股道有效长 3 种形式表示。

1. 线路全长

线路全长也称车站全长，指的是线路一端的道岔基本轨接头至另一端道岔基本轨接头的长度，如图 4-21 所示；对于尽头式线路，则是至尽头端车挡的长度。

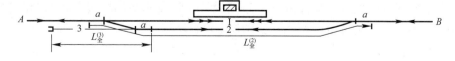

图 4-21　线路全长示意图

确定线路全长，主要是为了设计时便于估算工程造价，比较设计方案。站内正线铺轨长度已在区间正线合并计算，故不另计全长。

2. 铺轨长度

铺轨长度为线路全长减去该线路上所有道岔的长度。

3. 股道有效长

股道有效长也称线路有效长，是指在线路全长范围内可以停放列车而不影响信号显示、道岔转换及邻线列车通过部分的长度，如图 4-22 所示。股道有效长起止范围主要由下列设备来确定：警冲标、道岔的尖轨始端（无轨道电路时）或道岔基本轨接头处的钢轨绝缘（有轨道电路时）、出站信号机（或调车信号机），客运专线车站到发线上不设出站信号机时应为出站信号机对应的钢轨绝缘、车挡（尽头式线路时）、车辆减速器。

股道有效长是按上、下行进路分别计算的。例如图 4-22 中 1 道下行 B 方向有效长 $l_{效}^{(1)\rightarrow}$ 是由 B 方向出站信号机至另一端（A 端）的警冲标；而上行 A 方向有效长 $l_{效}^{(1)\leftarrow}$ 则是 A 方向出站信号机至另一端道岔基本轨接缝（有轨道电路）。图中每股道的出站信号机设在出发方向的左侧，股道两边均有警冲标时受最近一处控制。

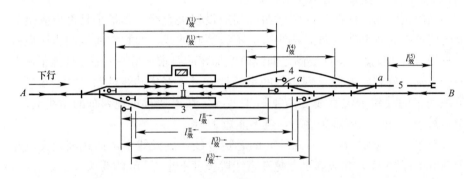

图 4-22　股道有效长

4. 到发线有效长

到发线有效长是全线或全区段的有效长的最短控制标准，是铁路主要技术标准之一。一条线或一路段范围内所有车站正线、到发线有效长最短的股道有效长为到发线有效长。

我国客货共线铁路采用的货物列车到发线有效长，在Ⅰ、Ⅱ级铁路上为 1050m、850m、750m 及 650m；在Ⅲ级铁路上为 850m、750m、650m，有特殊需要时可选用 1050m。采用何种有效长，应根据输送能力的要求、机车类型及所牵引列车的长度，结合地形条件，与相邻铁路到发线有效长配合情况等因素确定。

客运专线到发线应按照双方向进路设计，到发线两侧均应考虑安全防护距离和警冲标至绝缘节的距离。我国规定设计速度 200～250km/h 时，到发线有效长（警冲标至警冲标）一般为 700m。困难条件下，单方向使用的到发线有效长可采用 575m。速度为 250～350km/h 的高速铁路到发线有效长为 650m。

4.4 车站设计计算示例

4.4.1 坐标及股道有效长的计算

设计车站线路时，在平面图上要计算各有关点的坐标，并确定各股道的实际有效长。现举例说明其计算过程。

【例 4-3】 已知：某客货共线铁路设计速度 160km/h，某中间站 A 的线路及布置如图 4-23(a) 所示。列车侧向过岔速度不超过 50km/h，采用混凝土岔枕。正线兼到发线 Ⅱ 道通行超限货物列车，中间站台宽 4m，到发线有效长为 850m。出站信号机采用基本宽度为 380mm 的高柱色灯信号机，到发线采用双进路。

要求：①计算并标出各道岔中心、连接曲线角顶、警冲标及信号机坐标；②确定各到发线的实际有效长。

【解】

（1）线路及道岔编号

按照 4.1.4 的有关规定确定相应的股道编号和道岔编号，结果如图 4-23(b) 所示。

（2）确定各线路间的线间距

查表 4-2，得站内 1、Ⅱ 股道之间及 Ⅱ、3 股道之间的线间距均为 5m。

（3）确定各道岔的辙叉号码及道岔配列

根据已知条件，各道岔采用 12 号道岔，查表 3-2 得：$\alpha = 4°45'49''$，$a = 16.592$m，$b = 21.208$m。

（4）确定各连接曲线的曲线要素

根据有关规定，岔后连接曲线的半径 R 选为 400m、不设缓和曲线。由式（4-12）、式（4-13）计算得连接曲线的切线长 T、曲线长 L 为：

$$T = R\tan\frac{\alpha}{2} = 400 \times \tan\frac{4.76}{2} = 16.638\text{m}$$

$$L = \frac{\pi\alpha R}{180} = \frac{3.14 \times 4.76 \times 400}{180} = 33.256\text{m}$$

由例 4-2、图 4-16 可知，道岔中心至曲线切点的距离为：

$$\frac{S}{\sin\alpha} - T = \frac{5}{\sin 4.76} - 16.638 = 43.570\text{m}$$

在图上标明 α、R、T、L（几根相同的曲线，标明其中一条即可），在线路终端连接的斜边上标明道岔中心至曲线切点的距离，如图 4-23(b) 中 3 道右端的 43.570m。

（5）确定警冲标、信号机的位置

查表 3-12 得警冲标至道岔中心的距离 L_J 为 50.560m。

根据有关规定，选用高柱信号机，Ⅱ 道通行超限货物列车，查表 3-13 得一般地段出站信号机至道岔中心的距离 L_X 为 80.352m。

（6）坐标计算

以车站两端正线上的最外方道岔中心为原点，由外向内逐一算出各道岔中心、连接曲线的角顶、警冲标及出站信号机等的 x 坐标，见表 4-13。本算例暂不考虑轨道电路、轨缝设置与出站信号机、警冲标的位置关系。y 坐标一般不计算，只需将警冲标和信号机中心至邻线的垂直距离标明即可，如图 4-23(b) 中的 2.63m。由于没有设货物线，牵出线长度可以短些，本算例中牵出线有效长度取为 50m。

计算中，有关数据可以通过计算或从有关设计手册中查出。线路数目不多的区段站和中间站可将计算结果标在布置图上，采用这种方法可使尺寸一目了然。但线路多且构造复杂时，因坐标点太多，应另列坐标计算表。

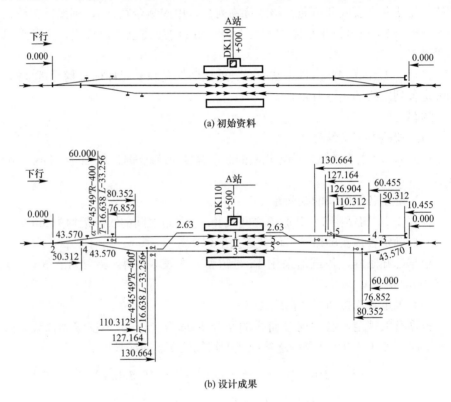

(a) 初始资料

(b) 设计成果

图 4-23　A 站坐标计算示意图（单位：m）

（7）推算各条线路实际有效长

将各条线路两端有效长控制点（信号机及警冲标）的 x 坐标填入表 4-14 的 3、4 栏内，这两栏数字相加得第 5 栏。第 5 栏中数值最大者为 257.828m（Ⅱ道），就是有效长度最短的线路（即控制有效长的线路），其有效长度按规定的标准长度 850m 设计。

坐标计算　　　　　　　　　　　　表 4-13

	控制点	计算公式	计算过程	坐标(m)
C_2	2 号岔心		坐标原点	0.000
C_4	4 号岔心	$b_2+f+a_4+\Delta$	$C_4=21.208+12.5+16.592+0.012=50.312$	50.312

控制点		计算公式	计算过程	坐标(m)
Q_2	2号岔后曲线角顶	$N×S$	$Q_2=12×5=60$	60.000
Q_4	4号岔后曲线角顶	$C_4+N×S$	$Q_4=50.312+12×5=110.312$	110.312
S_1	1道上行出站信号机	L_X	$S_1=80.352$	80.352
S_{II}	II道上行出站信号机	C_4+L_X	$S_{II}=50.312+80.352=130.664$	130.664
S_3	3道上行出站信号机	C_4+L_X	$S_3=50.312+80.352=130.664$	130.664
J_2	2号道岔警冲标	$L_X-3.5$	$J_2=80.352-3.5=76.852$	76.852
J_4	4号道岔警冲标	$C_4+L_X-3.5$	$J_4=50.312+80.352-3.5=127.164$	127.164
C_1	1号岔心		坐标原点	0.000
C_3	3号岔心	$b_1+f+a_3+\Delta$	$C_3=21.208+12.5+16.592+0.012=50.312$	50.312
C_5	5号岔心	$C_3+N×S$	$C_5=50.312+12×5=110.312$	110.312
Q_1	1号岔后曲线角顶	$N×S$	$Q_1=12×5=60.000$	60.000
X_1	1道下行出站信号机	C_5+a_5	$X_1=110.312+16.592=126.904$	126.904
X_{II}	II道下行出站信号机	C_3+L_X	$X_{II}=50.312+80.352=130.664$	130.664
X_3	3道下行出站信号机	L_X	$S_3=80.352$	80.352
J_1	1号道岔警冲标	$L_X-3.5$	$J_1=80.352-3.5=76.852$	76.852
J_3	3号道岔警冲标	$C_3+L_X-3.5$	$J_3=50.312+80.352-3.5=127.164$	127.164
J_5	5号道岔警冲标	C_5-L_J	$J_5=110.312-49.857=60.455$	60.455
D_4	4道车挡	J_5-50	$D_4=60.455-50=10.455$	10.455

注：1、2、3、4、5表示各道岔岔心；J_1表示1号道岔警冲标；S_1表示上行出站信号机；X_1表示下行出站信号机；Q_1表示1号道岔连接曲线角顶；C_4表示4号道岔中心；D_4表示4道尽头线车挡。

其他各线路的实际有效长根据给定的到发线有效长标准值与该线路有效长的差额之和确定，如表4-14最后一列所示。

股道有效长推算表　　　　表4-14

线路编号	运行方向	股道有效长控制点 x 坐标（m）		共计（m）	各股道有效长之差（m）	各股道有效长（m）
		左端	右端			
1	下行方向	76.852	126.904	203.756	52.614	902
	上行方向	80.352	127.164	207.516	48.854	898
II	下行方向	127.164	130.664	257.828	0	850
	上行方向	130.664	127.164	257.828	0	850
3	下行方向	127.164	80.352	207.516	50.312	900
	上行方向	130.664	76.852	207.516	50.312	900

4.4.2　中间站平面设计示例

设计中间站时，要确定有关设施的选型、位置及尺寸，在平面图上计算各有关点的坐标，并确定各线路的实际有效长、铺轨长度、道岔数量等。现举例说明其计算过程。

【例4-4】　20世纪80年代设计的某II级铁路，设计速度为100km/h。设计车站为中间站，采用半自动闭塞、高柱色灯信号机。钢轨类型50kg/m，钢轨长度为 12.5m，有轨道电路。本站 12 号道岔始端至道岔中心距离 $a=$ 16853mm，道岔中心至辙叉跟段距离 $b=19962$mm，尖轨前基本轨长度 $q=$ 2650mm，道岔侧向通过速度允许值为 $v=45$km/h，直向过岔速度取设计速度。本站允许接发超限货物列车，货流以下行方向为主，平行运行图列车对数大于 24 对。到发线有效长 650m。车站中心里程为 DK12+000。

试完成该中间站的平面设计。

【解】

（1）布置站型并确定主要设施

1）站型

本站为一般中间站，采用横列式布置。

2）到发线

根据行车量和设计要求，本设计采用 3 股到发线，Ⅱ道和 3 道可通行超限货物列车。由于平行运行图列车对数大于 24 对，所以需设置牵出线，牵出线设为 250m 直线。

3）客运设施

为了使铁路与城镇联系方便，站房设在靠居民一侧，采用定型设计。根据客流要求和有关规定，旅客基本站台采用长 400m、宽 8m（站房范围以外部分的宽度）、高 0.5m 的普通旅客站台，旅客中间站台采用长 400m、宽 4m、高 0.3m 的低站台，以满足两侧接发、通行超限货物列车的运营要求。

4）货运设施

货运仓库宽度选用 12m。仓库两边过道的宽度应方便装卸作业，在铁路一侧采用 3.5～4.0m，在场地一侧采用 2.5～3.5m，设无仓库的露天堆放场，人工作业时宽度为 12～15m。

货场布置形式采用通过式。为了方便货物装卸和车辆取送作业，根据当时设计规范将货场设在车站第Ⅰ象限，即站房同侧下行方向发车一端。本站设一股物装卸线，直线段长 70m（可同时装卸 5 节车辆）。货物站台采用长 70m、宽 16m、高 1.1m 的普通货物站台。

根据以上考虑，可以确定本站的平面布置图，如图 4-24 所示。

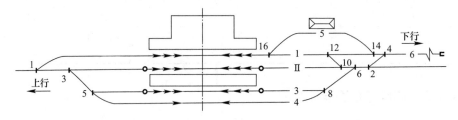

图 4-24 某中间站平面布置图

5）道岔型号

考虑到车站侧向过岔速度允许值为 $v=45$km/h，一般道岔均采用 12 号道岔。第 16 位道岔是侧向接发货物列车并位于到发线上的单开道岔，采用 9 号道岔。

（2）平面计算

1）线间距

查规范及表4-2得：1道和Ⅱ道之间的线距取5m。Ⅱ道和3道可通行超限货列车，中间有4m宽的旅客中间站台，查表4-1得旅客站台边缘至线路中心线的距离为1.75m，故取Ⅱ道和3道的线间距为4+2×1.75=7.5m。查表4-2得3道和4道的线间距为5m。因货物线与到发线间有装卸作业，1道和货物线（5道）之间的线间距取15m。

2）货场平面布置

货场岔后连接曲线半径取为200m，根据线间距、道岔号码等条件，可计算出9号道岔岔后曲线交点相对坐标为9×15=135m，12号道岔岔后曲线交点相对坐标为12×15=180m；根据式（4-12）可算出货物线两端曲线的切线长 T_y 分别为11.08m和8.32m，再加上货物线直线段长70m，可得出货物线两端曲线交点间的长度为11.08+70+8.32=89.40m。计算得到货场长度为135+180+89.40=404.40m。货场平面布置及有关计算结果如图4-25所示。

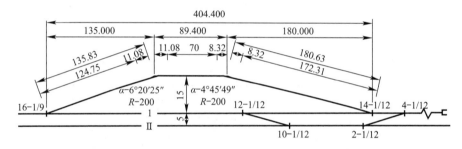

图4-25　中间站货场线路平面设计

3）出站信号机与警冲标位置的确定

① 下行方向

1道：已知道岔始端至道岔中心距离 $a=16.853$m，参照图3-46（b），在道岔始端设轨缝和出站信号机，出站信号机设于1道左侧，第12位道岔前，有轨道电路。布置如图4-26（a）所示。

Ⅱ道：出站信号机设于1、Ⅱ道之间，线间距5m，Ⅱ道通行超限货物列车，连接曲线半径按 $R=400$m 考虑，查表3-12得警冲标至道岔中心距离 $L_J=49.857$m，查表3-13得信号机至道岔中心距离 $L_X=80.352$m。已知道岔中心至辙叉跟段距离 $b=19.962$m。此轨缝至信号机处可布置5节钢轨，轨缝为8mm，得出站信号机至岔心的距离为12.508×5+19.962=82.502m，该值大于 L_X，符合要求。警冲标布置在距离钢轨绝缘4m的位置。Ⅱ道出站信号机和警冲标的布置如图4-26（b）所示。

3道：Ⅱ道与3道之间，线间距7.5m，两线均通行超限货物列车，查表得：$L_X=63.284$m，$L_J=48.084$m。3道梯线与Ⅱ道之间的警冲标布置在轨缝内侧4m、距道岔中心53.486m处。布置如图4-26（c）所示。

4道：出站信号机设于3、4道之间，线间距5m，3道通行超限货物列车，连接曲线半径 $R=400\text{m}$，查表得：$L_X=80.352\text{m}$，$L_J=49.857\text{m}$。出站信号机设在距 8 号岔心 82.502m 处，警冲标距 8 号岔心 78.502m。布置如图 4-26(d) 所示。

3 道的出站信号机设置位置与 4 道相同，均设在距 8 号岔心 82.502m 处。

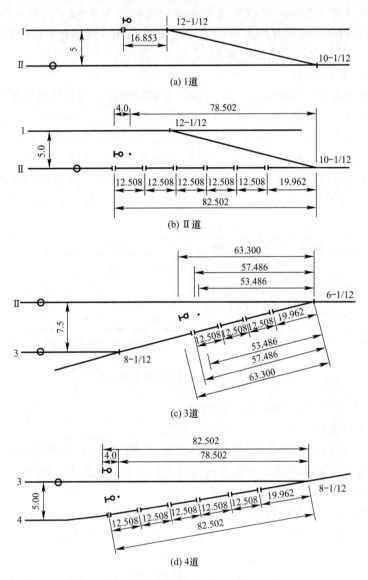

图 4-26 下行出站信号机与警冲标位置

② 上行方向

1 道：出站信号机设于 1、Ⅱ 道之间，线间距 5m，Ⅱ 道通行超限货物列车，连接曲线半径 $R=400\text{m}$，查表得 $L_X=80.352\text{m}$，$L_J=49.857\text{m}$。6 位道岔轨缝至信号机可布置 3 节钢轨。现确定出站信号机至岔道时距离为 63.300m，既可满足上述 63.284m 的要求，还可满足图 3-47(b) 所示的出站信号机可设置在轨缝外侧 6.5m 范围内的要求。布置如图 4-27(a) 所示。

Ⅱ道：出站信号机设于Ⅱ道、3道之间，线间距7.5m，两线均通行超限货物列车，$R = 400m$，查表得 $L_X = 63.284m$，$L_J = 48.084m$。布置如图 4-27（b）所示。

3道：出站信号机设于3、4道之间，线间距5m，3道通行超限货物列车，$R = 400m$，查表得：$L_X = 80.352m$，$L_J = 49.857m$。布置如图 4-27（c）所示。

4道：出站信号机设于4道行车方向左侧，警冲标内方。布置如图 4-27（d）所示。

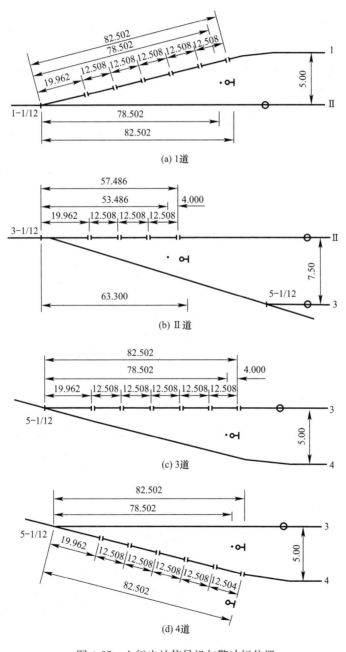

图 4-27　上行出站信号机与警冲标位置

5道：5道与1道之间的线间距为15m，16位道岔采用9号道岔。查表3-12得 L_J 为36.110m。警冲标设于16号道岔之后。

将上述各出站信号机、警冲标距离相应道岔中心的距离汇总，结果见表4-15。

各出站信号机、警冲标距离相应道岔中心的距离 表4-15

道岔编号	1	3	5	6	8	10	12	16
警冲标距道岔中心的距离（m）	78.50	53.49	78.50	53.49	78.50	78.50	—	36.11
信号机距道岔中心的距离（m）	82.50	63.30	82.50	63.30	82.50	82.50	16.85	—

4）坐标计算

以车站中心为分界，参照表4-13的计算过程，分别从正线最外道岔中心（坐标原点）开始计算各坐标点的坐标，见表4-16、表4-17。

下行到达端各控制点坐标计算表 表4-16

出发点		计算点		
名称	X_0(m)	名称	Δx(m)	$X = X_0 + \Delta x$(m)
1号岔心	0	3号岔心	43.07	43.07
		1位道岔警冲标	78.50	78.50
		1道信号机	82.50	82.50
		1位岔后曲线交点	60.00	60.00
3号岔心	43.07	5号岔心	90.00	133.07
		3位道岔警冲标	53.49	96.56
		Ⅱ道信号机	63.30	106.37
5号岔心	133.07	5位道岔警冲标	78.50	211.57
		3道信号机	82.50	215.57
		4道信号机	82.50	215.57

上行到达端各控制点坐标计算表 表4-17

出发点		计算点		
名称	X_0(m)	名称	Δx(m)	X(m)
2号岔心	0	4号岔心	−60.00	−60.00
		6号岔心	43.07	43.07
4号岔心	−60.00	14号岔心	43.07	−16.93
6号岔心	43.07	8号岔心	90.00	133.07
		6位道岔警冲标	53.49	96.56
		3道信号机	63.30	106.37
		10号岔心	43.07	86.14
8号岔心	133.07	8位道岔警冲标	78.50	211.57
		4道信号机	82.50	215.57
10号岔心	86.14	12号岔心	60.00	146.14
		Ⅱ道信号机	82.50	168.64
		10位道岔警冲标	78.50	164.64

出发点		计算点		
名称	X_0(m)	名称	Δx(m)	X(m)
12 号岔心	146.14	1 道信号机	16.85	162.99
14 号岔心	−16.93	16 号岔心	404.40	387.47
		14 位岔后曲线交点	180.0	163.07
14 位岔后曲线交点	163.07	16 位岔后曲线交点	89.40	252.47
16 号岔心	387.47	16 位道岔警冲标	−36.11	351.36

5）股道有效长计算

为便于操作，先将上述控制点坐标展绘于车站平面图上，如图 4-28 所示。

根据上述资料和图 4-28 中的控制点坐标，采用例 4-3 中的计算方法可得出各股道的有效长，见表 4-18。

股道有效长计算表（m） 表 4-18

股道编号	运行方向	股道有效长控制点坐标		控制点坐标值之和	各股道有效长之差	各股道实际有效长	采用值
		左端	右端				
1	上行	82.50	164.64	247.14	184.00	834.00	830
	下行	78.50	162.99	241.49	189.65	839.65	
Ⅱ	上行	106.37	164.64	271.01	160.13	810.13	810
	下行	96.56	168.64	265.2	165.94	815.94	
3	上行	215.57	211.57	427.14	0	650	650
	下行	211.57	215.57	427.14	0	650	
4	上行	215.57	211.57	427.14	0	650	650
	下行	215.57	211.57	427.14	0	650	

6）里程推算

① 右端最外道岔岔心

货物线站台端采用 9 号道岔，查得基本站台端到第 16 位道岔的岔心间距为 22.53m。

车站中心里程 DK12＋000，先按下行方向推算第 2 位道岔中心里程：

DK12＋000.00 （车站中心里程）
　　＋130.00 （基本站台右边长度）
　　＋22.53 （基本站台端到岔心间距离）
　　＋387.47 （16 号岔心坐标）
＝DK12＋540.00 （2 号岔心里程）

由于作业的需要，该端进站信号机移到最外道岔中心外 200m 处，里程 DK12＋740。

该进站信号机距第 2 位道岔尖轨尖端 $200-a_0=200-(a-q)$（参见由图 3-3），其中 $a=16.85$m，为 12 号道岔中心至始端轨缝的长度，$q=2.65$m，为轨缝至尖轨尖端的距离。由此可得该进站信号机距第 2 位道岔尖轨尖端距离为 $200-(16.85-2.65)=185.8$m。

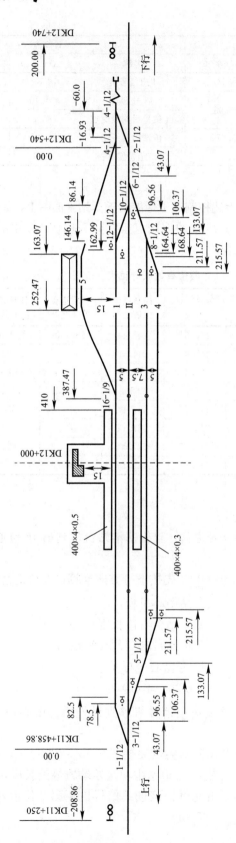

图 4-28 中间站设计平面图

② 左端最外道岔岔心

左端的第 1 位道岔中心里程可根据第 2 位道岔中心里程及到发线有效长度推算。

$$
\begin{aligned}
& \text{DK}12+540.00 && （2 号岔心里程）\\
& \quad -215.57 && （4 道下行出站信号机坐标）\\
& =\text{DK}12+324.43 && （4 道下行出站信号机里程）\\
& \quad -650.00 && （到发线有效长）\\
& =\text{DK}11+674.43 && （4 道上行出站信号机里程）\\
& \quad -215.57 && （4 道上行出站信号机坐标）\\
& =\text{DK}11+458.86 && （1 号岔心里程）
\end{aligned}
$$

该端的进站信号机，外移于 DK11＋250 处，距第 1 位道岔尖轨尖端 $458.86-250-a_0=458.86-250-(16.85-2.65)=194.66\text{m}$。

③ 各有关点里程

两端原点里程加（或减）各计算点的相对坐标 X 即得相应计算点的里程。

例如 II 道下行出站信号机的里程＝2 号道岔里程－II 道信号机距 2 号岔心的距离 $X_{II}=\text{DK}12+540-168.64=\text{DK}12+371.36$。

（3）铺轨、铺岔等工程数量计算

股道全长是指股道两端道岔基本轨接缝间的长度。铺轨长度是股道全长减去道岔所占长度，道岔长度查表 3-2 获得，9 号道岔全长为 29.569m，12 号道岔全长为 36.815m。列表计算结果如表 4-19、表 4-20 所示。

1）股道长度计算

股道长度、铺轨长度表　　　　　　　　表 4-19

股道序号	起止道岔			全长（m）	铺轨长度（m）
	起	经	止		
1	1 号	16 号、12 号	10 号	1029.07	889.76
3	3 号	5 号、8 号	6 号	1072.37	925.09
4	5 号	—	8 号	849.04	775.4
5	16 号	—	14 号	436.51	370.84
合计	—			—	2961.09

2）道岔数量表

道岔数量表　　　　　　　　表 4-20

道岔种类与号数		道岔编号	数量	备注
9	左开	16 号	1 组	43kg
	右开	—	—	
12	左开	1 号、2 号、4 号、5 号、6 号	5 组	50kg
	右开	3 号、8 号、10 号、12 号、14 号	5 组	
合计	—	—	11 组	

车站设计结果如图 4-28 所示。

（4）其他

在铁路站场设计中，还有其他内容需要考虑，比如货场及货仓详细设计、路基横断面设计、排水系统设计、道路设计、土石方数量计算、概预算编制等，根据需要与要求进行设计。

4.5　车场

铁路区段站、编组站和其他较大车站的线路较多，为便于管理和减少各种车站作业间的互相干扰、实行平行作业、提高能力，需将办理相同作业的线路两端用梯线连接起来，使之成为一个整体，便成为车场。

4.5.1　梯线

将几条平行线路连接在一条公共线路上，这条公共线路称作梯线。梯线应与牵出线（或正线、连接线）直接连通，以保证停在某一条线路上的机车车辆能够转线到其他任一条线路上去。

按各道岔布置的不同，梯线可分为直线梯线、缩短梯线及复式梯线 3 种形式。

1. 直线梯线

直线梯线的特点是各道岔依次排列在一条直线上。图 4-29（a）是常见的梯线，该梯线与各平行线路的倾角均为道岔角 α。各道岔的辙叉号码相同时，其全长投影 X 为：

$$X = a + (n-1)l\cos\alpha + T \qquad (4\text{-}30)$$

式中　n——平行线路数；

l——两相邻道岔中心距离。

在图 4-29（b）中，梯线与 1 道的延长线重合。如果各道岔的辙叉号码及道岔间插入段长度 f 相同，则各线路间距相等，各连接曲线半径也一样，则各部分都是平行的。曲线前的各直线段 $g_{(n-1)}$ 为：

$$g_{(n-1)} = \frac{S(n-1)}{\sin\alpha} - (b+T) \qquad (4\text{-}31)$$

梯线的全长投影为：

$$X = a + (n-2)l + (b+g_1+T)\cos\alpha + T \qquad (4\text{-}32)$$

直线梯线的优点是道岔检查时不需跨越线路，比较安全，瞭望条件好，便于车站作业上的联系。缺点是当线路较多时，其梯线较长，各线经过的道岔数也不均匀，影响调车作业效率。同时，内外侧两条线路（1 道与 5 道）长度相差很大。因此，这种梯线仅适用于线路较少的到发场与调车场。

2. 缩短梯线

当平行线路间距较大时，为了缩短梯线的长度，将梯线在与平行线路成一道岔辙叉角 α 的基础上再转一个角而与平行线路成 β 角（$\beta > \alpha$），这样就形成缩短式梯线，如图 4-30 所示。从图中可以看出，倾斜角 β 越大，梯线就越

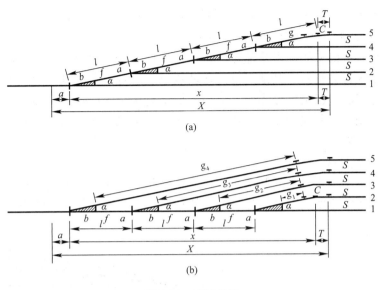

图 4-29　直线梯线

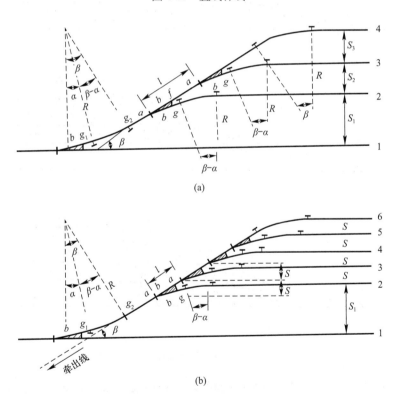

图 4-30　缩短式梯线

短。由于两相邻道岔的中心距离 l 不得小于 $a+b$，故 β 角有一最大值。当已知道岔号码和线路间距时，则 β 角的最大值可表示为：

$$\sin\beta_{max} = \frac{S}{a+b} \qquad (4\text{-}33)$$

根据需要，缩短式梯线的线间距可各不相同［图 4-30(a)］，也可以设计为大部分为 5m 的线间距［图 4-30(b)］。

这种梯线的主要优点是缩短了梯线的连接长度，使内外侧线路长度相差悬殊的情况得到改善。其缺点是连接曲线较多，对调车不利，同时由于 β 角受到一定限制，连接线路多时，缩短式梯线连接长度的优点不显著。故这种梯线仅适用于需要线路较少且线间距离较大的情况（如货场、车辆段及机务段燃料场等处）。

3. 复式梯线

将几条与基线成不同倾斜角的梯线组合起来，连接较多的平行线路，既可缩短梯线的长度，又可使各平行线的长度均匀，这种连接方法叫复式梯线连接（图 4-31）。

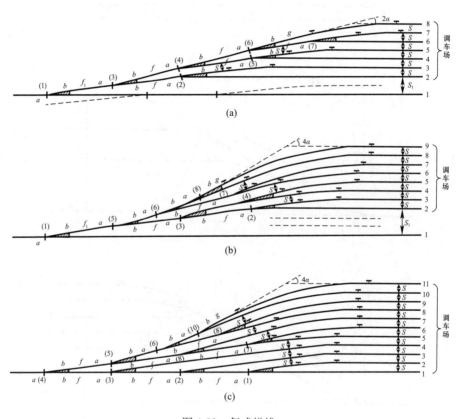

图 4-31 复式梯线

图 4-31(a) 中，连接 4～8 道的梯线是从连接 1～3 道的梯线外侧分出去的，所以它与 1 道成 2α 角，4～8 道内侧又分出两条梯线，一条连接 4、5 道，另一条连接 6、7 道。由于这两条梯线相互平行，而且线间距为 S，故第 4、6 两道岔中心距离为：

$$l = S/\sin\alpha = a + b + f \tag{4-34}$$

各有关线路曲线转角，除 8 道为 2α 外，其余均为 α。图中 1 道和 2 道间距 $S_1 > S$，S_1 的大小决定于加铺线路（图中虚线）的数目。第 1、3 两道岔间

的插入段 f_1 的长度主要视 S_1 而定。

图 4-31（b）中，复式梯线的构造特点是 8 条调车线每两条为一组，车辆进入各条线路（1 道除外）所经过的道岔数相等（都是 4 个）。从图中可以看出，3、4 道，5、6 道，7、8 道及 9 道的连接曲线的转角分别为 α、2α、3α 及 4α。图中 1 道和加铺线路（两虚线）可以是调车线或到发线。如果是到发线，则 $S_1 = 6.5 + 2 \times 5 = 16.5\text{m}$。

由图 4-31（c）可以看出，线路分组有一定的变化规律。11 条线路分为 4 组，即 4＋3＋2＋（1＋1）＝11。若是 16 条线路则可分为 5 组，即 5＋4＋3＋2＋（1＋1）＝16，其余类推。车场内线路很多时，可采用这种复式梯线。

与直线梯线相比，复式梯线的优点是缩短了梯线的长度，可使进入各条线路的车辆经过道岔数目相等或相差不多，可根据需要适当变化梯线结构，以调整各条线路有效长度。它的缺点是曲线多且长，道岔布置分散，当道岔非集中操纵时，扳道员扳道要跨越线路，安全性较差。

当调车线数较多时，常用复式梯线连接。当调车线数不多，但用直线连接不能保证各条线路需要的有效长时，也可采用复式梯线。

4.5.2 车场图型

按其用途不同，车场可分为到达场、出发场、到发场及调车场等。按其形状可分为梯形车场、异腰梯形车场、平行四边形车场及梭形车场。

1. 梯形车场

梯形车场两端用直线梯线连接，具有直线梯线的各种优点，在线路数目少的情况下可用作到发场或调车场，如图 4-32（a）所示。但这种车场也有缺点，当线路数目较多时，道岔区较长，各条线路有效长不均匀，除最外侧两条线路相同外，其余的两相邻线路有效长都相差 2 倍的线间距与道岔号码的乘积 $2NS$，使整个车场占地很长，进入不同线路的车辆经过的道岔数也不相同，例如车辆进入 1 道只经过 1 个道岔，而进入 5 道却要经过 5 个道岔等。

两端用复式梯线连接的梯形车场如图 4-32（b）所示，道岔区长度大为缩短，各条线路的有效长及进入各条线路的道岔数接近相等，车辆进入任何一条线路所受的阻力大致相等，但增加了曲线，对运营不利，所以这种车场仅适用于无正规列车运行的调车场。

2. 异腰梯形车场

异腰梯形车场克服了梯形车场的缺点。从图 4-32（c）可以看出，不论线路多少，各线路有效长除外侧两条稍长一些外，其余各条线路都是相同的。比较图 4-32（a）与图 4-32（c）可以看出，在用地长度方面，异腰梯形车场比梯形车场约短 $(M-3)NS$（M 为线路数目）。但从运营观点来看，异腰梯形车场由于在线路有效长范围内设有曲线，瞭望条件不好，用作到发场及调车场时对接发列车及调车作业都不利，线路越多，这个缺点越突出。因此，这种车场只有在用地长度受限制且要保证各线路具有必要的有效长时方可采用，一般用在线路数量不多的到发场及调车场。

3. 平行四边形车场

平行四边形车场如图 4-32(d) 所示。这种车场具有异腰梯形车场的上述优点而没有其缺点。从车场本身看，这种车场是比较好的，但车场是车站的一个组成部分，从整个车站的布置来考虑，由于这种车场两端的出入口不在一条直线上，对不停站列车的通过作业有不利影响，对调车作业也不方便。因此，平行四边形车场只适用于特殊地形，一般不宜用在到发场或调车场，但用作客车整备场是合适的。

4. 梭形车场

梭形车场如图 4-32(e) 所示。在车站线路较多的情况下，梭形车场比上述车场更具优势。其优点是各条线路有效长相差不大而又不增加曲线，用地长度也较短。另外，还能在两端设两条进路，以改善作业条件。但梭形车场是对称的，实际上是两个梯形车场组合而成的，采用时必须与整个车站的布置相配合，一般可用在到发场、到达场、出发场。

上述各种车场都有其特点，选用时应根据车场的用途、线路数目、车站地形及整个车站的布置等因素来确定。

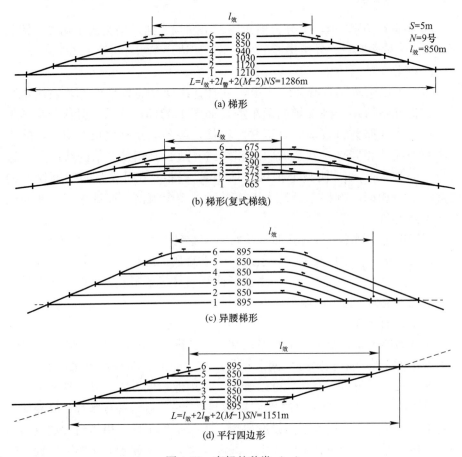

(a) 梯形

(b) 梯形(复式梯线)

(c) 异腰梯形

(d) 平行四边形

图 4-32　车场的种类（一）

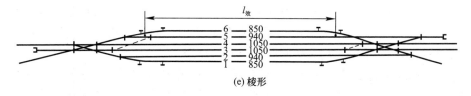

图 4-32 车场的种类（二）

4.5.3 咽喉区

车场或车站两端是道岔汇聚的地方，是各种作业（列车到发、机车走行、调车和车辆取送作业等）必经之地，故可称为车场或车站的咽喉区，简称咽喉区，如图 4-33 所示。

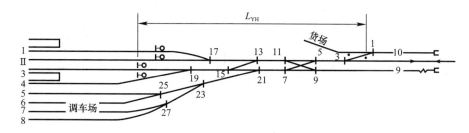

图 4-33 咽喉区示意图

1. 咽喉区长度

自进站最外方道岔基本轨始端（或警冲标）至最内方出站信号机（或警冲标）的距离为车站咽喉长度，如图 4-11、图 4-33 中的 L_{YH} 所示。

车站或车场咽喉区是行车和调车作业繁忙的地方。它的布置是否合理，与作业安全和效率关系很大，对工程费及运营费也有影响。所以咽喉区的布置必须符合保证安全、提高效率和节约费用的原则。

2. 道岔号码

为了节省费用，咽喉区不应有多余的道岔，各道岔辙叉号码也应按规定选用。对图 4-33 所示的普通客货共线铁路车站咽喉区，若列车运行速度低于 160km/h，除 13、15 及 17 三组道岔用 12 号外，其余均为 9 号道岔。

3. 平行进路

互不妨碍的两条进路称作平行进路。为保证有关作业能够同时办理，应根据需要设置平行进路。例如，图 4-33 中的渡线 13/15 可保证 3 或 4 道发车（或接车）与牵出线 9 的调车作业平行进行。同时，15 及 21 两道岔的距离必须符合道岔配列有关规定才能保证安全。

4. 咽喉区道岔分组

车站咽喉区道岔较多，为了计算通过能力，可按不同情况将道岔进行分组简化。

（1）分组原则

1）不能被两条进路同时分别占用的道岔应合并为一组。在一条线路上的若干道岔，如果它们当中没有任何两组道岔尾部相对，且分别布置在线路两侧时，这些道岔应划作一组，如图 4-34(a) 所示。因为这些道岔当中，任何一组被占用，其他道岔均无法同时开通其他进路。

2）两条平行进路上的道岔（包括渡线两端的道岔）不能并为一组。在一条线路上的道岔，如果有两组岔尾相对，且分别布置在线路两侧时，这两组道岔不能并为一组。如图 4-34(b) 所示，道岔 5 与道岔 7 可以同时开通两条平行进路，不能并为一组。

3）道岔尾部相对，且分别布置在线路两侧，而另一道岔又为交叉渡线时，交叉渡线的道岔不能分为两组。图 4-34(c) 中道岔 5 必须与道岔组 7 合并而不能与道岔组 3 合并成一组。

4）有的道岔与两条平行进路上的两道岔组相邻，可以分别开通两条平行进路，该道岔应单独划作一组。图 4-34(d) 中的道岔 5 应单独划作一组，而不能与道岔组 7 合并成一组。

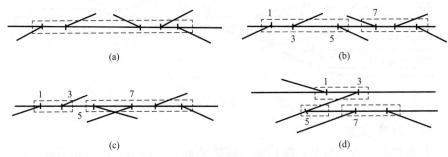

图 4-34　道岔分组示意图

（2）分组实例

【例 4-5】　某双线区段站，线路及咽喉区布置如图 4-35(a) 所示。根据上

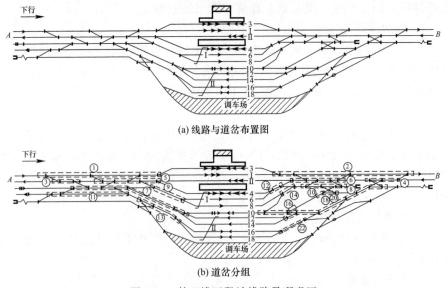

图 4-35　某双线区段站线路及咽喉区

述分组原则，A 端咽喉分为 7 组，B 端咽喉分为 11 组，如图 4-35（b）所示。这样可大大地简化确定负荷量最大的咽喉道岔（组）的工作，方便后续咽喉通过能力的计算。

4.5.4 车场设计示例

车场设计比较复杂，再加上站台等设施的配置等因素就显得更为复杂。

1. 铁路——北京南站

北京南站为新建特大型车站，设有旅客站台 13 座，线路 24 条，含正线 4 条（第Ⅲ、Ⅳ为京津城际铁路的正线，第ⅩⅢ、ⅩⅣ道为高速铁路的正线），到发线 20 条，有效长为 650～750m。高速车场 6 台 12 线，布置在当中的位置；京津城际铁路车场 4 台 7 线，布置在南端；普速车场 3 台 5 线，布置在北端。中间站台长 450m、宽 11.5m、高 1.25m。该车场平面总体布置为梭形，如图 4-36（a）所示。

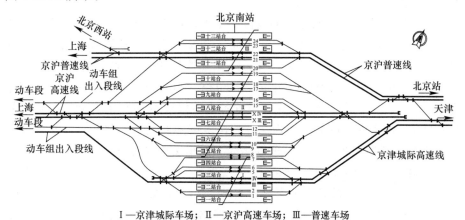

(a) 铁路（北京南站）

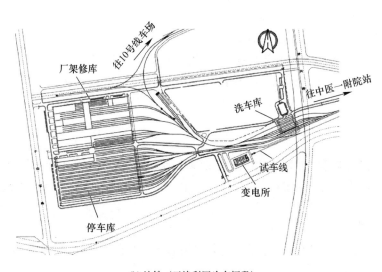

(b) 地铁（天津梨园头车辆段）

图 4-36　车场平面布置图（一）

4.5　车　场

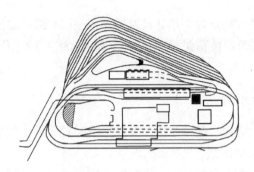

(c)直驱地铁（加拿大温哥华车辆段）

图4-36　车场平面布置图（二）

2. 城轨——地铁

城轨始发站规模较小，无法与上述的铁路始发站车场相比。相比之下，城轨车辆段的规模较大。传统城轨车辆段一般为尽端式或直线贯通式，其车场总体布置如图 3-41(a)、(b) 所示。

天津地铁 5 号线梨园头车辆段位于李七庄南站西侧，与李七庄南站采用线路端部接轨的方式。采用尽端式布局，分为厂架修库和联合运用库两大功能部分。其中设置列检停车线 20 条，采用复式梯线的设置方式，根据线路端点与道岔间的距离，有效长度在 300~350 m 之间，满足每条线路停放 2 列车的要求。停车库的北部为检修库，设置各类检修线 10 条。在接轨点与厂架修库之间设置洗车库。同时，作为保证路网流畅运行的冗余措施，在车辆段的北面设置了与天津地铁 10 号线的联络线。其车场布置如图 4-36(b) 所示。

3. 城轨——直驱地铁

加拿大温哥华直驱地铁的车辆段占地 10hm²，规模约为普通地铁的一半。车辆段设有 10 股露天停车线，用于 3 条线路 250 列配属车辆的停放和养护维修。该车辆段处于三角地带，总体布局既非尽端式也非直线贯通式，而是环形布局，如图 4-36(c) 所示。

4. 城轨——中低速磁浮铁路

位于日本名古屋的东部丘陵线为世界上第一条开通后一直保持运营的中低速磁浮铁路，其车辆段规模很小，其车场布置如图 3-41(c) 所示。

4.6　驼峰

驼峰是将调车场始端道岔区之前的线路抬高到一定高度，主要利用其高度和车辆自重，使车辆自动溜放到调车线上，用以解体、编组车列的一种调车设施。

4.6.1　概述

驼峰是编组站的主要特征，是编组站解体车列的一种主要方法和设施。

1. 编组站车列作业

以单向纵列式三级三场编组站 [图 2-19(b)] 为例，编组站由到达场、驼峰、调车场、牵出线、出发场及其相应的技术设施组成，共同完成车列的到达、解体、集结、编组和出发作业。它们之间相互联系而又相互制约，是一个大系统。根据排队论和车列在站内的作业流程，这个大系统又可分为3个子系统。

（1）到解子系统

到解子系统全称为到达解体子系统，是由列车自区间到达时起，经列检、推峰至车列解体完毕为止，可视为两级系统。第一级为到达列检系统，改编列车到达时，若有空闲的列检组，则立即进行列检作业；若列检组无空，车列（或列车）必须在到达场排队等待。第二级为解体系统，列检作业结束后，若当时驼峰空闲，可立即上峰解体；若驼峰不空闲，则车列需在到达场排队等待。

（2）解编子系统

解编子系统全称为解体编组子系统，是在驼峰上解体的车组在各自的调车线上集结成新的车列，若牵出线调机空闲，则立即进行编组；若牵出线调机不空闲，则车列在调车线上排队等待。

（3）编发子系统

编发子系统全称为编组发车子系统，其作业过程包括自编出发列车和无调中转列车进入出发场，在这里进行出发前的技术作业，也可以视为两级排队系统。第一级为出发列检系统，自编列车或无调中转列车进入出发场时，若有空闲的列检组，则立即进行列检作业；否则，车列（或列车）必须在出发场排队等待。第二级为出发系统。列检作业结束后，若当时区间有运行线并有本务机车，则列车可立即发往区间；否则，车列须在出发场排队等待发车。

在到解子系统和编发子系统中，列检组数也可以经过适当调整来适应驼峰作业和出发作业，使待检车列数减至最少。

2. 驼峰的分类

驼峰有多种分类方法。

（1）据技术装备划分

按技术装备不同，驼峰可分为：简易驼峰、非机械化驼峰、机械化驼峰、半自动化驼峰和自动化驼峰。

（2）根据解体能力划分

根据每昼夜解体的车辆数和相应的技术设施，驼峰可分为大能力驼峰、中能力驼峰、小能力驼峰三类。

1）大能力驼峰

大能力驼峰的日解体能力为4000辆以上，应设30条及以上调车线和2条溜放线，应配有驼峰进路控制、溜放车组速度控制、推峰速度控制及调车场尾部停车防溜控制系统。

2）中能力驼峰

中能力驼峰的日解体能力为2000～4000辆，应设17～29条调车线、2条溜放线，宜配有驼峰进路控制、溜放车组速度控制、推峰速度控制及调车场尾部停车防溜控制系统。

3）小能力驼峰

小能力驼峰的每天解体能力为 2000 辆以下，一般设 16 条及以下调车线和 1 条溜放线，应配有驼峰进路控制和调车场尾部停车防溜控制系统，宜设驼峰机车信号。

驼峰类型及能力应根据解体作业量的大小、车站站型及发展趋势选定。设计解体能力利用率不应大于 0.80，困难时不应大于 0.85。

3. 驼峰的组成

驼峰的范围是指峰前到达场（不设峰前到达场时为牵出线）与调车场头部之间的部分线段。它包括推送部分、溜放部分和峰顶平台（图 4-37）。

（1）推送部分

推送部分是指由驼峰解体的车列，其第一钩位于峰顶平台始端时，车列全长所在的线路范围。设置驼峰推送部分的目的是为了使车辆得到必

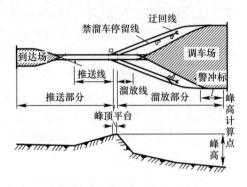

图 4-37　驼峰组成图

要的位能以换取无动力溜放动能，并使车钩压紧，便于摘钩。其中由到达场出口咽喉最外警冲标到峰顶平台始端的线段叫推送线。

（2）溜放部分

溜放部分是指由峰顶（峰顶平台与溜放部分的变坡点）到峰高计算点之间的线路范围。这个长度也叫驼峰的计算长度。其中峰顶至第一分路道岔始端的线段称为溜放线。

（3）峰顶平台

峰顶平台是指驼峰推送部分与溜放部分的连接部分，设有一段平坡地段。峰顶平台包括压钩坡和加速坡竖曲线的切线长。不包括竖曲线的切线长时称作净平台。

4. 驼峰设备

驼峰的主要任务是进行车列的解体、编组和其他调车作业。为了指挥调车作业，在驼峰范围内设有多种线旁设备。

（1）信号设备

为了指挥调车作业，在驼峰范围内设有各种信号设备。

1）驼峰主体信号机

驼峰主体信号机用来指挥驼峰机车进行解体作业，每条推送线设一架，位于驼峰线路的最高处，以保证有足够的显示距离。

2）线束调车信号机

为了指挥驼峰机车在峰下调车线之间进行转线调车，在每组线束的头部均设有线束调车信号机。当一组线束内有两台以上的调车机进行整备作业时，由于一组线束设置一架上峰方向的线束调车信号机而难以区分指示哪台机车上峰作业，此时应在每条调车线上设置线路表示器。

3）峰上调车信号机

为了指挥驼峰机车在峰上进行调车作业，如经由迂回线向调车场转送禁止过峰的车辆等作业，应设有峰上调车信号机。

（2）调速设备

驼峰调速设备有减速设备、加速设备及加减速设备。在钩车溜放过程中，减速设备用以消耗钩车的能量使车辆减速。所用设备包括车辆的减速器、减速顶等。

1）减速器

我国铁路目前采用的减速器主要有压力式钳形减速器和重力式减速器两种。重力式车辆减速器是利用被制动车辆本身的重量，通过可浮动基本轨及制动钳的传递，使安装在制动钳上的制动夹板对车轮两侧产生侧压力而进行制动。它的制动力与被制动车辆的重量成正比。按可浮动基本轨及制动夹板起落的动力不同，又可分为电动重力式、液压重力式、气动重力式、液压和气动两用重力式车辆减速器。图4-38（a）为T-JY2型液压重力式车辆减速器的构造及动作示意图。

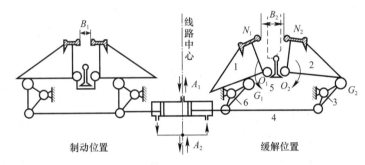

(a) 液压重力式车辆减速器

A_1、A_2—入油口、出油口；G_1、G_2—交点；N_1、N_2—制动轨；O_1、O_2—钢轨承座的连轴；
1、2—制动钳；3、6—内外曲拐；4—连杆；5—钢轨承座

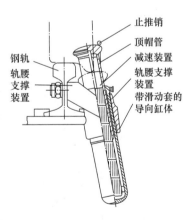

(b) 减速顶

图4-38 调速设备

2）减速顶

减速顶是一种无需外部能源和外部控制、简单易行地实现对车辆溜放速度

228

自动控制的设备。各类型、型号的减速顶规定有不同的临界速度，当车辆的溜放速度高于减速顶的临界速度时，减速顶才对车辆起减速作用。减速顶既可安装在轨道外侧，也可安装在内侧。安装在轨道内侧的减速顶如图4-38(b)所示。

在钩车溜放过程中，加速设备给予钩车能量使其加速，如钢索牵引推送小车、加速顶等。加减速设备兼有加速和减速功能，如加减速顶等。

（3）调速系统

驼峰调速系统是根据驼峰采用的调速设备，对钩车溜放全过程的速度进行调整和控制的系统，大体划分为如下3类。

1）点式调速系统

在驼峰溜放部分及调车线内，在溜车路径上的一个或几个固定地点设置减速器制动位，每个制动位控制钩车一定的溜放距离，故称为点式调速系统。该系统全部采用钳夹式减速器作为调速设备。

2）连续式调速系统

在驼峰溜放部分及调车线内，连续布设调速设备，实现对钩车的连续式调速。连续式调速设备包括减速顶、加减速顶、绳索牵引推送小车等。全减速顶连续式调速系统简称为连续式调速系统，如图4-38(b)所示。

3）点连式调速系统

在驼峰溜放部分和调车场入口地段采用减速器（点式）调速，在调车线的车辆连挂区与停车区采用连续式调速。这种调速系统称为点连式调速系统。

图4-39为减速器＋减速顶，在调车场制动位（Ⅲ）打靶一段长度的点连式调速系统。该系统Ⅰ、Ⅱ、Ⅲ制动位采用减速器进行点式间隔制动及目的制动。点式减速器动作灵活，可以适应车流性质复杂、解体能力大的要求。而调车场内打靶区以后的目的调速主要采用连续布设减速顶的方式，可充分发挥减速顶连挂效率高、运营效果好的优点。我国铁路调车驼峰广泛采用这种调速系统。

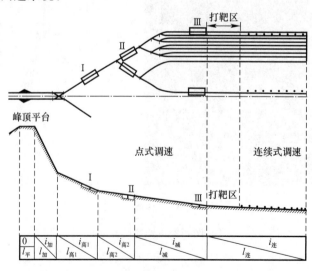

图 4-39　点连式调速系统

（4）测量设备

为了对驼峰溜放车辆的速度进行准确控制，必须有一套能测出溜放车辆速度、重量、走行性能（阻力）和线路空闲长度等的测量设备。驼峰测量设备主要有测速雷达、测重机、车轮传感器、气象站、车轮存在探测器等。

1）测速。我国驼峰一般采用驼峰多普勒测速雷达进行速度测量。

2）测长。测长（或测距）设备用来测量调车线空闲长度，是驼峰点式或点连式调速系统不可缺少的基础设备。测长设备品种很多，我国主要采用音频动态测长器。

3）测重。测重设备是驼峰自动化基础设备之一，它不仅为非重力式减速器的控制提供车辆重量等级参数，还可供编组作业自动化统计编成车列的重量，也可根据车重粗略地确定车辆的走行阻力。目前我国多采用塞孔式压磁测重机。

4）测阻。在驼峰调速系统中，能否准确地测量和处理溜放车辆的运行阻力是影响调速系统效果的关键因素。在点式控制制动位前都要设置测阻区段，以便测出溜放车辆的运动速度、加速度，进一步计算阻力值。

（5）溜放车辆进路自动控制

驼峰进路包括推送进路、溜放进路和调车进路。其中推送进路和调车进路实行计算机联锁的集中控制，也可在联锁的基础上实行自动控制。

驼峰溜放车辆进路自动控制是驼峰解体作业过程的重要环节，也是驼峰自动化的基础设备之一。国内外绝大多数驼峰均采用道岔自动集中来实现溜放进路的自动控制，其设备包括信号控制设备和道岔控制设备。

（6）推送机车速度控制

驼峰推送机车速度控制主要包括：驼峰信号控制、驼峰机车信号控制、驼峰机车遥控控制、驼峰机车自动控制。

驼峰机车上装设无线遥控装置可以自动控制推送机车速度，改善乘务员的劳动条件，提高作业效率，为进一步实现驼峰推送速度控制自动化创造条件。我国大能力驼峰基本上已实现了驼峰机车无线遥控，目前正进一步推广全部由微机控制推峰作业全进程的自动控制系统。

（7）提钩及摘接风管

列车在开始解体前，要关闭车辆的折角塞门，封闭货车制动机的风路，拆开风管接头并将其悬挂在风管销上。在车列解体作业中，要根据解体计划来摘开车钩。车列编成后还要进行接风管作业。目前上述作业采用人工操作，自动提钩和自动摘接风管的设备还处在研究试验阶段。

4.6.2 溜放部分平面

驼峰溜放部分平面也称调车场头部平面，该部分平面设计是计算峰高和设计纵断面的依据，其设计质量对调车作业的效率、安全和工程投资都有直接影响。

驼峰溜放部分平面设计应遵循如下要求：尽量缩短自峰顶至各条调车线

计算点的距离；各条调车线自峰顶至计算点的距离及总阻力相差不大；不铺设多余的道岔、插入短轨及反向曲线，以免增加阻力导致加高驼峰高度；道岔、车辆减速器的铺设以及各部分的线间距等均符合安全条件。

1. 道岔类型

为了缩短由峰顶至调车场计算停车点的距离，并便于调车场内股道呈线束形对称布置，一般在调车场头部采用 6 号对称道岔，困难条件下可用其他对称道岔。

2. 道岔绝缘区段

在采用集中道岔的情况下，为了防止在道岔转换过程中有车辆驶入造成事故，应在每一分路道岔的尖轨尖端前设一段保护区段 $l_{保}$，它是道岔绝缘区段 $l_{绝}$ 的一部分，如图 4-40 所示。

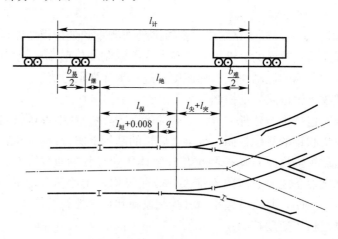

图 4-40 道岔绝缘区段示意图

保护区长度取决于道岔转换时间 $t_{转}$ 和车辆驶入该道岔的最大速度 v_{max}，即：

$$l_{保} = v_{max} t_{转} \quad (\text{m}) \tag{4-35}$$

式中的 v_{max} 对于第一分路道岔和其他道岔是有区别的，因为第一分路道岔距峰顶较近，速度稍低。采用 ZK 型电空转辙机时，$t_{转}$ 按 1.0s 计算。

考虑轨缝设置（按 8mm 计）后，道岔绝缘区段 $l_{绝}$ 可按下式计算：

$$l_{绝} = l_{短} + q + l_{尖} + l_{突} + \Delta \quad (\text{m}) \tag{4-36}$$

式中 $l_{突}$——道岔尖轨末端至外侧基本轨接缝处的距离；

$\quad\quad q$——道岔基本轨接缝至尖轨尖端的距离，见表 3-2；

$\quad\quad l_{短}$——保护区段内插入短轨长度；

$\quad\quad l_{尖}$——尖轨长度；

$\quad\quad \Delta$——轨缝，一般取 0.008m。

信号机继电器吸起时间（$t_{继}$）内车辆走行的距离 $l_{继}$ 为：

$$l_{继} = v_{岔} t_{继} \tag{4-37}$$

式中 $v_{岔}$——车辆在绝缘区 $l_{绝}$ 范围内的平均溜放速度。

经分析计算，可得到 $l_{短}$、$l_{保}$、$l_{绝}$ 等有关数据，见表 4-21。

转辙机类型	道岔类型	$l_短$	$l_保$	$l_绝$	适用情况	
					v_{max}(m/s)	道岔位置
ZK 型	6 号对称	5.000	6.308	12.828	6.3	第一分路道岔
		6.250	7.558	14.078	7.5	其余分路道岔
$t_转 = 1s$	6.5 号对称	5.000	6.022	13.008	6.0	第一分路道岔
		6.250	7.272	14.258	7.2	其余分路道岔

3. 线束的布置

线束一般 6 或 8 股一束，具体线束布置方案见表 4-22。

调车线数量	12	16	18	20	24	28	32	36	40	48
调车线（束）及每束线路数量（条）	2×6	2×8	3×6	1×8+2×6	4×6 或 3×8	2×6+2×8	4×8	6×6	4×6+2×8	6×8

在调车线多的调车场，由于中间线束比较顺直，曲线阻力较小，因此中间线束的股道可以较外侧线束稍多，以平衡各股道的总阻力。

4. 减速器制动位的布置

减速器制动位必须设置在直线上，设置位置应考虑维修作业人员安全，且设置范围内不能设置变坡点，当采用自动或半自动控制时，始端宜保留不短于 4.5m 的短轨。

5. 曲线设置

曲线半径不宜小于 200m，困难时不小于 180m，曲线可以直接连接道岔基本轨或辙叉跟，不设直线段，其轨距加宽和外轨超高可以在曲线范围内处理。

6. 推送线

驼峰前设有到达场时，应设 2 条推送线；如采用双溜放作业时，可设 3～4 条推送线；峰前不设到达场时，根据解体作业量的大小，可设 1 条或 2 条推送线（即牵出线）。经常提钩地段的推送线应设计成直线，推送线不宜采用对称道岔。两推送线的线间距不应小于 6.5m。作业通道应满足调车人员的作业安全。

7. 溜放线

设有 2 条推送线，线束在 4 个及以上的驼峰，应设 2 条溜放线。

8. 迂回线

迂回线是将车列内不能通过驼峰或减速器的车辆绕过峰顶送往调车场的线路，如图 4-37 所示。驼峰前设有到达场时，应设置迂回线；峰前不设到达场时，可根据需要设置迂回线。

9. 禁溜线

禁溜车停留线（简称禁溜线）是暂时存放解体作业过程中不能或不必从驼峰溜放车辆的线路。在车列解体过程中遇有因车辆所装载货物的性质不能溜放和车辆本身结构的原因不能通过驼峰或减速器的车辆，要送往靠近峰顶的禁溜线暂存，以便其他车辆继续溜放。待车列解体完毕，或禁溜线上已满载时，由调机经由绕过峰顶和减速器的迂回线送往峰下调车场。

大、中能力驼峰应设两条禁溜线，如图 4-37 所示。有效长度可采用 150m，小能力驼峰可以根据需要设置。

4.6.3　驼峰纵断面

驼峰纵断面设计主要包括峰高计算、溜放部分纵断面、调车场纵断面、峰顶平台及有关线路纵断面设计等内容。

1. 峰高计算

驼峰的峰高是指峰顶与难行线计算点之间的高差，如图 4-37 所示。峰高应根据驼峰的类型、朝向、所在地区的气象条件以及采用的调速系统等因素确定。

为了计算货车的溜放阻力，将经过驼峰解体的车辆分为易行车、中行车和难行车三种。易行车为经驼峰溜放时基本阻力与风阻力之和最小的车辆，规定采用满载的 60t 敞车，总质量 80t；中行车为经驼峰溜放时基本阻力与风阻力之和较小的车辆，规定采用满载的 50t 敞车，总质量 70t；难行车为经驼峰溜放时基本阻力与风阻力之和较大的车辆，规定采用不满载关门窗的 50t 棚车，总质量为 30t。

驼峰峰高应保证在溜车不利条件下以 5km/h 的推送速度解体车列时，难行车能溜至难行线的计算点。计算点的位置应根据驼峰调速系统确定。溜车不利条件是指车辆的基本阻力与风阻力之和为最大的溜放条件。难行线是指调车场所有溜车的线路中车辆溜放总阻力最大的线路。

大中能力驼峰的峰高还应保证在溜车不利条件下，以 5km/h 的推峰速度解体车列时，难行车溜至难行线的计算点并达到其调速系统规定速度的要求。当设计驼峰的溜车方向与当地冬季主要季风方向相反时，设计峰高应按计算出的峰高再加 10%。

采用减速器＋减速顶点连式调速系统的驼峰的峰度，应保证在不利溜车条件下以 5km/h 的推送速度解体车列时，难行车溜到打靶区段末端仍有 5km/h 的速度进入减速顶的控制区。其峰高 $H_{峰}$ 可按下式计算：

$$H_{峰} = \left[L_{溜}(w_{基}^{溜} + w_{风}^{溜}) + L_{场}(w_{基}^{场} + w_{风}^{场}) + 8\sum\alpha + 24n \right]$$
$$\times 10^{-3} + \frac{v_{推}^{2} - v_{推}^{2}}{2g'_{难}} \tag{4-38}$$

式中　$L_{溜}$——峰顶至难行线车场制动位有效制动长度入口的距离（m）；

　　　$L_{场}$——车场制动位有效制动长度入口至打靶区末端（计算点）的距离（m）；

　　$w_{基}^{溜}$，$w_{基}^{场}$——不利溜放条件下，难行车在驼峰溜放部分和车场部分的列车运行单位基本阻力（N/kN），根据牵引计算和线路设计原理，列车单位阻力 w 与坡度 i 的千分数可以换算，$w=i$；

$w_溜^难$，$w_场^难$——不利溜放条件下，难行车在驼峰溜放部分和车场部分的列车运行单位风阻力（N/kN）；

$\quad n$——峰顶至难行线车场制动位范围内的道岔个数；

$\quad \sum\alpha$——峰顶至难行线车场制动位范围内的曲线道岔转角之和（°）；

$\quad v_推$——推峰速度（km/h）；

$\quad v_挂$——安全连挂速度（km/h）；

$\quad g_难'$——考虑了转动惯量影响的难行车重力加速度（m/s²）。

将式（4-38）中的$L_溜$、$L_场$合并为$L_计$，则驼峰计算公式可以化简为：

$$H_峰 = \left[L_计(w_基^难 + w_风^难) + 8\sum\alpha + 24n\right]\times10^{-3} + \frac{v_挂^2 - v_推^2}{2g_难'} \qquad (4-39)$$

式中　$L_计$——峰顶至难行线打靶区段末端的距离（m）；

$\quad w_基^难$——在不利溜放条件下难行车的单位基本阻力（N/kN）；

$\quad w_风^难$——在不利溜放条件下难行车的单位风阻力（N/kN）。

上述公式中的列车运行速度、单位阻力及其他参数按照有关规定取值。

2. 溜放部分纵断面

驼峰的峰高应保证难行车在不利的溜放条件下能够溜到难行线的计算点。但是，峰高相同而纵断面设计不同时，车辆在纵断面上各点的溜行速度、溜行时间和前后钩车的间隔却不一样。因此，驼峰的峰高确定以后，还需进行溜放部分纵断面设计及优化，这对驼峰作业的安全、解体能力和工程投资具有重要意义。

（1）基本要求

解体的车辆自峰顶平台摘钩后即进入溜放区，如图 4-37 所示。驼峰溜放区一般由加速区、高速区、减速区和打靶区 4 个坡段组成，如图 4-41 所示。

溜放部分的纵断面设计要求主要如下：应设置为面向停车场的下坡，加速坡坡度不应大于 55‰，困难条件下不小于 35‰；可设置为多段坡或一段坡，设有减速器的线路坡度不宜小于 8‰，中间坡与加速坡的变坡点宜设置在第一分路道岔基本轨前；道岔区平均坡度不宜大于 2.5‰，边缘线束不应大于 3.5‰。

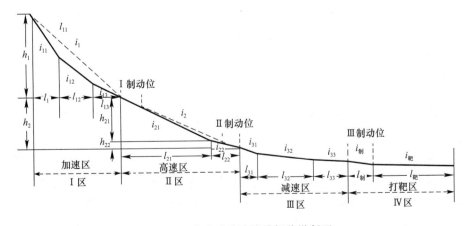

图 4-41　点连式驼峰溜放部分纵断面

我国广泛采用的减速器加减速顶点连式调速系统，解体能力大，要求有较高的解体速度和车辆溜放速度。在进行自动化驼峰溜放部分纵断面设计时，应使车辆在峰顶脱钩后尽快加速，在加速区内达到或接近容许的最大速度，然后在高速区范围内继续保持高速溜行，并进入减速区。减速区的坡度比较缓，曲线道岔的附加阻力比较大，钩车溜放为减速趋势，但钩车在减速区的溜行速度仍然比较高，一直到钩车进入车场制动位（Ⅲ制动位）经过目的制动后，速度才迅速降下来。由于难、易行车的溜放阻力相差比较大，对纵断面的要求不同，适合难行车溜放的纵断面对易行车则不利。

驼峰溜放部分纵断面除了要保证钩车高速溜放外，还应保证前后钩车溜经道岔和减速器制动位时有必要的时间间隔（或距离）。因此希望难、易行车的速度曲线互相接近，使难、易行车的溜行时差 Δt 最小。因而溜放部分纵断面应兼顾难、易行车两方面的要求。

（2）各坡段设计方法与步骤

驼峰纵断面设计的主要内容是确定各区坡段的坡度和坡段长度。

1）加速区

加速区的高度应使易行车在有利的溜放条件下，以 7km/h 的速度推峰解体，溜到Ⅰ制动位有效制动长度的始端时，其速度不超过减速器容许的最大入口速度 $v_{\max}$。加速区的长度为峰顶至Ⅰ制动位有效制动长度始端的距离。加速区的高度 h_1 和平均坡度 i_1 按照有关规定计算。

加速区一般设计成 3 个坡段 $l_{11}i_{11}$、$l_{12}i_{12}$ 和 $l_{13}i_{13}$。加速区的第一坡段 $l_{11}i_{11}$ 应使各种走行性能的钩车在峰顶脱钩后尽快加速，使前后钩车拉开间隔。因此，第一坡段的坡度值 i_{11} 应设计成较陡的坡度。使用蒸汽机车调机时，坡度不大于 40‰；使用内燃调机时，不大于 50‰。加速区第一坡段的坡度较陡时，l_{11} 的长度应短一些，变坡点设在第一分路道岔之前。

为了不在Ⅰ制动位始端变坡，应使加速区第三坡段的坡度 $i_{13}=i_{21}$。加速区第三坡段 $l_{13}i_{13}$ 与第二坡段 $l_{12}i_{12}$ 变坡点的位置一般设在Ⅰ制动位与顺向道岔之间。如上述位置的长度放不下两条竖曲线的切线，则应将变坡点设在第一分路道岔之前（此时加速区为两段坡）。

加速区第一坡段 $l_{11}i_{11}$ 和第三段坡 $l_{13}i_{13}$ 设计完成后，可按要求进行加速区第二坡段 $l_{12}i_{12}$ 的设计，应使 $i_{12}\geqslant i_{13}$。另外，如驼峰峰高较低时，高速区设计的坡度较缓，可降低加速区的高度 h_1 和减缓平均坡度 i_1。

2）高速区

钩车在高速区获得最高的溜行速度，高速区的长度 l_2 是从Ⅰ制动位有效制动长度的始端到Ⅱ制动位有效制动长度的末端。高速区一般设计成 $l_{21}i_{21}$ 和 $l_{22}i_{22}$ 两个坡段，如图 4-41 所示。

高速区应使难行车用 7km/h 的推峰解体速度，在不利的溜放条件下自由溜过加速区以后，在高速区的第一坡段 $l_{21}i_{21}$ 范围内继续加速到容许的最大速度，然后在第二坡段 $l_{22}i_{22}$ 范围内保持高速溜行。

高速区两个坡段间的变坡点宜靠近Ⅱ制动位，距Ⅱ制动位有效制动长度始端的距离大于竖曲线切线长 $T_竖$ 与减速器两端喇叭口的长度之和，根据变坡点的位置确定 l_{21} 和 l_{22} 的长度，然后计算第一坡段的坡度 i_{21}。

高速区的第二坡段 $l_{22}i_{22}$ 应使难行车在不利溜放条件下离开第一坡段后，继续保持高速溜行，因此应使第二坡段的坡度 i_{22} 等于难行车的阻力当量坡。

3）打靶区

在驼峰编组场点连式调速系统中，打靶区是从Ⅲ制动位的减速器出口到减速顶群的始端，这段距离称为"打靶区"，这段距离内没有调速设备，如图4-41所示。它是减速器、减速顶两种调速设备的联络区，溜放车组从Ⅲ制动位按规定速度放出，通过打靶区进入减速顶区。如停留车位于打靶区时，溜放车组与停留车连挂，全靠Ⅲ制动位控制，所以说打靶区是Ⅲ制动位控制速度的检验区。

打靶区的长度 l_4 是从Ⅲ制动位有效制动长度始端至打靶区末端的距离，由Ⅲ制动位的长度 $l_制$ 和打靶距离 $l_靶$ 两部分组成。

Ⅲ制动位的任务是承担溜放钩车的目的制动，对入线的钩车进行调速，使之安全进入连挂区。这样，驼峰溜放部分的Ⅰ、Ⅱ制动位主要担当间隔制动，从而可以提高驼峰的解体能力。Ⅲ制动位应设在每条调车线的始端，离岔后曲线尾端要有一定长度的直线段。在不设测阻区段的情况下，此直线段只需1辆车（14m）长度，以使溜放车辆进入减速器时两个转向架都处在直线段上，不再受曲线的影响。Ⅲ制动位的坡度不考虑车辆被夹停后重新启动所需要的较陡坡度。此段坡的坡度值一般采用2‰～3‰，高寒地区采用3‰～4‰。Ⅲ制动位所需减速器的制动力要根据计算确定。制动位的长度以25～30m为宜。

打靶区坡度与长度取决于气象条件及减速器出口速度控制误差和难、易行车离开Ⅲ制动位的出口速度等因素。打靶坡度如偏陡，将发生易行车超速。偏陡的打靶坡段，其坡长受易行车控制；而偏缓的打靶坡段，其坡长受难行车溜放远度的控制。打靶长度一般为80～150m。打靶坡段的坡度一般采用0.6‰～1.0‰的下坡，必要时可以采用平坡。

4）减速区

减速区的长度 l_3 为Ⅱ制动位有效制动长度的末端至Ⅲ制动位有效制动长度始端的距离。

减速区的坡度应使易行车在有利的溜放条件下适当减速。减速区可采用0‰～2.5‰的下坡。如果驼峰较高，减速区的坡度值大于易行车在该坡段的阻力当量坡时，应保证易行车溜到Ⅲ制动位的入口速度不超过制动能高容许的速度。减速区一般设计成3个坡段 $l_{31}i_{31}$、$l_{32}i_{32}$、$l_{33}i_{33}$，如图4-41所示。

为了不在Ⅱ制动位末端变坡，一般设 $i_{31}=i_{22}$。第二坡段的坡度取为2‰，第三坡段的坡度比第二坡段小0.5‰～1‰。即令 $i_{32}=2‰$，$i_{33}=i_{32}-1‰$（或0.5‰）。

（3）设计特点

综上所述，点连式驼峰溜放部分纵断面设计具有如下特点：

235

1）在有利的溜放条件下，用易行车从峰顶溜到Ⅰ制动位有效制动长度入口时，其速度不超过容许速度 7km/h 为约束条件，进行加速区的设计；

2）在不利的溜放条件下，用难行车从峰顶溜到Ⅱ制动位有效制动长度入口时，其速度不超过容许速度 7km/h 为约束条件，进行高速区的设计；

3）减速区的坡度一般采用易行车在有利溜放条件下的阻力当量坡，使易行车溜出高速区之后不加速；

4）打靶区的坡度一般采用 0.5‰～1‰。

3. 调车场纵断面

车辆自峰顶脱钩后，经溜放部分Ⅰ、Ⅱ制动位调速后进入调车线，再由调车线头部的Ⅲ制动位"打靶"一段距离，使车辆低速进入减速顶控制的连挂区段，然后以不大于容许的连挂速度继续往前溜行，直至与停留车或前行车安全连挂。

点连式驼峰调车场的纵断面由连挂区坡段和尾部停车区坡段组成。连挂区为车辆集结的区段，尾部停车区段的作用是防止驼峰解体时车辆溜出调车线的末端，并利用停车区进行尾部调车作业。图 4-42 为点连式驼峰调车场平、纵断面示意图。

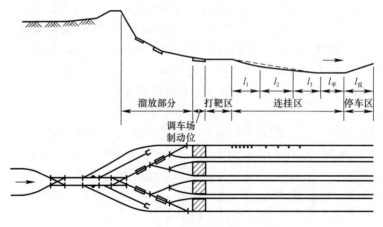

图 4-42 调车场平、纵断面示意图

减速器（顶群）坡段应设计为顺溜车方向的下坡。

（1）连挂区的平均坡度

连挂区的长度是从打靶区的末端至尾部停车区平坡段始端的距离。

连挂区的坡度对车辆溜行起加速作用；连挂区内布置的减速顶对超过规定速度的车辆起减速作用。两者互相配合可以使各种走行性能的车辆均以不高于容许的连挂速度继续往前溜行。为了节省工程投资，连挂区的平均坡度采用中行车在不利溜放条件下的阻力当量坡度。

（2）连挂区第一坡段

连挂区应设计为前陡后缓多坡段的纵断面。在高差相同的条件下，多坡段纵断面比单一坡段纵断面对连挂更为有利。

对于前陡后缓多坡段的连挂区，其第一坡段 l_1 起排空作用，应使难行车在不利溜放条件下能溜出这个坡段，使易行车在有利溜放条件下不超速。为此，需要在该坡段设置相应数量的减速顶，对易行车进行减速。第一坡段的坡度，一般地区宜采用 $2.3‰～3.2‰$，东北地区采用 $2.6‰～3.2‰$。第一坡段的长度应根据解体车流情况、地形条件或原有车场的纵断面（改建时）来确定，如解体车流中难行车较多时，第一坡段长度应尽量采用 200m。这样可以使连挂区的前部经常保持空线，有利于大组车的溜放。条件困难时可缩短其长度。

（3）连挂区第二坡段

第二坡段 l_2 应使大量的中行车顺利地通过该坡段。因此，其坡度取中行车在不利溜放条件下的阻力当量坡。我国北、南方地区一般采用 $1.7‰～2.2‰$ 的坡度，东北地区采用 $2.2‰～2.4‰$ 的坡度。第二坡段的长度应根据中行车需要的溜行远度而定。一般要求中行车能溜到调车线有效长的 3/4 处。因此，第二坡段的长度一般取 200m。

（4）连挂区第三坡段

第三坡段 l_3 的坡度应采用易行车在有利溜放条件下的阻力当量坡。我国的易行车绝大多数为滚动轴承，其阻力当量坡为 $0.6‰～1.0‰$。第三坡段的长度一般为 200m。

上述连挂区 3 个坡段的长度之和约 600m，再加上打靶区的长度 100m，总计约为 700m。该长度已接近驼峰调车场头部与尾部作业区的分界线。此后设计为平坡 $l_平$，如图 4-42 所示。

（5）调车场尾部线路

调车场尾部指连挂区平坡末端至警冲标的线路。

调车场尾部应采用面向调车场的下坡 $l_反$，如图 4-42 所示。当调车场尾部无摘挂等多组列车编组作业时，宜采用 $1.5‰～2.5‰$ 的下坡，高差不宜小于 0.3m，困难情况下不应小于 0.2m；当调车场尾部办理摘挂等多组列车编组作业，但无单独线束办理时，该坡道可加大到 $4‰$，但应保证牵出车列在任何地段停车后能够启动。调车场尾部有单独线束进行摘挂等多组列车编组作业时，道岔区平均坡度不宜大于 $2.5‰$，边缘线路坡度不应大于 $3.5‰$。

4. 峰顶平台及有关线路纵断面

（1）峰顶平台

峰顶平台的用途是连接溜放坡和推送坡，防止解体作业中发生车辆断钩、脱钩，并保证不致降低驼峰的实际高度等，如图 4-37 所示。峰顶平台的净长（不包括竖曲线切线长）一般为 $7.5～10$m。压钩坡较大时，平台长度应采用较大值。峰顶平台的净长应能满足禁溜车停留线在峰顶出道岔时设置尖轨或辙叉的长度。

（2）推送部分

推送部分的线路纵断面系指当其第一辆车停在峰顶时，驼峰解体车列长度范围内的纵断面。推送部分线路的平均坡 $i_推$ 由车场坡 $i_场$ 和压钩坡 $i_压$ 组成，如图 4-43 所示。

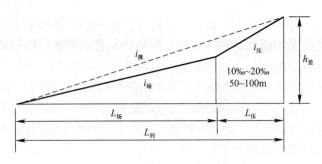

图 4-43 驼峰推送部分纵断面图

推送部分线路纵断面的设计条件如下：保证车列停在任何困难条件下，用一台调机能够启动车列；峰前应设一段压钩坡使车钩松动，其坡度宜采用 10‰～20‰，困难条件下不大于 30‰，其长度宜采用 50～100m，以便提钩。驼峰推送部分纵断面一般设计成 $L_场$、$L_压$ 两个坡段，需按有关要求进行设计。

4.7 车站通过能力

计算车站通过能力的主要任务是确定新建车站的通过能力，检查其是否能满足计算年度运量的需求；查明既有车站通过能力的利用情况，根据运量增长的需要，有计划地进行车站改、扩建；找出车站设施和作业组织中的薄弱环节，挖掘潜力，提高效益；查明车站各项设施之间以及区间与车站之间通过能力是否协调，以便制定加强措施。

车站通过能力主要由线路通过能力决定，可按照一般车站、编组站、客运站等分别计算。

4.7.1 概述

1. 能力分类

车站通过能力包括咽喉通过能力和到发线通过能力。

（1）咽喉通过能力

咽喉通过能力是指车站某咽喉区各方向接、发车进路咽喉道岔组通过能力之和，其目的是检算车站咽喉区能力与到发线能力是否协调。咽喉道岔组通过能力是指在合理固定到发线使用方案及作业进路条件下，某方向接、发车进路上最繁忙的道岔组一昼夜能够接、发该方向的货物（旅客）列车数和运行图规定的旅客（货物）列车数，其目的是检算区间通过能力与车站咽喉通过能力是否协调。

（2）到发线通过能力

到发线通过能力是指车站的到达场、出发场、通过场或到发场内办理列车到发作业的线路，采用合理的技术作业过程和线路固定使用方案，一昼夜能够接、发各方向的货物（旅客）列车数和运行图规定的旅客（货物）列车数。

我国车站能力的查定和计算方法，通常是采取全面查标的方式，即连续 3 昼夜对各种作业进行写实，然后对写实数据进行分析整理，逐一研究确定各单项作业时间标准，并据此计算出车站的各种能力。查定车站能力所需要的数据均可通过车站联锁设备或计轴器采集。

2. 影响因素

车站通过能力受下列因素的影响：

1）车站技术设施的特征。如站场的类型、咽喉区的结构、到发线的数量和进路、到发线有效长以及车站信联闭的类型等。

2）车站办理列车的种类和数量。如客、货列车的比例、摘挂列车的数量等。随着旅客列车和摘挂列车数量的增加，车站通过能力将降低。

3）列车到发的均衡程度。列车到发的不均衡性与列车运行图和车站衔接的方向数有关。随着不均衡性的增加，车站通过能力将降低。

4）到发线的空费时间。到发线 1 昼夜不能被用来接发列车的空闲时间称为空费时间。它是由于列车到发的不均衡、列车各作业环节配合不紧密以及列车平均每列占用到发线的时间不可能为 1440min（1 昼夜时间的分钟数）的整倍数等原因而产生的。随着空费时间的增加，车站通过能力将降低。空费时间的大小可用空费系数 $\gamma_{空}$ 表示，即：

$$\gamma_{空} = \frac{\sum t_{空费}}{\sum t_{占} + \sum t_{空费}} \tag{4-40}$$

式中　$\sum t_{空费}$——1 昼夜某项设施总的空费时间（min）；

　　　$\sum t_{占}$——1 昼夜某项设施被作业占用的总时间（min）。

3. 计算方法

可通过分析计算、图解计算、计算机模拟等方法计算车站的通过能力。

（1）分析计算法

分析计算法，也称公式计算法，包括直接计算法和利用率计算法两种。

1）直接计算法

根据每列车的到发作业所占用的平均时间来计算，通过能力的一般计算公式为：

$$N = \frac{1440}{t_{占}} \tag{4-41}$$

式中　N——车站某项设施的通过能力（列）；

　　　$t_{占}$——每列车到发作业占用某项设施的平均时间（min）。

2）利用率计算法

根据车站设施的利用率和列车数进行计算，一般计算公式为：

$$N = \frac{n}{K} \tag{4-42}$$

式中　n——占用某项设施的现有列车数；

　　　K——车站某项设施的利用率，按下式计算：

$$K = \frac{\sum n t_{占}}{1440} \tag{4-43}$$

分析计算法只能求出车站某项设施通过能力的概略平均值，方法简便，节省时间，无论新建车站或既有车站均可采用该种方法求算通过能力。

（2）图解计算法

该法是根据车站相邻区段的列车运行图、车站技术设施的固定使用方案、车站技术作业过程和作业时间标准等有关资料，绘出车站一昼夜或繁忙时段列车接发、解体、集结、编组、机车出入段等作业过程的图表，以求得车站各项设施的通过能力。

这种方法的特点是能把区间和车站各项技术设施作为一个统一的整体来求得车站的通过能力，比分析法更符合实际。但绘制这种图表复杂费时，新建车站因缺少原始资料而不能采用。目前一般可在作业繁忙的既有站绘出高峰阶段的图表，用来弥补分析计算法之不足，或用于客运站求算通过能力。

（3）计算机模拟法

计算机模拟法以排队论为理论基础，以计算机模拟为基本手段，把列车到、解、集、编、发等各项作业过程作为一个相互关联的排队系统，通过模拟计算得出车站通过能力有关参数的回归方程，然后计算出既有车站的通过能力。

这是解决多因素相互关联问题的比较先进方法。它不但克服了分析计算法片面考虑某单项因素求解的缺陷，而且还可以解决车站与区间、车站内各项技术设备之间能力的协调问题，是车站通过能力计算方法的发展方向。

4.7.2　咽喉通过能力

车站咽喉通过能力的计算一般采用利用率法。

1. 占用咽喉时间标准的确定

（1）列车占用咽喉时间标准

列车占用咽喉时间包括接车占用时间和出发占用时间。

1）列车接车占用时间 $t_{接}$

$t_{接}$ 是指车站自开始准备接车进路时起，至列车进入到发线警冲标内方停车时止，列车占用咽喉区的时间，可用查定方法或按下式计算：

$$t_{接} = t_{准} + t_{进} \tag{4-44}$$

式中　$t_{准}$——准备接车进路及开放信号时间（min）；

　　　$t_{进}$——列车通过进站距离的时间（min），即自接车进路准备完毕时起，至列车腾空该咽喉区时止的时间，参照图 4-44 按下式计算确定：

$$t_{进} = 0.06 \times \frac{L_{进}}{v_{进}} = 0.06 \times \frac{l_{列} + l_{确} + l_{制} + l_{进}}{v_{进}} \tag{4-45}$$

式中　$L_{进}$——列车进站距离（m）；

　　　$v_{进}$——列车进站平均速度（km/h）；

　　　$l_{列}$——列车长度（m）；

　　　$l_{确}$——在司机确认信号的时间内列车所走行的距离（m）；

　　　$l_{制}$——列车制动停车距离（m）；

$l_{进}$——由进站信号机起至咽喉道岔联锁区轨道绝缘节（分段解锁时）止的距离（m）。

上述距离及相互关系如图 4-44 所示。

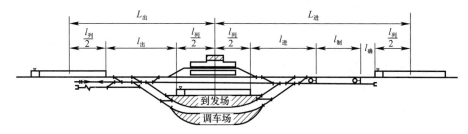

图 4-44　接发列车进路长度示意图

2）列车出发占用时间 $t_{发}$

$t_{发}$ 是指自准备发车进路时起至列车腾空线路时止占用咽喉区的时间，可用查定方法或按下式计算：

$$t_{发} = t_{准} + t_{出} \tag{4-46}$$

式中　$t_{出}$——自发车进路准备完毕后列车启动时起，至列车尾部离开发车进路最外方道岔或咽喉道岔联锁区段轨道绝缘节止，列车占用咽喉的时间（min），参照图 4-44，按下式计算：

$$t_{出} = 0.06 \times \frac{L_{出}}{v_{出}} = 0.06 \times \frac{l_{列} + l_{出}}{v_{出}} \tag{4-47}$$

式中　$L_{出}$——列车出站距离（m）；

　　　$v_{出}$——列车出站平均速度（km/h）；

　　　$l_{出}$——由出站信号机起至发车进路最外方道岔或咽喉道岔联锁区段轨道绝缘节止的距离（m）。

准备进路和开放信号的时间标准 $t_{准}$ 应根据道岔和信号的操纵方式，参考表 4-23 中的数据确定。

准备进路和开放信号时间标准　　　　　　　　表 4-23

作业名称	时间（min）	
准备进路办理一个道岔作业的时间	非集中联锁	0.2～0.4
	集中联锁	0.1～0.2
电气集中准备一条进路的时间	0.1～0.15	
开放信号时间	色灯信号机	0.1
	臂板信号机	0.25

（2）调车占用咽喉时间标准

调车占用咽喉时间标准包括下列几项：

1）车列牵出时间 $t_{牵}$

$t_{牵}$ 是指调车机车由牵出线指定地点启动时起，进入到发场将车列牵出至车列尾部腾空该线时止所占用咽喉的时间，可用查定方法或按下式计算：

241

$$t_牵 = t_{空程} + t_准 + 0.06 \times \frac{L_牵}{v_牵} \tag{4-48}$$

式中　$t_{空程}$——调车机由牵出线指定地点至到发场的空行时间（min）;

　　　$L_牵$——车列自到发场至牵出线牵出时行经的距离（m）;

　　　$v_牵$——车列牵出平均速度（km/h）;

　　　$t_准$——准备进路时间，事先准备好进路时可忽略不计（min）。

2）车列转线时间 $t_转$

$t_转$ 是指调车机车由调车场连挂车列启动时起，至将车列转往到发线、摘机后返回牵出线时止所占用咽喉的时间，可用查定方法或按下式计算:

$$t_转 = t_准 + 0.06 \times \frac{L_转}{v_转} + t_{空程} \tag{4-49}$$

式中　$L_转$——车列由牵出线至到发线转线时所行走的距离（m）;

　　　$v_转$——车列转线平均速度（km/h）;

　　　$t_{空程}$——调车机车由到发场返回牵出线指定地点的空行时间（min）。

3）取车（送车）占用时间 $t_{取（送）}$

$t_{取（送）}$ 是指自准备办理取（送）进路时起，至车列离开该咽喉区进路解锁时止所占用咽喉的时间，可以用写实查定的方法确定。

（3）机车占用咽喉时间 $t_机$

$t_机$ 包括机车出段、入段占用咽喉的时间，是指自准备进路时起至机车进入到发线警冲标内方或机务段内进路解锁时止占用咽喉的时间，可用写实查定的方法确定。

（4）固定作业占用时间 $\sum t_固$

固定作业占用时间 $\sum t_固$ 包括下列各项作业所占用的时间: 列车到、发、调移及其机车出入段等作业; 向车辆段、机务段及货场、专用线装卸地点定时取送车辆的作业; 调车机车在出入段作业。

（5）妨碍时间 $\sum t_妨$

咽喉道岔（组）的妨碍时间 $\sum t_妨$ 是指由于列车、调车车列和机车占用与咽喉道岔（组）有关进路上的其他道岔而妨碍了该咽喉道岔（组）的使用时间。按其产生的条件不同，妨碍时间可分为直接妨碍和间接妨碍两种时间。

1）直接妨碍时间

某一妨碍进路与咽喉道岔（组）的全部占用进路互相敌对时，受此妨碍进路影响而造成该咽喉道岔（组）不能使用的时间称为直接妨碍时间。例如图 4-35(b) 中在 A 端咽喉往 16 道接 A 方向到达区段列车，需占用①、③、⑦、⑪、⑬号咽喉道岔组。这时⑤、⑨号道岔组虽然不直接占用，但必须全部停止使用，从而使该两个道岔组（⑤、⑨）产生了妨碍时间。由于直接妨碍时间比较直观，在计算时可以将其列入咽喉道岔占用时间计算表，并用括号标出，以示区别。

2）间接妨碍时间

某一妨碍进路只与咽喉道岔（组）的部分进路互相敌对而造成的妨碍时

间称为间接妨碍时间。间接妨碍时间可用概率论的原理进行计算。为简化起见，在计算区段站咽喉通过能力时，可概略计入空费时间内，在空费系数中予以扣除。

咽喉道岔占用时间标准可参考表 4-24。

咽喉道岔占用时间表（min） 表 **4-24**

货物列车 接车占用	旅客列车 接车占用	货物列车 出发占用	旅客列车 出发占用	单机占用	调车作业 占用
6～8	5～7	5～7	4～6	2～4	4～6

2. 道岔占用时间计算

（1）确定到发场线路合理分工方案

到发场线路合理分工方案的实质就是合理分配各车场每条线的作业量，应根据到发线数量、行车量、咽喉布置特点等因素来确定分工，并应遵守下列两点要求：均衡使用到发线，使每条线的接发列车数或总占用时间大致相等；合理利用咽喉区的平行进路，使作业量不致过分集中于个别咽喉道岔（组）。

（2）按咽喉区进行道岔分组

车站咽喉区道岔较多，为了简化计算，可按不同情况将道岔进行分组。例如图 4-35(b) 中，A 端咽喉分为 7 组，B 端咽喉分为 11 组，这样可大大地简化确定负荷量最大的咽喉道岔（组）的工作。

（3）计算咽喉区各道岔组总占用时间

道岔分组及到发场分工确定之后，就需要进一步计算出各道岔组一昼夜进行各项作业的总占用时间（T），即：

$$T = n_接 t_接 + n_发 t_发 + n_机 t_机 + \sum t_调 + \sum t_妨 + \sum t_固 \qquad (4\text{-}50)$$

式中　$n_接，n_发$——列入计算中一昼夜占用道岔组到达、出发的列车数（包括摘挂列车）；

　　　　$n_机$——列入计算中一昼夜占用道岔组的单机次数；

　　　　$\sum t_调$——一昼夜调车作业占用道岔组的总时分，但在 $\sum t_固$ 中的调车作业时分除外；

　　　　$\sum t_妨$——由于列车、调车车列或机车作业占用该道岔组敌对进路上的其他道岔组，而需完全停止使用该道岔组的妨碍时分。

（4）负荷量最大的咽喉道岔组的选定

车站内凡办理接发列车的咽喉区均应计算其通过能力。它是由各咽喉区内负荷量最大的道岔组［即式（4-43）中 K 值最大、最繁忙咽喉道岔组］一昼夜内能办理的到发列车数决定的。但当有下列情况时，则需要根据以下规定选定两个或更多的咽喉道岔组：一个咽喉区有两个以上的衔接方向时，应分别按各衔接方向接车进路或发车进路上负荷量最大的道岔组选定咽喉道岔组；同一衔接方向的不同列车（有调中转、无调中转）经由各个不同的进路到、发时，应分别按不同列车进路选定咽喉道岔组。

243

根据式（4-43），考虑到固定作业占用时间（$\sum t_固$）等的影响，咽喉道岔（组）通过能力利用率按下式计算：

$$K=\frac{T-\sum t_固}{(1-\gamma_{空费})(1440-\sum t_固)}$$ (4-51)

式中　$\gamma_{空费}$——考虑咽喉道岔（组）的空费时间和间接妨碍时间扣除的系数，可采用 0.15～0.20。

3. 咽喉通过能力计算

（1）车站各衔接方向咽喉道岔（组）通过能力

该站咽喉道岔（组）通过能力按下式计算：

接车：$N^i_{货接}=\dfrac{n^i_{货接}}{K}$ (4-52)

发车：$N^i_{货发}=\dfrac{n^i_{货发}}{K}$ (4-53)

式中　$N^i_{货接}$，$N^i_{货发}$——i 方向货物列车接车或发车的咽喉道岔组通过能力；

$n^i_{货接}$，$n^i_{货发}$——i 方向列入计算中接入或出发的货物列车数。

（2）咽喉区的通过能力

咽喉区的通过能力按下式计算：

接车：$N_{货接}=\sum N^i_{货接}$ (4-54)

发车：$N_{货发}=\sum N^i_{货发}$ (4-55)

4.7.3　到发线通过能力

到发线通过能力是指到发场中办理列车到发作业的线路一昼夜能够接、发各方向的列车数（主要是货物列车数）和运行图规定的旅客列车数。到发线通过能力可采用利用率计算法进行计算。

1. 占用到发线时间标准的确定

（1）无调中转货物列车占用到发线时间

$$t_中 = t_接 + t_{中技} + t_{待发} + t_发$$ (4-56)

式中　$t_{中技}$——无调中转列车技术作业占用到发线的时间（根据该种列车技术作业过程的规定取值）（min）；

$t_{待发}$——列车等待出发占用到发线时间（min）。

（2）部分改编中转货物列车占用到发线时间

$$t'_中 = t_接 + t'_{中技} + t_{待发} + t_发$$ (4-57)

式中　$t'_{中技}$——部分改编中转货物列车（包括变更列车运行方向、变更列车质量、换挂车组）技术作业占用到发线的时间，根据该种列车技术作业过程的规定取值（min）。

（3）到达解体货物列车占用到发线时间

$$t_解 = t_接 + t_{解技} + t_{待解} + t_牵$$ (4-58)

式中　$t_{解技}$——到达解体列车技术作业占用到发线的时间，根据该种列车技术作业过程的规定取值（min）；

$t_{待解}$——列车等待解体占用到发线的时间（min）；

$t_牵$——车列牵出占用到发线的时间（min）。

（4）自编出发货物列车占用到发线时间

$$t_编 = t_转 + t_{编技} + t_{待发} + t_发 \qquad (4\text{-}59)$$

式中　$t_转$——车列转线占用到发线的时间（min）；

$t_{编技}$——自编出发列车技术作业占用到发线的时间，根据该种列车技术作业过程的规定取值（min）。

（5）单机占用到发线时间

按运行图规定接发单机占用到发线的时间 $t_机$ 可根据上述车站咽喉通过能力所述的方法进行查定。

（6）固定作业占用到发线的时间

固定作业占用到发线的时间包括以下两项：旅客列车占用到发线的时间；向车辆段、机务段及货场、专用线装卸地点定时取送车辆占用到发线的时间（不占用到发线时可以不计）。

（7）其他作业占用到发线的时间

占用到发线的其他作业包括以下几项：接发军用列车占用到发线的时间；保温列车加冰、加盐占用到发线的时间；牲畜列车上水、上饲料占用到发线的时间。此外，如该站有转场（交换）车，应按一种车列计算其占用到发线的时间。

应采用有效措施将各种等待时间（待解、待发）标准压缩到最小限度。可用图解法或分析法予以确定。图解法是指编制车站工作日计划图或用技术作业图表图解的方法。分析法是指对于实行新的列车运行图后 1～3 个月完成的实绩，通过对其中过长的等待时间加以认真分析，剔除不合理部分，并与近期的实绩进行比较后确定最小等待时间的方法。

新建区段站占用到发线时间标准，可参照相同类型的既有区段站的时间标准进行取值。

2. 到发线总占用时间的计算

一昼夜到发线总占用时间按下式计算：

$$T = n_中 t_中 + n'_中 t'_中 + n_解 t_解 + n_编 t_编 + n_机 t_机 + \sum t_固 + \sum t_{其他} \qquad (4\text{-}60)$$

式中　$n_中$，$n'_中$，$n_解$，$n_编$，$n_机$——列入计算中一昼夜在该到发场办理到发作业的无调中转、部分改编中转、到达解体、自编出发的列车数及单机数；

$t_中$，$t'_中$，$t_解$，$t_编$，$t_机$——办理以上各种列车一列或单机一次占用到发线的时间（min）；

$\sum t_固$——一昼夜固定作业占用到发线的时间（min）；

$\sum t_{其他}$——一昼夜其他作业占用到发线的时间（min）。

3. 到发线通过能力利用率的计算

根据式（4-51）的原理，加入用于办理列车到发技术作业的线路数 M 的影响，可得：

$$K = \frac{T - \sum t_固}{(1440M - \sum t_固)(1 - \gamma_空)} \qquad (4\text{-}61)$$

式中　K——到发线通过能力利用率；

$\quad\quad M$——用于办理列车到发技术作业的线路数；

$\quad\quad \gamma_空$——到发线空费系数，可取 $0.15\sim0.20$。

4. 到发线通过能力计算

到发线通过能力应按方向和列车种类分别计算接车和发车的通过能力。

接发无调中转货物列车、部分改编中转货物列车、到达解体货物列车和自编货物列车，分别按下列公式计算。

$$N_{货中} = \frac{n_中}{K} \tag{4-62}$$

$$N'_{货中} = \frac{n'_中}{K} \tag{4-63}$$

$$N_{货解} = \frac{n_解}{K} \tag{4-64}$$

$$N_{货编} = \frac{n_编}{K} \tag{4-65}$$

到发线（场）接发该方向货物列车的通过能力为：

接车：$N_{货接} = N_{货中} + N'_{货中} + N_{货解}$ \tag{4-66}

发车：$N_{货发} = N_{货中} + N'_{货中} + N_{货编}$ \tag{4-67}

则到发场接发货物列车的通过能力为：

$$N_{接发} = N_{货中} + N'_{货中} + N_{货解} + N_{货编} \tag{4-68}$$

若该站有几个到发场，则全站接发货物列车的通过能力为各到发场通过能力之和。

4.7.4　编组站通过能力

编组站的通过能力为到达场和出发场到发线的通过能力之和。

1. 到达场

影响到达场到发线通过能力的因素很多，主要包括列车到达的不均衡性、列检能力、驼峰解体能力及其负荷、接车延误率、空费系数等。

根据上述影响到发线通过能力的因素可见，到达场到发线通过能力是有条件的。它是指在驼峰能力、列检能力、列车到达间隔与作业时间分布规律等一定的条件下，按照不间断接车的可靠性要求，到发线一昼夜可能接入的最多列车数。

（1）基本计算公式

由前述的编组站车列作业排队系统可知，到达场的主要任务是保证完成车列解体前的技术准备工作和不间断地自区间接入解体列车。到达场到发线的通过能力应根据随机排队服务系统的理论来确定，可用直接计算法确定，其一般计算公式为：

$$n_到 = \frac{(1-\gamma'_空)(1440M_到 - \sum t_固)}{t_{到占}} \tag{4-69}$$

式中　$n_到$——到达场到发线的通过能力（列）；

$\gamma'_{空}$——到达场到发线的空费系数，见式（4-40）；

$M_{到}$——扣除本务机车和调车机车走行线以后，到达场可用于办理列车技术作业的线路数；

$\sum t_{固}$——接发旅客列车、定时取送车辆等固定作业占用到发线的时间（不包括摘挂列车占用到发线的时间）（min）；

$t_{到占}$——到发线通过能力利用程度达到饱和时每列解体列车平均占用到发线的时间（min），且：

$$t_{到占} = t_{技占}^{到} + t_{待}^{到} \qquad (4-70)$$

式中 $t_{待}^{到}$——车列在到达场的等待时间，包括待检和待解时间（min）；

$t_{技占}^{到}$——技术作业占用到发线的时间（min），应根据衔接方向、列车种类按下式分项查定：

$$t_{技占}^{到} = t_{接} + t_{到技} + t_{推占} + t_{解占} + t_{他占} \qquad (4-71)$$

式中 $t_{接}$——接车作业占用到发线时间（min），计算和查定方法见"到发线通过能力"部分；

$t_{到技}$——到达技术作业占线时间（min），按各站规定的货物列车技术作业程序及时间标准确定，通常解体列车到达技术作业时间标准可取 25～35min；

$t_{推占}$——车列预推过程占线时间（min），自调车机车挂妥车列向峰顶预推之时起至车列头部到达预推停车点时止的时间，一般根据预推距离和速度不同可取 4～5min；

$t_{解占}$——车列分解过程占线时间（min），由车列头部从预推停车点向峰顶推进时起至到发线腾空进路解锁时止的时间，可根据车列长度及推峰速度不同取 6～9min；

$t_{他占}$——其他作业占线时间，如单机到达等（min），可通过统计或写实办法确定其占用总时间 $\sum t_{其他}$，然后按统计或写实期间解体列车总数 $\sum n_{解}$，确定其他作业占用到发线的时间，即：

$$t_{他占} = \frac{\sum t_{其他}}{\sum n_{解}} \qquad (4-72)$$

对一个具体车站，$M_{到}$、$\sum t_{固}$ 是已知值。而在 $t_{到占}$ 中，当列车编成辆数、列车进站速度、列检定员数一定时，列车技术作业平均占线时间也是相对稳定的。它基本上服从正态分布，可以通过统计或查定取其平均值。但待检和待解时间以及每列摊到的空费时间则与列检和驼峰负荷水平、列车到达间隔和列检、驼峰作业的不均衡性以及到达场接车的可靠性要求有关。因此，如何正确确定在与到发线通过能力相对应的行车量情况下列车的占线时间（主要是待检、待解）和线路空费系数的合理值，是到达场到发线通过能力计算的关键。

（2）等待时间和空费系数计算

实践证明，待检、待解时间和空费系数的影响因素是错综复杂的，很难用理论公式表达，必须采用计算机模拟等方法取得有关数据并进行回归，求

247

得其经验公式。

1）计算等待时间的经验公式

$$t_{待}^{到} = 158.83 + 44.73\upsilon - 3.1176n_{峰} + 0.00988n_{峰}^2$$

$$+ 61.08 \times \frac{n_{解}t_{到技}}{1440C} + 0.00404n_{解}^2 \tag{4-73}$$

式中　υ——列车到达间隔的变异系数，一般情况下，到达场衔接 3 个及其以下方向时可取 0.75～0.8，平均取 0.775，4 个及其以上方向时取 0.85～0.90，平均取 0.875；

　　$n_{峰}$——驼峰的解体能力（包括重复解体交换车的能力），以列数计；

　　$n_{解}$——一昼夜到达场到达解体的列车数；

　　$t_{到技}$——到达技术作业时间（min）；

　　C——列检组数，当到达技术作业时间取 25min、30min、35min 时，分别按一昼夜办理 39 列、34 列、30 列计算。

2）计算空费系数的经验公式

$$\gamma'_{空} = 0.203 - 0.012M_{到} + 0.00024n_{峰} + 0.163\upsilon \tag{4-74}$$

由于式（4-73）中 $n_{解}$ 在确定通过能力时是未知数，因此在计算通过能力时，应采用逐步逼近法来求解。

2. 出发场

出发场到发线通过能力的计算与到达场通过能力的计算类似。

（1）基本计算公式

编组站的出发场（含与其并列的通过场）一端连接着调车场尾部牵出线（或联络线）及外包调车场的站内正线，另一端连接着各出发区段。其主要任务是：正确及时地完成车列出发前的技术准备工作，并保证不间断地接入中转列车和按运行图规定的时刻发车；保证繁忙期间能从调车场不间断地转入编成的车列，及时腾空调车场的线路，为驼峰的正常解体作业创造条件。计算出发场到发线通过能力时，办理一列出发列车平均占用线路的时间，除列车实际占用时间外，还应包括一定的空闲时间。

出发场到发线的通过能力同样可结合设备、车流及作业组织等具体条件采用直接计算方法进行确定。其基本计算公式为：

$$n_{发} = \frac{(1 - \gamma''_{空})(1440M_{发} - \sum t_{固})}{t_{发占}} \tag{4-75}$$

式中　$n_{发}$——出发场到发线通过能力（列）；

　　$M_{发}$——扣除本务机车及调车机车走行线后，出发场可用于办理技术作业的线路数；

　　$\gamma''_{空}$——出发场线路的空费系数；

　　$t_{发占}$——到发线利用程度达到饱和时，每列出发列车平均占用到发线时间（min），且：

$$t_{发占} = t_{发占}^{接} + t_{待}^{发} \tag{4-76}$$

式中　$t_{待}^{发}$——列车在出发场的等待时间，包括待检和待发时间（min）；

$t_{接占}^{发}$——每列车出发技术作业占线时间（min），且：

$$t_{接占}^{发} = t_{转(接)} + t_{发技} + t_{发} + t_{它占}^{发} \tag{4-77}$$

式中 $t_{转(接)}$——办理列车转线（中转列车为接车）占线时间（min），可按写实查定，$t_{接}$ 取 $5{\sim}8$min，$t_{转}$ 取 $7{\sim}9$min；

$t_{发技}$——办理列车转线技术作业时间（min），始发列车取 $25{\sim}35$min，无改编中转列车取 $35{\sim}40$min，部分改编中转列车取 $45{\sim}55$min；

$t_{发}$——列车出发占线时间（min），可按写实查定，一般取 $5{\sim}7$min；

$t_{它占}^{发}$——其他作业占线时间（min），包括单机接发、机车整备、非定时取送等随行车量增长而变化的其他技术作业占线时间，可通过统计或写实查定，并按下式计算：

$$t_{它占}^{发} = \frac{\sum t_{其他}}{\sum n_{发}} \tag{4-78}$$

式中 $\sum t_{其他}$——查定期间其他技术作业一昼夜占线总时间（min）；

$\sum n_{发}$——查定期间一昼夜发出的货物列车总列数。

由此可见，出发场到发线通过能力主要取决于办理出发作业的出发线数目 $M_{发}$、办理一列出发列车平均占线时间 $t_{发占}$ 以及固定作业时间 $\sum t_{固}$。对具体车站而言，$M_{发}$ 及 $\sum t_{固}$ 是确定值，而在 $t_{发占}$ 中，当出发场咽喉结构、列车编成辆数、列车出站速度、列检组数及其作业组织一定时，列车办理技术作业平均占线时间 $t_{接占}^{发}$ 是相对稳定的，它服从正态分布，可以取统计平均值，或通过写实查定。待检时间可以看作是待发时间的转化，在列检组数足够（负荷在 75% 以下）时，可以不必单独列出。根据统计可知，待发时间和空费时间两项在总占用时间中约占 70%，且与很多随机因素有关，不易查定。因此，如何正确而简便地推算出在一定条件下到发线通过能力利用程度达到饱和尚能保证出发场正常工作时的列车待发和线路空费时间的合理值，是计算出发场到发线通过能力的关键。

（2）待发时间和空费时间

列车待发及线路空费时间的影响因素是错综复杂的，有的又是互相矛盾的，很难用理论公式表达。为了确定反映各种影响因素的有关参数及找出测算系统处于平衡状态、到发线运用达到一定水平时列车待发时间和线路空费时间的经验公式，须利用计算机对编发系统进行模拟。

根据模拟输出的参数，对车列在出发场的等待时间进行回归，经过检验和参考现场实际资料进行修正后，得到计算待发时间的经验公式如下：

$$t_{待发} = 19.182 + 8.184D - 1.677\alpha + 16.96\upsilon_{\lambda}$$
$$+ 5.564M_{发} - 0.325M_{发}^{2} \tag{4-79}$$

式中 $t_{待发}$——车列在出发场的等待时间（min）；

D——出发场能同时出发的进路数；

α——区间通过能力后备占区间通过能力的百分数，一般取 $5{\sim}15$（正常情况下取 10）；

$M_发$——出发场用于办理货物列车技术作业的到发线数；

υ_λ——列车到达和转线间隔变异系数，可取 0.7~0.9。

在允许的车列转线和列车到达出发场的延误率下，系统处于平稳状态，通过能力达到饱和时，一列货物列车摊到的线路空费时间 $t_{空费}^发$ 可按下列经验公式计算：

$$t_{空费}^发 = -5.193 + 0.516t_{发占}^发 + 4.092D - 0.864\alpha + 4.987\upsilon_\lambda$$
$$+ 2.867M_发 - 0.168M_发^2 \tag{4-80}$$

3. 编发线通过能力

编发线的发车能力按下列公式计算：

$$N_{编发} = \frac{(1-\gamma_空)(1440M - \sum t_固)}{t_{编发}} \tag{4-81}$$

式中　M——编发线数量；

$\gamma_空$——编发线空费系数，取 0.15~0.20；

$t_{编发}$——一列列车平均占用编发线的时间（min），且：

$$t_{编发} = t_{预占} + t_{分解} + t_{集占} + t_{待编} + t_编 + t_出 + t_{待发} + t_发 + t_{其他} \tag{4-82}$$

式中　$t_{预占}$——开始向编发线解体前预先办理进路的时间，即自允许推峰时起至车列推到峰顶时止的时间（min）；

$t_{分解}$——解体一车列的时间（min）；

$t_{集占}$——集结一车列占用编发线的时间，根据实际查定的资料予以确定（min）；

$t_{待编}$——集结终了以后等待编组时间（min）；

$t_编$——车列的编组时间（min）；

$t_出$——列车出发技术作业占用时间（min）；

$t_{待发}$——列车待发时间，即自出发技术作业终了至发车时止的时间（min）；

$t_发$——发车时占用编发线时间，即自列车启动时起至列车腾空该线路时止（min）；

$t_{其他}$——摊到每列占用该编发线的其他作业时间（min）。

应当指出，上述公式只适应于车列在本线集结、本线发车的情况。实际作业中，编发线的固定使用方案是多种多样的，需根据实际情况灵活运用。

4.7.5　城轨车站通过能力

车站停留时间和折返站的折返能力是制约城市轨道交通车站通过能力的主要因素。

1. 车站停留时间

城轨线路通常采用双线，一般不设置车站配线，列车在区间实行追踪运行，在车站正线上办理客运作业。列车在车站的停留时间一般包括 3 部分：乘客上下车时间、上下车停止后的开关门时间以及车门关闭后的等待开车时间。

确定车站停留时间一般需考虑以下因素：列车牵引力与车门联锁系统的

等待时间，主要包括列车停站前的延误和车门关闭后的延误；车门开关时间，包括开关门警告时间以及其他施加于车门的动作时间约束；客流量，某方向旅客上下速率一般取 0.5m/s（每单人宽度）；车门数量、宽度、间隔及上下车方式等。

2. 折返站的折返能力

为让列车能在列车交路的起讫点处能折返运行，需要在线路起讫站或中间站增加折返设施。

（1）折返能力计算

折返能力是指折返站在单位小时内能够折返的最大列车数，由列车的最小折返发车间隔时间决定，主要受折返方式、车站作业控制方式和相关的作业时间标准等影响。折返能力的计算公式为：

$$n_{折} = \frac{3600}{t_{折}} \tag{4-83}$$

式中　$n_{折}$——折返站单位小时内能折返的最大列车数（列）；

　　　$t_{折}$——折返列车在折返站的最小发车间隔时间（s）。

影响折返站折返能力的主要因素是最小折返发车间隔时间，一般按站前折返和站后折返两种方式确定，如图 2-22、图 4-45 所示。

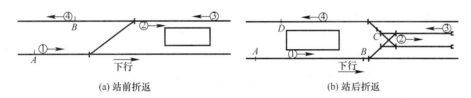

(a) 站前折返　　　　　　　　　(b) 站后折返

图 4-45　折返线形式及作业过程

（2）站前折返间隔时间

站前折返方式是指列车在中间站或终点站经由站前渡线进行折返作业，如图 2-22(a)、(b) 及图 4-45(a) 所示。站前折返时列车空走距离较短，折返时间较短，乘客能同时上下车，可缩短停站时间，减少费用；但列车站前折返会占用区间线路，从而影响后续列车办理闭塞手续，对行车安全有一定威胁，客流量大时可能会引起站台客流秩序的混乱。城轨中间站较少采用这种折返模式；但属于起讫站且有多站台的车站，该方式可以显著提高折返效率。

站前折返一般采用单渡线方式折返，如图 2-22(a)、图 4-45(a) 所示。其折返的作业过程为：下行进站信号机开放后，列车确认信号；列车从进站位置 A 点开始经过道岔区段进入上行方向站台；列车停于站台，乘客上下车，同时进行驾驶室的转换，办理列车的出站进路，停站时间应不小于上述作业延续时间。作业完毕后，开放出站信号，列车出站；列车全部出清出站信号机 B 点后，折返结束。之后可办理下一列车接车作业。折返作业时间如图 4-46(a)所示，其最小出发间隔时间为：

$$t_{折} = t_{确认} + t_{进站} + t_{停站} + t_{出站} + t_{作业} \tag{4-84}$$

式中　$t_{确认}$——开车确认信号时间（s）；

$t_{进站}$——列车侧向进站时间（s）；

$t_{停留}$——列车在折返站的停留时间（s）；

$t_{出站}$——集结终了以后等待出站时间（s）；

$t_{作业}$——车站办理接车作业的时间（s）。

（3）站后折返间隔时间

中间站一般采用站后尽端折返线，如图 2-22(c)、图 4-45(b) 所示。站后折返避免了列车进路交叉，安全性能良好；而且，站后列车进出站速度较高，有利于提高旅行速度。站后折返的主要不足是列车折返时间较长。

站后折返作业可以分为接车作业、折返作业和发车作业 3 个子过程，如图 4-45(b) 所示。

1）接车作业。当前行列车出清轨道电路分界点 B 后，车站站台空闲，开始办理列车接车作业；进站信号机开放后，列车需确认信号；经位置 A 点进站；停于站台，乘客下车，同时办理进折返线的作业；停站完毕后，列车进入折返线，尾部出清分界点 B 后，折返线接车作业结束。接车间隔时间为：

$$t_{接} = t_{作业} + t_{确认} + t_{进站} + t_{停站} + t_{出清B点} \qquad (4-85)$$

式中 $t_{接}$——接车间隔时间（s）；

$t_{作业}$——车站办理接车作业时间（s）；

$t_{确认}$——列车确认信号时间（s）；

$t_{进站}$——列车从进站位置 A 运行至站台的时间（s）；

$t_{停站}$——列车在折返站的停站时间（s）；

$t_{出清B点}$——列车从站台运行至出清轨道电路分界点 B 的时间（s）。

2）折返作业。前行列车出清轨道电路分界点 C 后，车站折返线空闲，列车办理进折返线的作业；列车确认信号后，从站台进入折返线，进行前后驾驶室转换，同时办理出折返线的作业；列车确认信号，驶离折返线，至尾部出清轨道电路分界点 C，折返结束。折返间隔时间为：

$$t_{折} = t_{作业} + t_{确认} + t_{进折} + t_{转换} + t_{出清C点} \qquad (4-86)$$

式中 $t_{折}$——折返间隔时间（s）；

$t_{作业}$——车站办理调车作业时间（s）；

$t_{确认}$——列车确认信号时间（s）；

$t_{进折}$——列车从站台运行至折返线的时间（s）；

$t_{转换}$——列车进行驾驶室转换的时间（s）；

$t_{出清C点}$——列车从折返线运行至出清轨道电路分界点 C 的时间（s）。

3）发车作业。前行列车出清出站信号机 D 点后，办理出折返线的作业；列车确认信号后，从折返线进入上行方向站台；列车停于站台，乘客上车；停车上车完毕后，办理列车出站进路并出站，直至尾部出清出站信号机 D 点。发车间隔时间为：

$$t_{发} = t_{作业} + t_{确认} + t_{出折} + t_{停站} + t_{出清D点} \qquad (4-87)$$

式中 $t_{发}$——发车间隔时间（s）；

$t_{作业}$——车站办理调车作业时间（s）；

$t_{确认}$——列车确认信号时间（s）；

$t_{出折}$——列车从折返线运行至站台的时间（s）；

$t_{停站}$——列车在折返站的停站时间（s）；

$t_{出清D点}$——列车从站台运行至出清信号机 D 点的时间（s）。

站后折返作业时间如图 4-46（b）所示。站后折返的最小出发间隔时间由上述接车间隔、折返间隔和发车间隔时间之和的最大值决定：

$$t_{折} = t_{接} + t_{折} + t_{发} \qquad (4\text{-}88)$$

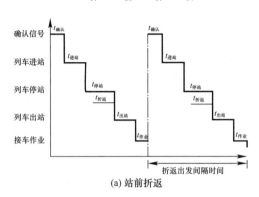

(a) 站前折返

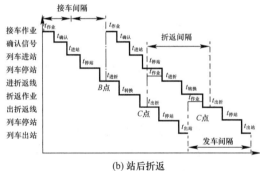

(b) 站后折返

图 4-46　折返作业时间

思考题及习题

1. 站场线路包括哪些种类？各能办理什么作业？

2. 铁路中心线与主要建筑物（设备）之间的距离是如何确定的？

3. 影响相邻线路间距的因素有哪些？高速铁路车站相邻线路间距相比客货共线铁路有哪些变化？

4. 站内曲线地段线间距为何加宽、如何加宽？

5. 站坪范围内的正线在平面设计方面有哪些要求？

6. 站坪范围内的正线在纵断面设计方面有哪些要求？

7. 站坪范围内的站线与进出站线路在平面设计方面有哪些要求？

8. 站坪范围内的站线与进出站线路在纵断面设计方面有哪些要求？

9. 高速铁路站坪范围内的平纵断面设计方面有何要求？

10. 车站线路连接有哪些种形式？

11. 道岔与连接曲线间插入直线段的作用是什么？

12. 车站股道有效长起止范围由哪几项因素来确定？试绘图标出普通单线铁路各股道的有效长。

13. 试列出车站坐标及有效长的计算过程。

14. 直线梯线、缩短梯线以及复式梯线的优点和缺点各是什么？

15. 梯形、异腰梯形、平行四边形以及梭形车场的优点和缺点各是什么？

16. 车站咽喉区是指哪段范围？车站咽喉设计要满足哪些要求？

17. 驼峰是由哪几部分组成的？各部分的线路范围是什么？

18. 根据作业量及相应的技术设备，调车驼峰分为几类？各有何特征？

19. 驼峰调车场头部平面设计的要求有哪些？在设计过程中如何体现这些要求？

20. 峰高计算的条件是什么？

21. 驼峰溜放部分纵断面设计的要求有哪些？在设计过程中如何体现这些要求？

22. 在驼峰溜放部分纵断面设计中，加速区、高速区、打靶区、减速区的设计要点是什么？

23. 点连式驼峰调车场连挂区的作用及采用多坡段纵断面的原因是什么？

24. 驼峰推送部分的设计条件是什么？

25. 什么是车站通过能力？为什么要计算车站通过能力？

26. 什么是车站咽喉通过能力和咽喉道岔组通过能力？其计算的目的有何不同？

27. 什么是到发线通过能力？用什么方法进行计算？

28. 什么是车站最终通过能力？它在车站运营工作中有何实际意义？

29. 编组站到达场到发线通过能力的影响因素有哪些？

30. 分析编组站编发线通过能力的影响因素，采用什么方法进行计算？

31. 城轨折返线通过能力由哪几部分组成？

32. 某客货共线双线铁路，中间站咽喉布置如图 4-47 所示，列车正线直向通过速度为 140km/h，列车的侧向通过速度为 50km/h，钢轨长度为 25m，道岔地段采用混凝土岔枕，中间站台为宽 10m 的普通站台。

1）对线路、道岔进行编号；

2）确定各条线路到相邻线路及建筑物间的距离；

3）确定各道岔的辙叉号码并计算相邻道岔岔心间的距离。

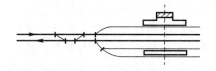

图 4-47 题 32 图

第5章

车 站 站 房

本章知识点

【知识点】站房的种类，站房功能分区的功能、组成和布置特点，
　　　　　站房流线的特点及形式，车站建筑布局的特点和应用，
　　　　　站房结构体系的组成、结构特点，站场层体系的类型、
　　　　　规模和设计特点。
【重　点】车站功能分区、建筑布局的种类和特点，站房结构体系
　　　　　的组成和设计特点。
【难　点】站场层的组成、各组成部分的分类及设计特点。

车站站房是旅客办理购票、托取行包及候车的场所，是车站广场与站场相连接的中枢。站房建筑在一定程度上反映出社会经济、政治、科技、文化的发展水平。当代站房建设应坚持以人为本和可持续发展的理念，以人的需求为出发点，通过合理规划和设计，为旅客提供方便、舒适、安全的乘车环境，快捷、便利的换乘条件和人性化的运输服务。

本章主要介绍站房分类、功能分区、流线设计、建筑布局、形态设计、站房结构、附属设施等内容。与第3、4章侧重于客货共线铁路车站不同，本章的内容侧重于旅客站房。

5.1　概述

本节主要介绍铁道站房的发展过程和设计原则。

5.1.1　铁路

1. 发展

站房的发展过程经历了无站房、设简易售检票口（图1-9），到站房功能简单（图1-4、图1-13）、讲究奢华（图1-5）、清新简洁（图1-6）、注重流线（图1-7、图1-15）和注重综合（图1-8、图1-16）等阶段，参见图3-18，详见第1.4节。

2. 设计原则

铁路站房设计，尤其是高速铁路站房设计，应遵循如下设计原则：

（1）站房建筑设计应贯彻国家"创新、协调、绿色、开放、共享"的发展理念，采用安全、节能和符合环境保护要求的先进技术和材料，并符合经

济、适用、美观的要求，根据铁路运输生产需要合理布置相应的建筑物、设备和空间。

（2）站房建筑设计除应符合建筑形式和功能要求外，还应符合结构可靠、技术先进、形式合理的要求。

（3）站房的布局模式应与车站广场流线相互配合，采用人车分流的布局形式，符合安全、快捷的进出站及疏散要求。

（4）旅客车站布局应符合城市发展和运输要求，并根据当地经济、交通发展条件，合理确定建筑规模。

（5）旅客站房应根据相应铁路线路形式、场地条件、管理方式等特点合理确定建筑形式。

（6）旅客站房建筑应考虑无障碍设计。

（7）旅客站房设置的各种动态和静态客运服务信息标志应清晰便捷。

（8）铁路站房按功能分为公共区、设备区和办公区。公共区应由候车、集散、售票、公共通道和商业服务等功能区域组成，也可根据需要设置行包功能区。

（9）高速铁路站房规模应根据高峰小时发送量和最高聚集人数等综合确定。

（10）重载铁路车站平面布置应根据车站性质、技术作业要求、作业量及地形、地质条件确定。其建筑物和设备的限界应符合国家标准轨距铁路机车车辆限界和建筑限界的要求。

（11）城际铁路车站建筑规模应根据客流预测、车站功能布局、交通设施衔接方式、建筑布局和候车模式等因素综合分析确定。候车模式可采用站台候车。

5.1.2 城轨

城轨列车运行速度较低，大多采用连发追踪运行图，列车密度最高，乘客大部分为即到即走乘车模式，需要的候车空间最小。故城轨站房规模小，站厅层常采用线上或线下结构形式。

（1）地铁站的总体布置应根据线路特征、运营要求、地上和地下周边环境及车站与区间采用的施工方法等条件确定。

（2）轻轨车站应满足预测客流需求，并应保证乘降安全、疏导迅速、布置紧凑、便于管理，同时应具有良好的通风、照明、卫生和防灾条件。车站与其他城市公共交通系统站点之间的换乘应便捷。

（3）单轨、磁浮、直驱普轨等新型城轨车站的总体布局，应符合城市规划、交通规划、环境保护、城市景观和节约土地的要求，并应处理好与地面建筑、地下管线、地下构筑物及施工时的交通组织之间的关系，减少房屋拆迁和管线改移。

5.2 站房分类

铁道站房有多种分类方法。

5.2.1　按照客货运性质分类

按铁道运输性质不同，可以分为客运站房、货运站房和客货运站房，详见 1.2.2。

5.2.2　按照技术作业类型分类

根据车站所提供的技术作业，可将车站划分为中间站、区段站、编组站和枢纽等类型，详见 1.2.10。所对应的站房需按照相应特点设计建造。

5.2.3　按照铁路类型分类

1. 普通铁路站房

普通铁路也称普速铁路，一般指客货共线铁路，一般为中低速铁路。列车到发间隔长、密度小，旅客在站需要较长时间的候车，站房还需能办理行包托取作业。一般情况下，这种铁路站房候车大厅需要的人均面积要大一些。

2. 城际铁路站房

城际铁路专门服务于城市间或城市群，设计速度为 200km/h 及以下。由于列车最小行车间隔很短，目前最短为 3min 左右，旅客在站不需要长时间的候车，站房不办理行包托取作业。故城际铁路站房不需要太大的候车大厅。

3. 高速铁路站房

我国高速铁路（含高速客运专线）新线设计速度为 250km/h 及以上。这类铁路的列车运行速度高，中长运距、长编组、高密度、"点到点"运输居多。受同方向、同停靠站点的列车发车间隔影响，旅客仍需一定时间候车。站房不办理商务行包托取作业，但有条件时可设置方便旅客携带大件随身行李的服务设施。因为客流量大，高速铁路需要较大的站房面积。

4. 重载铁路站房

重载铁路是满足列车牵引质量 8000t 及以上、轴重为 270kN 及以上、在至少 150km 线路区段上年运量大于 40Mt 三项条件中两项的铁路。重载铁路不运行旅客列车或旅客列车很少。重载铁路车站是满足重载铁路作业要求的车站，按技术作业性质可分为会让站、越行站、中间站及区段站、编组站、组合分解站。按业务性质可分为装车站、卸车站。故重载铁路站房功能及布局除了满足旅客运输的基本要求之外，需要更多地设置与重载运输相关的功能分区及面积，以方便重载运输。

5. 综合站房

上述几种类型铁路站房可并存设置，还可与城轨车站形成功能相对复杂、各种特点共存的综合型铁道站房。目前多数铁路枢纽中的大型、特大型站房都是采用这种集多种铁道运输方式于一体的综合站房形式。

6. 其他铁路站房

除了上述站房之外，还有特殊车站（如工业站、港湾站、口岸站、集运

257

站、输运站）的站房，以及其他多种铁道形式的站房，如市域（郊）铁路、铁路轮渡、铁路港口站房等，它们都有其各自的特点和特殊的站房设计要求需要考虑。

5.2.4 按照车站类型分类

根据旅客运输而划分的铁路站房类型如下。

1. 始发站

始发与终到的旅客列车对数所占比例较大的车站称为始发终到站，简称始发站。这种车站一般位于一条铁路线的起终点或途经的大型、特大型车站。

2. 通过站

在站通过的列车数比始发终到列车比例大的车站通常称为通过站，通常为中间站。

3. 中转站

在车站需要换乘列车的旅客称为中转旅客或换乘旅客。位于两条及两条以上线路交叉点上的车站，它除具有一般车站的功能外，更主要的是乘客还可以从一条线通过换乘设施换乘到另一条线路。这种车站中转旅客所占比例较大，称为中转，也称为换乘站。特大型城市的城市轨道交通中有较多的换乘站。

4. 联运站

联运站内设由两种或多种不同性质的交通方式、列车线路进行联运及客流换乘，比如铁路与航空、地铁、公路、水运联合运输、联合设站，兼有航空港、地铁站、汽车客运站、港湾站等功能。联运站具有中间站及换乘站的双重功能。

上述车站应根据各自的车站类型和特点进行站房布局和设计。

5.2.5 按建筑规模分类

车站建筑设计首先要合理确定站房建筑规模。影响站房建筑规模的因素较多，要综合考虑客运量、列车到发线及站台数量、列车开行模式、运营管理模式，以及所在地的城市等级、经济发达程度、地理位置、城市交通的便捷程度等。

按照建筑规模不同，铁路站房可以分为特大型、大型、中型、小型 4 类。客货共线铁路车站、客运专线车站，分别根据最高聚集人数和高峰小时发送量确定分类，见表 1-1。铁路主管部门也可在一定范围内根据需要直接确定建筑面积。

1. 特大型车站

特大型车站一般设在直辖市、省会级城市，此类车站可按最高聚集人数控制候车室面积（贵宾室除外），并根据高峰小时乘降量计算通道宽度、售检票设施数量等。特大型、大型铁路客站的站房总建筑面积一般按最高聚集人数乘以 $8 \sim 15 m^2 /$ 人控制。

目前我国高速铁路客站总建筑面积超过 20 万 m² 的车站见表5-1。其中广州南站、北京南站、南京南站的站房面积排名前三，分别为48万、31万和28万 m²。

我国高速铁路特大型车站规模表 表 5-1

站名	总建筑面积（万 m²）	站房面积（万 m²）	占地（万 m²）
广州南站	61	48	120
南京南站	45.8	28	66
北京南站	42	31	50
郑州东站	41	21	100
深圳北站	40	18	240
武汉站	37	11	110
石家庄站	35	10	7.9
杭州东站	34	15	34
西安北站	33.8	16.5	43
长沙南站	27	13	5
南昌西站	25.9	11	9
南宁东站	25	6	2
贵阳北站	24	12	25
上海虹桥站	23	10	130
成都东站	23	10	68
天津西站	23	10	68

2. 大型车站

大型车站一般位于副省级、首府、计划单列市及以上城市。高速铁路大型车站站房建筑面积一般为 1 万 m² 以上。

3. 中型车站

中型车站一般位于地区级城市、旅游城市，普速铁路车站站房面积通常按最高聚集人数乘以 3.5m²/人计算，也可以根据需要确定，一般为 2000～10000m²。高速铁路中小型站房的建筑面积应按高峰小时发送量 3～4m²/人确定。

4. 小型车站

小型车站一般为县、市级城市车站，站房建筑面积一般在 2000m² 以下。

5.2.6 按结构受力关系分类

高架车站、地下车站的站房与车场在平面上有些部分是重合的，而线侧式车站则不重合。根据两者之间的结构和受力关系，可将站房划分为如下几类。

1. 桥式站房

桥式站房的受力以桥墩为主，即车站建在一组桥墩上，一般为桥下式站房，如图 5-1(a) 所示。这种车站能充分利用高架桥的桥下空间，适用于规模较小的铁路车站和列车运行间隔时分较短、不需要较大候车室的城轨高架车站。城际铁路部分高架车站也采用这种结构形式。

2. 建式站房

建式站房也称为楼式站房、房式站房，与桥式站房不同，其结构受力主

259

要依靠站房的墙和柱。这种结构有两种形式，一种是高架车站，站场和站房合并设置，即站场层铺设在站房其中的一层楼盖之上，这种结构体系适合于大型、特大型车站；另一种是侧式站房，站场与站房分开设置，如图5-1(b)所示，这种结构体系适用于中小规模的车站。

3. 桥建分离

对于比较大型的高架车站，可采用站房建筑、车场结构分开设置的结构形式。这种结构形式也称为房桥分离、建桥分离。站台一般设在站房楼板上，由房屋结构受力；站场层一般设在高架桥上，单独受力，如图5-1(c)所示。在这种车站上，列车引起的振动不易传递到站台、候车室和仪器室，适用于规模不是很大、对环境要求较高的车站。

4. 桥建合一

桥建合一也称为房桥合一、建桥合一。这种车站主体结构既是站房建筑又是桥梁结构，将两者有机结合到一起，便于将站房与站场层综合考虑布设，如图5-1(d)所示。我国目前特大型车站较多采用该种结构体系。列车通过速度大于160km/h的客运铁路正线、列车运行速度大于120km/h的货运铁路正线及运行双层集装箱列车、重载列车的线路，不宜采用这种结构。

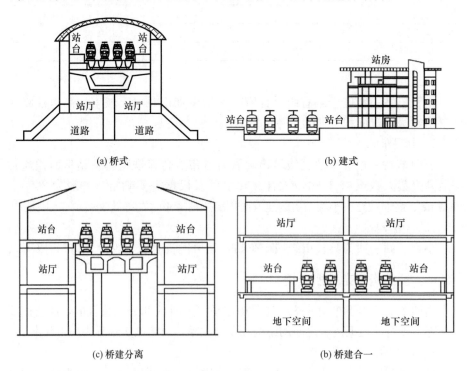

(a) 桥式　　　　　　　　　　　(b) 建式

(c) 桥建分离　　　　　　　　　(b) 桥建合一

图5-1　站房与车场受力关系示意图

5.2.7　按与站场及广场之间的关系分类

按照广场、站房和站场三者之间相互位置关系，铁路车站总体布局模式可分为平面布局与立体布局两大类，而立体布局又分为站房与站场立体布局形式、广场立体布局形式和综合式立体布局形式3种类型。

1. 平面布局形式

平面布局形式是铁路车站的广场、站房和站场三大部分在平面上依次布置，形成三段式的平面布局结构，如图1-2所示。平面布局形式适用于中小型铁路车站。平面布局形式的车站与城市交通一般采用平面衔接，有"一"字形衔接、"T"字路口形衔接和放射形衔接等方式。

平面布局形式主要包括线侧式、线端式两大类型。

（1）线侧式

线侧式站房位于站场一侧，站房与站场相对独立，如图5-2所示。根据站场与广场的高差关系，线侧式站房还可分为线侧平式、线侧上式和线侧下式3种类型。

① 线侧平式

站房位于线路一侧，站房首层地面标高与站台面基本持平，如图5-2（a）所示，例如北京站（图1-12）。19世纪和20世纪建设的铁路车站大部分采用线侧平式站房布局。

② 线侧上式

站房位于线侧，站房首层地面标高高于站台面，如图5-2（b）所示，例如华山站。

③ 线侧下式

站房位于线侧，站房首层地面标高低于站台面，如图5-2（c）所示，例如长沙站。

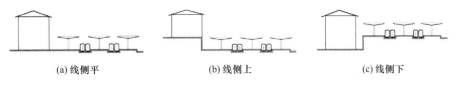

(a) 线侧平　　　　　　　　(b) 线侧上　　　　　　　　(c) 线侧下

图5-2　线侧式站房

我国普通铁路车站大部分为线侧式车站。由于站房与站场高程相同或差别不大，旅客进出车站都需要经过高架桥或者地下通道。由于进出站人流集中在站房一侧，站前广场成为人流集散的主要场所，需要保留充裕的广场空间或地下交通空间，以缓解高峰时刻客站的人流压力。

我国高速铁路大部分为高架线路，故中小型高速铁路车站采用线侧下式站房的比例较高。

（2）线端式

线端式站房位于站场的顶端，如图5-3所示。由于站场与站房的地形高差关系，线端式站房可分为线端平式、线端上式和线端下式3种类型。线端式车站上下车客流都从线端进出，不需要修建专用的旅客天桥或地下通道，因此造价较低；但上下车客流会有交叉，甚至冲突。

线端式站房不同于铁路枢纽设计中的尽端式客站。在我国，即使是尽端式客站（如上海站、上海南站、青岛站），往往也设置成线上式或线侧式站房。线端式站房在我国比较少见，南京西站、北京北站［图 5-3(b)］是我国为数不多的线端式站房的实例。在欧洲，线端式站房是一种很常见的客站形式，例如法国巴黎北站、英国伦敦站。

(a) 平面示意图

(b) 北京北站

图 5-3　线端式站房

2. 立体布局形式

车站的站房、站场可以采用立体布局形式。根据站房与站场之间的空间位置关系，可采用线上式、线下式和桥下式站房布局。

这种立体布局形式在平原地区一般适用于大型、特大型车站，但在山地城市，有些车站虽然规模不大，也可依据地形条件采用立体式布局形式，如在城市道路上设置立交或引出匝道与车站内部道路直接相连，使各类车辆能够快速进出车站。

（1）线上式

线上式站房位于站台及线路之上，也称为线正上式或跨线高架候车车站，一般为高架式站房，如图 5-4 所示。这种站房形式最大的特点是高架候车厅位于轨道正上方。高架站房多应用于大型、特大型客站，例如上海站、北京南站、武汉站［图 5-4(b)］等车站。

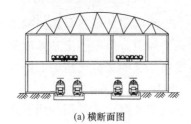

(a) 横断面图

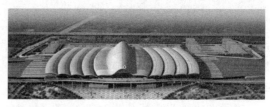

(b) 武汉站

图 5-4　线上式站房

（2）线下式

线下式站房一般也称线正下式站房，站房位于站台及线路下方。一般位于线路设计标高明显高于地面标高的高架车站，一般采用桥建合一的建筑结构形式，如图 5-5(a) 所示。这种车站比较适合干线铁路高差较大的高架车站使用。

（3）桥下式

采用桥式结构的线下式站房简称桥下式站房，是高架线下式车站的特殊结构形式。其主要特点为轨道与站台位于桥梁上部，而站房（站厅层）则位于梁跨下方，可以高架，如图 5-1(a) 所示，也可设在地面上，例如苏州北站（图 3-25）、珠海北站［图 5-5(b)］。桥下式车站充分利用桥梁的下部空间，比较适合候车人数不多的城际铁路和用地紧张且人流通过较快的城轨车站。受到桥下空间的限制，这种车站不太适合长大干线铁路使用。

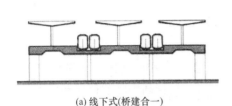

(a) 线下式(桥建合一)　　　　　(b) 桥下式

图 5-5　线下式和桥下式站房

3. 地下式

地下式站房是指车站站房位于地下的车站。该种车站有两种形式，一种是站场层在地面而候车大厅在地下，称为部分地下车站，如图 5-6(a) 所示；另一种是候车大厅和站场层全设在地下，称为全地下车站，例如成灌城际铁路支线的离堆公园站、海南东环高速铁路的美兰机场站［图 5-6(b)］，地铁车站也经常采用这种布置方式。我国客运专线中于家堡站、福田站采用了这种地下车站设计。

这种车站充分利用地下空间，不仅大大节约了城市土地，便于和地铁衔接，也为旅客的出行提供了便利；不足之处是工程造价较高。

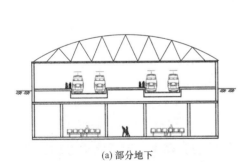

(a) 部分地下　　　　　　　(b) 全地下（美兰机场站）

图 5-6　地下式站房

4. 复合式

随着复杂的综合型车站的出现，上述几种站房形式也可能互相组合，同时还可能与车站广场共同组合，产生新型的复合式站房，如图 5-7(a) 所示。

如新广州站，是线上式和线下式站房的复合体，它采用框架桥形式的高架结构，将站房、站场、站台雨棚融合为有机的整体，为车站布局带来了极大的灵活性，如图 5-7(b) 所示。

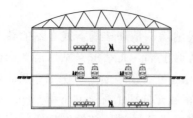 

图 5-7 复合式站房（新广州站）

5.2.8 城轨站房分类

城市轨道交通种类繁多，其车站也有很多类型。

1. 按照技术特征划分

按照技术特征划分，城轨分为地铁、轻轨、单轨、有轨、自动导向、磁浮交通、直驱普轨、直驱单轨等类型。相应的车站有其不同的特点和要求。

2. 按照营业性质划分

按照车站在线路及路网当中的作用和营业性质，城轨车站一般划分为中间站、中间折返站、换乘站、始发站（也称终点站）等类型。

3. 按照敷设方式划分

按照车站与地面的相对位置及敷设方式，城轨车站一般划分为地面站、高架站及地下站等类型。

地铁车站大部分为全地下车站，按车站埋深可以分为浅埋车站和深埋车站。目前一般认为埋深小于 20m 为浅埋，埋深大于等于 20m 为深埋。

4. 按照车站层数划分

按照车站的结构层数不同，城轨车站可以划分为单层车站、双层车站、多层车站等类型。

5.3 建筑设计

铁路站房在进行结构设计之前，首先要进行功能布局与空间设计，主要包括建筑规模确定、流线设计、功能分区、形态设计等内容。

5.3.1 流线设计

在站房内，旅客、行包、车辆的集散活动会产生一定的流动过程和流动路线，通常称为流线。

流线设计是指通过建筑空间的布局组合、秩序建立等设计手法，对特定范围的人流、物流、车流加以分类、组织、引导，形成有秩序、有目的的流动线路的过程。流线设计是交通基础设施设计的主要内容之一，通常是通过功能布局实现的，所以流线设计也是车站功能合理布局的主要依据。

1. 基本原则

旅客流线设计的基本原则是互不交叉、短捷合理、明确清晰。

（1）互不交叉

各种流线避免相互交叉干扰，这是车站流线设计的一般要求，尤其是进站和出站流线不能出现交叉现象。

（2）短捷合理

距离短捷合理是旅客流线设计的基本要素，应最大限度地缩短旅客在站内的行走距离，避免流线迂回。由于我国各个历史阶段的经济基础和要求不同，铁路车站的建筑形式出现多次变化。从最初的车站广场、站房、站场三个组成部分在平面上依次布局，发展到站场、站房立体布局并与广场紧密联系，形成站房（主要是候车室）与站场的立体叠合布置。随着铁路科技的发展，十几年来在一些大型、特大型综合铁路客站规划设计中，已经把车站广场、站房和站场完全视为一个整体，用立体化的设计手法将其融合并将其他各种交通方式融入这个整体系统，追求多种交通方式的零距离换乘和无缝衔接。

（3）明确清晰

在大型的交通建筑中，由于规模和空间尺度等原因，旅客流线的设计不可避免地出现冗长的现象。对于有大量复杂流线的大型综合交通枢纽来说，流线设计则要把明确清晰放在重要位置。在不能兼顾两全的情况下，讲究流线清晰明确比追求短捷更重要。

2. 流线类型

铁路车站流线按其性质的不同分为旅客流线、行包流线和车辆流线；按其流动方向的不同又分为进站流线和出站流线，如图 3-9、图 3-10 所示。

（1）进站旅客流线

进站客流在检票前比较分散，不同性质的旅客在不同时间内办理各种出行手续，并在相应地点候车。进站旅客按旅客性质不同可分为以下几种。

1）普通旅客流线

普通旅客流线是进站旅客流中的主要流线。多数旅客的进站流程是到站→问讯→购票（或打印车票）→托运行李→候车→检票→上车。

2）中转旅客流线

根据换乘时间的长短，有的中转旅客办理检票后立即进入候车室，随普通旅客一起检票进站；也有的中转旅客不出站而在站台上换乘列车。

3）市域（郊）旅客流线

市域（郊）旅客流线的特点是客流排队距离短，旅客候车时间短。这部分客流中通勤旅客所占比例较高，旅客通常使用月票、年票等乘车，无需每次购票和托运行包，可直接检票进站。

4）特殊旅客流线

特殊旅客包括老弱病残孕等旅客，在中型以上车站应单设候车区（室）和检票口，保证特殊旅客优先进站、无障碍进站。在大型车站，团体或军人客流也都另辟候车区（室），与普通旅客分开进站。

5）贵宾流线

进站的贵宾除要求能从贵宾室单独进站外，还需设置直接驶入基本站台的汽车专门通道，其流线应与普通旅客流线分开。

进站旅客大多在候车区域汇合后集中进站，需要足够的候车空间和检票能力，其流线设计应与客运服务相结合。城际铁路、市域（郊）铁路进站流线应采用通过式流线方式；高速铁路应采取以通过式为主或等候式与通过式相结合的流线方式。

（2）出站旅客流线

出站旅客的特点是人流集中、密度大、走行速度快、使用站房或通道的时间短。一般情况下，普通、市域（郊）、中转旅客均汇集在一起经出站口出站。当市域（郊）旅客较多时，可单独设置市域（郊）旅客出站口。

（3）行包流线

发送行李包裹的作业流程是托运→过磅→保管→搬运→装车。到达行包的作业流程是卸车→搬运→保管→提取。发送行包流线应与到达行包流线分开。应参阅行包房位置（图 3-34）和跨线设施（图 3-9、图 3-10）进行行包流线设计。

（4）车辆流线

车辆流线是指车站广场或停车场的公交车、出租车、社会车辆、自行车等车辆的流线，应分别进行流线设计，详见第 6 章。

3. 流线设计

根据站房类型的不同，可设计为以下多种流线形式。

（1）下进下出式

进站旅客从候车室出发通过地道进入站台，出站旅客通过地道从站台抵达出站口。一般客流不大的中间站可考虑采用这种形式，如线侧平式、线侧下式、线下式站房，如图 5-8 所示。

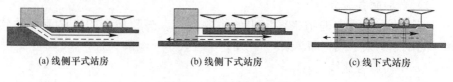

(a) 线侧平式站房　　　　(b) 线侧下式站房　　　　(c) 线下式站房

图 5-8　下进下出式流线

（2）上进下出式

进站旅客从站房上层经天桥进站，出站旅客从地道出站，同时可将基本站台候车室设在站房下层，方便旅客直接进入基本站台，其他普通候车室则设在上层。一般两层候车室的站房常采用这种形式，如线侧平式、线侧下式、线上式站房，如图 5-9 所示。

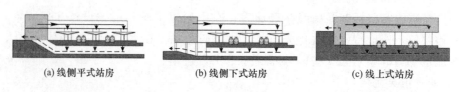

(a) 线侧平式站房　　　　(b) 线侧下式站房　　　　(c) 线上式站房

图 5-9　上进下出式流线

（3）上进上出式

进出站旅客一般经由天桥或进出站通道进出站，如线侧上式、线上式、地下式站房，如图 5-10 所示。

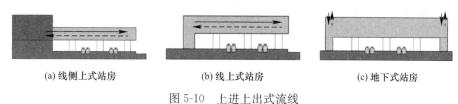

(a) 线侧上式站房　　　　(b) 线上式站房　　　　(c) 地下式站房

图 5-10　上进上出式流线

（4）平进平出式

线端式站房位于铁路线端部，如图 5-3 所示。其最大的特点就是旅客进出站台可以"平进平出"，如图 5-11 所示，省去了上下车跨线设施。但是旅客均由站台一端的分配站台进出，具有流线较长和相互交织的弊端。规模较大的线端式站房仍可考虑立体疏解措施。

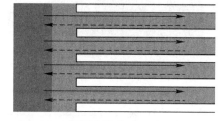

图 5-11　线端式站房平进平出式流线

（5）复合式站房综合式

复合式站房综合式是两种或多种站房形式的互相组合，其流线设计应根据候车室、站台的布置选择最适合的方式，合理地进行综合设计，将旅客流线进行立体疏解、人车分流。

例如北京南站采用上进下出、下进下出，通过式、等候式相结合的多种旅客进出站流线模式。进站客流除了高架层候车厅的主要客流之外，还有来自地下进站厅等处的客流；其出站客流除了去往地下出站厅的主要客流之外，还有去往高架进出站厅的客流。其流线设计相当复杂，如图 5-12 所示。

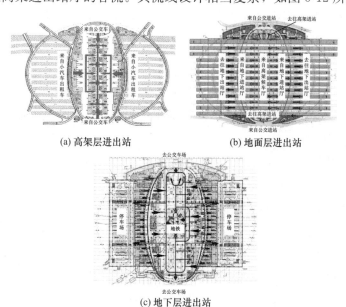

(a) 高架层进出站　　　　(b) 地面层进出站

(c) 地下层进出站

图 5-12　北京南站进出站流线

哈尔滨西站的站房由出站层、站台层、高架候车层和商业层4个主要层面构成。东站房南北两翼在＋4.6m层增设了供出租车停靠的落客平台和社会车辆的停靠平台，西站房入口与市政环形车道落客平台直接相连。车站采用线上加线侧复合式站房布局，上进下出式旅客流线，出站通道与城市通廊和地铁进出站口有机衔接。进站和出站旅客流线实现了完全分离，避免旅客乘降交叉对流，如图5-13所示。

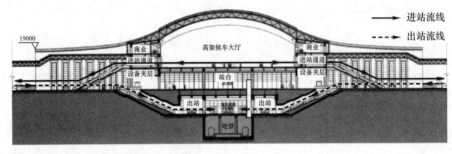

(a) 纵断面

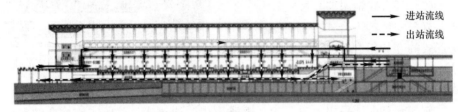

(b) 横断面

图 5-13　哈尔滨西站进出站流线

（6）绿色通道流线设计

随着城市交通体系的日益完善与铁路交通运输技术的发展，列车车次增多，同时旅客出行经验增加，越来越多的旅客，如公务、商务、营销以及旅游团体等，往往只在开车前适时赶到车站，而不需要提前到车站长时间候车，

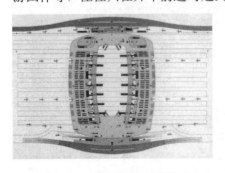

图 5-14　武汉站绿色通道设计

因此需要在车站设置直接进站的绿色通道。在传统线侧式车站中，利用高架候车室之间的中央通廊，形成直接进站的通道，使具备通行条件的旅客可不经过候车室直接进站，如北京站、广州站、武昌站等均设置了绿色通道；在新建综合性站房中，结合进站通道，可在站房中部设直接进站的通道，如武汉站（图5-14）等。

5.3.2　功能分区

铁路站房按功能划分为公共区、办公区和设备区3大部分。各区应划分合理、功能明确、管理方便。

1. 公共区

公共区是乘客、接送站人员、货主等有关人员可以使用的区域。

站房内的公共区包括以下各部分功能空间：集散厅、候车区、售票厅、行包托取厅、进出站通道、站台等。

根据使用性质特点，公共区划分为付费区（已检票区域）和非付费区（未检票区域）两部分。车站内部的集散厅、售票厅、行包托取厅、旅客服务设施（问讯、邮电、商业、卫生间）等区域为非付费区；进站通道、绿色通道等为付费区。候车区内有的区域是付费区，有的是非付费区，需根据实际情况确定。

公共区空间应开敞、通透、明亮，旅客服务设施齐备、流线清晰、组织有序。

（1）集散厅

铁路客站站房应设进站、出站集散厅。集散厅是铁路客站站房内，对进站、出站旅客进行疏导的大厅。

1）进站集散厅

进站集散厅是旅客进入车站的入口大厅，也称进站广厅、进站厅。其主要功能是分配进站客流，同时也可兼有票务、安检、临时聚集及等候等功用。

集散厅内可设置问讯、小件寄存、自助存包、邮政、电信、小型商业设施、医务室等旅客服务设施。应在进站集散厅等主要旅客入口处设置安检区。安检区的使用面积应根据安检设备设置数量、布置方式及安检作业要求综合确定，且每处安检区最小使用面积应满足设置两组安检设备的要求。

进站集散厅应靠近各种车辆停靠落客区域，让步行旅客容易到达。在新型、特大型车站中，为方便从城市不同方向到达的人流进站，站房设计常采用多方向、多入口的形式，一方面方便乘客，另一方面缓解客流进站相对集中的问题。例如北京南站采用东西南北4个方向的进出站口，分别解决了出租车、小汽车与公交车的进站流线，如图5-12(a)、图5-15(a)所示。

2）出站集散厅

出站集散厅也称出站广厅、出站厅，是铁路到达旅客（出站旅客）换乘其他交通工具的分配空间，与进站集散厅具有同等重要的地位。

出站集散厅应设置旅客厕所和检补票室。检票口外应设足够面积的接客缓冲区域。在设计中应加强通过性和导向性，使其尽量靠近车站广场上主要交通车辆的离站停车场，并有明确的交通引导系统。北京南站出站流线如图5-12(b)所示，其出站集散厅如图5-15(b)所示。

3）使用面积

小型铁路客站站房的进站集散厅宜与候车区（厅、室）合并设置，进站集散厅使用面积不应小于250m²；出站集散厅使用面积不宜小于150m²；进出站集散厅合并设置时，使用面积不应小于350m²。中型及以上铁路客站进站、出站集散厅应按高峰小时发送量确定其使用面积，进站集散厅使用面积应按不小于0.25m²/人计算确定，出站集散厅使用面积宜按不小于0.2m²/人计算确定。

(a) 进站集散厅

(b) 出站集散厅

图 5-15　北京南站进出站集散厅

（2）候车区

根据规模与功能的不同，候车区设计应开敞明亮、视线通透，尽量考虑有好的室内外景观和宽阔的视野，为候车旅客提供宜人的环境。高速铁路车站的旅客虽然需要一定的候车时间，但不必强调座椅严格按照先来后到的顺序设置，着重考虑方便、通畅和景观等因素，应分区域设置候车区，如普通候车区、无障碍（老弱孕残人士）候车区、吸烟区、商务贵宾区、母婴候车区和哺乳室等。

候车区面积应根据最高聚集人数确定：普通铁路候车区使用面积不小于 $1.2m^2/$人，软席候车区不小于 $2.0m^2$；城际铁路采用通过式与等候式相结合的流线方式，候车区使用总面积应根据最高聚集人数并不小于 $1.2m^2/$人确定；高速铁路的车站候车区标准可以适当提高，不再区分软席和普通候车区，一律按最高聚集人数乘以 $1.5m^2/$人控制候车区面积（贵宾室除外）。车站最高聚集人数计算应考虑列车到发频率和旅客的候车时间等因素。

候车区是铁路车站站房最重要的功能空间之一。候车空间的布置方式根据需要在平面上可分为集中式、横向分散式、纵向分散式、综合式等形式，可根据车站特点选用，如图 5-16 所示。

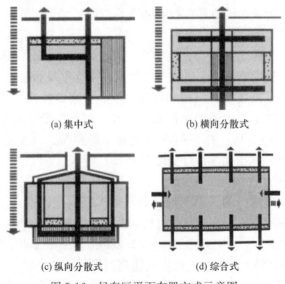

(a) 集中式　　　　　　　　　(b) 横向分散式

(c) 纵向分散式　　　　　　　(d) 综合式

图 5-16　候车区平面布置方式示意图

当代铁路车站候车区发展的特点是由不同方向独立候车区的设置模式逐步向集中候车区或综合候车区转变，候车空间由分散向集中转变，这可有效提高候车空间的使用效率，简化旅客通过流程，如图 5-16（d）所示。候车区空间开敞，普通候车区、无障碍候车区、商务贵宾区、母婴区以及商业服务区等功能空间采用绿化、座椅、服务台等软质界面进行区域划分。北京南站的中央候车大厅如图 5-17（a）所示，青岛北站的中央候车大厅如图 5-17（b）所示。

（a）北京南站　　　　　　　　　　　　（b）青岛北站

图 5-17　中央候车大厅

（3）售票厅

特大型、大型铁路客站售票厅应设置在站房进站口附近，中型、小型铁路客站售票厅可设置在站房候车区附近。售票厅应设置公安制证窗口。

随着电子售票形式的不断完善，铁路部门的售票形式也日趋多样化，旅客购票方式也更加灵活方便。在铁路车站内售票方式一般有两种形式，即设置人工售票方式和自动售票方式，包括网络售票车票打印机。这两种售票方式还可以分为集中式和分散式两种售票形式。集中设置是指站房独立设置售票厅，如长沙站、北京站、武昌站等。售票厅的数量可以根据站房的规模、等级等设置 1 处、2 处或多处。售票口的数量应根据车站的建筑规模和最高聚集人数或日发送量合理确定。分散式售票是将售票处、车票打印设施分散设置在高架进站集散厅和地面快速进站通道附近等位置，方便旅客使用。同时，售票窗口的数量还应考虑季节性客运高峰的需求因素和增开售票窗口的条件。每个售票厅宜预留 1~2 个售票窗口。

集中式售票窗口根据售票厅在站房中的位置不同，其设置可以分为以下 3 种形式。

1）设在候车室内，如图 5-18（a）所示。其特点是售票厅位置明显，在空间使用上具有较大的机动性，旅客流线行程短，但购票旅客对候车旅客影响较大。此种布置适用于中、小型车站站房。

2）设在营业厅内，如图 5-18（b）所示。其特点是旅客购票与候车互不干扰。此种布置适用于中型车站站房。

3）设在站房外，如图 5-18（c）所示。售票厅与候车室用通廊或广场相连，旅客行走流线长。此种布置适用于特大型、大型车站站房。

自动售票机一般分散设置在高速铁路及城际铁路车站内，售票口和自动售票机数量可根据旅客情况经计算确定。

售票厅、售票机应设在进站方向的中间或右侧，可减少买票、打印车票客流与进出站客流的交叉。过去有些车站的售票厅设在进站方向的左侧，增加了购票客流与进站客流的流线交叉。

随着网络售票的普遍使用及近几年刷身份证、人脸识别进出站政策的实施，乘客进出站及车上检票可不再使用纸质车票。这就导致车站售票厅的数量和面积会进一步大幅缩减，将来需要根据形势的发展及时做出调整。

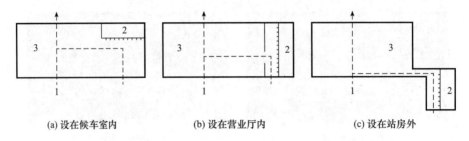

(a) 设在候车室内　　　　(b) 设在营业厅内　　　　(c) 设在站房外

图 5-18　售票厅位置示意图

1—旅客进站流线；2—售票厅；3—候车室

（4）行包托取厅

普通铁路客站宜设置行李、包裹托取厅（处）。特大型、大型铁路客站的行包托运和提取应根据旅客进站、出站流线分开设置，中型铁路客站的行包托运处与提取处可合并设置，小型铁路客站可设行包托取点。

办理行包业务的铁路客站应设置行包通道。特大型、大型铁路客站的行包库宜与跨越线路的行包地道相连。行李、包裹托取厅的位置应与旅客托运、提取行包的顺序及行包流线紧密结合，尽量减少与其他流线的交叉。行包托取厅的位置还应考虑与站房的候车区、站台和广场的有机联系，与跨线设施及行包运输方式的密切配合等因素。

行包房的组成及布置见第 3.6.7 节及图 3-34。

（5）站台

铁路站台一般设在站场范围内，详见第 3.4 节。若是桥建合一的车站，则一部分站台也设在站房内，站台与房屋结构共同受力。在这种情况下，也需要在站房范畴内考虑站台的有关问题。

站台是方便旅客上下列车的基础设施，铁路站台一般分为基本站台、中间站台、侧式站台和分配站台 4 种，如图 3-12 所示。城轨站台分为岛式站台、侧式站台和混合式站台 3 种，如图 3-13 所示。站台可做旅客临时候车使用，可设置休息座椅。地道、天桥等跨线设施的出入口和楼梯不宜布置在基本站台上，以使站台通畅无碍，方便旅客行走。

（6）进出站通道

铁路客站的天桥、地道等跨线设施是旅客进入和离开站台的通道，为付费区。天桥和地道的出入口应与进出站检票口相配合，以减少旅客在站内的交叉干扰。旅客地道设双向出入口时，宜设阶梯和自动扶梯。天桥、地道的楼梯一侧应设旅客行李坡道，方便旅客使用。若是高架车站，需要将进出站通道与站房一起设计、建设。

（7）其他服务设施

问询处、综合服务台可根据需要设置在集散厅或候车区。

铁路客站站房应根据车站规模和旅客进站、出站流线设置站内商业设施。

旅客厕所的设置应符合国家现行标准《城市公共厕所设计标准》CJJ 14—2016 的有关规定。厕位数宜根据最高聚集人数按每 100 人 2.5 个计算确定。候车区（厅、室）内任意一点至最近厕所的距离不宜大于 50m，大型、特大型站厕所应分散布置。

铁路客站站房应单独设置旅客用开水间，开水间应与卫生间隔离设置。

铁路客站站房应设置母婴服务设施。特大型、大型、中型铁路客站应设置独立母婴室，宜设置母婴候车区；小型站宜设置独立母婴室。母婴室使用面积不应小于 10m^2。

2. 办公区

车站办公区是供车站工作人员使用的区域。站房内的办公区宜集中设置于站房的次要部位，并与公共区有良好的联系条件，与运营有关的办公用房应靠近站台。

办公区包括管理区和内部作业区。

（1）管理区

站房内需设置管理及辅助用房，为公共区提供服务功能。办公用房可以相对集中布置，采用开敞空间的形式，便于客站管理人员灵活使用。

1）客运管理用房

客运管理用房包括客运主任室、客运室、值班室、安检办公室、检票员室、补票室、广播室等。

2）驻站单位用房

驻站单位用房包括公安值班室、办公室；大型、特大型站房根据需要设置军事代表办事处；边境站需设置海关、边防、卫检、动植物检疫以及银行等驻站用房等。

3）行政办公与职工生活用房

行政办公用房根据站房规模和单位级别、组织机构编制、配备的定员情况确定，一般应设会议室或电话会议室、站长室、值班站长办公室、接待室、各部门办公室、职工活动室等。职工活动用房主要包括休息室、更衣室、浴室、食堂等。

（2）内部作业区

1）售票室

售票室是售票员进行售票作业、迅速准确地出售大量客票的工作场所，应很好地解决网络、采光、通风、隔声等室内环境设计问题。售票室内地面宜高出售票厅 0.3m，并宜采用木地板。售票室的大小取决于售票窗口的多少，售票室附近应集中布置票据库、财务室、各种办公用房、机房等相关设备用房。中型及以上铁路客站应设进款室，特大型、大型铁路客站应设总账室。售票厅根据实际情况进行布置，如图 5-18 所示。

2）行包库作业区

行包库作业区包括行李包裹托取厅及营业室、行包库房、主任室、计划室、行包办公室、安全室、票据库、总检室、装卸工休息室、牵引车库、维修间、拖车存放库、数据中心等用房。对于大型、特大型站应分设到达、发送、中转行包库，建设用地紧张时可考虑设置地下行包库或多层行包库。为缩短行包流线，避免与旅客流线交叉，行包库的位置应靠近旅客列车的行李（包）车。行包库房应综合考虑行包、邮政通道布置，参见图 3-10。

行包库需考虑机械作业要求，室内净空高度不应低于 3m。考虑行包体积和重量的特点，行包库与提取厅之间一般情况下只是划分作业区，不用隔墙分隔，设行包托取柜台分隔，柜台应留出不小于 1.5m 宽的运输通道。

3．设备区

车站设备系统是保证铁路正常运营，为旅客和工作人员提供舒适、健康、安全的交通服务和工作环境的技术系统。目前铁路车站设备用房主要有智能中枢系统用房、电视监控系统用房、电子显示系统用房、通信信号设备用房、控制室、空调机房、配电用房、水泵房、锅炉房等。设备区用房的规模与布局应根据车站等级、设备的工艺与使用要求确定。

设备区应远离公共设施，并尽量利用地下空间。

4．城轨车站

城市轨道交通车站用房按车站主体的不同，可分为乘客使用空间和车站用房两大部分。

（1）乘客使用空间

乘客使用空间包括非付费区和付费区。前已述及。

（2）车站用房

车站用房包括运营管理用房、设备用房和辅助用房 3 部分。

1）运营管理用房

运营管理用房是车站运营管理人员使用的办公用房，主要包括站长室、行车值班室、业务室、广播室、票务值班室、会议室和公安保卫室等。

2）设备用房

设备用房是安置各类设备、进行日常维修及保养设备的场所，主要包括通风与空调用房、变电所、配电室、蓄电池室、综合控制室、防灾中心、消防器材用房、泵房、通信机械室、信号机械室、自动售检票室、冷冻站、维修工区用房等。

3）辅助用房

辅助用房是为保证车站内部工作人员正常工作和生活所设置的用房，主要包括卫生间、更衣室、休息室、茶水间等。

5．设计举例

（1）普通铁路中间站

站房规模通常根据旅客最高聚集人数确定。客货共线铁路中间站由于客货运量小，作业简单，往往将站长室、行车运转室合并设于站房内。

普通铁路中间站站房一般属于中、小型站房。其最高聚集人数，中型站房可达 600～3000 人，小型站房在 600 人以下。小型站房约占铁路站房的 70%，一般采用标准设计。

小型站房布局通常采用候车与营业合一的综合候车室形式。图 5-19 为某中间站站房平面布置示例。

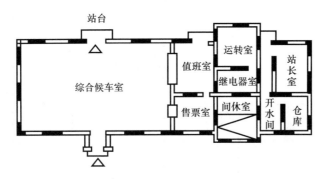

图 5-19　某中间站站房平面布置图

（2）客运专线中间站

厦门至深圳铁路的葵潭站，站房面积为 2067m²，属于高速铁路普通中间站。该站一、二层各功能区的布置如图 5-20 所示。

5.3.3　建筑布局

站房是车站建筑的主体，站房各功能空间比如集散厅、候车区、进站通道、售票厅、行包房等，其位置及相互关系需要根据车站的规模、性质等条件进行合理组织，以满足功能流线的要求。站房的各部分功能空间布局是站房建筑设计的核心。

随着社会经济的发展，现代交通技术的进步，站房空间布局逐步由以往的等候式的静态空间向通过式的动态空间转变，候车空间的容量、形式和内容也随着集散和换乘效率的提高而由繁至简地变化，站房布局更加注重方便快捷的进出站流线设计。

随着铁道运输与车站建设的发展，为旅客使用的公共区（包括付费区和非付费区）、客站运营管理工作所需的非公共区、交通联系（包括付费区和非付费区）等空间的不同组合，可以形成以下 5 种不同特点的建筑布局类型。

1. 分散等候式布局

以候车大厅为核心的分散等候式布局是我国传统的站房布局方式，其特征是车站的站房、站场、广场以及外围服务设施均在同一个平面上分散展开。也就是以候车大厅为核心，将候车区和进站通道组织为一个大空间，构成站房的主体；将售票厅、行包房、出站口、邮政、餐饮、购物等空间，按与候车厅的相关程度分散布置，如图 5-21 所示。

275

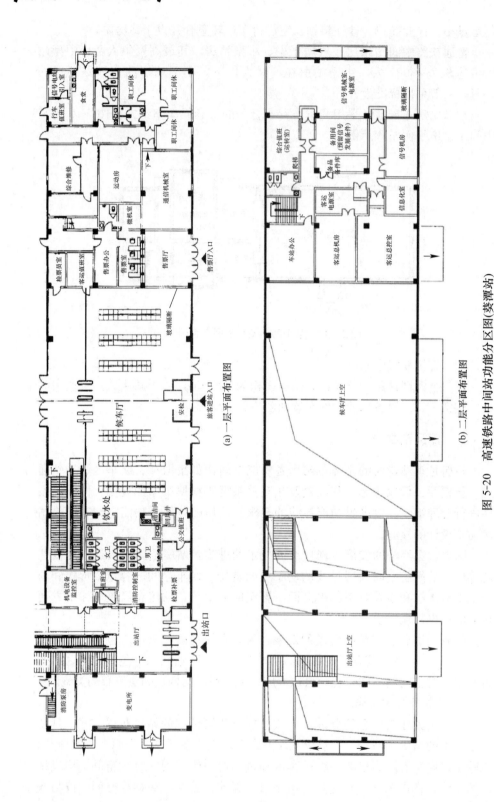

(a) 一层平面布置图

(b) 二层平面布置图

图 5-20 高速铁路中间站功能分区图(娄潭站)

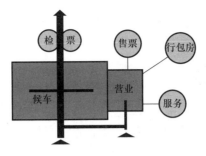

图 5-21　分散等候式布局示意图

这种布局方式的对外交通主要依靠车站广场来组织，广场成为各部分之间的纽带和集散枢纽。这种布局方式适合旅客在站停留时间较长的车站。

2. 集中等候式布局

在过去以分配广厅为主的集中式布局主要应用于大型和特大型车站。为了有序组织不同车次与方向的旅客，避免人流过分集中和相互干扰，站房布局多采用以分配广厅为中心，围绕其布置几个候车室和营业服务部分的集中等候式布局形式。其中，分配广厅又可分为横向分配广厅与纵向分配广厅两种形式，如图 5-22 所示。

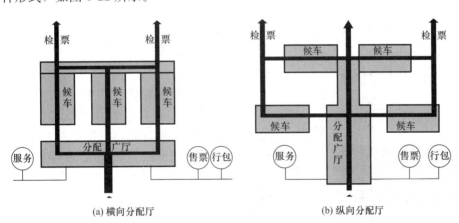

(a) 横向分配厅　　　　　　　　　(b) 纵向分配厅

图 5-22　集中等候式布局示意图

这种布局方式的优点是空间划分明确，可以按不同方向、不同线路划分候车区，便于组织管理和客运服务，通风采光易于处理。如重庆站、成都站等车站采用这种布局方式。但这种类型的客站为乘客服务的面积所占比例较大，空间使用效率低下，旅客进站流线冗长迂回，流线交叉干扰大，客流疏解不够顺畅。

3. 高架候车式布局

高架候车式布局形式是将候车室设置在铁路线路和站台上方，旅客通过进站集散厅进入所在候车室，从候车室的检票口直接下到相应的站台。这种形式的优点是大大缩短从候车室进入站台的距离，提高进站速度。同时，高架候车室使铁路车站向城市两个方向开放，可以从铁路线路两侧双向进出站，站房主体进深也相对减小，可为旅客提供更为方便的换乘服务。现在一些大型、特大型客站常采用这种布局方式，比如上海站、天津站、杭州新站等，上海站布局如图 5-23 所示。

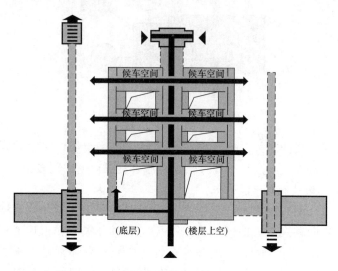

图 5-23　高架候车式布局示意图（上海站）

4. 快速通过式布局

快速通过式布局是适应车站功能复合化而形成的空间组织与布局类型。这种类型可以分为以平面综合厅为核心的集中式和以立体化综合空间为核心的通过式两种布局形式。

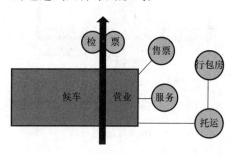

图 5-24　快速通过式布局示意图

以平面综合厅为核心的集中式布局方式是中、小型车站使用频率最高的布局方式，将候车室与售票、行包、问讯以及公共交通等部分合并组织在一个统一的空间内，形成一个综合性多功能的活动大厅，如图 5-24 所示。这种布局的优点是旅客在厅内往往只做短暂停留，大厅内的空间组织流线顺畅，旅客进入大厅后对功能布局一目了然，易找到各不相同的功能部分；可灵活划分不同空间，候车、服务、检票等活动空间可调节使用；大厅开阔完整、采光通风良好，结构简单。其缺点是仍然采用平面展开式的布局，只适宜旅客在站内停留时间较短的车站。如果车站规模较大、旅客较多且停留时间较长、组成复杂，这种布局会造成各种流线的相互干扰，无法适应多模式换乘的要求，也无法适应多功能要求的车站上方空间的开发，一般较大型的客站较少采用这种形式。

这种模式多见于国外的中小型车站，较为典型的是加拿大渥太华车站、荷兰鹿特丹总站（图 5-25）。我国辽宁盘锦站、葫芦岛站采用的也是这种布局形式。

5. 综合式布局

这种以立体化综合空间为核心的综合式布局是目前我国大型、特大型铁路客站设计的主流形式。随着城市综合交通体系的发展以及综合换乘概念的引入，车站站房内部空间已相互融合，内部空间界面最大限度地简化。该种方式流线设计十分简洁，从平面到立体，以综合大厅为中枢，把多种流线、多种交通工具立体交叉组织在一起，适当设置商场、餐饮、旅馆、商业空间等服务设施。各种服务设施有通道与综合大厅相连，空间相互穿插。这种方式多采用高架式和线下式等空间布局形式，力求使旅客进站的流线简短而便捷。候车大厅及进出站流线如图 5-16（d）所示，北京南站的候车大厅如图 5-12(a)、图 5-17(a) 所示，青岛北站候车大厅如图 5-17(b) 所示，天津西站候车大厅如图 5-26 所示。

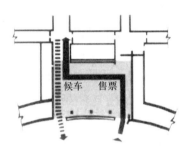

图 5-25　荷兰鹿特丹总站布局示意图

图 5-26　天津西站候车大厅

5.3.4　形态设计

铁路车站是一座城市的门户和窗口，是城市重要的公共建筑，代表了政府和民众所关注的城市形象。站房建筑形态所传达的形象信息，将是城市乃至周边地区地理、历史、人文、经济及时代特征的集中体现。每一座城市都有其相对独立的文化特点，车站建筑形象所蕴含的美学意义，是与自然条件、地域环境、人文因素、时代特征紧密相连，相互融合的。铁路车站的形态设计不仅对车站本身，而且对整座城市来说都具有特殊的意义。设计中应准确把握车站建筑与城市肌理、地域文化等关系，处理好建筑细节，以及建筑材料和色彩的选择等关系，使铁路车站建筑的性格特征和时代精神得到充分展现。

1. 保持城市肌理的延续

城市肌理是人类历史长期浸润和积淀形成的，与城市的产生和发展相依相存。城市的地形、地质、水系、道路以及邻里街坊内的建筑共同构成了城市的肌理，道路和水系的走向、坡度等直接影响每幢建筑的布局，这也是建筑与城市文化相互关系的重要体现。铁路车站一般都位于该区域的重要位置，规模宏大，它对城市肌理的保持、延续和形成起到重要甚至决定性作用。站房建筑设计从布局、朝向、空间造型等方面协调周边道路、建筑和空间环境，构成合乎空间逻辑的肌理关系。

苏州新站为在原有站房基础上的扩建项目，设计者将代表苏州城市肌理

特征的古典建筑形态，用坡屋顶的形式提炼出来，以一种符号的方式运用到
站房建筑上，不断重复，形成气势宏大的韵律，与苏州城市风貌巧妙契合，
如图 5-27 所示。

图 5-27 苏州站

北京南站顶部装饰在北京城的整体背景下进行具象设计，实现了天坛的
屋面形象，为昔日皇家穹宇加入大众化和现代化的特色，使北京南站成为同
时具有历史性、文化性和时代感的公共建筑，如图 5-28 所示。

2. 注重地域文化的表达

现代铁路车站的建筑形态设计，可以通过真实结构来形成外部形态，也
可以对地域特征、人文特色、时代风貌等文化因素进行综合表达。

拉萨站在设计中提取了藏族传统夯土高台式建筑的意象，采用渗入红色
染料的清水混凝土外墙挂板，模拟布达拉宫的红色土坯墙的意境，顶部层叠
的原木挑梁构件仿似布达拉宫的金顶。立面开窗嵌入竖向长条窗，前后错动、
高低起伏，充分传达出浓厚的藏文化内涵，如图 5-29 所示。

图 5-28 北京南站   图 5-29 拉萨站

再比如郑州站，站房形态以鼎、双联壶为原型进行抽象，整个车站看上
去犹如一个抽象的雕塑，造型厚重沉稳，体现了传统中原文化的特质，如
图 5-30 所示。

3. 强调细部元素的把握

车站建筑尺度巨大，对整体造型的控制固然重要，但建筑细部对建筑形
态的表达也具有至关重要的作用。比如立面设计中的细部元素可以很好地传
达当地文化信息，表达历史记忆与地域特征。在具体设计中，可以将传统建
筑的某一部分元素直接运用在车站建筑上，也可以对地方建筑的传统符号进
行抽象演变，以现代的方式进行运用。

南京南站建筑细部运用了当地传统的建筑符号，建筑形式模仿南京城典

型的"三重门"样式，屋顶采用南京传统建筑的大屋顶的形式，在檐柱与斗拱的设计中，简化并提炼了干栏式建筑的构件元素，既保留了传统文化特征，又形成了简捷现代的气息，如图5-31所示。

图5-30　郑州站　　　　　　　　　　　图5-31　南京南站

武昌站通过对传统元素的萃取，外窗借用编钟的形式，与墙体一起，形成了连续的韵律，入口雨棚吸收汉阙理念，经过尺度的调整和形式的变异，生成新的适合铁路车站建筑的表现形式，蕴含丰富的文化内涵，如图5-32所示。

4. 重视色彩与材料的运用

建筑除产生直接的美感外，还常常具有一定的象征意义。建筑色彩包括建筑材料固有的色彩和人工赋予建筑的色彩。色彩的运用可以起到装饰建筑的作用，不同地区可以通过不同的色彩特征对地域文化进行表达。材料的合理运用可以增强建筑立面的可读性，同时也会引起人们的视觉联想，在满足车站的功能需求同时表达出对地域环境的尊重。

仍以拉萨站为例，如图5-29所示，其色彩以白色与红色相间，表面是竖向条纹人工打磨而成的肌理效果，白色条纹粗，红色条纹细，且色彩贯穿内外，表现出藏族文化特有的粗狂大气的特点。

敦煌站的站房外墙以烧毛面石材和透明玻璃为主，由于当地砂岩和沉积砾岩抗风化能力较弱，在外立面上仅适宜局部使用，主体石材选用锈石花岗石。屋面坡檐采用深青灰色无釉彩瓦，材质质朴明快，与整体造型协调统一，如图5-33所示。

图5-32　武昌站　　　　　　　　　　图5-33　敦煌站

5. 追求与城市空间的融合

建筑是城市的构成要素，建筑与城市空间的融合与共享是建筑文化特色的具体体现。把具有城市空间特点的文脉传承融入建筑，使车站建筑真正成为城市空间的公共组成部分。

以南京站为例,南京站的位置得天独厚,南邻风景秀丽的玄武湖。为了使车站建筑与环境景观协调,更好地融入城市空间之中,在建筑形态设计上,将整体造型以"船"的寓意与城市空间中的"湖"进行沟通,建立一种内在的联系。建筑立面设置大面积通透的玻璃幕墙,形成轻盈通透的建筑体态,使湖光山色成为站房内外相互融合的优美景致,如图1-15、图5-34所示。

图 5-34　南京站

5.4　站房结构

随着我国高速铁路、城际铁路以及城市轨道交通的快速发展,在客站流线模式逐步从功能性较差的等候式向高效率的通过式转变的同时,要求新型客站在功能布局和流线设计上与之适应,以综合大厅为中心代替以候车室为中心的格局。这种功能上的转变会直接导致站房结构设计上的变化。

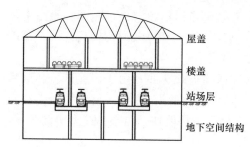

图 5-35　高架车站结构体系示意图

近年来修建的大型、特大型客站大部分为高架站,具有候车大厅空间大、桥建合一、站棚一体化等特点。在站房结构设计中,需要分别研究高架屋盖、楼盖(候车区)、站场层、地下空间结构等结构体系,如图5-35所示。除此之外,在大型高速铁路客站结构中,还需研究屋顶、夹层等站房结构。

现主要以高速铁路站房结构为例进行介绍。

5.4.1　屋盖

在房屋建筑顶部,用以承受各种屋面作用的屋面板、檩条、屋面梁或屋架及支撑系统组成的部件或以拱、网架、薄壳和悬索等大跨空间构件与支承边缘构件所组成的部件的总体称为屋盖结构。

由于大型及特大型的高架站房不仅要满足综合交通枢纽的使用功能,同时还要实现"城市地标"的社会要求,因此,各具特色的建筑造型、屋盖形式，使得屋盖结构选型越来越复杂。上海南站屋盖系统采用大跨度张拉索结构形成圆形轮状屋盖，候车大厅内部完全无柱，空间通透，如图5-36所示。

图5-36 上海南站屋盖及候车大厅

一般情况下，屋盖结构体系主要由屋顶、屋盖结构及柱组成。

1. 屋顶

屋顶是由屋面板、承重结构、顶棚等部分组成的车站站房最顶部的功能部件。

我国目前大部分站房的屋顶与其下所述的屋盖结构合二为一，在这种情况下，屋顶包括在屋盖结构体系中。对于传统的民族形式的站房和某些特殊形式的结构，还要在屋盖之上再加设屋顶结构。

（1）屋顶的组成

屋顶一般由屋面围护结构和承重结构两部分组成，如图5-37（a）所示。此外还有保温层、隔热层及顶棚等。

1）屋面

屋面包括屋面盖料和基层，如挂瓦条、屋面板等。屋面直接承受风雨、冰雪和太阳辐射等大自然气候作用。屋面材料应具有防水、耐火和耐自然长期侵蚀的性能，并有一定强度。

坡屋顶的屋面防水盖料种类较多，有弧形瓦、琉璃瓦、筒瓦、波形瓦、金属蒙皮板、构件自防水及太阳能面板等。

2）承重结构

屋顶的承重结构一般有檩条、屋架或大梁等，承受屋面上的所有荷载、自重及其他加于屋面上的荷载（如吊顶），并将这些荷载传递给支承它的墙或柱。

坡屋顶的结构体系大体可分为三类：檩式、椽式、板式。

3）保温、隔热层

保温层和隔热层分别在寒冷地区和炎热地区设置，可设在屋面层或顶棚层。

4）顶棚

顶棚具有保温隔热和装饰作用，有直接式顶棚和吊顶两种方式。

（2）屋顶的类型

按屋顶形式分平屋顶、坡屋顶和其他类屋顶。

1）平屋顶

平顶屋的坡度小于10%，常用坡度为3%～5%。在平屋顶情况下，往往屋顶与下属的屋盖合二而一。

2）坡屋顶

坡度大于10%的屋顶为坡屋顶，形式有单坡、双坡、四坡、歇山、庑殿等。例如霞浦站屋顶主体为四面坡形式，屋面采用深蓝色，如图5-37所示。

3）其他类屋顶

此外还包括尖顶、圆顶、折板、筒壳、悬索、膜结构等类型的屋顶。

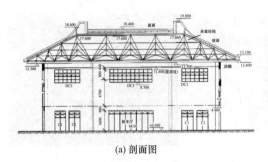
(a) 剖面图

(b) 效果图

图 5-37　四面坡屋顶（霞浦站）

（3）新技术应用

屋顶往往是车站站房的视觉重点，甚至是整个车站的视觉中心，在设计站房时设计师往往把较多的注意力放在屋顶的处理上，因此有较多的新技术应用在铁路站房屋顶上。大跨、高耸、轻体、高强结构技术近年来也大量应用到我国铁路站房的设计、建设中。

一些新的环保、节能减排技术也在站房屋顶上得到应用，例如，天津西站在屋顶安装太阳能板，可以利用太阳能发电、节约能源。许多车站的屋顶能够通过自然光，节约了候车大厅的照明资源。

2. 屋盖结构

屋盖结构是房屋最上部的结构，是房屋顶部的承重结构。屋盖结构应满足相应的使用功能要求，为建筑提供适宜的内部空间环境，也受到材料、结构、施工条件等因素的制约。屋盖结构设计应结合建筑方案、加工制作及施工安装方式等因素确定结构方案。非常用形式以及跨度大于 120m、结构单元长度大于 300m 或悬挑长度大于 40m 的大跨屋盖结构应进行专项论证。

高架站房屋盖结构体系主要有预应力钢筋混凝土结构、钢桁架、实腹钢梁、钢网架结构、桁架网架混合结构、网壳钢结构及张弦梁结构等。经统计分析，目前我国高速铁路车站高架站房的屋盖梁板体系多采用钢桁架、钢网架及两者相结合的混合结构。相对钢网架结构，钢桁架结构在屋盖梁板体系中应用更广。

（1）钢桁架

钢桁架是用钢材制造的桁架，最常采用的是平面桁架，在横向荷载作用下其实质是格构式的梁，如图 5-38（a）所示，一些大中型客站使用立体桁架（或称空间桁架），有的站房使用张弦结构的立体桁架，如图 5-38（b）所示。

钢桁架与实腹式的钢梁相比较，其特点是以弦杆代替翼缘和以腹杆代替腹板，而在各节点处通过节点板（或其他零件）用焊缝或其他连接将腹杆和弦杆互相连接；有时也可不用节点板而直接将各杆件互相焊接（或其他连接）。这样，平面桁架整体受弯时的弯矩表现为上、下弦杆的轴心受压和受拉，剪力则表现为各腹杆的轴心受压或受拉，从而能节省钢材和减轻结构自重。这使钢桁架特别适用于跨度较大的结构。此外，钢桁架还便于按照不同的使用要求制成各种需要的外形。并且钢桁架常可做成较大高度，从而具有较大的刚度。但是，钢桁架的杆件和节点较多，构造较为复杂，制造较为费工。

钢桁架中，梁式简支桁架最为常用。这种桁架受力明确，杆件内力不受支座沉陷和温度变化的影响，构造简单，安装方便；但用钢量稍大。刚架式和多跨连续钢桁架等结构形式能节省钢材，但其内力受支座沉陷和温度变化的影响较敏感，制造和安装精度要求较高，因此较少采用。在单层房屋钢骨架中，屋盖钢桁架常与钢柱组成单跨或多跨刚架，水平刚度较大。银川站的钢张弦桁架屋盖结构如图 5-38(c) 所示。

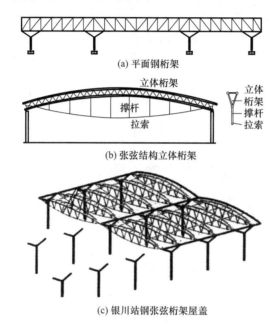

(a) 平面钢桁架

(b) 张弦结构立体桁架

(c) 银川站钢张弦桁架屋盖

图 5-38　钢桁架屋盖结构

厦门西站屋面采用"大跨度空间钢桁架＋双向正交钢管桁架"结构。站房最高可聚集人数为 5000 人。站房高架候车厅跨度 132m、长度 220m、高度 9m、质量 1200t，候车厅内无立柱，是目前我国铁路站房中单跨桁架跨度最大的车站。

（2）钢网架

钢网架为由多根杆件按照一定的网格形式通过节点连结而成的空间结构。其具有空间受力、重量轻、刚度大、抗震性能好等优点；缺点是汇交于节点上的杆件数量较多，制作安装较平面桁架结构复杂。

根据外形不同，网架结构可分为双层板型网架结构［图 5-39(a)］、单层壳型网架结构［图 5-39(b)］和双层壳型网架结构［图 5-39 (c)］。双层板型网架和双层壳型网架的杆件分为上弦杆、下弦杆和腹杆，主要承受拉力和压力；单层壳型网架的杆件，除承受拉力和压力外，还承受弯矩及剪力。目前我国的站房网架结构绝大部分采用板型网架结构。

网架结构的杆件截面应根据强度和稳定性计算确定。为减小压杆的计算长度并增加其稳定性，可采用增设再分杆及支撑杆等措施。单层壳型网架的节点应能承受弯曲内力，一般情况下，节点的用钢量占整个钢网架结构用钢量的15%～20%。

（3）桁架网架混合结构

采用钢桁架结构时，屋盖梁板体系的单位用钢量最大；而采用桁架网架混合结构比单纯采用钢桁架或钢网架结构用钢量都要少，混合结构的用钢量约比钢网架结构少三分之一。应用桁架网架混合结构形式的车站有汉口站[图5-39(d)]、吉林站和贵阳北站等。

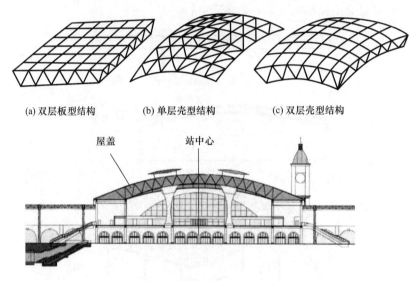

(a) 双层板型结构　　　(b) 单层壳型结构　　　(c) 双层壳型结构

(d) 汉口站剖面图（局部）

图 5-39　网架屋盖结构

3. 柱

车站的屋盖大多由墙和柱提供支撑。

（1）柱体材料

柱结构的主体材料主要有钢管混凝土、钢骨混凝土、钢筋混凝土及钢结构等种类。

为满足高架候车大厅空间大、屋盖结构体系悬挑高大、柱距大的特点，在实际应用中，屋盖柱多采用钢柱的结构形式，钢柱结构既能满足大的承载力要求，同时自身的设计截面尺寸小，较其他结构而言自重轻，适合于大型结构的竖向、侧向支撑结构选型。例如，新广州站（图5-7）、青岛北站（图5-17b）、北京南站（图5-40）采用钢结构柱后，候车大厅显得高大、宽阔、明亮，效果明显。

钢骨混凝土（型钢混凝土）和钢管混凝土两种结构形式在承载力等方面优势明显，但其工程量很大，且施工复杂，在一些高架站屋盖设计中偶有应用。

钢筋混凝土结构柱在地铁、客货共线铁路车站中较多使用，但在大跨度结构中优势不明显，因此在高速铁路中较少应用。

图 5-40　北京南站屋盖及柱结构

（2）柱距

通过对目前收集到的铁路客站数据分析发现，钢结构柱可以适用的柱网范围较大，当主要柱网中最大柱距处于 50～80m 时，目前大多采用钢结构柱，而当柱距大于 140m 时，钢结构柱同样可以满足结构设计的需求。而采用其他三种柱的结构形式时，目前柱距大都小于 72m。

从工程量角度分析，应用混合柱结构的工程量最少；从已有工程角度分析，当最大柱距低于 80m 时，更多的车站选用了桁架钢结构柱；最大柱距大于 80m 时，大多采用网架钢结构类型，其中绥芬河站屋盖最大柱距为 95.63m，长沙南站为 145m。

实腹钢梁适合小柱距结构，如宁波南站屋盖柱距为 24m；网壳结构适用于大柱距结构，如天津西站最大柱距为 138m。

（3）柱高

屋盖的柱高大部分情况下决定了候车大厅的层高，应根据车站类型、站房规模、结构形式、空间净高、柱体材料等因素确定。

大空间候车区应保证足够的净空高度。一般候车室的净高不低于 5.5m；售票厅、出站厅的净高不低于 5.0m；贵宾室的净高不宜低于 5.0m；其他空间应根据整体效果做好统筹设计，与建筑空间相匹配。其柱高可根据净高加吊顶高度来确定。

5.4.2　楼盖

高架站楼盖一般作为候车区地面使用，是高架站的重要组成部分，如图 5-35 所示。目前也常将该楼盖层称为站厅层或站厅结构。站厅是乘客候车及进出车站的缓冲区，它衔接检票通道和进出站通道，是乘客正式进入站台前的活动区域。

楼盖平面整体选型多为长方形，少数客站为工字形或圆形。从结构角度划分，楼盖主要由梁板与其下的柱组成。有的客站候车厅修建商业夹层，夹层柱结构类型多为钢筋混凝土、钢骨混凝土；梁板结构多为钢筋混凝土、预应力钢筋混凝土和实腹钢梁等类型。

1. 建筑面积

楼盖的建筑面积受车站候车区面积控制。候车区的面积由车站等级、所在城市等级及车站流线等因素决定。楼盖层的面积应能满足站房等级的面积要求，即满足候车最高聚集人数、高峰小时发送量的要求，见表 1-1。设计时需根据具体情况、按照有关规定确定楼盖层的面积。

2. 梁板结构

目前我国高架楼盖梁板结构体系主要分为钢桁架和压型钢板组合结构、钢筋混凝土框架结构、实腹钢梁钢结构及预应力钢筋混凝土框架结构 4 种类型，其中大部分为预应力钢筋混凝土框架结构及钢桁架和压型钢板组合结构。例如，虹桥站、成都东站、郑州东站、西安北站、南京南站等均采用钢桁架和压型钢板组合结构，高架候车厅结构选型为长方形，如图 5-16（d）所示。哈尔滨西站为预应力钢筋混凝土框架结构，候车厅结构选型为工字形，如图 5-41 所示。上海南站采用圆形楼盖梁板结构，如图 5-36 所示。

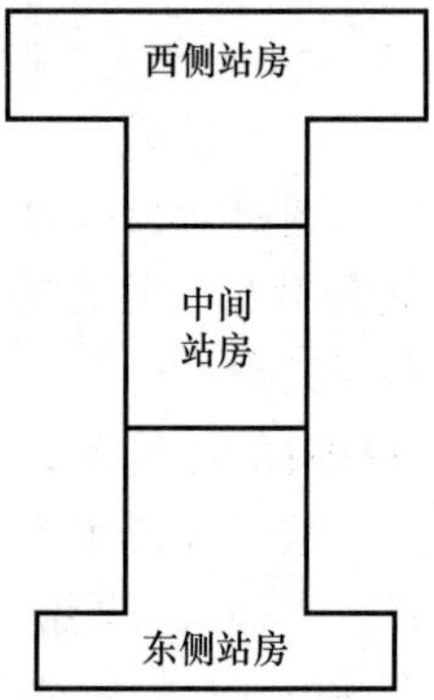

根据统计资料，我国目前不同的梁板体系结构中，钢桁架和压型钢板组合结构用钢量较大，预应力钢筋混凝土框架结构的钢结构用量较小；钢筋混凝土框架结构的混凝土用量最多，钢桁架和压型钢板组合结构的混凝土用量最少。

3. 柱结构

所谓的柱结构是指支撑楼盖梁板的柱结构，对于高架车站，一般采用线间立柱的支撑方式，如图 5-42 所示。

图 5-41　工字形楼板平面（哈尔滨西站）

（1）建筑材料

高架站房楼盖柱结构主要分为钢筋混凝土柱、钢管混凝土柱和钢结构柱 3 种类型，目前较多采用钢管混凝土柱，而单纯的钢结构柱较少。从结构角度而言，同等条件下，钢管混凝土柱较钢筋混凝土柱承载能力强，在大跨度结构中有明显的优势。

从工程材料用量方面看，钢管混凝土柱用钢量较钢结构柱略小，混凝土与钢筋用量与钢筋混凝土结构相近。在满足设计要求及其他经济性要求的前提下，钢柱及钢筋混凝土柱更节省材料。

（2）柱高

高架楼盖结构柱的高度主要由服务旅客上下车的站台以上空间净高决定。确定空间净高的因素主要有房间的使用功能、其下的股道布置、建筑限界，有关设备的布置、采光、通风，室内的空间比例，结构构件、设备管道及电器照明设备所占用的高度以及人的心理感受等。

经过对我国已有高架站房楼盖柱高样本进行统计分析，楼盖柱结构高度集中在 9～13m 区段范围内，大于 17m 及小于 9m 的楼盖柱样本数量比较少。

对于带商业夹层的高架候车厅，通过统计分析得到夹层部分柱高为 7～9m。

（3）柱距

高架站房的楼盖支撑柱一般不设在站台上而设在线路之间。其横向柱距与站台宽度及线路、站台布置方式有关。

包含正线的两站台之间一般采用 2 台夹 4 线的布置方式，如图 3-14（g）所示，楼盖柱一般设在 4 条股道的中间，其与邻柱之间的横向柱距由站台宽度、线间距、线路中心线距站台边缘及线路中心线距立柱之间的距离决定，如图 3-15、图 5-42（a）所示，可由式（5-1）计算确定。

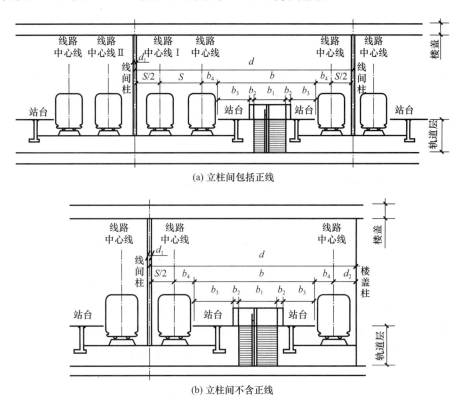

图 5-42 楼盖与楼盖柱

不包含正线的两站台之间一般采用 2 台夹 2 线的布置方式，如图 3-14（c）的上半部分或下半部分所示，楼盖柱一般设在 2 条股道的中间，其与邻柱之间的横向柱距由站台宽度、线路中心线距站台边缘及立柱之间的距离决定，如图 5-42（b）所示，可由式（5-2）计算确定。

$$d = b + 2b_4 + d_1 + 2S \tag{5-1}$$

$$d = b + 2b_4 + 0.5d_1 + d_2 + 0.5S \tag{5-2}$$

式中 b——站台宽度（m），由旅客通道出入口宽度（b_1）、通道边墙厚度（b_2）及边墙边缘至站台边缘的距离（b_3）确定（图 3-15），计算见式（3-9），可按表 3-8 查取；

b_4——线路中心线距站台边缘的距离（m），按表 4-1 取值，一般情况下取 1.75m；

d_1——立柱横向宽度（m）；

d_2——线路中心线距邻近建筑物的距离（m），按表 4-1 取值，若建筑物为线间立柱则取为 $0.5d_1 + 0.5S$；

S——线间距（m），按表 4-3 查取。

【例 5-1】 高架站房楼盖横向柱距计算。

某高速铁路，设计速度 300km/h，其中一大型站采用房桥合一的高架站房，进出站流线采用下进下出方式。站场层位于地面层。楼盖位于地上二层且采用线间立柱支撑。试根据站场线路及站台布置方式确定中间站台之间楼盖柱的横向柱距。

【解】 由上述条件知两立柱之间无正线。查表 4-3 得站内到发线间的线间距 S 为 5.0m，查表 3-8 取中间站台宽度 b 为 11.5m，查表 4-1 得线路中心线距站台边缘距离 b_4 为 1.75m，楼盖柱横向宽度 d_1 取 0.5m。代入式（5-2）得楼盖柱横向宽度为：

$$d = b + 2b_4 + 0.5d_1 + d_2 + 0.5S = b + 2b_4 + 0.5d_1 + 0.5d_1 + 0.5S + 0.5S$$
$$= b + 2b_4 + d_1 + S = 11.5 + 2 \times 1.75 + 0.5 + 5.0 = 20.5m$$

实际设计时，车站等级、站场布置、股道数量、站台布置、支撑柱结构类型等因素都可能会影响楼盖支撑柱横向柱距的大小，因此柱距会有一定的变化幅度。

根据统计资料，我国高架站房楼盖柱的横向柱距目前主要集中在 20～21m 的范围内，这与例 5-1 的计算结果基本一致。由于高架楼盖的柱底端大多位于站台层顶端，站台层按站场线路设计需求布置站场股道和站台，楼盖柱的布置不但要满足本身结构设计需求，同时还要满足站场股道及站台布置需求，由于站场线路数量及线间距有章可循，所以柱距布置相对统一，如图 5-42 所示。这就是无论采用什么样的结构形式，楼盖横向柱距相对集中的原因。其差别主要是由站场布置方式和立柱横向宽度不同引起。

按立柱材料类型分组统计，当柱距小于 19m 时，多采用钢筋混凝土结构柱，施工简单，造价较低；当柱距大于 23m 时，可采用钢管混凝土柱或钢结构柱。

按楼盖结构类型分组统计，柱距主要集中在 18～30m 范围时，楼盖结构形式多选用预应力钢筋混凝土框架结构、钢筋混凝土框架及实腹钢梁钢结构。当柱距大于 30m 时，多采用钢桁架和压型钢板混合楼盖结构。

4. 城轨站厅

城轨站厅的主要功能是：集散客流、售检票、管理和提供设备用房。地下车站的站厅一般设在地下一层。

（1）布置方式

车站可在两端布置两个站厅，位于站台两端上层。也可集中在中间布置站厅，位于站台上层，如图 1-19 所示。

（2）设计特点及要求

1）足够的面积。站厅面积必须充分满足列车同时到达的技术作业，乘客密集到发时客流移动、集散、售检票的需求，及相应的服务面积。可考虑在服务区的乘客人均面积不应小于 $0.75m^2$ 和人流通道所需的基本面积来确定站厅面积。

2）良好的照明与环控。依靠照明与环控系统，使站厅环境尽量接近地面环境的指标。

3）与地面出入口通道连接便捷。选择坡道、楼梯、自动扶梯等方式与地面出入口连接。

4）装饰需要。根据车站所在地特色，可采用适当的壁画、雕塑、广告等来体现。

5.4.3 站场层

站场层过去常称为轨道层。高架车站的站台及轨道铺设于承轨层结构上，承轨层下部多存在地下空间结构，因此，站场层结构包括站台层、轨道层、承轨层及其下的支撑柱。站场层结构是高架车站结构体系中完成交通运输任务的最重要组成部分。

1. 站台层

车站站台是供列车停靠和乘客候车、乘车及上下车的地方。站台的核心设计参数包括站台形式，站台数量，站台的长度、宽度、高度，站台边缘到股道中心的距离等。

中间站台的宽度主要由旅客通道出入口宽度、通道边墙厚度和边墙边缘至站台边缘的距离确定，如图3-15、图5-42所示，站台宽度按表3-8取值。

站台板一般由承台梁（工程界有时也称承轨梁）支承，如图5-43所示。

2. 轨道层

房侧式站场的轨道、路基的布局在第3章已述及，如图3-6所示，站场排水系统如图3-8所示。本书主要介绍高架车站、高架站场轨道层。

通过统计分析，大约有70％的高架站含轨道层结构。轨道层的规模受车站等级、股道数量、站台尺寸等因素影响。其纵向长度由到发线有效长、两端咽喉区长度决定。

轨道层的横向宽度等于所有线路中心至站台边缘距离、站台宽度及设线间立柱后线间距的增加值之和，如图5-42、图5-43所示。站场内设线间立柱后，站内线路的线间距有可能增加，其增加值根据实际情况确定。

轨道层的结构根据轨道类型确定，轨道类型主要分为有砟轨道和无砟轨道，无砟轨道又分为多种类型，详见轨道工程有关的教材。

3. 承轨层

承轨层结构也称梁板结构，是指站房结构内直接承受列车荷载和上下旅客荷载，且支承铁路道床和站台板的主体结构。

当前大部分客站承轨层采用了双向平面框架结构形式，也称为房桥合一、桥建合一、站桥一体化方式［图5-1（d）］，轨道层荷载和站台结构荷载直接传给承轨层框架，经框架柱最终传至地基基础，如图5-43（a）所示。重要构件和关键传力部位需增加冗余约束或多条传力途径。旅客站台人群均布活荷载标准值为3.5kN/m²。

还有一些采用桥＋框架式［图5-43（b）］及桥建分离式的站场层结构，如图5-1（c）所示。

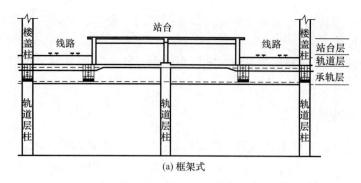

(a) 框架式

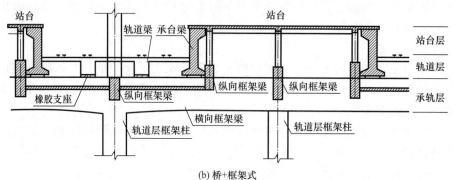

(b) 桥+框架式

图 5-43　站场层架构示意图

从所使用材料角度考虑，高架站房承轨层梁板结构目前主要包括钢管混凝土框架结构、钢筋混凝土框架结构、钢骨混凝土梁及预应力钢筋混凝土框架结构等类型，其中预应力钢筋混凝土框架结构采用比例最高。

4. 支承柱

对高架站场层而言，承轨层柱也称站场层柱、轨道层柱，是指支承站场层（轨道层）的支承柱。该种柱结构主要包括钢筋混凝土柱、钢管混凝土柱和钢骨混凝土柱等类型。目前站场层较多采用钢骨混凝土柱及钢筋混凝土柱结构，钢管混凝土柱较少采用。

站场层结构下部的柱高主要受车站规模、建筑限界、空气动力学及人员视觉感受等因素的影响。统计发现：站场层柱高集中在 10.0～11.5m 的范围。低于 10m 的有天津西站、汉口站、呼和浩特东站、西安北站等车站，其中西安北站的柱高仅为 6m；高于 11.5m 的有成都站，柱高为 12m。

柱距主要受车站规模、结构形式、动静荷载的影响，同时受其上下空间布局的影响。承轨层之下一般为地下空间结构，一般作为停车场或地铁的站厅层使用，该柱结构还需考虑地下空间布局的需要。承轨层之上的线路设计、设备安装及站台设计参数规律性强，其支承柱距需满足站场层功能尺寸要求。往往站场层与楼盖的支撑柱是上下连接的，如图 5-42、图 5-43(a) 所示，或支撑柱坐落在桥墩之上，如图 5-43(b) 所示，故两者柱距的统计结果大体一致。按柱结构类型分组，对其最大柱距进行统计分析，钢骨混凝土柱的柱距范围较大，分布在 18.0～25.8m 之间；钢筋混凝土柱的柱距范围较为集中，分布在 20.6～25.8m 之间；而钢管混凝土柱的柱距较大，其中有的样本的柱距为 30m 以上。综合来看，站场层柱距主要集中在 20.6～24.0m 范围。预应力钢筋混凝土框架结构比单纯的钢筋混凝土结构更适合大柱距的结构形式。

对承轨层 14 个客站样本进行统计分析，得到其样本的极小值、极大值和均值，见表 5-2，可供设计参考。

某些高架站承轨层统计结果　　　　　　　　　　　　　表 5-2

指标	极小值	极大值	均值
主要柱网长（m）	3.75	31.200	22.943
主要柱网宽（m）	2.70	27.000	18.011
柱的结构高度（m）	5.50	12.000	10.327
结构投影面积（m²）	1045	699996	77066

5. 站场层结构设计

站场设置的有关内容详见第 4 章。对于高架车站，由于股道、站台、进出站通道等站场建筑物与设备均设在站房结构内，故需要在满足功能的条件下将站场布置得尽量紧凑些，以便控制站场规模、节约工程投资。

比如石家庄站，共有 13 个站台，24 条到发线，其中 6 条正线。其站场布置如图 5-44 所示，图中表明了站台、股道、进出站口、屋盖立柱位置等信息。北京南站的站场位于地面层，其布置如图 5-12(b) 所示。

（1）设计方案

结构设计方案应符合下列要求：选用合理的结构体系、构件形式和布置方式；应满足列车动荷载和候车人群荷载作用，并保证候车人员的舒适度；结构的平、立面布置规则，各部分的质量和刚度宜均匀、连续；结构传力途径应简捷、明确，竖向构件宜连续贯通、对齐，应能满足上部结构不同材料构件的可靠连接；承轨层结构宜采用双向平面框架结构，重要构件和关键传力部位应增加冗余约束或多条传力途径；列车运营速度高于 160km/h 的客运铁路正线、列车运营速度高于 120km/h 的货运铁路正线及运行双线集装箱列车、重载列车的线路宜采用单独的桥梁结构，与铁路站房结构脱开。

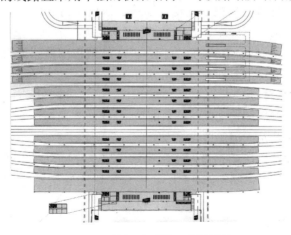

图 5-44　站场平面图（石家庄站）

大型铁路站房的垂直轨道方向由于站场布局要求，结构长度均超过混凝土结构设计的规定长度，因此其结构应通过设置结构缝分割成若干相对独立的单元。结构缝包括伸缩、沉降、防震和构造缝，以此消除混凝土伸缩、徐变、温度变化引起的温度应力、基础不均匀沉降、刚度和质量突变、局部应力集中、结构抗震等不利因素的影响。

　　（2）荷载

　　作用在承轨层结构上的永久荷载（主力），除建筑结构的常规荷载外，还有混凝土收缩、混凝土徐变、基础沉降作用、桥面二期恒载，应作为主要荷载进行结构分析。在可变荷载（主力）中，列车动载主要考虑列车制动力荷载、空车活荷载、长钢轨纵向水平力、横向摇摆力、中国客运专线标准活载（ZK 荷载）、列车制动和牵引力。由于承轨层结构构件尺寸大、结构超长，温度作用是影响结构承载力的主要可变荷载。在特殊荷载中，主要考虑长钢轨断轨力、列车脱轨荷载和施工临时荷载。

　　以桥梁规范为依据进行设计计算时，整个站房结构中只有承轨层承受桥梁荷载，需要建立局部模型单独针对承受铁路桥梁荷载的承轨层和基础进行设计计算，采用的荷载见表 5-3。

单项荷载表 表 5-3

恒载	活载	附加力	特殊荷载
结构自重、预应力、收缩徐变、基础变位	ZK 双线活载（静）、ZK 双线活载（动）、人群荷载、横向摇摆力、长钢轨伸缩力、长钢轨扰曲力	风力、整体升温、整体降温、非均匀升温、非均匀降温、制动力或牵引力	列车脱轨荷载、长钢轨断轨力、消防车

　　结构设计应根据使用过程中在结构上可能同时出现的荷载，按承载能力极限状态和正常使用极限状态按照有关规定分别进行荷载（效应）组合，并应取各自的最不利的效应组合进行设计。

　　（3）设计实例对比分析

　　结构设计的优劣，取决于其功能要求、结构受力、经济指标等因素。具体到站场层，以上海虹桥站、成都东站、郑州东站、西安北站、哈尔滨西站、南京南站 6 个典型高架站的设计为例，拟从其结构高度、传力方式、构件截面尺寸、单位工程量等方面进行对比分析。

　　1）高度参数对比

　　几个客站站场层结构高度（站台面至梁底）、轨顶至承轨层结构板顶高度以及站台面预留建筑面层厚度见表 5-4。

　　表中站台面至梁底结构高度实际为站场层总厚度，对于较大的车站，其数值在 4～6m 之间。该厚度的大小，主要取决于股道数量和柱网、柱距的大小。

　　2）结构传力方式对比

　　除成都东站外，上述其余车站均采用了框架结构承受轨道及站台荷载；

成都东站承轨层体系由两部分组成：直接承受列车荷载的承轨梁结构体系和承轨梁下的纵横向框架结构体系。承轨梁结构体系通过橡胶支座作用在横向框架梁上，此传力方式的优点为动荷载对站房结构的影响非常小，缺点是结构高度大。

同是框架结构，其传力方式也不尽相同。哈尔滨西站与郑州东站类似，利用站台面与轨道之间的高差设置承台梁，以次梁形式与框架主梁连接，承担站台荷载及部分轨道荷载，以减小框架梁尺寸，如图 5-43(b) 所示；虹桥、南京南与西安北站则直接以框架结构承担站台及轨道荷载，如图 5-43(a) 所示。

3）下方柱截面对比

站场层下方柱的截面大小受柱网布置、抗震设防烈度及柱形式等因素控制。以成都东站和南京南站为例，设防烈度、柱网布置大致相同，并且都采用了钢筋混凝土柱，南京南站的柱断面尺寸要稍大些；同样的设防烈度和柱网布置，由于虹桥站采用了钢管混凝土柱，柱截面最大尺寸减小为 1.4m×1.4m。

比较西安北站、郑州东站和哈尔滨西站 3 个车站，柱网布置大致相同，设防烈度依次降低，但由于西安北站采用了钢管混凝土，使得柱的截面尺寸反而最小，郑州东站虽采用了钢骨混凝土，柱截面尺寸仍然很大。

4）框架梁截面对比

框架梁截面尺寸主要受跨度、框架传力方式及梁型等因素控制。上述 6 个车站按垂直轨道方向跨度分为 10.75m 和 21.5m 两组，比较相应的梁截面，21.5m 跨度的车站（西安北站、哈尔滨西站）的横向框架梁高度达 2.7m，甚至 3m，10.75m 跨度（上海虹桥站、成都东站、南京南站）的横向框架梁高度稍小些，在 2.4m 左右。郑州东站虽然梁跨为 21.5m，由于采用了预应力，反而梁高为最小。

5）单位工程量比较

表 5-4 比较了上述车站的站场层结构工程量指标。其中的面积指站场范围内有地下空间结构的站场面积，工程量包括该面积范围内轨道层和站台结构。

站场层结构工程量指标比较   表 5-4

主要参数 / 客站	站台数量	股道数量	站台面至梁底高度 (m)	轨顶至承轨层顶高 (m)	梁跨 (m)	地下空间结构对应的站场层面积 (m²)	混凝土		钢筋		钢材	
							m³	m³/m²	t	kg/m²	t	kg/m²
上海虹桥站	16	30	5.05	1.30	垂轨 10.75、顺轨 18+21+22.6+3×24+22.6+21+18	83719	84024	1.004	18281	218	19575	234
成都东站	14	26	5.80	2.35	垂轨 10.75（局部 21.5）、顺轨 2×21+24+2×21	38405	29838	0.777	10714	279	/	/

续表

主要参数 客站	站台数量	股道数量	站台面至梁底高度(m)	轨顶至承轨层顶高(m)	梁跨(m)	地下空间结构对应的站场层面积(m²)	混凝土		钢筋		钢材	
							m³	m³/m²	t	kg/m²	t	kg/m²
郑州东站	17	32	4.15	0.90	垂轨 19.15~30、顺轨 19.15＋20＋24＋30＋24＋20＋19.15	42657	41712	0.978	10299	241	2070	49
西安北站	18	34	5.50	1.25	垂轨 21.5、顺轨 14＋21＋24.5＋21＋14	38500	46973	1.220	13897	361	5563	144
哈尔滨西站	10	22	5.40	1.45	垂轨 21.5、顺轨 12＋24＋12	16315	15716	0.963	3889	238	/	/
南京南站	15	28	4.55	0.90	垂轨 10.75、顺轨 2×21＋3×24＋2×21	39340	64317	1.635	10865	276	13408	341

由表 5-4 可见，虽然上海虹桥站、成都东站和南京南站承轨层梁的跨度接近，采用型钢混凝土梁的南京南站和上海虹桥站单位工程量指标要比采用混凝土梁的成都东站高很多；另外 3 个梁跨接近的西安北站、郑州东站和哈尔滨西站，采用型钢混凝土梁的西安北站单方工程量最高。

由表 5-4 还可以看出：

① 站场层选用不同的结构形式，直接影响传力方式和结构高度。如成都东站和其他 5 个站的传力方式明显不同，结构高度也相差很大。

② 各站站台面预留的建筑面层厚度从 60~260mm；轨顶至承轨层结构板顶高度从 0.9~2.35m。

③ 承轨层框架梁采用预应力结构能有效降低梁截面高度，如郑州东站。

④ 站场层柱如果仅考虑结构受力，钢管混凝土柱比钢骨混凝土柱在减小截面尺寸上的效果更明显。

⑤ 成都东站的单位面积工程量指标最低，南京南站最高。相同梁跨的客站比较说明，采用型钢混凝土梁比采用混凝土梁或预应力梁的单方工程量要高。承轨层梁尽量不采用型钢混凝土梁。

6. 城轨站台层

城轨的站场层称为站台层，如图 1-19 所示。站台层主要划分为公共区和设备区。公共区的面积及布置按照有关规定执行。

城轨的站台及线路数量少（一般为 2 线夹 1 台）、站厅层布置及支承柱布置比较灵活。站台层设计需按有关规定进行。

与站台及乘客密切相关的设备包括站台门（屏蔽门或安全门）、站台监控亭、紧急停车按钮、消防设施、站台广播、电话等，其布置按照有关规定执行。

5.4.4 地下空间结构

铁路客站地下空间是兼具功能性、服务性和商业性的新型地下空间，是连接铁路、地铁、公交、出租车等各类城市公共交通的换乘节点，也是交通枢纽与城市商业相互渗透的重要场所。随着大型铁路客站的建设，这类特殊的地下空间开发也逐渐突显其完善城市交通网络、提升车站服务水平、推动城市经济发展的积极作用。

基于"零换乘"设计理念，通过建设大型客站的地下空间，可以起到完善客站空间布局、梳理流线组织、连通客站两侧城市空间、消除沟通障碍的积极作用。

1. 组成

一般的大型、特大型车站均设有地下空间，主要包括出站通道、停车场、通廊、夹层、地铁及换乘通道等。

（1）出站通道

铁路客站进出站流线一般采用上进下出的方式，大中型客站的出站通道通常设在地下，以便于与地下停车场、地铁等衔接。关于出站口的有关内容，详见第 3.3 节。

（2）停车场

为了充分利用地下空间、节约用地、方便乘客使用并且便于与地铁衔接，新建大型、特大型铁路客站的社会车辆停车场一般设在地下。停车场的面积需要根据预测的停车数量确定。有关停车场的设置详见第 6.4 节。

（3）通廊

为了方便客流组织，可以在地下空间设置进出站客流、社会客流的通道，称为通廊，如图 3-11、图 5-45 所示。通廊结构的设计参数包括结构体系类型、柱类型、主要柱网、最大柱距、结构投影面积、通廊柱建筑用材（混凝土、钢筋、钢结构）、通廊梁板用材（混凝土、钢筋、预应力钢筋、钢结构）等。

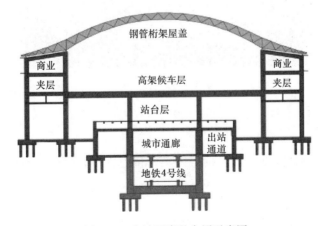

图 5-45　车站通廊及夹层示意图

（4）夹层

夹层是指室内两自然层之间的楼层，也就是房屋内部某层空间高度较大部位所增设的局部楼层。对于车站而言，其候车大厅、进站广厅、出站广厅空间高度一般较高，为了充分利用空间，一般在其一侧或两侧将其在高度上一分为二甚至一分为三设置夹层。这些夹层一般多用于商业、停车场、设备用房及其他公共场所。夹层可建于地下也可建于地上。某车站位于候车大厅两侧的商业夹层如图 5-45 所示。

（5）地铁及换乘设施

大型、特大型车站往往是所在城市的综合交通枢纽，有些车站还与地铁直接衔接，甚至与两条或多条地铁衔接，如北京南站、上海虹桥站等。在这种情况下，往往将地下一层的一部分空间布置为地铁的站厅层，地下二层、地下三层布置为地铁的站台层。北京南站的有关布置如图 5-12(c) 所示，哈尔滨西站的有关布置如图 5-13(a) 所示，南京南站地下空间布置如图 5-46(a) 所示。

(a) 南京南站

(b) 上海虹桥站

图 5-46　地下空间布置图

2. 布局形式

综合考虑站场宽度和经济性等因素，目前铁路客站地下空间主要有区域型和两极型两种模式。

（1）区域型

区域型布局是指站房下地下空间全部开发并与广场地下空间融为一体，且商业空间与换乘空间彼此交融的一种全面的地下空间开发方式。新建上海虹桥站就是这种开发模式，如图 5-46（b）所示。

上海虹桥站为典型的大型综合交通枢纽，采用上进下出的进出站模式，出站乘客全部出到地下层。地下空间的两端为出站厅，中部是地铁换乘厅，出站厅外侧为出租车上客区，出站厅与地铁换乘厅之间设置商业空间。地下层与西侧广场地下空间相连，在广场地下设有公交车场和社会停车场，另一端地下则与虹桥机场候机楼连通。

可以看出区域型的开发模式具有换乘便捷、地下空间品质高、节约土地、配套服务完善、经济效益较好等特点。但这种开发方式的初期建设投入比较大，主要是因为地下空间的上部为铁路车场，需要采取框架式结构将铁路站场架起。因此，这种区域型的开发方式比较适合站房规模特大、换乘方式多样且必须将地铁换乘和出租车换乘引入站房地下空间以实现零距离换乘的铁路综合枢纽。

（2）两极型

两极型布局是指站房地下空间只设出站厅与连接站房两端广场地下空间的城市公共通廊，交通换乘空间以及商业开发主要布置在广场地下的开发模式。宁波南站就是这种模式。

宁波南站站房面积 4.9 万 m^2，站房长度 200 多米，采用上进下出的进出站方式，如图 5-47（a）所示。站房南北各设一个广场。北广场地下有地铁 1、2 号线换乘厅以及出租车上下客区和社会停车场，在停车场远离站房处设置地下商业空间。南广场地下层设置出租车场、社会车场以及长途车场，在地下空间夹层里设置了少量商业设施。站房下的地下空间只有出站通廊以及位于两个出站通廊之间的 24m 宽南北城市联系通廊，如图 5-47（b）所示。

(a) 效果图

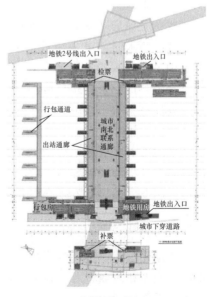

(b) 地下一层

图 5-47　宁波南站地下出站层平面图

两极型交通枢纽地下开发模式的特点在于其站房地下空间开发规模较小，仅为出站通廊和城市通廊，结合车站广场地下空间共同实现多种交通方式的零换乘，并在一定程度上消除城市割裂，且初期投入相对较少，因此比较适合大型客站站房。

3. 结构设计

大型、特大型铁路车站的地下空间结构至少需要解决以下 4 大技术难题：交通枢纽综合布局、环境温度变化对超大混凝土内力的影响、复杂结构基础选型、大体量混凝土收缩变形的控制。

在北京南站的地下空间结构设计中，为了更接近实际情况，突破了以往将上部结构与基础分开计算、不考虑其刚度影响的做法。结构分析借助有限元方法进行，将上部结构与作为其基础的地下结构整体建模，同时用分布压弹簧反映地基土与基础之间的相互作用。这样既考虑了不同结构之间及结构与基础之间荷载的传递，又反映了不同结构之间刚度的相互影响，取得了很好的设计效果。

4. 城轨车站风井与冷却塔

地下铁道应按照需要设置通风及空调设备，包括车站风井、地面风亭及冷却塔等。

（1）车站风井

车站风井的位置，应根据周边环境及城市规划要求进行合理布置，在满足功能要求的前提下，还应满足规划、环保和城市景观的要求。地下车站按通风、空调工艺要求设活塞风井、进风井和排风井。在满足功能的前提下，根据地面建筑的现状或规划要求，风井可集中或分散布置。

（2）地面风亭

地面风亭是风井出入口的地面建筑部分。对于单建的风亭，如城市环境有特殊要求时，可采用敞口风井，风井底部应有排水设施，风口最低高度应满足防淹要求，开口处应有安全装置。单建或与建筑物合建的风亭，其口部距其他建筑物距离应不小于 5m。当风亭设于路边时，风亭开口距地面的高度应不小于 2m。

（3）冷却塔

采用集中式空调系统的地下车站需在地面设置冷却塔，其造型、色彩、位置应尽量符合城市规划、景观及环保要求。对于有特殊要求的地段，冷却塔可采用下沉式，但必须满足相应工艺要求。

5.4.5 基础

车站建筑物均建筑在地基基础之上。基础应结合建筑场地地质状况、上部结构类型和荷载特点、施工条件、使用要求等进行设计，并应满足地基承载力及沉降控制要求。

与铁路客站结构分离的独立桥梁与相邻结构共用基础时，应进行整体基础沉降和沉降差计算分析，满足列车运行对变形的要求。需要降低地下水位的，应在施工时采取有效措施，避免因基坑降水而影响邻近建筑物、构筑物、地下设施等正常使用和安全。

列车运行速度高于160km/h铁路正线下的桥梁结构基础和其他承轨层结构的基础，根据工程地质条件，应通过计算分析确定是否采用整体基础。

基础应有一定的埋置深度。在确定埋置深度时，应考虑建筑物的高度、体型、地基土质、抗震设防烈度等因素。站桥一体化的站房基础埋置深度可从室外地坪算至基础底面，天然地基或复合地基可取站房高度的1/15，桩基础可取站房高度（桩长不计在内）的1/18。其基础等级不应低于乙级；基础变形应符合铁路桥梁与民用建筑相关标准的规定。

车站尤其是站房设计、施工时，往往采用深基坑。铁路客站深基坑应符合下列规定：铁路客站与城市轨道交通、市政配套工程相结合时，应统筹考虑基坑方案，并宜将基坑与结构、基础结合起来设计；基坑的安全等级、支护结构、降水、风险控制等需要满足相应的要求；作用在支护结构上的水平荷载除水、土压力外，还应包括既有铁路路基荷载、列车和轨道荷载引起的水平荷载、分期施工站房工程中先期站房超载对后期基坑的水平荷载等。

5.4.6 结构设计

站房结构设计是一项庞大的系统工程，牵涉方方面面。现简要介绍有关内容。

1. 一般规定

结构设计应采用安全适用、技术先进、经济合理、施工方便的结构体系。

地下车站、桥建合一车站、跨线高架站房、最高聚集人数为6000人及以上的站房结构抗震设防类别应为重点设防类，结构安全等级应为一级；雨棚、天桥等跨线设施及金属屋面的结构安全等级应为一级；线间立柱的雨棚、天桥等抗震设防类别应为重点设防类，站台立柱的雨棚抗震设防类别宜为标准设防类。

在结构耐久性方面，地下车站、建桥合一车站、跨线高架站房、最高聚集人数为6000人及以上站房的主体结构和使用期间不可更换结构构件应按100年进行耐久性设计，使用期间可更换且其更换不影响运营的次要结构构件可按50年进行耐久性设计；其他铁路客站应按50年进行耐久性设计。临时结构宜根据其使用性质和结构特点确定耐久性设计年限。

站房金属屋面、站台雨棚、天桥等建（构）筑物的基本风压、基本雪压重现期宜为100年。

铁路客站与城市轨道交通、市政配套工程的结合部位，应在结构体系布置、沉降控制和荷载传递等方面进行协调设计。

2. 荷载与作用

永久荷载与作用主要包括结构构件、围护构件、面层和装饰、固定设备、长期储物自重，土压力，静水压力和水浮力，混凝土收缩和徐变作用，基础变位产生的作用，预加应力及其他需要按永久荷载设计的荷载。

可变荷载主要包括楼面活荷载、屋面活荷载、设备荷载、积灰荷载、风荷载、雪荷载、温度作用（均匀温度、梯度温度，严寒及寒冷地区冻胀力）、列车相关荷载、汽车荷载、活载引起的土侧压力、人群荷载、流水压力、冰压力、施工荷载等。

偶然作用主要包括爆炸、撞击、火灾及其他偶然出现的作用。

列车相关荷载根据工程具体情况，按相关标准进行设计。

旅客站台人群均布活荷载标准值为 $3.5kN/m^2$，组合值系数、频遇值系数、准永久值系数分别为 0.7、0.6、0.5。

3. 设计实例

现以某高速铁路大型车站为例介绍站房结构设计的有关内容。

（1）概况

该工程为高架站房，设中央站房及南北站房。建筑面积为 $119634m^2$，其中站房面积为 $49836m^2$，换乘广场面积为 $13098m^2$，线间柱立雨棚面积约 $56700m^2$，高架车道及落客平台面积 $15553m^2$（未计入站房面积）。

该站高峰小时旅客发送量 9450 人，最高聚集人数 5000 人。

（2）建筑结构设计标准

1）建筑结构设计使用年限：设计基准期 50 年；耐久性要求中央及南北站房按 100 年考虑，线间柱雨棚结构按 50 年考虑。

2）建筑结构的安全等级：中央站房、南北站房为一级；线间柱雨棚为二级。

3）抗震设防类别：中央站房、南北站房抗震设防类别为重点设防类，线间柱雨棚为标准设防类。

4）地下结构防水等级为一级，结构防水设计遵循"以防为主、刚柔结合、因地制宜、综合治理"的原则，以结构自防水为根本，变形缝、施工缝为重点，辅以附加防水层加强防水。

5）变形控制：结构设计分别按施工阶段和使用阶段进行强度、变形计算，并进行裂缝宽度验算，同时满足耐久性的要求。

6）中央站房、南北站房地下室结构抗浮设计水位按地质勘察部门提供的抗浮设计水位取值。

（3）地基基础设计

1）基础设计安全等级：中央站房、南北站房为甲级，线间柱雨棚为乙级。

2）基础形式、基础埋置深度、基础持力层选择，按照有关规定及项目具体情况选择。

（4）地下空间结构选型

地下通廊结构（不包括下部地铁车站主体结构）不仅承担高架候车厅、站场结构的荷载，同时通廊结构顶板结构兼作承轨层结构，直接承受列车荷载。结构形式采用双向预应力混凝土梁＋混凝土柱框架结构。抗震等级为二级。

（5）上部结构选型

1）南北站房

南北站房主体采用钢筋混凝土框架结构，局部采用预应力混凝土框架梁。

南北站房楼盖外的落客平台采用预应力混凝土连续箱梁结构形式，通过盆式橡胶支座搁置于下部钢筋混凝土框架柱柱顶。

2）中央站房

中央站房分为地下一层、站台层、高架候车厅层、商业夹层共4层。

−2.25m 承轨层结构采用钢筋混凝土柱＋预应力钢筋混凝土梁，采用主次梁结构体系。

9.85m 高架候车层结构采用钢管混凝土柱＋预应力钢筋混凝土梁，框架抗震等级为二级。

18.5m 高架夹层结构采用双向实腹钢梁结构。

屋面主体结构采用钢管混凝土柱＋实腹钢梁结构。

3）线间柱雨棚

线间柱雨棚采用张弦结构方案，主要由横向张弦梁、索撑系统与钢管混凝土柱组成。

4）站台及站台挡墙

承轨层范围内的高站台采用架空钢筋混凝土结构，支承侧墙直接生根于承轨层结构板上。基本站台于承轨层范围内均考虑为架空钢筋混凝土结构。

承轨层范围外的高站台挡墙采用现浇钢筋混凝土挡墙，每隔20m左右设置一道变形缝。

（6）其他

结构抗浮设计，伸缩缝、沉降缝和防震缝的设置，防水处理，人防设置等，根据有关规范和要求进行设计。

北京南站是我国高速铁路站房结构设计的代表作，其结构组成、结构类型、结构尺寸如图5-48所示。

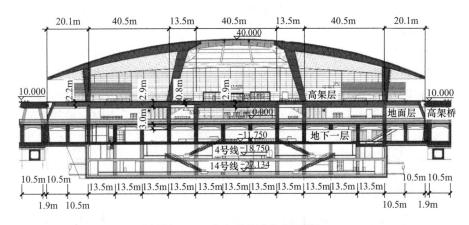

图 5-48　北京南站站房断面图

5.5　其他

现以高速铁路车站为例，介绍其他设计内容，包括站房建筑装饰、站房附属设施、车站附属生产设施、接口设计等内容。

5.5.1　站房建筑装饰

站房主体结构完成后，还需要按照有关要求进行相应的装饰装修。

1. 建筑构造

含墙体、地下室防水工程，屋面工程等内容。

2. 内装修

含内墙面及柱面、楼（地）面、窗台、窗帘盒、踢脚、顶棚、墙裙、内墙阳角、防潮、门窗、楼梯及栏杆、站台、变形缝、电扶梯等内容。

3. 外装修

按照有关要求进行。

5.5.2　站房附属设施

严寒地区站房主入口处应设防风门斗，其他地区站房主入口处宜设防风门斗，门斗应轻盈通透。

旅客车站建筑可根据客流特点，合理设置为旅客服务的商业配套设施。

线下式站房的候车区、售票区应采取减震、隔声、降噪措施，其他形式的车站公共区宜采取减震、隔声、降噪措施。

应合理控制线间柱雨棚的净高和屋顶镂空部分的面积，当线路上方雨棚不封闭时，雨棚边缘应有阻挡雨水和积雪融化后的导流措施。

5.5.3　车站附属生产设施

旅客车站站区范围内的通信、信号、信息、电力等生产房屋宜与站房合并设置，并按功能分区相对集中布置。特殊困难情况下，应根据工程的实际情况合理确定。

大型、特大型车站可能在车站范围内设置动车段（所），其检修库外应设置环形消防车道。当有困难时应确保两长边对应设置消防车道，并在尽端设置符合消防车转弯半径的场地；其检修库内应设置横向通道，横向通道可结合跨线检修连接通道设置，间距应按现行国家标准中的厂房安全疏散要求经计算确定，其通道宽度不宜小于1.1m。动车段（所）的信息处理中心机房应设置恒温恒湿机房专用空调设备。

5.5.4　接口设计

站房设计应与城市规划设计部门协调，在功能布局、流线组织、标高设计、空间线形等方面进行协调。

铁路站房与城轨结构合建时，应符合结构体系布置和荷载传递要求。

车站房屋建筑设计应与采暖通风及空气调节、给水排水、消防、通信、信号、电力、电力牵引供电、信息等专业进行协调，并应符合综合管线功能要求和规整有序的美观要求。

站房设计应与相关专业协调设计，满足站房进出站口与地道布置位置对应连通的要求，站房与地道结构合建部位应符合结构体系布置和荷载传递要求。

站房为线侧下式的车站，且站房、雨棚结构与站台挡土墙合建时，应符合结构体系布置和荷载传递要求。

站房为线正式的车站，且站房、雨棚结构与桥梁合建时，站房设计应与桥梁专业在柱位、荷载、预埋件方面协调。

线上式站房、雨棚、天桥在线间设置立柱时，柱位应符合限界要求。站房、雨棚、天桥与接触网共用结构体系时，应做好与站场、接触网的限界、荷载和安装构造设计。

思考题及习题

1. 铁路站房设计应遵循哪些原则？

2. 简述铁路站房的分类方法和分类结果。

3. 建桥合一与建桥分离的结构体系各有什么受力特点？

4. 站房的流线设计应符合哪些原则？

5. 简述铁路站房流线的形式及主要特点。

6. 铁路站房公共区包括哪些内容？各组成部分又包括哪些设施及如何布设这些设施？

7. 铁路站房建筑布局有哪些类型？各种布局的特点是什么？

8. 根据铁路客运站设计现代化的要求，说明其建筑布局的发展趋势。

9. 铁路站房建筑形态设计需注意哪些问题？

10. 站房屋盖结构体系主要由哪些部分组成？各部分包括哪些类型？设计中需注意哪些特点？

11. 站房楼盖结构体系主要由哪些部分组成？各部分包括哪些类型？设计中需注意哪些特点？

12. 某高速铁路，设计速度 250km/h，其中某大型站，客流量较大，采用建桥合一的高架站房。站场层位于地面，拟为 4 台 8 线的布置方式，站内正线间有渡线。楼盖采用线间立柱支承。试进行站场线路及站台布置，并据此确定楼盖的横向基本宽度。

13. 高架站房站场层结构体系主要由哪些部分组成？各部分包括哪些类型？设计中需注意哪些特点？高架承轨层一般采用哪种结构形式？

14. 大型客站的地下空间利用方式有哪些？其意义何在？

15. 铁路车站站房结构设计的主要内容有哪些？

16. 分析北京南站站房布置的特点，并分析其优缺点。

第6章
车 站 广 场

本章知识点

【知识点】车站广场的分类、功能、构成，广场流线的构成、特点
与交通组织方法，广场功能布局的种类与特点，广场面
积、停车场地、轨道交通站点及其出入口、步行活动场
地、场地坡度等场地设计的内容和设计特点，广场附属
建筑物与设备的构成与特点。
【重　点】车站广场的功能布局与场地设计。
【难　点】车站广场主要部分的坡度设计。

车站广场在之前常曾被称为站前广场，简称为广场。它是供旅客、车流、行包流集散的城市空间，是车站与城市联系的场所。其主要功能是组织旅客和有关车辆在广场上安全、迅速地集散，同时还担负着城市不同客运交通方式间换乘衔接的任务。它既是城市交通空间，同时作为城市的"窗口"，还可承担迎宾集会功能，具有代表城市形象的特殊意义。

车站广场是铁路车站的三大组成部分之一，与站房、站场相辅相成，共同完成与铁路旅客及车辆集散有关的业务。

本章主要介绍车站广场的分类组成、交通组织、功能布局、场地设计、广场设施等方面的内容。

6.1　概述

铁路客运车站广场的范围为旅客在进入候车区之前和走出出站口之后在车站周边的活动区域，具体指以换乘广场为核心，由站房（场）、线状交通流线（城市主、次干道）、点状交通节点（换乘站、停车场）、各种有关商业服务设施及市政配套设施组成的一种城市空间集合。

6.1.1　广场的发展

车站广场伴随车站的发展，从无到有，从单一的出入口平台到满足客货运输需要的站前广场，现已发展成为以交通功能为主的城市综合广场。

1. 不设广场

铁路、城轨最初出现时，所谓车站就是在股道之间或一侧建一个简易站台，以便于乘客上下车。之后在站房侧或站台上搭建一个简易站棚，以避免旅客在候车时受到雨雪的侵袭及烈日的暴晒。

由于客流量小，19世纪末、20世纪初的普通铁路中间站一般不设置车站广场，依靠站房和站台基本就能满足乘客集散功能。比如1909年通车的京张铁路的大部分中间站未设车站广场，有的是由于地形困难而无法设置，例如图6-1(a) 所示的青龙桥站；有的中间站地处偏僻地段，当时并不需要设置，例如刚通车时的西拨子站，当时只建了简易站房，可以明显看出没有设置车站广场，如图6-1(b) 所示。

(a) 青龙桥站　　　　　　　　　(b) 西拨子站

图 6-1　未设广场的早期车站（京张铁路）

2. 站前出入口平台

随着技术、经济和社会的发展，铁路的客货运量逐渐增大，为了增加站前集散功能，有些车站在出入口处修建具有一定规模的平台，专门为进出站旅客服务，这是站前广场的雏形。这个阶段的车站空间主要由站内的建筑物和设备所组成，形式单一且与城市联系不紧密。

这一时期的另一种形式是站房紧邻城市道路或既有广场，利用城市既有设施可起到集散、分流乘客的作用。例如建于1906年的德国汉堡中央站利用了既有道路，如图6-2所示；19世纪末的北京正阳门车站利用了城市既有广场，如图1-9所示。

图 6-2　城市道路兼作广场
（德国汉堡中央站）

3. 站前广场

伴随着社会和交通运输的进一步发展以及汽车的广泛使用，多模式城市交通系统逐步形成。铁路、城轨与其他交通方式之间形成了明确的衔接换乘关系，出入口平台已满足不了大量旅客集散、换乘的要求，需要在站房之前专门修建一定规模的城市空间。车站广场从扩大的车站出入口平台发展成为具有一定规模的站前广场；从平面布局广场（图1-17）发展到立体布局广场（图1-15），以满足乘客集散及换乘的需要。目前大多数车站广场都是这种站前广场形式。

站前广场的基本布局形式及与站房的关系如图1-2所示。广场范围内需设置公交车、出租车、私家车停车场及乘客活动、集散区域。拉萨站的站前广场如图6-3所示。

4. 综合广场

当在站前广场内的集散人数越来越多、交通换乘越来越繁忙的时候，逐渐出现了增加其他服务设施的要求，如商业中心、娱乐中心、公交中心、服务中心甚至物流中心等。这样，车站广场就产生了更具公共性的附加功能，也使广场周边出现了越来越多的相关建筑与设施。最终使广场与周围建筑、设施的空间进一步相互开放和交叠，逐步发展成为城市公共空间的组成部分，成为具有完整与独立空间的城市经济开放区域和活动场所。

南京南站南广场项目（高铁大厦）位于南京南站站房南侧，总建筑面积约 17.4 万 m^2，由 2 幢商办综合楼、地下商业用房及地下停车场组成。商办楼中地面 1~2 层为商业用房，3~9 层为办公用房。地下负一层为商业、下沉广场及设备用房，地下负二层及夹层为社会停车场及自行车库，如图 6-4 所示。

图 6-3　站前广场（拉萨站）　　　　图 6-4　综合广场（南京南站）

我国传统的车站基本都采用线侧式站房形式，站场建在站房一侧、广场建在站房另一侧，故称为站前广场。随着高架站房、地下站房等车站类型的大量应用，目前的广场不一定都是在站前修建，有的建于站场、站房之下（例如高架车站），有的建于站场之上（例如地下车站），有的车站有两个甚至多个广场，故目前已开始不再使用站前广场的称谓，而改称为车站广场。

6.1.2　广场的分类

车站广场的分类标准有很多种，其中比较常用的是根据广场地理位置、广场空间形态、广场与站场、站房关系等因素来划分。

1. 按广场与城市的区位关系划分

铁路、城轨车站在城市中的位置、数量不同，车站广场在城市中发挥的作用也有所差异，形成了车站与城市的不同区位关系。根据车站广场在城市中所处的地理区位不同，可将车站广场分为以下几种类型。

（1）远郊型

远郊型广场是指位于城市远郊区域的车站广场。

（2）近郊型

近郊型广场是指位于城市近郊区域的车站广场。

（3）市区型

市区型广场是指位于城市市区内的车站广场。

（4）中心区型

中心区型广场是指位于城市中心区域的车站广场。

随着城市规模的扩大和城市空间的发展，车站广场的类型可以相互转化，远郊型车站广场可以转化为近郊型、市区型，甚至中心区型。

2. 按广场空间形态划分

车站广场是车站站房及站场在城市空间中的延续，按照广场的空间形态，可以把广场分为三种基本形式，即平面式、立体式、综合式。

（1）平面式

平面式广场是指广场以单层平面的形式组织交通流线，布置步行区和车行区。这是中小型客站常用的布局形式。

（2）立体式

立体式广场是综合利用广场的高架、地面、地下空间，将各种人流、车流按不同标高进行立体化的组织，步行区和车行区的设计呈立体形态。

（3）综合式

综合式广场是指铁路与城轨、机场、码头、长途客运等交通方式联合设立的广场，广场内的交通功能空间呈现多层次、立体化、综合化的特点。

3. 城轨车站广场

城轨出入站客流的集散及与城市公共交通的换乘主要通过出入口及附近的集散场地进行。此集散场地也可称为车站广场，其规模一般都很小。

（1）地铁

地铁车站一般为地下车站，其广场一般表现为地面出入口的集散场地，通常设于道路两侧的出入口处，与道路红线的间距应按当地规划部门要求确定。地铁站出入口布置应与主要客流的方向一致，且宜与过街天桥、过街地道、地下街、邻近公共建筑物相结合或连通，统一规划，可同步或分期实施，并应采取地铁夜间停运时的临时隔断措施。当出入口兼有过街功能时，其通道宽度及其站厅相应部位的布设应考虑过街客流量。在地铁的始发站及客流较大的换乘站，根据需要在广场设置一定规模的停车场，以满足换乘公交车或私家车乘客换乘地铁的停车需要。武汉竹叶山站的广场如图6-5（a）所示。

（2）轻轨

轻轨车站一般为地面或高架车站，其广场一般为轻轨站出入口的集散场地。一般来说首末站宜设置非机动车和机动车停车场。轻轨站与其他城市公共交通系统站点之间应通过广场换乘。当换乘设施不能同步实施时，应预留接口条件。重庆大学城站的广场如图6-5（b）所示。

（3）单轨

单轨车站一般为高架站，其广场一般为单轨站出入口的集散场地，通常单轨站出入口的数量应根据分向客流和疏散要求设置，但每座车站不得少于两个。车站的两个广场需同时满足客流的通过能力和与城市道路的结合。设于道路两侧的出入口宜平行于或垂直于道路红线并满足当地规划部门的要求。日本悬挂式单轨县厅前站的广场如图6-5（c）所示。

（4）磁轨

中低速磁浮铁路简称磁轨，大部分为高架车站，车站出入口应根据周边的环境及城市规划要求进行合理布置。出入口的位置应有利于客流吸引和疏散，应考虑出入口的空间需求设置非机动车停车场。地处郊区及市郊结合地区的车站可设置停车换乘的 P+R 停车场。日本东部丘陵线长久手古战场站的广场如图 6-5(d) 所示。

（5）其他

直驱地铁的车站广场与地铁基本相同，直驱单轨与单轨车站基本相同，有轨电车与公交车站基本相同，其车站是否设车站广场及广场的规模与布置应根据有关规范要求及车站实际情况进行设置。

(a) 地铁站(武汉竹叶山站)

(b) 轻轨站(重庆大学城站)

(c) 单轨站(日本县厅前站)

(d) 中低速磁浮铁路(日本长久手古战场站)

图 6-5 城轨车站广场

6.1.3 广场的功能

车站广场的主要功能概括起来有 4 种：交通功能、生产功能、服务功能和城市节点功能。

1. 交通功能

交通功能是指组织旅客和各种车辆在广场上安全、迅速地集散，完成与其他交通方式间的换乘。这是车站广场最重要的功能。交通功能设计包括广场交通与城市交通的衔接、广场上各种场地的规划布局、广场建筑的规划布局等。

（1）集散旅客

铁路、城轨是大运量的交通工具，通常一列列车载客人数可在几百甚至千人以上，当列车到发时在车站形成的旅客客流就相当集中。大量旅客的集结和疏散，需要较大的场地。广场的旅客集散功能是首要的。

（2）行驶和停放车辆

为了集散旅客，广场需要为各种车辆，包括公共汽车、有轨电车、出租汽车、团体或专用客车、私人轿车、运送行包的载货车以及一些非机动车提供行驶和停放的场地。车站规模越大车辆就越多，所需的行车及停放场地也就越大。

2. 生产功能

车站广场除了作为旅客集散的场所外，有时还具有一定的生产功能。

（1）换乘功能

大型铁路客站的车站广场地下有时单独修建城轨车站，比如北京站（图1-12）、上海浦东站等车站广场设有地铁出入口，铁路与地铁之间通过车站广场进行换乘。

（2）临时售票功能

在春运等客运高峰期间，可在车站广场设立临时售票室，以满足售票的需求。这一现象在网络售票之前的一些繁忙铁路客站广场经常看到。

3. 服务功能

车站广场除了作为旅客集散的场所外，同时还要为满足旅客各种旅行需求提供场所和空间环境。

（1）旅客室外活动场地

对于普通旅客，可以在广场进行短暂休息、等候，或迎亲送友、会晤交谈以及观光留影等。设计时需要留足旅客相应的活动空间。

（2）旅客临时候车场所

对于节假日高峰时期的旅客，车站广场可以利用绿植、亭棚等设施提供临时候车的场所，以弥补候车面积的不足，缓解拥堵，改善候车环境。因此，车站广场需要营造良好的环境空间，为旅客提供舒适、便捷的临时候车与换乘环境。

4. 城市节点功能

车站广场具有联系、吸引周边客流的作用，车站广场必然逐步发展成为功能复杂的城市节点。

（1）城市的"门户"

车站广场和站房均是城市的窗口和门户，第一时间给旅客传达城市信息，具有展示城市风貌、树立城市形象的重要作用，是城市地域环境的重要组成部分。良好的环境感受，可以传递独特的城市文化和地域特色。

（2）市民休闲

车站广场除了是旅客的集散空间之外，同时也是市民休闲的场所。在城市意义上看，车站广场是城市开放空间的组成部分，更是城市整体空间序列中的一个重要节点。

（3）协调周边建筑设施

为满足旅客旅行中的各种需求，大型车站广场区域需设置餐饮、住宿、邮电、寄存、商场以及其他商业服务设施。车站广场的商业设施也为附近的城市区域提供相应的服务。车站广场作为城市的节点，与城市空间进行一体化的规划设计，协调周边建筑设施，有可能形成城市的中心广场，充分发挥出城市职能的作用。

（4）交通枢纽

一般情况下铁路车站均是城市内外交通相互衔接的交通枢纽。随着城市的发展，广场区域还要组织其他交通建筑设施，比如地铁、长途客运站、水运码头、机场等，是城市交通综合体的重要组成部分，是城市交通系统的交通节点。

6.1.4 广场的组成

车站广场是铁路与城市联系的节点、换乘场所，不仅具有解决旅客、车辆集散的功能，还兼有景观、环境、综合开发等多种功能。车站广场一般由以下4部分组成。

1. 站房平台

站房平台也称为活动平台、站前平台，是指车站站房室外向城市方向延伸一定宽度的平台，作为联系站房各部分与进出站口、旅客活动地带及人行通道连接之用，起到连接站房与车站广场的作用，方便旅客办理各项手续。

一般车站，站房平台是区分铁路与地方管辖范围的分界线。平台之内的用地、建设、设施及日常管理主要由铁路部门负责，平台之外则主要由地方政府负责。

2. 集散场地

由于广场内人员流动、车辆流动的密集程度及频率远高于其他公共建筑，为便于使用及管理，维护车站良好秩序以保障旅客及车辆安全，需要有专用的室外集散场地，也称旅客专用场地。集散场地是铁路车站广场自站台平台外缘至相邻城市道路内缘和相邻建筑基地边缘范围内的区域，由旅客活动地带、人行通道、车行道、停车场等组成。其停车场主要包括出租车及社会车辆停车场。

3. 公交站点

多数旅客到站、离站选择各类公共交通方式，此类交通车辆站点通常根据公交线路的设置情况，以起、终点站的形式常设于车站广场。公交站点包括公共汽车和城轨（有轨电车、地铁、轻轨等）在车站广场设置的首末站和中途站点。

4. 绿化与景观用地

绿化与景观除美化车站环境外，还能减轻广场噪声及太阳辐射，改善环境。结合车站环境设置的建筑小品、座椅、风雨亭、廊道等可以为旅客提供方便。规范将其单独列出，是考虑车站广场虽然以交通功能为主，但同时也体现城市的形象，各地对于绿化和景观都比较重视，同时广场本身也需要一定的绿化率来保证环境质量。绿化与景观用地可以单独设置，也可以与广场的其他内容相结合。

莆田站的广场与站场、站房的关系如图6-6所示。

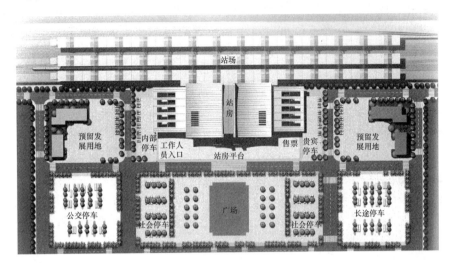

图 6-6 车站广场（莆田站）

6.1.5 规划设计要求

车站广场的规划设计必须以城市规划部门对该地区土地利用、建筑布局、道路交通、绿化美化、工程管线等详细规划为依据，按照广场的功能要求进行。车站广场的布置应根据客流的大小及性质、站房规模、城市干道布置、公交车辆流线和停车场分布等因素来考虑。

1. 与其他相关建筑配合

车站广场应与站房、站场布置密切结合，并符合城镇规划要求。

2. 流线布置

车站广场交通设施规划应与站房旅客进出站流线以及售票、行李、包裹、商业服务设施的布局相适应。合理布置车站广场内的旅客、车辆、行包3种主要流线，并要求其短捷、无交叉，提高交通效率。

3. 人车通道布置

车站广场上的人行通道主要为进站和出站旅客提供简捷、短直的通道，使旅客更方便地转换各种交通。合理布置各种停车场和车行道的位置，使车站广场与城市道路互相衔接顺畅。布置车行通道要遵循公交优先的原则，首先考虑公交车的流线设计以及停车位置。布置时注意把公交车与小型汽车的进站通道有效分开，这样可提高车辆运行效率和广场的使用效率。

4. 广场地面

旅客车站广场客流密集，流动性大，地面任何损坏都将给旅客的行动和安全带来影响。除了绿化用地之外，根据车站的性质，车站广场应选择美观、实用、经济、耐久的刚性地面材料。车站广场面积大，地面积水难以自然排除，需在广场范围内设置暗沟排除积水。

5. 合理构建立体空间

特大型、大型客运站宜采用立体车站广场，常用的方法有设置高架车道和地下停车场等，可有效利用车站内的空间位置关系解决车辆停放、旅客换乘和进出站问题。这样不仅可解决平面布置流线所产生的交叉和互相干扰，还可缩短旅客步行距离，提高整个车站的使用效率。

6. 临时候车设施

由于季节性或节假日客流量远大于规范规定的最高聚集人数或高峰小时流量，车站规模不可能按此最大流量进行设计。所以在有季节性和节假日客流量大的旅客车站可通过在广场上增加临时设施解决旅客候车问题。

6.2 交通组织

车站广场规划设计中要解决的问题很多，交通组织是其中最重要的问题之一，尤其是大型、特大型客站。

6.2.1 流线组成及特点

车站广场的交通组织需与站房的相关流线保持协调一致。广场的基本流线可以按流动方向分类和流动实体进行分类。

1. 按流动方向分类

车站广场的交通流线按流动方向可划分为进站流线和出站流线两种类型。

（1）进站流线

分散的各种人流、车流从城市各种交通线路上陆续到达广场，人流逐渐进入站房，进程较为缓慢，流量比较均匀，持续时间长。

（2）出站流线

列车到达后，人流量剧增，人流密集，时间集中。要求车站广场在短时间内能快速疏散客流，尽量减少拥挤。但出站交通流有一定的间隔性。

2. 按流动实体分类

车站广场的交通流线按流动实体可划分为旅客、车辆和其他流线 3 种流线，如图 6-7 所示。

（1）旅客流线

旅客流线包括普通旅客、高铁旅客、中转旅客、换乘旅客、购票旅客、托运行包旅客、接送站旅客等流线。

在车站广场的人流中，大部分是旅客。旅客进入广场之后，可能去候车、购票、打印车票、托运行李、寄存、购物、问询等，广场应使旅客方便、安全地到达目的场所。在人流中有些是接送旅客人员，该部分人流主要集中在进站口、出站口处，也可能进入候车厅。

铁路客站站前集散空间的人流组成主要有 9 种：进出站旅客、接送旅客的人员、车站工作人员、单纯的购票或打印车票人员（即购票或打印车票之后就离开车站，另待时日再乘车）、接送货物的人员（通过行包方式托运货物）、暂住车站附近的人员、单纯的购物人员、公交司机或出租车驾驶员、其他社会闲散人员。这9种人流在站前集散空间出现的位置以及行动的路径各有不同，见表6-1。

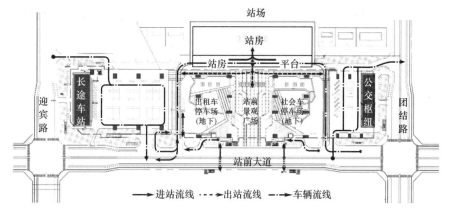

图 6-7　车站广场组成及流线示意图

车站广场集散人流特征　　　　　　　　　　　　　　　　　表 6-1

人流种类	活动主要停留地点	主要活动内容	主要活动流线	在广场停留时间
进站旅客及送客人员	进站口，候车区，广场餐饮场所，广场购物场所，广场免费休息场所，社会停车场，公共交通车站	进站，购票及打印车票，送客，餐饮，应急购物，候车，休闲	公交车站/出租车停靠点/社会停车场—广场—车站购物、餐饮场所—安检—进站广厅—售票室—候车室	较长，高峰时刻会很长
出站旅客及接客人员	出站口，社会停车场，出租车停靠点，公交车站，旅行社等服务点，广场免费休息场所	出站，接客，换乘	出站口—广场—公交车站/出租车停靠点/社会停车场	较长，但一般不会很长
工作人员	车站相应的工作场所	上班	公交车站/出租车停靠点/社会停车场—（广场）—工作地点	短（广场工作人员除外）
单纯的购票、打印车票人员	公交车站，购票大厅，网络购票打印场所	购票，打印车票	公交车站/出租车停靠点/社会停车场—广场—购票大厅、车票打印场所	短
接送货物的人员	行包房前部空间，社会停车场，广场免费休息场所	接货，替人运货，等待雇主	社会停车场—广场—行包房附近	长短不一

续表

人流种类	活动主要停留地点	主要活动内容	主要活动流线	在广场停留时间
暂住车站附近人员	车站附近旅馆，广场购物场所，广场餐饮场所，广场免费休息场所，售票大厅	住宿，会面，等待换乘列车或长途汽车	宾馆—广场—候车厅/公交车站/出租车停靠点/社会停车场	短
单纯的购物人员	广场购物场所，公交车站，社会停车场	购物，休闲	公交车站/出租车停靠点/社会停车场—（广场）—商场	短
公交司机或出租车驾驶员	广场相应停靠点或者通过路线	工作	城市道路—广场—城市道路	短
其他社会闲散人员	广场免费休息空间，售票大厅，社会停车场，公交车站	不定	散布于广场、售票大厅以及广场免费休息空间等处	不定，部分人员长时间停留于广场

站前集散空间中的主要人流行为模式及特点归纳起来有以下几个方面。

1）进出站人流是最主要的客流，也是主体服务对象，他们的需求是广场空间设计首要考虑的问题。

2）进出站人流在广场上停留的时间相对其他人流来讲最长，与其他人流接触的可能性也最大，对于安全感的需求也最大。

3）进出站人流有可能在广场及周边建筑中发生商业行为，如购物、餐饮、寻求住宿、换乘地铁及长途汽车等。

4）广场上部分人流是可以剥离出来的，如单纯的购物人流、单纯的购票人流、其他社会闲散人员；另外，如果改变广场集散空间的组合模式，公交司机和出租车驾驶员也可以不进入广场空间。

5）车站附近的人流组成与普通的城市空间的人流组成迥然不同，在城市中普通的人流组成结构在这里形成了一个断层。

（2）车辆流线

车辆流线包括公共汽车、出租车、社会车辆、货运车辆等流线。

车站广场的车流中，公共汽车间隔发车、行车路线固定；出租车机动灵活，需要有落客、上客车位；社会车辆需要有停泊区域；其他还有摩托车以及自行车等，数量多少不等。设计时应注意行人与机动车辆的分流。

（3）其他流线

其他流线包括附近市民及其他人流、车站内部客货运输、行包邮包作业、消防等特殊车辆、地铁等流线。车站广场的货流主要是装运行包的机动车辆与非机动车辆，还有运送邮件的邮政专用车，一般停车时间都较短。

就整个广场交通流线来说，整个交通流动过程随着旅客列车的到发，尤其是列车的到达，呈现出不均匀的现象。广场规划设计必须适应这一特点。

6.2.2　基本要求

交通功能是车站广场最重要的功能，广场交通组织的基本要求是人流、车流、货流安全通畅和便捷高效。影响车站广场交通流线组织的因素很多，比如与广场所连接的城市干道的具体情况，站房出入口的位置，各种商业服务设施的分布情况，广场地形特点，客流、车流的流量和流向等，这些因素对交通组织都有很大影响。广场流线组织的具体要求有如下几个方面。

1. 处理好广场与城市干道的连接关系

其主要包括控制广场通向城市道路交叉道口的位置、数量和开口宽度；解决城市过境交通对广场出入交通的影响，其中立交方式是解决城市干道对广场交通产生干扰的最彻底方式；在车流密集、容易堵车的连接处需要采取一定的交通管理措施。

2. 合理分流广场各种交通流，减少相互干扰

尽量使车站广场上的各种交通流线分离，分别使用各自的走行路线和停放场地，避免相互交叉干扰。广场上需要进行分流的交通流包括人流与车流、客流与货流、进站交通流与出站交通流、机动车流与非机动车流等。

3. 统一规划广场与站房、站场的布局关系

车站广场与站房、站场各部分紧密相连，互相协同，构成了完成旅客交通及换乘行为的基础条件。在车站广场建设中，系统规划广场与站房、站场的相互关系，尽量与旅客进出站流线以及售票、商业、行包等服务设施的布局相适应。合理布置广场上各种交通设施，规划旅客换乘路线，最大限度地保证进出站旅客的交通效率。

4. 合理安排动、静功能的分区与靠近

动、静分区就是对车流、人流与停泊的车辆、聚集的人群进行分区分离，避免车辆交通流穿越旅客聚集或车辆停放的场地；根据旅客行为规律在组织动、静分开的同时，尽可能使旅客贴近进出站口停车场或人流集散点。比如，应使车辆流线尽量靠近旅客出入口、售票厅等，停车场不要离其太远，货流应靠近行包房，行包发送流线与行包到达流线应分开等。

6.2.3　分流设计方法

在广场流线组织中要遵循公交优先的原则，优先考虑公交车流线和上下车位置，公交车与社会车的进站通道需有效分开，公交车宜在广场的地面集中设置并尽量靠近进出站口；在立体交通组织中，出租车可以利用高架匝道或地下坡道最大可能地靠近进出站口，社会车辆可以与出租车合用进出站通道，但上下客区域应该适当分开，明确划分各类车辆上下旅客的位置和停放区域，实现人车分流。

广场上各类流线分流的主要方法有左右分流、前后分流、平面综合分流和立体分流等。

1. 左右分流

左右分流是将不同的交通流按其性质或流向沿广场横向分开布置。按照广场前面城市道路右侧行车方向，人流先进后出，与车流互不交叉。车流则按进出流向和车流种类分别组织在不同的场地上。左右分流是最常见的分流方式，适用于广场横向布置、交通流量较大且交通组织较复杂的广场，如图 6-8(a) 所示。左右分流方式的优点是可以使广场面积得到充分利用，且将来改扩建的余地较大；车辆可以靠近站房。其缺点就是所有的机动车都要通过车站广场，容易造成人流、车流交叉冲突。

2. 前后分流

前后分流是将车流与人流分别组织在广场的前部和后部。车辆在广场前部行驶、停靠和上下旅客，旅客在广场后部活动、进出站房，两者互不交叉干扰。前后分流适用于广场纵向较长，广场内交通量较小的车站，如图 6-8(b) 所示。此种方式易于体现不同类型车辆的优先性，方便公交车进出广场内部，广场面积也可有效利用。但缺点是有的车流不能靠近站房，行人的步行距离较远。

3. 平面综合分流

平面综合分流方式中既有左右分流也有前后分流，适用于广场面积较大的大、中型车站。该种广场形式相对方正，行人在广场内不需绕行，人车行驶可以安全分离，车种也可明确区分，机动车在站前无冲突，如图 6-8(c) 所示。

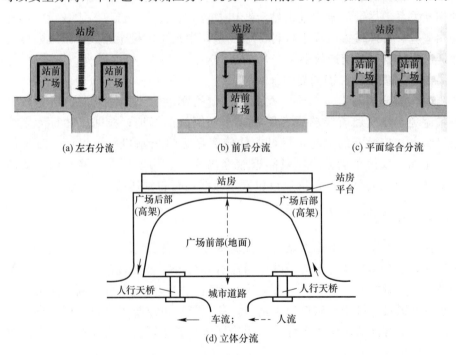

(a) 左右分流　　(b) 前后分流　　(c) 平面综合分流

(d) 立体分流

图 6-8　车站广场布局及分流方式示意图

4. 立体分流

立体分流方式将不同的交通流，比如进站人流与出站人流等，分别组织在不同的高程上，交通组织立体化，进、出站的流线分层设置，可以设置多向出入口，利用高架匝道或地下通道分隔人流和车流，避免不同性质的流线交叉干扰。这种方式能更好地将不同性质的车流及停放区分开，比较彻底地解决交通干扰的问题，同时车辆也可以尽可能地靠近站房的进站口和出站口，方便换乘。这种设计方式能更好地释放平面空间，有效提高土地的利用率，如图 6-8(d) 所示。

在实践中，上述 4 种基本分流方式往往是相互补充、综合运用的。越是在交通复杂的大型车站广场中，综合运用的程度越高。

6.2.4 城轨车站广场交通组织

与铁路车站广场相比，城市轨道交通（即城轨）车站广场虽然规模较小，也同样承担着与其他交通方式的衔接功能，其交通组织、基本要求以及设计方法与铁路车站有相同的方面，也有各自的特点。其交通组织原则是实现对人流、车流的疏导，即人车分离、快速集散、方便换乘、内外道路协调的四大原则，重点考虑人流的组织和车流的组织。

1. 人流的组织

城轨的乘客人流是城轨车站广场的交通流主体。流线组织和接驳设计时需要对范围内的人行步道系统、过街天桥（或地下通道）设施和人车分离设施进行合理规划，对步行线路进行合理组织设计，有效设置导视系统等。广场上的行人需要有充足的通行空间，人行流线应简单直接，适宜用绿地或栏杆阻隔广场内不希望穿行的地区，以保证景观的整体性。进出站的双向人流应彼此隔开，并设置齐全的导视系统以引导通向目的地，并在广场地下通道内提供照明等服务设施。依据相关设计规范，广场上应该有齐全的无障碍人行通道。

2. 车流的组织

城轨通过车站广场衔接的其他城市交通方式，主要有自行车等非机动车辆和公共汽车、小汽车等机动车辆。通过建造外围环绕道路或高架桥梁、地下通道等形式，避免广场上有与城轨设施无关的车辆穿越。由轨道交通车站换乘地面公共汽车的客流，应通过人行天桥或地道直接进入街道外的公共汽车站台，使人流与车流分别在不同的层面上流动，互不干扰。对以服务城市交通中转功能为主的城轨车站广场的行车路线，根据对外运输的特殊性，进出广场的路线可以固定在某一条或几条道路上，避开入口处拥挤，减少广场内的冲突点。

6.3 功能分区与布局

车站广场承担着客流、货流、车流进出站、疏解等功能，在铁路、城轨车站中起着重要的作用，应安排好各部分的布局。

6.3.1 功能分区

传统铁路车站广场一般由站房平台、旅客专用场地、公交站点、绿化与景观用地等几部分组成，如图 6-7 所示。中小型车站广场的功能分区主要在平面上解决，与城市交通的衔接方式以平面衔接为主。

车站广场从功能分区的角度可以划分为两部分，即步行区和车行区。步行区一侧紧靠铁路站房，另一侧密切联系各种交通方式，如与社会车辆停车场、公交站点、出租车落客、上客区、城市轨道交通等直接衔接。

随着铁路运输业的发展，高速铁路车站正在向行车组织公交化、综合换乘高效性方向发展，车站建设模式由等候式向通过式转变，旅客在站滞留数量和时间大大降低。因此，车站对车站广场以及候车区域规模的要求也有不同程度降低。现代新型车站的广场突破独立的空间模式，车站广场与站房、站场等相互融合，形成一体化空间、具有一体化功能。可有效地节约土地、缩短旅客步行距离，达到高效率的交通组织。

6.3.2　功能布局原则

车站广场综合功能布局的基本要求是满足广场主要的客货流集散功能，提高换乘效率，解决人流、车流的优化组织。还要考虑经济合理、留有发展余地、注重空间环境效果和地域特色、因地制宜、灵活布置等因素。车站广场功能布局应遵循以下原则。

1. 公交优先

列车到发时是以大容量人流集散为主，而公共交通是旅客集散的主要交通工具。因此广场范围内旅客的换乘也应以大容量的公共交通为主，公交枢纽应紧靠出站口；社会停车场的设置宜相对远离枢纽进出口的位置，以确保公交优先。出租车停靠点应邻靠公交枢纽设置，以方便与公交之间的换乘。

2. 人车分流、动静分离

首先是人、车行走的路线和空间要分开，其次是人、车行走与等待的空间要分离。尽量缩短站房出入口与广场停车位置之间以及站房与各站台之间的旅客行程；步行系统应保证不同交通方式间换乘的连续性、便捷性，力求缩短旅客的流程距离。

3. 流线互不交叉

不同类型交通方式之间避免相互交叉、干扰和迂回，做到流线简捷、通顺。在广场周边商业附属设施进出的交通流不能影响换乘通道的通畅。

根据不同的分区和分区的不同组合，车站广场的功能布局可分为平面布局、立体布局和综合布局等类型。

6.3.3　布局类型

车站广场的功能布局与车站的规模、类型、性质和时代发展有紧密联系。

1. 平面布局

20 世纪 50～80 年代，我国铁路车站建设快速发展，但受到当时的政治、经济、社会等的影响，车站建设的重点放在了站房建筑的塑造上，重点关注的是上下车旅客的集散、贵宾迎送及举行集会等功能，而对车站广场的功能等并未足够重视。此阶段的车站广场布局多为平面式。按照广场与站场、站房间的关系划分，平面布局形式的广场又可分为单向、双向及环形广场等类型。

（1）单向广场

车站站房位于站场与城市广场之间，站房朝向城市一侧设置车站广场，即平常所指的站前广场。车站广场一侧靠近站房，另一侧连接城市道路。长期以来，我国大部分铁路车站普遍采用这种形式来组织铁路交通与城市交通的客流相互转换，协调城市空间的衔接关系。

这种平面布局模式，以单层的形式组织交通流线，布置步行区和车行区，如图 1-2、图 1-12、图 6-6、图 6-8(a)、（b）、（c）所示。目前这一布局模式在中小型铁路车站中仍继续沿用。

这种布局的换乘设施主要由铁道设施及道路相关的公交车、出租车及社会车辆等构成，换乘流线则主要通过人行广场解决。在交通量不大的情况下，这是一种经济有效的组织方式，一般适用于位于地区级、县级城市，高峰小时最高聚集人数较少的小型、中型车站。

平面式的车站广场因布局形式的不同给人带来不同的空间感受，可以分为矩形、半环形和不规则形。

1）矩形

大部分的车站广场布局为矩形。矩形广场还可进一步划分为口袋形和扁平形。前者如图 6-9(a) 所示，如汉口站、海口站等；后者如图 6-9(b) 所示，如北京站（图 1-12）、拉萨站（图 6-3）、莆田站（图 6-6）等。

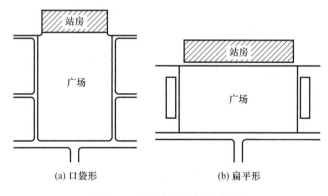

图 6-9　矩形广场布局示意图

2）半环形

半环形也称半圆形，可进一步划分为开向站房方向和开向城市方向两种形式。前者如图 6-10(a) 所示，也称为杯形、钵形，崇礼铁路太子城站广场采用该种形式；后者如图 6-10(b) 所示，可称为帽形、覆钵形，京张高速铁路下花园北站广场采用该种形式，如图 6-10(c) 所示。

3）不规则形

比较常见的不规则形平面布局形式是广场周边的道路与站房方向不为正

交，导致广场形状在道路一侧不规则，如图 6-11(a) 所示。有的是因为地形、地物甚至是铁路建筑物引起的广场形状不规则，例如天津西站南广场，如图 6-11(b) 所示。

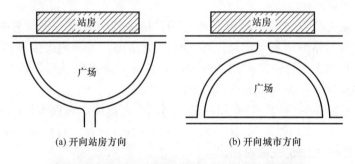

(a) 开向站房方向　　　　　　　　(b) 开向城市方向

(c) 下花园北站

图 6-10　半环形广场布局示意图

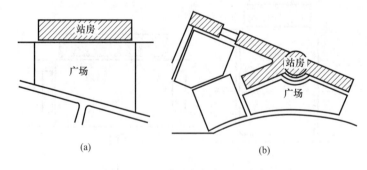

(a)　　　　　　　　　　　(b)

图 6-11　不规则广场布置示意图

（2）双向广场

为了更好地建立和完善轨道交通与城市公共交通之间的紧密联系，铁路车站在站场线路的两侧均可设置旅客站房，形成双站房或子母站房。双站房之间利用高架候车室联系，平衡两侧的车站客流集散功能，平衡两个广场及周边地区的发展。双侧站房可以一主一辅，也可以同等规模。与站房布局形式相适应，双站房以及子母站房前均设置各自的车站广场，车站相应形成双向广场。比如上海新客站（图 1-14）、天津站、北京西站、新大连站、新广州站、呼和浩特东站（图 1-17）、常州站（图 6-12）等都是双向广场。

（3）环行广场

随着站场、站房和广场一体化程度的不断推进，广场与站房、站场之间的联系更加紧密。在"无缝衔接"和"零距离转换"的车站设计理念指导下，"站前"广场由单侧靠近站房向站房周边延伸、环绕站房与站场而建。广场与站房形成多向、多点的衔接，缩短了旅客进出站的步行距离，换乘方式更加高效便捷，同时增强了车站与城市的交互界面，使车站的交通疏解更加通畅。如上海南站、福州南站（图6-13）采用这种形式。

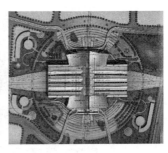

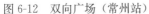

图6-12　双向广场（常州站）　　　　图6-13　环形广场（福州南站）

2. 立体布局

改革开放至20世纪末，随着城市的发展，车站广场与城市的关系越来越紧密。车站广场开始注重解决广场与城市交通、空间环境之间的综合性问题。一方面车站广场承担城市交通枢纽的作用越来越突出，另一方面铁路客运量和城市交通出行量都迅速增大，如仍采用分割广场平面的方式来组织车站广场交通，会导致人车混杂、进出交叉、交通混乱的局面，广场交通组织采用立体方式势在必行。自20世纪90年代以来，许多新建、改建的铁路车站，如深圳站、广州站、苏州站和杭州站等，其车站广场都成功地采用了立体方式组织交通。新建的大型、特大型客站也大都采用立体广场方式。最高聚集人数4000人以上的客运站推荐设置立体式车站广场。

立体式的车站广场是综合利用广场的地面、地上、地下空间，将多种人流、车流按不同标高平面进行立体化的组织。立体布局可以分为如下3种方式。一是将乘客进站、出站流线在广场分层布置，一般采用上进下出的流线布置方式；二是机动车与步行区分层布置，一般采用机动车在上、步行区在下的布置方式，如图6-8(d)所示；三是机动性交通工具内部的分层，原则上公共汽车布置在地面，出租车和社会车辆设置到地下层或高架层，一般也采用上进下出的方式。

（1）设置高架平台

可采取在靠站房处设置高架平台等局部立体措施，将不同流线分层布置，不用多大代价，就可以取得较好的流线组织效果，如图6-7所示。杭州站较早建成高架落客平台。采用上进下出的分层方式使得进出站流线分开；送客的出租车、私家车直接上二层落客平台，使得小汽车的进出流线分开，并使得一部分机动车与步行区分层布置；也实现了部分机动车的内部分层，如图1-15所示。

（2）分层设置广场

当广场集散客流量较大、地形有利、广场空间狭窄或特殊需要时，可将站前广场设置为两层或多层。可以将上述的高架落客平台加宽，除了车辆行驶、停车、旅客下车进站之外，还可以为乘客提供一定的活动空间；可以设置下沉广场，为乘客提供两层的活动空间，厦门北站的下沉广场如图 6-14 所示；可以设置双层或多层站前广场，使得人流、车流或进站流、出站流分开。

图 6-14　下沉广场（厦门北站）

杭衢铁路建德南站以"人车分流、下重上轻、分类管理"为设计理念，设计了双层站前广场，其中地面一层布置客运南站、公交首末站，架空二层布置停车场，是集高铁、大巴、公交、出租车及社会车辆等交通出行方式为一体的综合交通枢纽，如图 6-15（a）所示。

南阳东站的站房西侧为车站广场，广场中间的步行区域作为站前综合性集散区，南北两侧分别为公交枢纽设施与长途客运中心相关的交通设施。车站广场共分 3 层：地面以旅客步行区为主，一直延伸到城市主干道；高架车道直接连接站房入口，可以将旅客直接送到站房入口；地下空间布局社会车辆停车场、出租车候车区，且与出站通道位于同一层平面，旅客一出站就可以搭乘出租车及接人的车辆离开车站，方便快捷，如图 6-15（b）所示。

(a) 两层广场(建德南站)　　　　　　　　　　(b) 三层广场(南阳东站)

图 6-15　广场设施分层

（3）叠合广场

叠合广场位于站房和站场的垂直上方或下方，相互位置在平面上全部或部分重叠。目前随着铁路车站房桥合一技术的发展，高架站场、高架站房技术的广泛采用，越来越多的大型、特大型车站采用叠合广场方式实现，即站场和广场在竖向、立体叠合布置的方式，车站流线的高效组织。叠合广场可很好地保持城市空间的延续性，解决了铁路站场割裂城市、造成城市不同区域发展不平衡的现象。

1）下叠合广场

车站广场位于高架站场下方地面的形式比较常见，可称其为下叠合广场，其平面布置如图 6-16(a) 所示。哈尔滨西站东广场占地面积 15.33 万 m²，为地上局部一层，地下两层结构，包括出站疏散大厅、社会停车场、出租车停车场、地铁换乘大厅、商业配套设施和公路客运站连接通道、下沉广场、音乐喷泉和叠水景观灯，在出站疏散大厅下方有地铁 3 号线与 6 号线十字交叉通过，如图 5-13、图 6-16(b) 所示。武汉站是国内为数不多的站场及站房均高架、地面层主要作为广场使用的车站，如图 5-4(b)、图 6-16(c) 所示。

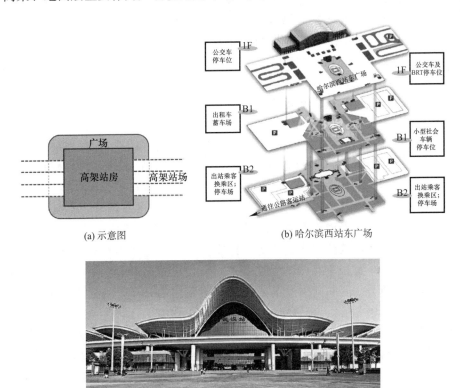

(a) 示意图　　　　　　　　　(b) 哈尔滨西站东广场

(c) 武汉站

图 6-16　下叠合广场

2）上叠合广场

另一类是地下车站，站场设置在地下，车站广场（站厅层）叠合在了站场的上方，可称其为上叠合广场，如图 6-17(a) 所示。这种方式在国外较为普遍。我国的天津滨海站（曾称于家堡站）即采用这种方式，整个枢纽工程地下结构总建筑面积 26 万 m²，阳光可透过屋顶直射地下，节约了能源，如

图 6-17(b) 所示。

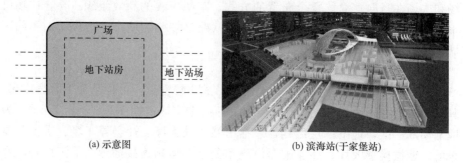

(a) 示意图	(b) 滨海站(于家堡站)

图 6-17　上叠合广场

3. 综合布局

21世纪初开始，铁路进入了快速发展的阶段，一批高速铁路、城际铁路相继建成通车，铁路车站与城轨车站、机场航站楼、航运码头、长途客运站等联合建设从而形成综合交通枢纽。随着交通的发展和车站工程自身功能的完备，各种交通方式衔接顺畅，广场上的交通功能空间相应减少，地面广场面积也在变小，车站广场呈现多层次、立体化、综合化的特点。广场交通组织注重与其他交通方式之间近距离甚至零距离换乘，这也是当代车站广场的发展趋势。

城轨车站的引入往往使得换乘设施的布局呈现立体化、综合化特征。主要表现为：城轨与铁路间为强换乘关系，与车站广场则为一般换乘关系，因此，城轨需要建设和铁路间直接的换乘通道，同时城轨车站要和铁路车站广场有便捷的联系，有条件的情况下还可以建设与公共汽车站场的换乘通道。

北京南站广场采用典型的高进低出立体化功能布局模式，如图5-12所示。椭圆形站房高架在铁路车场正上方，以中央大厅来组织各种进站人流，周边环绕高架环形车道。南北两侧邻接基本站台处设置简单轻巧的进站厅，担负联系地上与地下空间的交通功能。环绕高架站房的行车道通过不同方向上的匝道与南北广场相连。北广场为主要广场，采用4层立体布局，高架层为小汽车和出租车的落客平台，地面层为人行景观广场和公交下客站，地下夹层为公交上客站，地下一层为出站广场。北部出站大厅直接连接地铁14号线与4号线的出入口，实现了地铁与铁路之间在平面上的零距离换乘，提高了换乘质量。公共汽车的停靠点位于车站西侧，靠近地铁站。从地面可以垂直乘电梯到达+8m标高的中央进站大厅。出租车和社会车辆可以通过高架线路直接到达北侧屋顶下的停车平台，乘客可以从这里平层步行到中央大厅。站台的尽端有连接到-8m标高的出站大厅。在乘客上下车完毕之后，公交车辆向东行驶，从建筑底部穿过，连接到城市道路网。南广场为辅助广场，高架层为小汽车和出租车的落客平台，地面层为公交下客站，地下层为旅客出站广场，如图6-18(a)所示。

大同南站为高架车站，采用上进下出的进出站模式。车站广场地下设置两层综合换乘枢纽，布置出租车、社会车辆、非机动车车场及换乘大厅，预留与轻轨站的连接通道。长途公交客运站及旅游集散中心采用立体布局，通过地下通廊及二层平台与站房衔接，如图 6-18(b) 所示。

再如杭州站（图 1-15）、南京南站［图 6-4、图 5-46(a)］、上海虹桥站［图 5-46(b)］、宁波南站（图 5-47）等的车站广场均采用立体综合式布局。

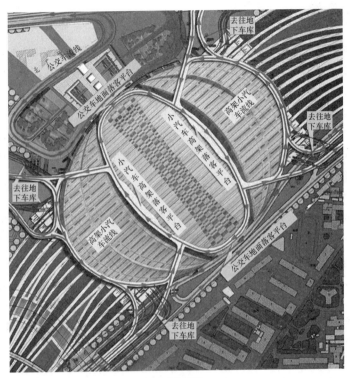

(a) 北京南站

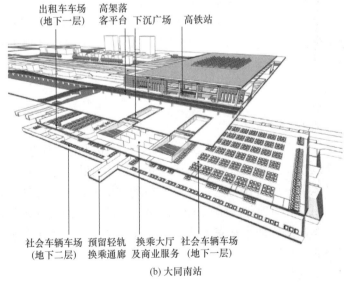

(b) 大同南站

图 6-18　综合式车站广场

车站广场的空间形态不是一成不变的，它受到车站站区地形、地质、地貌、站房、站场建筑以及城市规划、道路交通规划等多种因素的综合影响。当站房及站场建筑模式发生改变、相邻城市道路及其交通组织方式发生变化、周边环境改造等，都会带来车站广场平面形式和空间形态的变化。

6.3.4 城轨广场布局

作为城市空间的重要节点，城轨车站广场具有交通枢纽和城市广场等功能。实现交通枢纽功能所必须具备的空间称作交通空间；实现城市广场功能所必须具备的空间称为环境空间。

一般情况下，规模较小的车站广场在广场的中央设置车道，公交车的上下客及等待设施沿车道布置。当汽车交通量多、广场内外的交通复杂时，可采取中央设立步行道路、并列配置交通隔离引导设施等各种措施，使人流与车流等互不交叉干扰。

1. 平面布局

在车站广场多元化功能的合理布局设计中，首要解决交通枢纽功能问题，从保证车站广场交通流线等的单向化、通畅化方面考虑，广场的短边与长边之比多设计在 1∶3～1∶1 的范围内。对规模大的广场，应注意不同车辆行车线的分离及步行距离的长度，长宽比应弹性对应。对规模较小的广场，应确保长度在 40～50m，宽度在 50～60m。在建筑物比较密集的中心城区，当无条件设置专门的车站广场时，可考虑将街道两侧人行道作为广场功能使用，这种情况下的人行道应有充足的平面空间。

车站广场原则上是平面广场，但有条件时可采用立体广场。

2. 空间布局

一般来说，在以下情况下有必要进行立体广场的规划设计：车站周围的建筑（包括车站）通过立体布局与人行空间连接后，可大幅提高行人的便利；车站周围建筑密度高，很难确保平面广场的用地；在广场的规模较大、形状受到制约的情况下，平面广场会使步行距离延长，不能确保步行者的便利性。

3. 设计实例

（1）北京地铁雍和宫站

北京地铁雍和宫站毗邻北京著名景点雍和宫，周边有古代学堂、国子监、孔庙等文化胜地。地铁站区域具有典型的北京城市文化特征，这就要求车站及广场设计要体现古城文化特色，与城市环境相协调，不能破坏景观。雍和宫站出入口采用具有中国传统特色的红色墙面和琉璃瓦的设计风格，与雍和宫围墙成为一体，使整个车站完美地融入地面建筑中，与周边和谐一体。车站广场与道路的人行道合并设置，如图 6-19(a) 所示。

（2）深圳地铁东角头站

深圳地铁东角头站广场，在解决交通客流集散的同时，还为街区的人们提供更多的活动空间。考虑城市人流的方向，该站共设有 5 个出入口；下沉广场中央的草坪上设立雕塑,体现蛇口文化;广场南侧的廊架采用非标准化的设计手法,使用复杂曲面、流线型的设计,如图 6-19(b) 所示。

(3) 磁轨车站

位于日本名古屋郊区的东部丘陵线是全球第一条商业运营至今的中低速磁浮交通线路,大部分车站为高架车站。其中的长久手古战场站沿力石名古屋省道布设并在其上修建,轨道及站台层设在桥梁最上部,梁跨之下设站厅层,为桥下式车站。进站乘客通过过街天桥跨越公路进入站厅层,买票、检票后再向上进入站台层上车。该条线的高架车站广场大部分为叠合广场,由于是在郊区设站,广场面积相对较大,如图 6-5(d) 所示。

(a) 北京地铁雍和宫站　　　　　(b) 深圳地铁东角头站

图 6-19　城轨车站出入口及广场

6.4　铁路场地与设施

车站广场面积较大,且受地面及地下建筑物限制较多,为保证乘客活动和社会功能的实现,需要做好场地设计与设施布置。

6.4.1　广场面积

车站广场的面积可依据车站的等级、规模、最高聚集人数、高峰小时发送量、售检票方式、候车方式、旅客运输条件、广场交通组织、车站附近为旅客服务的商业和公用服务性设施的配置、广场的地形条件及城市经济发展水平等情况综合确定。也可参照一些类型和规模相近车站广场的大小和实际使用情况确定,并为今后发展留有余地。

1. 按照面积划分广场等级

根据广场面积的大小,广场可分为大型、中型和小型 3 种等级。

(1) 大型广场。面积大于等于 10 万 m² 的广场为大型广场。我国铁路客站大型广场较少,西安站、西宁站的车站广场为大型广场。

(2) 中型广场。面积在 3 万至 10 万 m² 之间的广场为中型广场。我国大型、特大型铁路客站的广场大多为中型广场,北京站、天津站、郑州站等车站广场为中型广场。

(3) 小型广场。面积小于 3 万 m² 的广场为小型广场。我国大部分车站的广场为小型广场。

2. 面积确定

车站广场的面积可由旅客车站专用场地、公交车停车场及广场绿化等场地分项确定再综合而成，见式（6-1）。

$$F = F_1 + F_2 + F_3 \quad (\text{m}^2) \tag{6-1}$$

式中　F_1——旅客车站专用场地人均面积指标，按不小于 4.8m^2/人确定；

　　　　F_2——公交车停车场人均面积指标，按不小于 1.0m^2/人确定；

　　　　F_3——广场绿化面积指标，不宜小于总面积的 10%。

上述最小面积的人均指标，客货共线铁路应按最高聚集人数确定，高速铁路、城际铁路应按高峰小时发送量确定。

随着人们出行方式由等候式向通过式转变，一般不宜把车站广场面积定得过大。广场面积太大，不仅浪费城市用地，加长工程管线，同时也增加旅客进出站步行距离，使用和管理都不方便。当然，如果广场面积太小，也会造成广场上人流、车流拥挤，交通堵塞，灵活性差等，不利于旅客和车辆集散。一些铁路客站的广场面积见表6-2。

3. 设计实例

济南站最高聚集人数为1.1万人，改造前地面广场东西长300m，南北宽75m，占地2.25万 m^2，广场总面积为3.888万 m^2，站前广场车行部分指标为 1.6m^2/人，车站使用中明显出现车场不够、流线混乱的情况。2002年，济南站对站前广场进行了改建［图6-20(a)］，打通广场的东出口，使原广场东进西出的出租车下客车流及社会车流移到东侧，通过广场东街驶离广场解决车流穿越广场的压力。利用既有道路解决出站车流北去和南去的交通问题。充分利用既有的1.6万 m^2 地下空间，结合下沉出站广场把出租车及社会车辆的载客层放在地下，缓解地面车流压力。改造后，济南站采用了综合立体方式合理组织交通，实现了广场功能合理分区。旅客车站专用场地面积指标超过 5.0m^2/人，有效解决了旅客换乘问题。绿化率接近 10%，为旅客提供了良好的广场环境。

海口站是粤海铁路进入海南的第一大站，是海口非常重要的门户。海口站广场用地范围东西长约480m、南北宽326m，呈狭长形。整个广场按功能将用地划分为3个区：站前疏散广场区，面积约4.5万 m^2；生态广场游览区（近期为苗圃区），面积3.8万 m^2；公共建筑用地区（商业步行街区）面积3.7万 m^2。根据总体设计规划，疏散广场按最高聚集人数1万人设定。该站前广场车行部分指标为 4.5m^2/人，人行部分指标为 2.0m^2/人，旅客车站专用场地面积指标为 6.5m^2/人，如图6-20(b)所示。该站广场的使用面积满足要求。

(a) 济南站　　　　　　　　　　　　　　(b) 海口站

图 6-20　铁路车站广场

在比较空旷地段建设的城轨车站及高架车站,其车站广场设置比较灵活,广场面积也可以设得大些,例如日本中低速磁浮铁路东部丘陵线的长久手古战场站设置有较大的车站广场,如图 6-5(d) 所示。而对于在市区繁华地段的地下车站,由于受街道、地面建筑、地下建筑等条件影响,出入口位置及广场空间会受到较大的限制,需要根据实际情况灵活布局。

6.4.2 站房平台

站房平台是由站房外墙向城市方向延伸一定宽度的平台,也称为乘客活动平台,如图 1-2、图 6-6、图 6-7、图 6-8(d) 所示。

1. 长度

站房平台长度不应小于站房主体建筑长度。

2. 宽度

站房平台应具有一定的宽度,宽度过窄起不到缓冲作用,致使各种人流相互混杂,旅客各项活动相互干扰;过宽则增加旅客进出站的步行距离。平台宽度的确定,主要决定于客流量。一些车站的站房平台宽度见表 6-2。

在广泛调研和分析的基础上,《铁路旅客车站建筑设计规范》GB 50226—2007(2011 年版)规定:站房平台宽度,特大型站不宜小于 30m,大型站不宜小于 20m,中型站不宜小于 10m,小型站不宜小于 6m。

某些铁路客站广场面积与站房平台宽度表   表 6-2

旅客车站名称	最高聚集人数(人)	广场面积(万 m²)	平台宽度(m)
北京南	10000	6.5	40
西安北	7000	14	30
广州南	6800	—	30
无锡	6500	—	25
兰州	4000	3.6	27
昆明	4000	1.32	11
苏州	2500	—	25
银川	2000	5.8	60
乌鲁木齐	2000	7.1	40
保定	2000	2.6	7
西宁	2000	11.3	10
大同	1200	9.0	15
赤峰	1000	3.3	5.5

一般立体广场与多层站房相接,所以也应该在每层设置站房平台,每层平台的宽度不宜小于 8m。

3. 高度与坡度

活动平台标高应略高于广场并坡向人行横道和广场方向。其高差一般采用坡道连接,坡度一般不小于 1:20,且不大于 1:12。

敦煌站的广场布置、站房平台及与站房、广场之间的关系如图 6-21 所示。

331

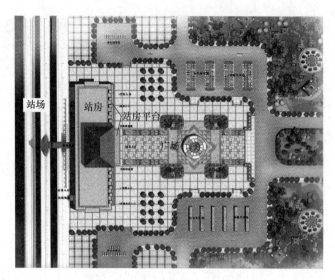

图 6-21 敦煌站广场布置及站房平台

6.4.3 场地坡度

车站广场应进行竖向设计，也称断面设计，解决好停车场、道路、旅客活动地带等在竖向空间的衔接问题，例如标高、坡度、坡向、排水等问题。其核心问题是坡度设计。

1. 设计要求

场地坡度设计中应遵循以下要求：车站广场力求平坦，场地的分水线和汇水线应平行主要交通流向设置；广场各部分的场地坡度应满足规范要求；广场坡度设计应结合地形特点采取迅速排除地面积水的措施，为了防止广场积水，地面坡度不应小于0.3%；广场四周控制点的标高，可参照该处城市主干道路面标高确定，使整个广场填挖方大致平衡；应妥善处理通往地下广场出入口的高程、坡道及遮雨、排水设施，防止雨水灌入地下设施，并应加设导向照明设施；立体广场的台阶、坡度应便于人车使用，不能太陡，其台阶高宽比不大于1：2，车行坡度不大于1：12。

2. 坡度取值

车站广场的坡度可以根据场地的不同通行需要满足相应规范要求。旅客平台、人行通道、停车场位应满足的坡度、坡向要求见表6-3；停车场出入口及通道最大纵坡应满足的要求见表6-4。

旅客平台、人行通道、停车场位坡度、坡向 表6-3

场地类型	坡度（%）		坡向
	纵坡	横坡	
旅客活动平台	0.5～1		坡向通道
人行通道	0.5～1	1～2	坡向绿地
停车场	1～2	1～2	坡向道路
停车位	≤0.5		坡向通道

停车场出入口及通道最大纵向坡度			表 6-4
车型		直线坡度（%）	曲线坡度（%）
出入口	小型车	12	9
	公共汽车	7	5
	载重车	8	6
通道	自行车	2～9	
	小型汽车	15	12
	中型汽车	12	10
	大型汽车	10	8
	铰接汽车	8	6

6.4.4 停车场

停车场位置要合适，应出入方便，能容纳足够数量的车辆。乘降点是车辆停靠、上下旅客和装卸行包的地方，根据不同车辆的使用要求和特点，可以布置在停车场的边沿或车行道的两侧。

1. 场地组成

车站一般设有多种车辆的专门停靠区域。为了旅客使用车辆方便，停靠点的位置一般应尽量靠近人流或行包的集散点，但不得占用车行道、停车场和人行道。

（1）公交站点

公共交通是当前车站广场集散旅客的主要交通工具。按照步行换乘时间不超过 5min 计算，铁路客站与城市公共交通站点间的换乘距离一般不应超过 300m。公交车场一般在广场的地面层集中设置，且靠近进出站厅，如图 6-6、图 6-7、图 6-21 所示。在一些特大型车站，由于车站规模宏大，进出站的位置相距较远，宜将公交站点的落客区、上客区分开设置。公交车的停车场可单独设置或与进站的落客区、出站的载客区设置在一起。

当公共交通线路不多时（不超过 2～3 路），且均为公共汽车时，在不影响旅客步行活动的前提下，其站点应力求靠近站房的出入口。特别是出口应集中布置公交站点。当站房规模较大且站房入口、售票厅、出站口相距较远时，公交停靠站点难以集中设置时，最好是将以车站广场为总站的公交站点，按接近站房及出入口集中设置、按到发分开的方式设置，分别为到站和出站旅客服务。

当车站规模很大时，广场情况较为复杂，特别是位于大城市的中心地区时，公共交通线路往往在 4、5 条以上，既有通过的公共交通，也有以广场为总站的出发终到交通。因此乘客中还有不少与铁路客运无关的城市居民。此时，公交站点的位置必须兼顾铁路旅客和市内乘客换乘，若只有平面分流的方式，尽量不要将公共交通站点集中布置在靠近车站站房出入口附近，以减少站房出入口附近的拥挤程度。一般是将多条公共交通线路分成两组或多组，分别布置在广场的两侧或不同分层，并与站房保持一定距离，如图 6-7、

图 6-15（b）所示。

（2）公交车停车场

公交车停车场主要为了满足以广场为终点的公共交通线路车辆存放及调度车辆的需要。供高峰备用车辆停放的场地，一般就近安排在站点的一侧，其大小视旅客流量及用地条件而定，每条线路以能同时停 3~5 辆备用车辆为宜。

公交车停车场面积为旅客专用场地的 1/3 左右。

（3）出租车停车场

出租车可以为部分旅客提供门到门的便利服务，也是旅客进出车站使用的主要交通工具之一。其优势就是机动灵活、方便快捷，可以最大限度地靠近人流集散点，方便旅客。进站出租车落客区和出站出租车载客区应分别靠近进站口和出站口。落客区出租车即停即走，若采用立体布局方式，通常设在高架区域。载客区出租车根据乘车点位置，设置出租车排队线路，统一调度，保持良好的载客秩序。

我国大中型车站一般采用上进下出的进出站方式，特大型车站的停车场一般设在地下，以方便出站乘客使用且减少流线交叉。对于立体式布局或综合式布局的车站广场，如哈尔滨西站东广场和大同南站的出租车停车场设在地下一层，如图 6-16（b）、图 6-18（b）所示。对于平面布局的车站广场，敦煌站广场的出租车停车场设在第Ⅱ象限（站房左前方），如图 6-21 所示。

（4）社会车辆停车场

社会车辆是解决旅客集散的重要补充。当前我国各大城市的汽车保有量正在迅速增加，社会车辆的停车需求迅速增长，停车场的规模不断扩大，停车设置方式也灵活多样。在大型车站中，结合广场和站房的形式，社会车辆有高架车道落客点［图 6-8（d）］、地面停车场（图 6-21）和地下停车场［图 6-18（b）］等停放场地配置。在停车量大或受地形限制等情况下，也可以采取在广场周边建设停车楼的方式。此外社会车辆中还有一部分专用客车，它们通常没有固定的乘降站点，只在站房出入口附近设专用客车短暂停靠上下旅客的位置。对于设有贵宾室的站房，还需要设置贵宾专用停车场，其位置要接近贵宾室，并能直接出入基本站台。

以小汽车停车换乘方式为主的车站应设置足够规模的停车设施，停车面积应满足停车换乘的需求量并建立适合的停车场收费政策和管理措施。小汽车停车场应结合停车换乘的实际需求设置，设有地下空间的特大型车站一般将小汽车停车场设在地下。

（5）行包、邮件车辆停车场

装运行李、包裹的车辆要紧靠行包房或行包堆场，避免行包车与其他客运车辆混杂在一起停放，更不宜将行包停车场布置在站房的主要旅客出入口前面。装卸邮件的邮件转运车，一般应停靠在邮件转运站的附近。

（6）车道

广场内的车道原则上应规划为单向通行，避免过境车辆穿越，应减少广场内街道出入口数量，尤其是连接干线道路时应确保干线道路交通功能。

（7）自行车停车场

在过去一段时间内，自行车的使用者主要为来自铁路内部的职工和到站区的办事人员，自行车数量较少，自行车流线不作为铁路车站旅客流线考虑，其停车场可以灵活分散布置。近些年随着共享单车的出现和绿色出行、健身运动的增加，短距离的乘客出行越来越多地使用自行车，使得自行车停车场满足不了要求。故将来进行车站设计和改造时，应适当增加自行车停车场的数量和规模。

地面上的自行车停车设施有：在广场修建露天专用自行车停车场和单建多层车库，但在用地紧张的城市中心区较难实现；利用车站外部空间边缘、城市街道边缘形成线状临时露天停车场，这对街景会有影响，但可利用一些景观设施作遮挡，如花坛、花圃、水池等；对于高架线路，可充分利用设施的剩余空间，如高架桥下或天桥下剩余空间等作为停车场；利用站内（或相邻建筑）的夹层空间作为停车场。

2. 场地设置

车站广场停车场的规划设计，主要是根据机动车辆与非机动车辆的类型、规格、数量及广场的交通组织、地形等情况，确定停车位布置、用地面积、出入口。

（1）停车位布置

停车位可采取纵向或横向分组排列布置，对于机动车，每组停车数量为25～50辆为宜，组与组之间防火间距不小于6m。

铁路客站小客车车道边停靠车型为小型车和微型车，小客车单位车道边长度一般取7m。小客车车道边车位数量应依据小客车载客人数和平均停靠时间计算确定。其中，出租车平均载客人数宜按1.5人/车确定，小型社会车辆平均载客人数宜按2.5人/车确定；小客车落客时间宜按20～40s确定，小客车上客时间宜按6～26s确定。小客车上客区车道边布置长度还应满足车道边通行能力与交通组织和管理的需求。

（2）停车场用地面积

停车场用地面积根据车型具体尺寸确定。一般小型汽车在停车场中的面积按每辆25～30m² 计，单辆自行车占地面积按1.2m² 计。停车场设计时车型外轮廓尺寸和换算系数可参考有关规定取值。

（3）停车场出入口

50辆以上的机动车公共停车场应设置2个出口，500辆以上应设3个出口。出口之间距离大于15m。停车场出入口宽度不得小于7m。出入口处视线应避免被遮挡，即自出入口后退2m的道路中线两侧各60°角范围内应无障碍物。为了保证行人和车辆安全，有效截流、排出场地积水，停车场地面应高出行车道一定高度，一般为0.15m。

6.4.5　与城轨车站的配合

城市轨道交通以其大量、快速、准时、环保等优势正在逐步成为我国各大城市主要的公共交通工具，同时也成为这些城市铁路客站旅客集散的主要交通工具。几乎所有拥有城市轨道交通的城市，都把铁路车站作为一个重要的节点设站。随着我国城轨的快速发展，这种换乘客流的比例将越来越高。

根据城轨站点与铁路车站相对位置的不同，其衔接主要有两种形式，即换乘站点位于站房内的换乘厅和换乘站点位于站房外的广场。当城轨出入口设置在广场上时，出入口应设置在步行区域内，避开车行区，同时尽可能靠近站房出入口的位置。

城轨站点应设置于安全部位，保持人员进出站流线顺畅，方便旅客乘降及换乘。

可以与城市轨道交通相衔接的铁路车站一般需要设置两个或多个站点通道和出入口。当城轨站厅与铁路车站进、出站集散厅不在同一平面时，应设垂直交通设施，方便旅客，缩短步行距离，提高换乘效率。

广场客流量较大，空间开阔，站点出入口要有明确的指示标志、清晰的引导系统，为旅客提供及时、准确的换乘信息。

6.4.6 旅客活动地带

车站广场的旅客活动地带主要指旅客活动平台、公共汽车站台、休息场地等，应依据使用功能的要求进行场地布置。比如，广场步行人流的集散活动基本上集中在进、出站口和售票厅前，这部分场地应靠近公共交通和出租车站点，以便迅速地集散旅客；供旅客游览休憩的场所应尽量离开人流过于密集的地段，设置在较远且较为安静的地方。

1. 步行活动场地

车站广场的步行活动场地包括横向活动平台、公共汽车平台以及休息场地等。

（1）横向活动平台

横向活动平台是设置在车站站房前，具有一定宽度的旅客步行活动平台，如图 6-22 所示。该平台位于站房与广场之间的位置，可以为广场上在站房出入口集中的大量人流提供充足的活动空间；给办理相关手续的旅客提供一定尺度的安全地带。

站房横向活动平台一方面满足旅客集结、等候、休息等要求，同时也起到连接站房有关设施的作用。对于平面式广场布局，其尺寸不应小于站房平台（参见 6.4.2 节）的尺寸。

（2）公共汽车平台

根据城市公共交通站点的分布情况，车站广场上或附近的公共交通站点可分为中间站与终点站两种情况。对于公共汽车中间站，车站侧道路应拓宽并设置公共汽车站台，其宽度不小于 2m。一般顺车进位、顺车驶出，站台上应设遮阳、避雨棚。对于终点站应有回车与停车场地，公共汽车站台的宽度一般不应小于 3m。

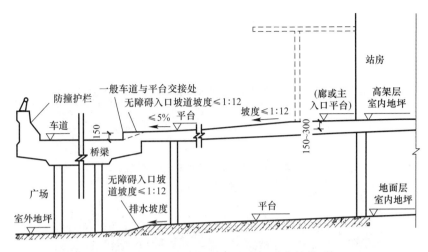

图 6-22　旅客活动平台与广场、站房的关系

（3）休息场地

车站广场的休息场地是为旅客提供休息、逗留、等候的场所，也是站房候车功能的扩容空间。在春运、暑运等铁路运输高峰时期，休息场地可以设置临时售票室，可以作为室外候车空间来疏解旅客，缓解站房的压力。休息场地的设计要考虑旅客需要，安排适当的座椅、遮阳等休息设施，设置零售网点等商业设施，配置果皮箱、垃圾桶、公共厕所等卫生设施。

2. 人行通道

为了避免旅客就近穿越停车场和车行道，造成广场上人车交叉、交通混乱，需要布置人行通道，合理组织旅客流线。

人行通道布置时要符合下列要求：应符合客流的走向，要短捷、连续，尽可能不被车行道截断；应与站房主要客流集散点相联系，并尽可能接近人流集散点，使旅客能沿最短路线出入车站广场和商业性、服务性建筑，避免人、车交叉，保证旅客行走安全和便利；对于人流、车流量很大，且交通组织复杂的车站广场，可考虑设置天桥或地下人行通道；人行通道宽度一般不小于 1m，当纵坡超过 8％时，可以采用粗糙路面或踏步行道的形式，以防止行人脚滑、摔倒；旅客活动地带与人行通道的地面应高出行车道不小于 0.12m。

6.4.7　铺地

车站广场是车站的重要组成部分，功能多样，面积较大，常采用不同材料和形式的铺地划分成多种区块，突出广场的轴向性和方向性，完善广场功能空间，对广场交通流线组织起到积极的引导作用，提升广场形象。

广场地面的铺装要从功能要求出发，结合车站的等级、规模、地方材料供应情况、气候条件、地面耐压力等因素，合理选择铺地材料。以曲阜南站为例，其车站广场的铺装选取品质好、耐受度好的材料，比如花岗石、陶瓷透水砖、青砖等。整体以灰色调为主，采用相近材料，在统一中寻求变化，整体而又不失单调，如图 6-23 所示。在制作工艺方面采用常见的烧毛面、荔枝面和斧剁面，大尺度的铺装用于开阔的广场地带，与开阔的场地相协调。

图 6-23 曲阜南站广场

6.4.8 景观美化

城轨广场面积较小，难以进行一定规模的广场景观美化。铁路车站广场大多位于城市的黄金地段，又是一个城市或区域的门户，故在广场开放空间及周边地区应进行绿化、美化，有关的设施也称环境空间设施。根据城市历史、特点，设计树木、草坪、水景、雕像、小品等，美化广场环境，增强景观效果，为人们提供舒适愉悦的活动区域。

1. 绿化

（1）绿化的组成

铁路车站广场绿化可以划分为停车场地绿化、休息场地绿化、边界场地绿化、景观效果绿化等。

停车场地绿化是结合停车位布置所进行的绿化。场地内可以嵌草砖、种植草皮，也可以采用绿篱等形成临时的场地界定，灵活组织空间布局，引导、改善交通流线。

休息场地绿化是结合休息场地配置所进行的绿化。绿化宜配置较高大的树木，形成遮阴，也可以结合座椅等形成休息空间等。可以在绿地内设置一些小径，方便旅客自然流畅地使用广场空间。

边界场地是指分布于车站广场的周边、休息场地与道路临界面、道路与停车场地临界面的区域。边界场地绿化可以选用树池、绿篱、乔木植株等种植方式。绿化布置以不影响场地视线和交通为根本，适应场地规模、特点与形状，形成清晰的结构，起到引导疏解作用。

景观效果绿化是广场环境装饰性的绿化，可以提升广场的艺术氛围，体现地域文化。比如在广场上种植市花、市树等，会给外地游客留下深刻的城市印象。此外，临时性的花卉盆景也是景观性绿化的一种形式，能够很好地渲染环境气氛，给人以美好的感受。

呼和浩特东站、莆田站、海口站、敦煌站的广场绿化如图1-17、图6-6、图6-20(b)、图6-21所示。

（2）绿化设计要求

车站广场绿化应采用多层次、立体化配置，并与建筑空间相辅相成，结合灯柱、雕塑、喷泉、水体等，共同构成广场的有机整体。铁路车站广场上的绿化场地设计要遵循以下要求。

1）绿化设计应结合广场功能分区合理布置，起到分隔与导向作用。

2）绿化场地可将广场分隔为若干个区域，以利于组织交通，也可分隔人流、车流。应注意绿化场地布置与树种的选择不影响行车安全，不遮挡司机视线。

3）广场绿化应注意选用生长快、生命力强、少虫害、耐修剪、易养护与管理的树种，以常绿树为主。同时考虑树种的特点，注重四季色彩的变化，丰富广场景色。对植物树种的选择，应多采用本地植物，突出其地方自然特色。

4）合理考虑草地、花卉、灌木和乔木的种类配置，形成空间层次。保证植物的多样性，以提高广场整体景观特色。

5）车站广场的绿化用地面积与广场总面积的比例系数，称为绿化系数。一般要求绿化系数不小于10%，对于大站与特大站，最低不应小于5%，设在旅游风景区附近的车站，其车站广场绿化系数可增加到20%以上。

（3）设计案例

太子城站广场景观划分为不同功能区，按区域统筹安排各区块绿化设计，使场地绿化与周围环境协调融合。首先，将景观要求高的站区、站场作为重点绿化地段，采用四季常绿、四季有花的乔灌花草搭配，达到一带一季的效果；其次，一般绿化地段则采用沙地柏等植被，与周围环境有序衔接，营造出简洁、大方、舒适的环境。通过区块绿化方式，可合理组织人流集散空间、休憩空间和观赏交流等多层次空间，如图6-24(a)所示。

无锡站广场在步行区结合树池设置休息座椅，并种植乔木，形成良好的休息场所。在停车场和步行区之间设置绿化带且花草、灌木、乔木相结合，层次丰富，既分隔场地、引导交通，又形成宜人的景观环境，如图6-24(b)所示。

(a) 太子城站　　　　　　　　　　　(b) 无锡站

图6-24　车站广场绿化

2. 水景

水景设计是当代广场建设、城市建设的内容之一。水景可以构成优美的环境，衬托出宜人的气氛。车站广场的水体还起到划分空间、调节微气候的作用。在水体设计中，常采用静态水体和动态水体两种形式。

（1）静态水体

静态水体一般是指片状水汇集的水面，常以湖、池的形式出现。在车站广场的景观设计中借用或引入静水，可以反映出站房、高架桥、亭台、植株等广场景观的倒影，增加空间的层次感。同时，静水的映衬作用及反射的灯光可以给夜间的车站广场增添缤纷的色彩和优美的景致。静态水体设计要服从广场功能布局的要求，合理定位，准确把握水体尺度，适应自然条件，与广场整体景观风貌相协调。例如杭州站就很好地借用了水景，如图1-15所示。

南京站位于金陵古城城北，前邻玄武湖，后枕小红山，所在区位景观环境优美。南京站的规划设计将广场景观与玄武湖景观融为一体，相映生辉，使车站成为城市形象的重要元素，如图5-34、图6-25(a) 所示。

（2）动态水体

动态水体包括瀑布、跌水、喷泉等。在车站广场中采用比较多的动态水体是喷泉。动态水体一般位于广场的中心位置，成为景观焦点，起到统一景观、强调轴线的作用。

扬州东站广场以大运河为铺垫，在1800m² 的表现区域内，以矩阵、水柱、激光、水幕电影，通过高低错落有致、曲直延绵起伏、动静韵律分明的水表演，辅以五彩斑斓、明暗虚实的灯光艺术，为乘客献上视觉盛宴，如图6-25(b) 所示。

(a) 静态水体(南京站)   (b) 动态水体(扬州东站)

图6-25 车站广场水体

3. 雕塑

雕塑是大型车站广场景观不可或缺的组成部分，对广场环境起到重要的作用，可标识空间、划分空间、组合空间，强调空间与轴线的作用等。

（1）雕塑类型

雕塑以其别致的造型、丰富的色彩，成为人们的视觉焦点，是广场上极具表现力和装饰性的元素。雕塑可分为纪念性、主题性、装饰性、标志性和陈列性等类型。

（2）设计要求

雕塑设计首先要考虑雕塑的整体效果。车站广场空间开阔，广场雕塑一般要求从多个方向为旅客提供观赏角度，因此雕塑造型一般优先选择圆雕形态；其次，雕塑要有明确的主题，可以选择城市的历史传统、地域文化、时代风貌特征等信息，提炼升华，成为城市的"代言人"；雕塑还应与环境相协调，充分考虑雕塑的体量、朝向、色泽等并与其他环境设施保持一致。

大连金州站广场面积为 5 万 m²，中心矗立的雕塑高 28m，选用钢材，采用钢板热曲和卷压等技术制作而成，取名为"翔"。雕塑形态抽象，从不同角度看富于变化，给人以广阔的想象空间。从远处观看，雕塑像两只扬起的白帆，又像两条游动的燕尾鱼，传达城市的海洋文化底蕴，表现城市快速发展的蓬勃朝气，寓意城市"飞翔"，如图 6-26 所示。

图 6-26　大连金州站广场雕塑"翔"

6.4.9　公共服务设施

铁路车站广场设置的公共服务设施可以分为如下 8 类：旅馆、酒店等住宿设施；餐馆、饭店等餐饮设施；小件寄存、公共厕所等便民设施；邮电、银行、书店、电话亭、物流等服务设施；商场、超市等购物设施；派出所等行政服务设施；乘务员公寓等铁路部门辅助用房及设施；根据国家和地方相关规定设置的管理用房。

上述设施除了满足相应的功能和设计规范要求之外，还应与车站广场、站房建筑一起组成有机的整体，构成主次分明、富有表现力的城市建筑群，起到代表城市形象、服务客货运输的作用。

6.5　城轨车站广场设施

车站广场有关设施是指在车站广场范围内修建的场地、建筑物及配套的设备，主要包括交通衔接设施、集散驻留设施、公共服务设施、市政公用设施、景观美化设施和车站附属设施。应遵循以人为本、统筹协调、绿色安全、因地制宜、问题导向的空间规划设计原则，合理配置有关设施。本节主要以城轨车站广场及周边地区的设施为例进行介绍。

6.5.1　交通衔接设施

交通衔接设施是城市轨道交通乘客换乘步行、非机动车、常规公交、小汽车等衔接所需要的场所、有关建筑物与设备。交通衔接设施应与场站、站房、周边市政道路等同步规划设计，未能同步的，应预留实施条件。

交通衔接设施应按步行、非机动车、常规公交、小汽车的顺序，采用平面与立体相结合的模式进行布局，要保证这些设施达到规定的服务水平所需要的面积。

1. 步行衔接设施

（1）步行道

应结合人行道、绿化带、设施带与建筑前区等空间设置步行道，确保连

341

续、宽敞，其宽度应根据行人流量确定，不应小于 3m。

应设置步行连廊无缝衔接城市轨道交通站点、周边建筑以及非机动车停车场、公交停靠站、公交首末站、临时接送车上落客区、小汽车停车换乘停车场等，并设置遮阳挡雨设施。

（2）过街设施

地下过街设施应与城轨地下车站、地下停车库、地下人防设施及建筑地下室等紧密衔接，共享通道、出入口和无障碍设施。

利用天桥过街的，应注重人性化设计，宜加装电扶梯、遮阳挡雨设施等。利用地面过街的，人行横道距离城轨站点出入口的距离不宜大于 50m。

2. 非机动车衔接设施

（1）车道及过街设施

广场及周边地区的非机动车道宽度不宜小于 3m，应保证整洁平齐，可采用彩色铺装或涂喷，改善非机动车骑行体验。非机动车过街通道宽度不宜小于 3m，宜采用彩色铺装，设置醒目的引导标志。

（2）停车场

非机动车停车场距离出入口不宜大于 50m，困难条件下不应大于 80m。宜采用感应桩、电子围栏等设备规范非机动车停放。用地困难且条件具备的地区，非机动车停车场可采用立体停车形式。

自行车停放形式应结合用地条件设置，可按纵向或横向分组排列，每组停车长度宜为 15~20m；非绿化停车场设计参考指标为 $1.8m^2$/辆；绿化停车场设计参考指标为 $2.8m^2$/辆。

3. 常规公交衔接设施

（1）公交停靠站

位于快速路和主、次干路的城轨车站，宜设置港湾式公交停靠站接驳。公交停靠站距离车站出入口不宜大于 50m，困难条件下不应大于 100m。

单个港湾式公交停靠站的停车位不宜大于 3 个；当线路大于 8 条时，宜采用拆分站台、深港湾式站台等，且站台总数不宜大于 3 个，站台间距不宜大于 50m。直线式公交停靠站的停车位设置不宜大于 2 个，线路设置不宜大于 6 条。

（2）公交首末站

公交首末站应结合城轨站点周边地区现状和规划统筹布局，宜与车站或周边综合开发进行一体化规划设计，距离站点出入口不应大于 150m。

4. 小汽车衔接设施

（1）临时接送车上落客区

临时接送车上落客区不应设置在人行横道及桥隧引道处，宜设在公交停靠站上游且不小于 50m，距离车站出入口不宜大于 80m，困难条件下不应大于 150m。其宜采用港湾式停靠站方式，停车位宜为 3~5 个。

（2）小汽车停车换乘停车场

小汽车停车换乘停车场应结合车站场站综合开发一体化规划设计，换乘停车场人行通道宜与车站站厅层或车站出入口通道直接相连。带充电桩或预留充电设施的停车位不低于规划停车位总数的 30%，其距离车站出入口不宜大于 250m。

5. 无障碍设施

车站范围内的盲道应与市政盲道衔接连续。位于主干道两侧的出入口各设置不小于 1 处盲道，宜与无障碍电梯结合。

设置轮椅坡道时，坡道的净宽不应小于 1.5m。应设置供轮椅乘客使用的无障碍电梯。无障碍电梯、楼梯应采用防滑的铺装材料，其梯道踏面边缘应与其他部位形成明显的颜色反差，保障弱视人群安全使用。应在车站出入口设置含有出口信息的盲文导向牌，导向牌的位置、高度、形式、内容应方便视觉障碍者使用。

6.5.2 集散驻留设施

集散驻留设施是指为乘客在车站广场内集散、停驻、交往所提供的场所、建筑物与设备。其设施应结合车站区位、类型、客流和周边道路、建筑等情况综合确定，满足消防、安全、无障碍设计等方面的要求。其应与城市机动车通行空间相隔离，集散场地宜采用刚性隔离。

1. 集散场地

乘客集散场地应靠近车站入口，其距离一般不超过 20m，规模不宜小于 50m²，尽量不要占用市政道路。应结合站房建筑、地形地质、环境气候等因素选择铺装材料的颜色、质地、反射性和类型。

2. 停驻场所

乘客停驻场所应尽量布置在车站出入口附近，城轨一般在 20~100m 范围内，结合周边用地条件，宜采用街旁公园、口袋公园、带状公园、街角广场等形式布设。根据需要可布置座椅等驻留休憩设施。

3. 交往设施

车站广场应配置小憩、集会、交谈等交往设施，形成一定的趣味场所。其主要包括桌椅凳、遮阳设施和其他相关设施。

（1）桌椅凳

车站广场的桌椅凳有长椅、桌椅、坐凳之分；根据结构不同又可分为独立式和附属式两种类型。附属式座椅多与花坛、树池、水池、棚架、亭台等设施结合设置。桌椅凳的配置首先要满足旅客的使用要求，布置在步行区附近。应根据广场周围环境确定其位置、数量、尺寸；其造型、材质应考虑地域气候、城市环境等因素，就地取材并与广场整体风格相统一；座椅凳也可与卫生设施、照明设施、花坛树木等配套设置。

（2）遮阳设施

车站广场上根据需要可设置遮阳设施，包括亭、廊、棚、架、伞、罩等。这些设施具有休息、观赏、遮阳、避暑、避雨等用途，通常布置在广场中的驻留场所和休息空间。根据需要按照有关规定进行设置。

344

（3）其他相关设施

广场上集散驻留设施空间内还设有与休憩等候相关的其他设施，比如卫生类的洗手池、饮水台、垃圾收集及转运设施等，引导类的显示屏、标识牌、引导牌、警示牌等。

6.5.3　公共服务设施

广场设计应结合乘客的出行及生活需求，营造丰富多元、集约高效的便捷公共服务体系。不应在广场及周边地区布局对城市公共卫生和安全等有较大影响的服务设施。

1. 便民服务设施

根据车站功能及周边用地性质，应集约化、差异化配置便民服务设施，并符合有关要求。其设施尽量与车站出入口相邻或设置在站厅非付费区内。可采用装配式设计，适应车站客流和功能变化。

2. 商业服务设施

应加强车站广场与商业服务融合。地下商业服务设施宜采用下沉广场、采光中庭等方式实现地下空间地面化。城轨车站配线上方等富余空间可预留商业开发条件。与城轨车站结合设置的地下商业街，长度不宜大于350m。大于500m的地下商业街，应设置集散、驻留、体憩等设施。宜考虑设计支持周围各种城市功能的连接平台、地下空间，把车站与周围商业、商务建筑以最短的距离连接起来，适当配置电梯或自动扶梯等。

6.5.4　市政公用设施

此处的市政公用设施是指在广场之内及周边地区布设、为车站服务的市政管线、灯光照明、信息服务等设施。

市政公用设施应布局合理、安全有序、美观好用，满足智慧、生态、节能和共享等要求。应符合消防、防洪防涝、防空、应急救援、安全疏散等有关规定，并配置相应的防灾救灾设施。尽量采用"多管共廊""多箱并集""多杆合一"等形式设置。

1. 市政管线

市政管线与城轨站点周边地区的设施布局不应发生冲突。变电站、通信箱等设施宜采用地下式、合建式。地面上的附属设施可结合绿地设置，不应侵占人行通道。

2. 灯光照明

广场照明不仅可以美化车站广场和站房建筑，还可以展现城市风采、美化城市的夜晚环境。同时，良好的广场照明还可以减少交通事故和夜间犯罪行为的发生，促进社会精神文明的建设。

广场灯光照明的照度应达到有关规范的要求，一般不低于10 lx。大于5m的人行通道内宜设置专用照明设施。避免被建筑物、行道树等遮挡光线，不应对周边环境造成光污染。宜在照明灯杆上统筹设置安全监控、5G等智能设备。广场照明分为功能性照明和景观照明两部分，其中功能性照明占主要地位。

（1）功能性照明

功能性照明的目的是使照明对象在夜间具有一定的亮度，为夜间广场上的旅客及其他人员提供必要的光照，便于公众在夜间辨识方向、亮化路径、标识场所，方便生产生活。功能性照明一般依据工作照明和安全照明的要求来设置。

（2）景观照明

景观照明是随着社会经济和建设的发展而产生的，它利用照明技术来装饰和强化景观效果。景观照明的目的在于按照美学和艺术的观点，对照明对象进行夜间形象的亮化、美化，渲染灯光氛围。景观照明根据场景、环境不同可以分为建筑照明、植物照明、水景照明、雕塑小品照明等。

景观照明方法有多种形式，其中适宜车站广场区域的照明方法主要有泛光照明、轮廓照明、建筑化夜景照明、剪影照明、月光照明及特种照明等类型。

3. 信息服务

信息引导标识应体现连续性，结合城市轨道交通站点出入口、大型商业设施、公共服务设施、道路交叉口等主要人流吸引点的集散场地设置。

城轨站外引导标识设置间距宜为 30～80m。指引信息应清晰、易于理解，实时信息宜采用智能化的信息服务设备。信息引导标识宜结合灯光照明设置，高度不宜大于 2.5m。

6.5.5 车站附属设施

对于城轨车站广场，除了上述建筑物及设备之外，还有车站出入口、风亭、冷却塔、垂直电梯、安检区等附属设施。

1. 出入口

城轨车站的出入口也称进出站口，是车站的门户，连接了车站的外部空间和内部空间，是乘客进出站的通道，也是城市轨道交通管理辖区的分界点。车站一般设置有多处地面出入口，便于乘客的快速集散、换乘，如图 3-11 所示。

（1）出入口数量

车站出入口应根据用地、道路条件和客流特征设置，其数量应大于 2 个，并设置上、下行扶梯及楼梯。

（2）出入口位置

出入口位置可根据周围环境条件及主客流方向确定，宜分散、均匀布置，以最大限度吸引乘客。一般选在城市道路两侧、交叉口及有大量人流的广场附近，如邻街绿化带内、道路交叉口两侧的人行道上、规划待建的空地内等场所；也可设置在附近商厦等重要建筑物的地面一层，方便乘客进出车站。出入口不宜设在城市人流的主要集散处，以免发生堵塞，其位置一般位于道路两边红线以外或城市广场周边。出入口应尽可能靠近人行道边的醒目位置，以利于吸引客流、方便乘客识别和进出，同时还需考虑足够的集散空间。出入口附近，应根据需要与可能，设置非机动车和机动车的停放场地。

（3）出入口分类

轨道交通车站出入口可分为独立式或合建式，应根据所处的具体位置和周边规划要求确定。

独立式出入口，应注意与城市景观融合，出入口标志应按统一的要求执行。出入口应布局简单，建筑处理灵活。出入口台阶或坡道末端至各类车行道的距离不宜小于 3m，且不应侵入安全停车视距三角形限界范围。

合建式出入口与其他建筑合建，设在不同使用功能的建筑物内或贴附修建在建筑物一侧，并在平面布置和建筑形式等方面相互协调。与地面公共建筑合建可节省土地资源及基建投资，有利于紧急情况时的人流疏散；与地下人行过街通道合建可经济合理地使用地下建筑地段，不影响街道景观；结合下沉广场，使广场成为车站与地面间的连接体，利于疏散。如图 6-27（a）所示。

（4）出入口形式

根据出入口的口部围护结构形式不同，其建筑形式有敞口式、半封闭式、全封闭式 3 种。

敞口式出入口的口部不设顶盖及围护墙体，除入口方向外其余部分设栏杆花池或挡墙加以围护，并需根据当地情况，采取防风、沙、雨、雪等措施。半封闭式出入口的口部设有顶盖、周围无封闭围护墙体，适用于气候炎热、雨量较多的地区。全封闭式出入口的口部设有顶盖及封闭围护墙体，如图 6-27（b）所示，寒冷地区多采用这种形式，有利于保持车站内部的清洁、温暖环境，便于车站运营管理。严寒和寒冷地区出入口朝向宜避开冬季主导风方向。

(a) 合建式　　　　　　　　　　　　(b) 全封闭式

图 6-27　地铁车站出入口

2. 风亭

风亭是城轨车站的通风道露在地面出入口部位的建筑物，主要作用是新鲜空气的采集和排风，如图 6-28 所示。

　　风亭一般设有顶盖及围护场地，其高度应满足防淹要求；大小主要根据通风量及风口数量决定；位置应选在空气良好无污染的地方，可设计成独建式或合建式并尽量与周围环境相协调。风亭、风道的设置除要与周围环境相结合外，分散布置的低风亭宜采用绿篱、建筑小品等形式进行景观融合设计；将尽可能多的有关设备安置在风道内，减少地下车站的设备安装数量、缩短车站长度。

　　车站出入口和地面通风亭与周围建筑物之间的距离应满足相关规范中防火距离的要求；如有困难时，应按规范采取分隔措施，如加设防火墙、防火门窗等。

图 6-28　地铁站风亭

　　3. 冷却塔

　　城轨中冷却塔的作用是使空调系统冷却降温、排气。其主要有下沉式、半下沉式、风道进风式、绿化隐藏式等几种。为了减小空调冷却塔对城市景观的影响，降低运行噪声，应优先选用低噪声冷却塔、无风机冷却塔、闭式循环冷却塔等。

　　冷却塔的位置、造型、色彩应结合景观和环保要求规划设计。其宜与邻近公共建筑物合建。独立设置时，宜采用消隐式设计。

　　4. 垂直电梯

　　城轨车站中地面至站厅层的垂直电梯应结合无障碍通行、携带大件行李等乘客的通行需求进行设计。垂直电梯宜采用平行出入口并双向贯通开门形式，地面电梯亭与出入口宜采用合建形式。

　　5. 安检区

　　车站安检范围应闭合，乘客进站流线上的安检区布置不应重复。进站安检客流与出站客流流线应分离，安检设备不应阻碍车站疏散通道。安检区设置在站外时，宜与出入口联合布设并设置遮阳挡雨设施。

　　安检设备数量、候检空间规模应根据高峰小时客流量配置，并能应对突发重大公共卫生事件等特殊情况。

思考题及习题

1. 车站广场的分类有哪些?
2. 车站广场的功能有哪些?
3. 车站广场由哪些部分组成?
4. 广场旅客流线的构成和特点是什么?
5. 广场各类流线的分流方法有哪些? 各自的设计特点是什么?
6. 广场功能布局的原则是什么?
7. 广场功能布局有哪些模式? 各自的特点是什么?
8. 广场的面积如何确定?
9. 广场有哪些建筑设施? 各自的设计原则是什么?
10. 广场中各组成部分的坡度设计有何要求?
11. 广场中有哪些停车场? 各自的设计特点是什么?
12. 站房平台有何作用? 站房平台与旅客活动地带之间的关系如何?
13. 车站广场的设施有哪些类型? 其作用是什么?
14. 分析车站广场的设计案例,并总结出其优点和缺点。
15. 城轨车站广场需要设置哪些设施?

第7章
枢 纽

本章知识点

> 【知识点】枢纽分类，枢纽主要设施、换乘布局与换乘方式，枢纽
> 布置图型、设施配置及进出站疏解方式，综合交通枢纽
> 的主要功能和分级、分类。
> 【重　点】铁路枢纽的主要设施与布置。
> 【难　点】枢纽站、枢纽、综合交通枢纽的区别。

铁路、城轨的枢纽是区域交通运输的中枢，在长大距离客货运输、区域性旅客运输和城市交通系统中发挥着骨干和关键节点的作用，在区域、国家乃至全球的交通运输系统中发挥着重要作用，其设施配置、换乘方式、线路疏解、布置图型对区域和城市客货运输系统的综合运输效率、效益，对当地国民经济活动和居民出行影响很大。

本章主要介绍单体枢纽、单方式枢纽、综合交通枢纽的基本内容。

7.1　概述

在路网节点或网端，连接多条线路，由车站、各种为运输服务的设施及其联络线等所组成的整体称为枢纽。其主要作用是汇集并交换各衔接线路的车流、客流或货流，为区域、城市、港埠和工矿企业的客、货运输服务。枢纽是组织车流和调节列车运行的据点，是该地区交通运输的中枢。

7.1.1　枢纽规划

枢纽规划一般以线网规划、生产力布局规划以及城市总体规划等为基础，重点对枢纽的客运系统、货运系统、解编系统、车辆段所设施以及相关连接线进行布局研究，做出全局性、前瞻性、指导性的枢纽规划方案和实施安排。

枢纽规划主要解决三个层面的问题：一是衔接国家综合交通网规划，贯彻国家方针政策和行业总体发展目标；二是协调点线能力，保障枢纽能力与线路能力相匹配，设施能力与运输需求相匹配；三是适应城市空间发展需求，促进交通运输与城市协调发展。

1. 影响因素

枢纽规划是一项战略性、综合性、科学性很强的工作，其影响因素众多。与线网规划相比，枢纽规划的影响因素更聚焦于"点"层面，主要包括枢纽规模、引入线路数量及方向、客货运输需求、城市总体规划、自然条件等。

枢纽规模。枢纽规模为枢纽规划布局提供宏观方向。枢纽一般可分为大型枢纽、中型枢纽和小型枢纽，所在城市等级越高的枢纽一般规模等级越高，场站数量、连接线数量也越多。枢纽规划中，需要结合城市发展、既有枢纽情况、相关路网规划等研究确定枢纽规模。

引入线路数量及方向。引入线路是枢纽的基本构成要素之一。一般情况下，引入线路越多，客货运输流向越复杂，枢纽结构也越复杂。引入线路方向影响线路引入枢纽的具体方案，枢纽规划需要结合全国性路网规划、区域性线网规划、城市发展规划等相关规划充分规划引入线路情况，协调各引入线路关系，保障主要客货流便捷顺畅。

客货运输需求。客货运输需求是枢纽各系统规划的主要依据，客货运输流量影响枢纽建筑物与设备的规模、技术标准，及客运站、编组站布局及其引线方式。枢纽规划中，需要结合地区经济社会发展、生产力布局要求和路网规划等，充分论证枢纽规划年度客货运输需求总量及有关特征。

城市总体规划。综合交通枢纽是城市重大基础设施，与城市生产、生活密切相关，因此枢纽规划应与城市总体规划协调配合，通过合理的规划布局，使得枢纽框架、站址选择等既满足客货运输需要，又适应城市发展要求，并力求减少对城市的分割和干扰。

自然条件。枢纽相关区域的自然特征影响工程条件，从而影响枢纽规划布局。如江河、湖海及城市道路、建筑物等控制性地形地物对规划线路与站点布置有较大影响，高原地区、高寒地区对技术装备具有特殊要求，土地利用、资源环境承载能力、文物保护及环境保护等因素都可能制约枢纽布局。枢纽规划中需要结合地形、地质、地貌、水文、环境敏感点等因素，进行多方案经济技术比选。

2. 铁路枢纽规划

铁路枢纽规划主要对客运系统、货运系统、解编系统、线路引入及疏解线、联络线等进行研究，其中客运、货运和解编系统布局是研究重点。

（1）客运系统

分析现状客运系统能力适应性、存在问题和薄弱环节，统筹考虑规划期新线引入、客运增长、城市空间布局等，研究枢纽客站数量、布局方案、作业分工、总体规模、互联互通等。

（2）货运系统

分析现状货运系统利用情况及与城市物流衔接存在的问题，结合规划期铁路货运发展方向和铁路运输生产、经营开发、城市物流发展趋势等，研究枢纽物流场站布局方案、规划规模及与城市物流的衔接。

（3）解编系统

分析现状解编系统能力适应性、存在问题，结合规划期货流结构、运输组织和作业量变化趋势等，研究技术作业站（编组站或区段站）解编系统布局方案、作业分工、规划规模。

7.1.2 主要设施

枢纽主要设施包括线路、车站、疏解设施和辅助设施等。

1. 线路

线路包括引入线路、联络线、迂回线、环线、直径线、工业企业专用线等。

2. 车站

车站包括客运站、货运站、编组站、物流中心、工业站、港湾站、口岸站、集运站、疏运站、组合分解站等。

3. 疏解设施

疏解设施包括不同线路的平面疏解（道口）、立交疏解（立交桥）以及线路所等。

4. 辅助设施

辅助设施主要为载运工具和乘客的服务设施，比如机务段、动车段、车辆段、客车整备所、服务区等主要建筑物和设备。

7.1.3 枢纽分类

1. 按照服务行业划分

按照服务行业的不同，枢纽可分为铁道枢纽、公路枢纽、航空枢纽、水运枢纽、管道运输枢纽等。本章主要介绍铁道枢纽，包括铁路枢纽和城轨枢纽。

2. 按照其在路网上的地位和作用划分

按其在路网上的地位和作用不同，铁路枢纽分为地方性枢纽、区域性枢纽和路网性枢纽。

（1）地方性枢纽

地方性枢纽主要为某一工业区或港湾等地方作业服务，一般位于大工业企业和水陆联运地区，枢纽规模较小。铁路地方性枢纽包括大连枢纽、秦皇岛枢纽等。

（2）区域性枢纽

区域性枢纽主要为一定的区域范围服务，一般位于干线和支线的交叉处或衔接的大、中型城市，办理管内的通过车流和地方车流，枢纽规模较大。铁路区域性枢纽包括长春枢纽、鹰潭枢纽、柳州枢纽等。

（3）路网性枢纽

路网性枢纽承担的客货运输和车流组织任务涉及整个路网，位于几条干线交叉或衔接的大城市或特大城市，办理大量的跨局通过车流和地方车流，设有较多的专业车站，其设施的规模和能力都很大。铁路路网性枢纽包括北京、郑州、上海、沈阳等枢纽。

3. 按照枢纽规模和服务行业划分

按照枢纽规模和服务行业不同，其可分为单体枢纽、单方式枢纽和综合枢纽。

7.2　单体枢纽

单体枢纽也称为枢纽站，一般是指路网节点中规模较大的某个车站，是有多种交通方式的线路汇入或有某种交通方式的多条线路汇入的枢纽车站。

对单体枢纽站，除了前面几章述及的车站广场、站房、站场的有关设施之外，需重点关注乘客在不同线路或不同交通制式之间的换乘。

轨道交通换乘是指在一个或多个车站，乘客在不同路线之间，在不离开车站付费区及不另行购买车票的情况下，进行跨线乘坐列车的行为。

7.2.1　换乘布局

城轨线网及车站布局非常重视换乘关系。换乘站主要指同一种交通方式中两条及以上线路的结合点处能实现换乘的车站，可以看作是规模较小的单体枢纽站。车站换乘布局形式可分为如下几类。

1. 一字形换乘

两个车站上下重叠设置则构成一字形组合。站台上下对应，双层设置，便于布置楼梯、自动扶梯，换乘方便，如图 7-1(a) 所示。

2. L 形换乘

两个车站上下立交，车站端部相互连接，在平面上构成 L 形组合，如图 7-1(b) 所示。

3. T 形换乘

两个车站上下立交，其中一个车站的端部与另一个车站的中部相连接，在平面上构成 T 形组合，如图 7-1(c) 所示。

4. 十字形换乘

两个车站中部相互立交，在平面上构成十字形组合，如图 7-1(d) 所示。

5. 工字形换乘

两个车站在同一水平面平行设置时，通过天桥或地道换乘，在平面上构成工字形组合，如图 7-1(e) 所示。

7.2.2　换乘方式

换乘方式有同站台换乘、节点换乘、站厅换乘、通道换乘等类型。

1. 同站台换乘

同站台换乘是两条双线地铁或铁路的线路分别共用 1 个或 2 个岛式站台，使得乘客能在同一站台上换乘不同线路或不同方向的列车。若将图 7-1(a) 所示的一字形布置设在同一平面内，可实现 2 条线路共用 1 个岛式站台，如图 7-2(a) 所示，这种换乘方式只能适用于行车对数较少的线路和车站。同站台换乘采用较多的方式是 2 条线路的上行与下行方向分别使用不同的岛式站台换乘，其平面布置如图 7-2(b) 所示，横断面布置如图 7-2(c) 所示。

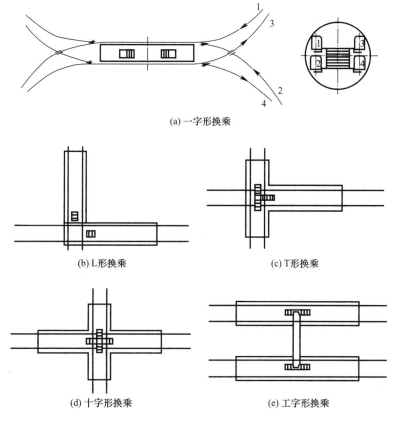

(a) 一字形换乘

(b) L形换乘

(c) T形换乘

(d) 十字形换乘

(e) 工字形换乘

图 7-1　换乘布局形式

　　采用同站台换乘方式时乘客换乘非常方便，不用离开站台即可搭乘另一方向的列车。但其车站工程量较大，线路交叉比较复杂，一般需要两条线路同步设计、同期施工。

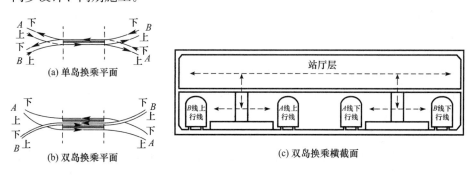

(a) 单岛换乘平面

(b) 双岛换乘平面

(c) 双岛换乘横截面

图 7-2　同站台换乘布置图

2. 节点换乘

　　节点换乘通常在两条轨道线路成立体交叉（往往为十字交叉）时采用，乘客需要通过楼梯或电梯直接到另一站台层进行换乘。

　　节点换乘的线路布置因使用的站台方式不同而有所区别，通常的布置形式有岛式与侧式、岛式与岛式、侧式与侧式站台换乘，如图 7-3 所示。

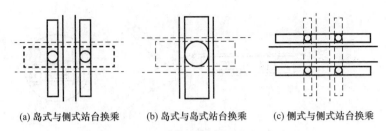

(a) 岛式与侧式站台换乘　　　(b) 岛式与岛式站台换乘　　　(c) 侧式与侧式站台换乘

图 7-3　节点换乘布置示意图

3. 站厅换乘

站厅换乘是两条或多条线路在交汇处共同使用一个换乘大厅来换乘，出站与换乘的乘客都需要经过站厅，再根据相关导向标志出站或到另一个站台继续乘车。处于同一高程的线路相会、不同高程的线路相交与相会，以及同时期和不同时期修建的线路相交都可采用这种换乘方式，如图 7-4 所示。

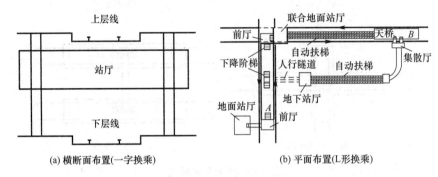

(a) 横断面布置(一字换乘)　　　　　　　　　(b) 平面布置(L形换乘)

图 7-4　站厅换乘示意图

采用该种换乘方式时，由于出站与换乘客流均向一个方向流动，因而减少了站台上的客流交叉，乘客行进速度快，减少了在站台层的等候时间，避免列车到站时站台过于拥挤，同时又可减少楼梯、电梯等竖向移动设施的总数量，相当于增加了站台有效使用面积，对于控制站台宽度有利。站厅换乘的换乘路线较长，提升高度较大，必要时需设直梯、自动扶梯。

站厅换乘的线路布置需要尽量方便各条线路的站台与公共大厅的通道设置。这种换乘方式不但公共站厅要有足够大的面积，还要求有明显的换乘导向标志。

4. 通道换乘

通道换乘是由于两条交汇线路的车站结构完全独立，乘客下车后需经过专用通道，步行一段距离，到达另一条线路的站台转车，如图 7-5 所示。

通道换乘常见于两站台间相距较远的车站，也主要用于新线与既有线汇合且既有线当时未预留换乘条件，因此新线车站与既有线间常采用通道换乘方式。

5. 混合换乘

混合换乘也称为组合换乘，为以上两个或多个换乘方式的组合，适用于两线或者多线连接，其目的是满足各个方向的换乘需求。例如北京地铁西直

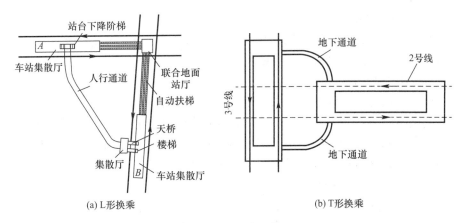

(a) L形换乘   (b) T形换乘

图 7-5　通道换乘

门站，地铁 2 号线与 4 号线间采用节点换乘，与地铁 13 号线和京包铁路之间采用通道换乘。

换乘站的规划与设计，应按各线独立运营为原则，宜采用一点两线形式，并控制好换乘高差与距离；当采用一点三线换乘形式时，宜控制层数，并宜按两个站台层设置；一个站点连接线路多于三条时，其换乘形式应经技术经济论证确定。

7.2.3　与机场衔接

将高铁站与机场协同整合是现今综合交通枢纽布局的普遍趋势。从空间结合模式上分析，铁路客站与机场相结合的方式有如下 4 种。

1. 换乘中心直接与航站楼结合

例如将铁路、城轨线路直接引入机场合并建设，乘客通过设置在站台上的楼梯和自动扶梯就可进入航站楼，这种方式换乘最方便，日本东京羽田机场、法国戴高乐机场等采用该种方式。例如上海虹桥机场站，高速铁路、地铁、磁浮铁路、机场航站楼集中设置，在高程上实现了零距离换乘，如图 7-6 所示。

图 7-6　上海虹桥机场综合交通枢纽与换乘

2. 利用通道衔接

通常换乘中心与航站楼比较接近，可利用换乘通道将机场与铁路、城轨枢纽衔接。此种衔接模式比较常见。

3. 利用城轨线路衔接

枢纽站在航站区以外，利用固定公交车或城市轨道交通衔接，尽力缩短综合交通枢纽间旅行时间，例如上海浦东机场、香港国际机场、伦敦希斯罗机场、东京成田机场；利用中低速磁悬浮铁路衔接，例如长沙黄花国际机场利用磁悬浮铁路与长沙南站衔接，全程仅需 10min。

4. 利用城际铁路衔接

可建设城际铁路实现一线高速直达，例如郑州空铁四大枢纽（郑州站、郑州东站、拟建郑州南站与新郑国际机场）采用该种方式衔接。

7.2.4　铁路与城轨间换乘

城轨车站与铁路客运站的衔接及旅客换乘主要有如下 4 种布局模式。

1. 广场换乘

在铁路客运站的车站广场地下单独修建城轨车站，其出入口直接设置在广场中，再通过广场与客运站衔接。这是过去国内铁路车站最普遍的一种换乘方法。如上海地铁 2 号线一期终点龙东路站，地下一层为站台层、地面为站厅层，通过站前广场与浦东铁路客运站候车大厅进行换乘，如图 7-7 所示。北京站与地铁 2 号线的换乘也是如此，如图 1-12 所示。

2. 站厅层换乘

地铁车站的出口通道直接通到铁路客站的站厅层，乘客出站后就能进入客运站的候车室、候车大厅。广州地铁 1 号线与广州东站的衔接采用这种模式。

3. 通道直接换乘

由地铁车站的站厅层直接引出通道至铁路客运站，并通过楼梯或自动扶梯与各站台相连，乘客可以通过此通道在地铁与铁路客运站之间直接换乘，只是换乘步行距离较长。如上海地铁 1 号线（地下两层）与铁路新客运站的衔接就采用此种模式，如图 7-8 所示。此种模式适合于地铁与铁路车站同步实施的情况。

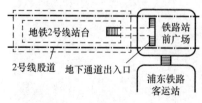

图 7-7　广场换乘（浦东站）

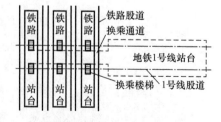

图 7-8　通道换乘（上海站）

4. 联合设站

对乘客来说，地铁与铁路客运联合设站是最好的换乘衔接布局模式，如

图 7-9(a) 所示。这种模式根据两者间的关系又可分为两种情形：一种是两者的站台平行设置在同一平面内，再通过设置在另一层的共用站厅或者连接两者站台的通道进行换乘，上海地铁 1 号线、轻轨莘闵线上的莘庄站与铁路莘庄站的衔接就是采用这种情形；另一种是城轨车站直接修建在铁路客运站的站台或站房下，乘客通过城轨车站的站厅或换乘大厅就能在两者之间换乘，北京南站与地铁 4 号线、14 号线的衔接采用的就是这种方式，如图 7-9(b) 所示。

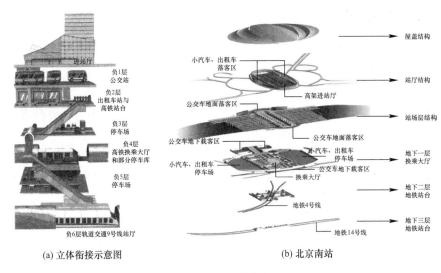

(a) 立体衔接示意图　　　　　　　(b) 北京南站

图 7-9　联合设站

7.2.5　与城市公交的换乘

在铁路、城轨车站，除了铁道车站之间的换乘之外，还需要考虑与其他某种或多种城市公共交通方式的衔接与换乘。

1. 与常规公交的换乘

铁路客运与市内常规公交衔接必须保证换乘过程的连续性、客运设施的适应性和客流过程的舒畅性 3 个系统条件。一般情况下，常规公交车站与铁路客运站之间有一定的距离，两者之间没有设置专用的换乘设施，乘客一般利用车站广场或市政步道、人行天桥或地下通道等设施进行换乘。比较好的换乘方式为：常规公交车站与铁路客运站之间采用专用的换乘通道设施衔接。例如，北京西站乘客在北出站口出站后，可沿几个步梯通道上升到地面，直接与多个公交车站衔接。

2. 与小汽车、出租车的换乘

铁路客运枢纽内的小汽车换乘主要是出租车换乘，而且出租车换乘的比例在一些大的铁路枢纽达到了 50% 以上。因此，出租车停车场枢纽内的布设极大影响着铁路枢纽总体换乘效率。在大型、特大型铁路客站设计中，一般将小汽车停车场、出租车换乘点设在地下，实现"上进下出"的进出站流线。例如北京南站的小汽车、出租车均布置在地下一层，有利于换乘，如图 7-9(b) 所示。

3. 与长途客运站的换乘

铁路客运站与公路长途客运站的衔接布局方式有：铁路枢纽站与客运站垂直叠加分布，利用垂直集散厅联系；铁路枢纽站台与长途客运站的站台处在同一水平面上，通过水平大厅衔接，这样的换乘比较方便；长途客运站靠近铁路枢纽，形成并列的空间关系，利用地道、天桥等城市步行系统相连；依靠其他公交方式衔接。

7.2.6 与私人交通工具的衔接

1. 与自行车的衔接

自行车的停车模式一般有地面、地下、半地下、单建多层停车场等。地下停车场无论在地下空间的综合利用、就近换乘，还是在城市景观的优化等方面均有巨大的潜力，但成本巨大，因而经常采用地面、半地下的解决方案。

人们利用自行车到、离车站的比例逐年减少，自行车停车场的面积在逐渐减小。但随着共享单车、绿色出行的普及，人们骑自行车到、离车站的比例近些年出现了快速增长的现象。目前自行车停车场及与自行车衔接的问题比较突出，需要引起足够重视。

2. 与步行系统的衔接

一般情况下步行系统以公共交通系统作为支撑。步行系统应与公共交通系统高效衔接整合，布置在步行流量大的区域，联系不同功能区域，集旅游、商业、休闲功能为一体。

枢纽车站与步行系统衔接的空间形式有：地面站厅和独立的出入口；地下通道、过街天桥和地下街，这是空间开发的有效方式；下沉式广场配合短通道，有利于获得良好的开敞空间，便于交通组织；中庭，该方式活化了城市空间，能方便地融入商业、娱乐等建筑中。

此外，还有与私家车停车场的衔接等问题，也需要进行综合规划。

城市交通方式方便灵活，可根据具体情况灵活选择，可采用多点布设的形式，也可采用多种衔接方式组合的形式，以实现枢纽站内多种交通方式的有效衔接与换乘。

7.2.7 案例分析

加拿大温哥华水前站（Waterfront）位于 Burrard 海湾的煤港处，是直驱地铁"空中列车"（Skytrain）的起点站。在该枢纽，空中列车可以方便地与西海岸快速列车 WCE（West Coast Express）、海上巴士（SeaBus）、公交汽车、直升机、水上飞机等交通方式换乘，如图 7-10（a）所示。

该枢纽的中心车站为原太平洋铁路的车站，现已改造为综合交通枢纽站，在该站房的临街侧出口处有 44 路等公共汽车、98 路 B 线汽车等线路。

该车站的站场侧连接空中列车世博会线、新千年线和西海岸快速列车线。空中列车与西海岸快速列车停在不同的到发线上，乘客可以方便地换乘。如图 7-10（b）所示是在通往海上巴士的过街天桥（walkway）上拍摄的站场股道及列车情况，图中左侧为货车、中间为西海岸快速列车、右侧为直驱地铁空中列车。

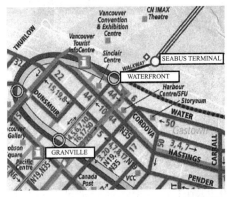

(a) 平面布置图

(b) 站场股道及列车

图 7-10　温哥华水前枢纽站

乘客通过天桥往东北方向行走一百多米即可到达港口，可以方便地与海上巴士换乘，到达港湾的另一岸。在水前站东面不远处有直升机停机坪，在港湾中有水上飞机，港湾中还行驶着大型客轮。在货运方面，在水前站东北方向有集装箱码头装卸场，港湾中有货轮航行。

由上可见，水前枢纽为一个综合性的海陆空综合交通枢纽站。

7.3　单方式枢纽

单方式枢纽简称枢纽，一般是指位于大型、特大型城市或城市群，针对某种交通运输方式，有多个车站点、多条线路汇入的交通运输综合体。单方式枢纽包括铁路枢纽、公路枢纽、民航枢纽、港口枢纽等类型。本节主要介绍铁路枢纽。

铁路枢纽是铁路网的重要组成部分。在铁路网的交汇点或终端地区，由两条及以上干线、若干个车站、各种为运输服务的设施及联络线所组成的总体，称为铁路枢纽。

铁路客运枢纽由大型铁路客运站发展而来，主要承担不同铁路线、不同铁路车站之间及与城市其他交通方式快速转换，在城市综合客运交通体系中具有对外交通客运的集散和市内交通的换乘两个不同层次的作用。

7.3.1 主要设施及配置

1. 客运站

枢纽中的客运站一般为有多种交通方式的线路汇入或有某种交通方式的多条线路汇入的枢纽站。

枢纽内客运站的数量和配置，应从方便旅客运输出发，根据客运量、客流性质、既有设施情况、运营要求、城市规划和当地交通运输条件等因素比选确定。客运量较小的枢纽，可设置一个为各衔接方向共用的客运站，在城市交通方便又能吸引一定客流的中间站上，可根据需要加强其客运设施；客运量大的铁路枢纽，可设计两个及以上客运站，客运站内应设置或预留快速、大容量的城市公共交通接口，实现旅客在主要客运站与其他交通方式的便捷换乘及其在主要客运站之间的快速直达；有高速铁路、城际铁路引入的枢纽，可与既有客运站合设或者另设客运站。

枢纽内有两个及以上客运站时，宜按下列方式分工：分别办理其中几条衔接线路的始发、终到旅客列车，有条件时可相互办理通过本客运站的旅客列车；市郊、城际客流大，可按分别办理长短途、城际和市郊旅客列车进行分工；根据牵引类型，可按办理动车组列车、机车牵引列车分工；有适当根据时，也可按分别办理始发、终到和通过旅客列车分工，或按分别办理始发、终到旅客快车和普通客车分工。

2. 编组站

枢纽内编组站的数量和配置，应根据车流量、车流性质及方向、引入线路情况和路网中编组站的分工，结合当地条件全面比选确定。枢纽内有大量装卸车作业的车站，应根据组织直达运输的需要适当加强其设施。

枢纽内编组站宜集中设置。新建枢纽或以路网中转车流为主的枢纽，应设置一个编组站。在特殊情况下，经技术经济比较，符合下列条件之一者，枢纽内可设置两个及以上编组站：有大量的路网中转改编车流，又有大量在工业区和港埠区集中到发的地方车流；引入线路汇合在两处及以上，相距较远，汇合处又有一定数量的折角车流和地方车流，且改编作业分散办理有利；枢纽范围大、引入线路多、工业企业布局分散和地方作业量大。

当枢纽内设置两个及以上编组站时，每一编组站的作业量和作业性质应根据路网中编组站的分工、车流性质和机车交路等因素，结合下列情况，经技术经济比较确定：全部中转改编作业集中在一个主要编组站上办理，与枢纽内其他编组站衔接线路的折角车流的改编作业分别由各编组站办理；编组站按运行方向分工，担任与编组站衔接各线路进入枢纽车流的改编作业，个别情况下，担任向衔接各线路发出车流的部分改编作业；编组站按衔接的线路分工，担任与编组站衔接各线路进出枢纽车流的改编作业；编组站综合分工，一般按衔接线路或运行方向分工，同时将大部分中转改编车流集中在主要编组站作业。

3. 物流中心

枢纽内铁路物流中心的数量、分工和配置，应在方便货物运输和相对集中的原则下，根据物流量、货物品类、作业性质、运营要求、既有设施情况、城市规划和当地交通运输条件等因素比选确定。当枢纽范围较大或城市分散时，可根据需要设置不同性质或级别的多个铁路物流中心；位于中、小城市的枢纽，可设置规模较小的铁路物流中心，设置在枢纽周边的居民集中点、工业区和卫星城市附近的车站上，必要时也可设置物流作业站、受理站、受理点或无轨站。铁路物流中心宜设计为综合型物流中心，位于大城市的枢纽也可根据需要设置专业型铁路物流中心。

铁路物流中心宜设在环线、迂回线或联络线上，必要时也可设在由编组站、中间站引出的线路上或中间站上。铁路物流中心选址应符合下列规定：符合铁路枢纽总图规划和城市物流规划，与货运生产力布局相匹配，与接轨的线路或车站能力相适应，并宜靠近技术作业站，确保进出车流顺畅；应充分考虑市场需求和多式联运需要，位于或靠近工业园区、物流园区、厂矿企业和港口码头等货源集散地，并应按照"无缝化"衔接要求，强化不同交通方式衔接和多式联运，实现"门到门"运输；为铁水联运服务的铁路物流中心应位于或紧临码头，并应实现铁水联运；危险货物专业型物流中心应设在市郊和城市主导风向的下方侧，并远离居民区和其他环境敏感区；设有快件功能区的铁路物流中心宜设在与高铁距离较近，并具备衔接条件的位置；具有良好的地形、地质、水文和气象条件，便于与市政道路、水、电、气等外部配套设施衔接。

4. 列车服务设施

机务、车辆和动车组设施应根据全路和区域规划合理配置，按照检修集中、运用分散的总体要求，尽量靠近编组站、铁路物流中心和主要客运站布设，建设规模应系统匹配并留有发展余地。

枢纽内机务设施应根据各衔接线路的客、货机车交路及机车技术作业性质的需要确定，客、货机车的检修和整备设施可按下列要求配置：中、小型枢纽内客、货机车的检修设施应设于一处，大型枢纽内如机车检修任务繁重，可分别设置客、货运机车的检修设施；编组站和办理机车牵引旅客列车对数较多的客运站均应设置机务整备设施，当客车对数不多且条件适合时，可在客运站和编组站之间设置客、货共用的机务整备设施，并设置专用的机车走行线；大功率机车检修基地的设置应满足区域内运用机车的检修规模及相关设施布置的需要。

枢纽内车辆设施的配置应根据客、货车保有量及扣车、修车条件等因素确定。货车车辆段应设在枢纽内有车辆解编作业、空车集结并便于扣车的编组站、工业站或港湾站所在地。客车车辆段应设在始发、终到旅客列车和配属客车较多的客运站上，并宜与客车整备所合并设置。

办理始发、终到旅客列车较多的客运站宜就近纵列式设置客车段所，并应适应站型和运输发展的需要。

7.3.2 布置图型

按照车站、进站线路、联络线及其他设施的不同位置，可形成不同布置图型的枢纽。一般分为：一站式、三角形、十字形、纵列式、横列式、尽端式、环形、组合式枢纽等。

1. 一站式

一站式枢纽具有一个客货共用车站，是枢纽最初、最基本的图型。其特点是占地少、设备集中、管理方便、运营效率高，但客货运作业互有干扰、车站能力较小。这种图型一般适用于作业量小、引入线路方向不多、城市规模不大的枢纽，如图 7-11(a) 所示。

2. 三角形

三个方向的引入线路汇合于一个枢纽之中，各方向间有较大客、货运量交流，并设有几个专业车站和必要的联络线而形成的枢纽为三角形枢纽，也称为丁字形枢纽。该种枢纽在改编作业量较大的线路上设置一个规模较大的客货共用车站或编组站，其他方向可设置其他车站或线路所。通过列车可顺联络线通过枢纽，以缩短列车行程和消除折角列车。图 7-11(b) 是衔接 A、B、C 三个方向的三角形枢纽布置图。

3. 十字形

两条铁路线呈十字形交叉，各自具有大量的通过车流而相互间车流交流甚少的枢纽为十字形枢纽，如图 7-11(c) 所示。这种枢纽无须修建单独的编组站，可修建必要的车站、联络线和立交疏解线路，使无作业列车能顺利通过该枢纽，可缩短运程、减少干扰和节省投资。

4. 纵列式

当引入线路较多，客、货运量较大，结合城市规划和地形条件需要设置两个及以上专业车站时，可设计为主要客运站、编组站成纵列或横列布置的枢纽。

纵列式枢纽也称为顺列式枢纽，比如客运站与编组站顺列布置即构成客、货列车运行于同一经路的顺列式或伸长式枢纽，如图 7-11(d) 所示。纵列式枢纽的特点是：从枢纽两端引入枢纽的线路，并配合以相应的立交设施，减少交叉干扰；进出站线路疏解布置简易，客、货运站和编组站布置方便，灵活性大，便于发展，枢纽扩能时征地拆迁量较小。其缺点是客、货列车运行于同一主轴线上，行车量增长会使车站之间的区间通过能力受到限制。

5. 横列式

在铁路网上两条铁路干线相交处，如客运站与货运站或编组站并列布置，就构成不同车站分设在客、货列车分别运行的并列经路上的横列式枢纽，也称并列式枢纽，如图 7-11(e) 所示。对横列式枢纽，应处理好两端引入线路，注意加强中部繁忙地段的通过能力，必要时可设置迂回线。其优点是客、货列车运行互不干扰，通过能力大，客运站与编组站位置有较多选择。其缺点是进出站线路疏解布置较为复杂，分期过渡困难。当城市被江河分割成区时，枢纽的主要客、货运设施应设在引入线汇合处的主要城区一侧，必要时可在各区分别设置客、货运设施。

6. 尽端式

位于路网上线路的起讫点或各衔接方向线路集中于一端的枢纽称为尽端式枢纽。这种枢纽一般位于港埠城市或矿区，除办理列车接发和向枢纽地区装卸点取送车外，还有枢纽地区之间各车站的车辆交流。图 7-11(f) 是一个尽端式港埠城市枢纽示意图。位于路网终端的港埠城市、矿区的尽端式枢纽，编组站宜设在引线出、入口处，方便各线路之间的车辆交流。

7. 环形

当引入线路方向较多（一站有 6 条及以上的线路方向）并位于超大城市、特大城市时，为便于各方向间的客货运输交流，避免各引入线路集中于少数汇合点，并为地区客、货运业务提供较好的服务条件，可采用各车站环形布局、联络线连接各方向引入线，形成环形 ［图 7-11(g)］或半环形枢纽。其优点是在运营上通路灵活，环线对运行通路能起平衡和调节作用；其缺点是修建工程量大、径路迂回、联络线加长。环线一般修建在市区范围以外并使各方向引入线路有灵活便捷的通路。特大城市的环形枢纽必要时可设直径线，可设计为客内货外的客运环线、货运环线。

8. 组合式枢纽

组合式枢纽是由几种类型的枢纽组合而成的一种枢纽总布置图型。它是随路网、城市、地方工业和工程条件等因素逐渐发展演变而成。当某一类型枢纽的各项设施不能满足运输需要时，可以从枢纽现状出发，扩建成与枢纽所负担的作业量和作业性质相适应的组合式枢纽。如图 7-11(h) 所示的组合式枢纽由三角形、纵列式、十字形及环形 4 种类型枢纽组成。

引入枢纽的新线不宜过多地直接接轨于编组站，一般情况下，可在枢纽前方站或在枢纽内适当车站上接轨。枢纽内具有一定规模的新建铁路专用线或线群应结合枢纽布置、工业区分布和城市建设等统一规划，合理选择接轨站。

7.3.3　客运系统

路网性枢纽一般包括客运系统、货运系统和解编系统。货运系统和解编系统在第 3 章已述及，本章主要介绍客运系统。

客运系统不仅与区域经济发展产业布局、城镇人口、列车运输组织方案息息相关，也涉及旅客的切身出行体验，其布局不仅影响枢纽总体格局，也会影响引入枢纽各线路的走向，因此是铁路规划建设中各利益相关方关注的焦点。枢纽客运系统既需要与上位规划协调一致、满足线路引入的需要，也需要适应城市空间发展的需要，与城市规划相协调。

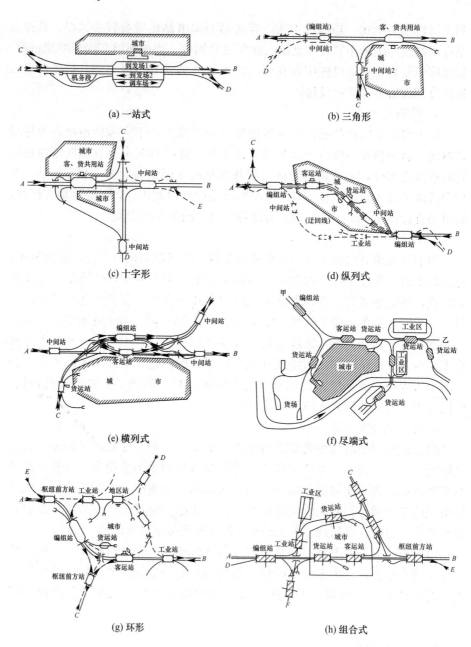

图 7-11 铁路枢纽布置图形

1. 客站布局

枢纽客站布局影响因素众多，需统筹考虑铁路枢纽在路网中的定位和枢纽所在城市经济特征等，综合分析引入线路的数量、方向和性质，城市规模和空间结构，客站分工等因素研究确定。

（1）引入线路的数量、方向和性质

枢纽客站布局与引入线路的数量、方向和性质相关。对于城市规模较小、引入线路简单的通过式枢纽，一般应按照引入线路顺直、客站周边人流集中的原则布局客站。有 3 个方向引入线路汇合，各方向间有较大旅客交流的枢纽，可在作业量大的主要方向线路上布局客站。当有多条线路引入枢纽时，客站布局应结合城市规划按主要方向靠外侧把口布局，枢纽内按照旅客交流的需求设置环线。

以枢纽高速铁路系统布局为例，当枢纽仅有一条高速铁路贯通引入时，高铁系统一般为一站式伸长型布局。当枢纽有两条高速铁路贯通引入时，高铁系统可规划设计为一站式十字形或者两站十字形布局。一站十字形布局可根据枢纽高铁通道的主、次轴划分确定车站方向和线路引入方式（一般主轴相对顺直，次轴相对绕行）；两站十字形布局一般在两站间通过联络线衔接，满足跨线车流运输组织条件。随着引入线路的增多，高铁系统布局可以形成放射状、环形以及混合型等。按照新版高铁规划，一些大型铁路枢纽衔接 4 条及以上高铁线路、8 个及以上方向，形成了米字形枢纽布局，如郑州、武汉、西安、贵州枢纽等。这里的米字形只是一个形象的描述，其具体形态一般为混合布置，为双十字形，或为环形，或为三角形与十字形的组合式等。

（2）城市规模和空间结构

枢纽客站布局与枢纽所在城市规模、空间结构有关。一般情况下，城市规模越小、形态越集中，所需要的客站就越少、布局越简单。反之，城市规模越大、形态越复杂，为满足各中心区旅客出行需求，所需的客站数量就越多、布局越复杂。同时，客站布局需根据所在城市范围的扩展、形态的变化进行调整，以更好地服务城市发展，满足旅客出行需求。

我国高铁建设近 20 年期间，城镇化进程快速推进，城市范围迅速扩展，城市空间组织形态由最初单中心向多中心演化，多条高速铁路或城际铁路引入枢纽，枢纽规模也随之迅速扩大，越来越多的城市期望形成"物流外移、人流内聚"的模式，因此枢纽逐步向"客内货外"的格局发展。我国百万以上人口大城市大部分都设置了两个以上的客站，北京甚至设置了 8 个客站，见表 7-1。

我国部分枢纽铁路客站分布　　　　　　表 7-1

枢纽	城市类型	发展规划	铁路客站
北京	超大	两轴两带多中心	北京、北京西、北京南、北京北、丰台、城市副中心、北京朝阳、清河
上海	超大	一主两轴四翼，多廊、多核、多圈空间格局	上海、上海南、虹桥、上海东、松江南、上海北
广州	超大	主城区-副中心-外围城区-新型城镇	广州、广州东、广州南、佛山西、棠溪、广州北、新塘、南沙
深圳	超大	三轴两带多中心	深圳、深圳北、西丽、福田、深圳东、深圳机场、坪山
天津	超大	中心、滨海双城发展格局	天津、天津西、滨海、滨海西、天津北
武汉	超大	以主城区为核心，多轴多心开放式空间结构	武汉、汉口、武昌、流芳、新汉阳

365

枢纽	城市类型	发展规划	铁路客站
成都	超大	一区两带六走廊	成都、成都东、十陵、成都西、成都南、天府
重庆	超大	一城五片，多中心组团	重庆、重庆西、重庆北、重庆东
杭州	特大	一主三副	杭州、杭州东、杭州南、杭州西、江东
南京	特大	一主一新三副	南京、南京南、南京北、仙林
西安	特大	三轴三带三中心空间结构	西安、西安北、西安东、西安南
福州	特大	核心区东进南下、沿江向海	福州、福州南、长乐东
郑州	特大	双城引领、多组团、多节点	郑州、郑州东、郑州南

（3）客站分工

客运系统规划过程中，通过调整客站分工，改善车站可达性、最大限度地吸引客流是客站布局的目的。按照车站所处城市区位以及衔接的线路方向，车站一般按照把口接发原则或者穿插接发原则分工；按照不同车站分别承担高速、普速列车作业，或者单个车站同时承担高速、普速列车作业来分工，我国大部分新建的客站都采用了车站高速、普速分站（场）承担旅客作业的分工方式；按照仅办理高速车、城际车、市郊车的方式或混合办理来进行车站分工；按照车站的地理位置，中心城区办理高等级列车、外围办理普速列车来进行车站分工；客站分工应充分考虑客站旅客列车办理能力，当客站不能满足列车到发需求且无扩建条件时需要分散布局，应有联络线适应多点发车要求。

2. 叠合式布置图型

随着枢纽引入线路数量和种类的逐渐增加，枢纽衔接的方向越来越多、规模越来越大，枢纽形态也趋于多元化，由初始的一站式、三角形、十字形枢纽向环形、组合式枢纽发展。随着高速铁路、城际铁路的规划建设，大型铁路枢纽逐渐向普速铁路、高速铁路、城际铁路并存的多元叠合式枢纽发展。图 7-12(a) 为在普速铁路三角形总图布局之上，叠加了三角形的高速铁路车站布置图。图 7-12(b) 为在普速铁路十字形总图布局之上，叠加了十字形的高速铁路车站布置图。图 7-12(c) 为在普速铁路环形总图布局之上，叠加了十字形高速铁路车站布置图。部分发达地区城市还可能叠加城际铁路车站。

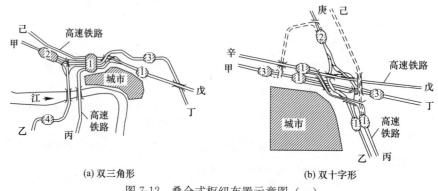

(a) 双三角形 (b) 双十字形

图 7-12 叠合式枢纽布置示意图（一）

1—客运站；2—编组站；3—铁路物流中心；4—客运站、铁路物流中心

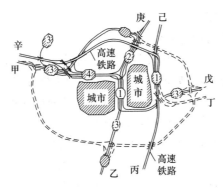

(c) 环形加十字形

图 7-12　叠合式枢纽布置示意图（二）

1—客运站；2—编组站；3—铁路物流中心；4—客运站、铁路物流中心

3. 案例——济南枢纽

在济南铁路枢纽规划中，针对石济客专、济青客专引入枢纽需求，研究引入既有济南站、济南西站、大明湖站（原济南东站）、新建济南东站 4 个备选选址方案。最后经综合评判，为促进城市发展、服务铁路运输、满足旅客出行，确定在济南枢纽内新建济南东客站，形成在西、中、东部分别规划建设主要客站的总体布局。济南铁路枢纽客运布局如图 7-13 所示。

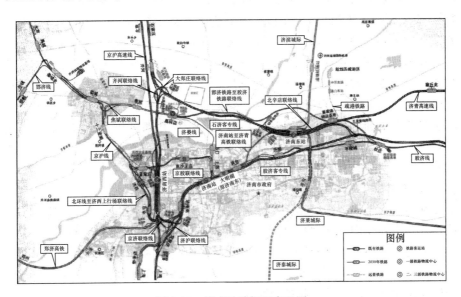

图 7-13　济南铁路枢纽布置图

7.3.4　迂回线与联络线

为了提高枢纽范围内列车快速转线、疏解的需要，铁路枢纽范围内会修建一定规模的迂回线与联络线。

1. 迂回线

迂回线是为了提高枢纽线路通过能力或调整列车接入车站的方向而修建

的与主要线路并行的线路。

（1）增强枢纽能力的迂回线

当枢纽内某一线路区间或某些车站通过能力紧张时，为了减轻其负荷，可修建绕过这些线路区间或车站的迂回线，使中转车流由此通过，以增强枢纽的通过能力。图 7-14 中的 e 为在枢纽市区外面修建的迂回线。自编组站 1 编组往 B 去的列车，不经由枢纽市区内的繁忙区段而经由该迂回线 e 运行，从而减轻对城市的干扰，加强繁忙区段的通过能力。

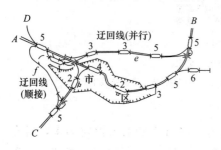

图 7-14　枢纽迂回线

1—编组站；2—客运站；3—货运站；

4—客、货运站；5—中间站；6—港湾站

（2）便于列车顺接的迂回线

当枢纽内某干线的列车需从编组站一端接入以利驼峰的改编作业时，需修建便于列车顺向接入枢纽的迂回线。图 7-14中，为了由 C 方向进入枢纽内编组站 1（该编组站驼峰朝向市区），修建了迂回线 f，以便 C 方向的中转车流自 A 端进入编组站的到达场，顺驼峰方向进行改编作业。

在枢纽总布置图中可根据下列需要设置或预留迂回线，必要时迂回线可通行旅客列车：在枢纽外围修建通过货物列车绕越城市的迂回线；在枢纽内修建绕越某些车站的迂回线；在枢纽内修建使货物列车绕越市区的迂回线；满足国防要求的迂回线。

在枢纽外围修建迂回线时应充分研究相邻编组站的车流组织和机车交路的要求，妥善处理迂回线引入接轨点的交叉疏解。迂回线的限制坡度和所设车站的到发线有效长度等应与衔接线路的标准相匹配。迂回线分界点的分布应满足要求的通过能力。设计迂回线宜共用衔接线路的机务设施，必要时也可在迂回线的接轨站或前方站设置机务整备、列车检查和机车乘务组换班等设施。

2. 联络线

联络线是把枢纽内的车站与车站、车站与线路及线路与线路衔接起来的线路。其主要作用是分散枢纽内主要干线及专业车站的车流，以增加枢纽的通过能力；缩短列车运行距离，使列车以最短路径通过枢纽；消除折角列车运行，尽可能地不变更列车运行方向；减轻车站的作业负荷和交叉干扰，增强枢纽运营作业的灵活性和机动性等。

当枢纽内相邻干线间有一定数量的折角直通列车时，为保证列车不变更运行方向并以最短路径通过枢纽，可修建消除折角运行的联络线。如图 7-15 所示，A、C 间的联络线供折角直通列车运行。这样，折角列车可不进入枢纽内编组站 1，不仅可消除折角运行，还可减轻编组站的负荷，增加枢纽运营作业的灵活性。折角联络线有设在干、支线间的联络线（图 7-15 中的 a），车站间的联络线（图 7-15 中的 b）以及车站与线路所间的联络线（图 7-15 中的 c）等多种类型。枢纽内高速铁路、城际铁路等组成的客运线网与普速铁路线网间有跨线列车运行需要时，也需要设置联络线。

联络线的技术标准应根据其所担负的任务、性质、行车量和地形、地质等条件确定。枢纽内引入线路间通行折角列车的联络线，其长度和平纵断面应保证列车在联络线有停车启动的条件。枢纽联络线设计应满足不同种类线网间跨线运行的要求。

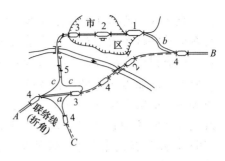

图 7-15　枢纽联络线

1—编组站；2—客运站；3—货运站；
4—中间站；5—线路所

7.3.5　环线和直径线

在大型或特大型铁路枢纽中，当枢纽的引入线路较多时，可修建环线和直径线。

1. 环线

修建环线（或半环线）的主要作用是：便于各衔接线路方向间直通客、货列车运行；避免各衔接线路引入线集中于少数汇合点而引起枢纽内线路通过能力的紧张状况，使枢纽能力具有一定的弹性；有利于各种专业车站在枢纽内合理分布以及相互间的联系，通路机动灵活；客、货运设施易深入市区，可为枢纽内各地区客货运输作业提供较好的服务条件。

在多数情况下，引入线和各种联络线（包括迂回线）都是环线的主要组成部分，故在设计或规划环线时应统一考虑引入线和联络线，同时环线的平、纵断面的技术条件以及机车交路、列检布点等应与联络线（迂回线）的要求相适应。

特大型枢纽环线可设计为客内货外的客运环线或货运环线。对于引入线路较多的铁路枢纽，在条件允许时，可同时设置内环线和外环线。内环线主要为客运和地区货运作业服务（设置主要客运站和货运站）；外环线主要为分流各引入线路之间的直通中转车流服务（设置主要编组站），这样可避免直通中转车流进入枢纽内部，引起通过能力紧张和作业交叉干扰。同时，外环线应设置在远郊区以外的适当位置，例如北京铁路枢纽就是按照这种原则进行规划的。

2. 直径线

在超大型、特大型城市的环形或半环形铁路枢纽内，为便于客运作业，适应旅客列车高速通过铁路枢纽或者连通两大客站之间的列车运行，可修建穿越城市中心的枢纽直径线。直径线有下列功能：可缩短通过枢纽的旅客列车的行程，为开行通过枢纽的旅客列车创造条件；便于城市旅客就近乘车，中转旅客原站换乘；可利用直径线将尽头式客运站改建成通过式，从而有利于提高车站的通过能力；可增加枢纽内通道，有利于提高枢纽的通过能力和作业的机动性、灵活性；可减少旅客乘坐市内交通工具换乘，有利于减轻城市交通的负荷；可为发展市域（郊）铁路运输创造条件等。

直径线应选择在连接主要客流的路径上或主要客运站之间修建,并与既有客运站的改建相结合,将尽端式客运站改建为通过式客运站;直径线的线路数目应根据枢纽远期的客运量来确定,其通过能力应与客运站以及枢纽各组成部分的能力相协调;直径线的平纵断面、牵引类型、机车交路、信号设备等应与衔接干线方向一致;直径线可根据城市规划的要求,修建地下隧道或地面高架桥通过市区,以减少对城市的干扰;直径线应尽可能地为市域(郊)铁路旅客运输服务,满足发展市域(郊)铁路旅客运输的运营要求。必要时在枢纽内也可修建为枢纽内货物列车运行的直径线。北京铁路枢纽在北京站与北京西站之间修建了地下直径线。

7.3.6　进出站线路与疏解设施

铁路枢纽一般都衔接两条以上铁路干线,并设有各种引入线、迂回线和联络线。为了使各衔接方向的客、货列车都能便捷地接入有关专业车站,需对衔接枢纽的进出站线路进行合理布置,采取有效措施,消除或减少进路的交叉干扰。

枢纽进出站线路疏解的布置与所采用的枢纽布置图类型、各专业车站的相互位置、衔接干线的数目以及当地条件等都密切相关。

1. 进出站线路布置

旅客列车由引入线路接到客运站,其中主要方向的旅客列车通过枢纽不得变更运行方向。货物列车由引入线路接到编组站,主要车流方向应有通过枢纽的顺直通路。

对各不同方向引入的客、货列车的到达和出发线路,应分别单独接到客运站和编组站;但出发线路可根据各自区间的通过能力和车站各项作业能力以及工程情况,适当合并后分别引出上述车站。各引入线路间和枢纽内各有关车站间应有满足运营要求的通路。

2. 平面疏解

当几个方向的双线或单线铁路在中间站或专业站上接轨时,应设有保证各方向能同时接(发)车的平行进路。新建枢纽和引入线路不多且为单线汇合的枢纽,其进出站线路可按站内平面疏解设计。按站内平面疏解设计的进出站线路应满足下列要求:进路布置灵活,进路交叉应分散在两端咽喉区;站内有适当线路兼作列车待避用;咽喉区布置应有适当的平行进路;进站信号机前应有停车启动条件。

车站咽喉区平行进路交叉是常见的平面疏解方式,一般包括线路所、闸站等方式,如图 7-16 所示。

(1) 线路所

线路所为无配线的分界点,一般只办理接发列车作业。在半自动闭塞区段,为了分隔区间、提高通过能力,在比较长的区间或者有去往不同方向的车站设立线路所。线路所一般没有到发线,只是设立预告和通过信号机。这样,在原有的站间区间,起码可以多放行一趟列车。

当线路需要在枢纽内某处分歧或会合时，可以设置线路所以实现进站线路的平面疏解。例如，当需要将两个或两个以上的进站线路在站外会合后再引入有关专业站时，或者有几个专业站向同一线路方向的发车进路需要在某处会合时，可以设置会合线路所，如图7-16(a)所示。为了保证安全，在两条进路会合处应设置安全线。

当一个方向的进站线路需要分别引入几个专业车站，或者当某一专业车站的发车进路在站外需要按不同线路方向分开时，可以设置分歧线路所，如图7-16(b)所示。这种线路所在分歧点不需要设置安全线。

在某些情况下，线路所衔接的各条线路之间既有会合进路又有分歧进路，如图7-16(c)所示。A、B两方向均为双线铁路，它们都需要引入枢纽的客运站和编组站，可在枢纽前方设置线路所。为了提高通过能力，减少进路交叉，可在线路所范围内增铺必要的平行进路（图中虚线所示），同时采用先进的信号联锁设备保证行车安全。

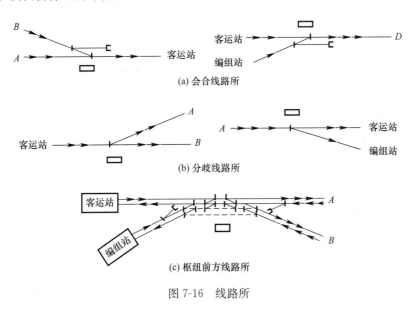

图 7-16　线路所

（2）闸站

闸站是在铁路线路分歧、会合或交叉地点增设必要的配线，用来调整列车运转，它也属于平面疏解范围。图7-17(a)为单线与双线铁路交叉地点的闸站布置图，在两正线之间设置待避线3，便于单线CD方向的列车在待避线上短时间停车，依次通过Ⅰ、Ⅱ两条正线。图7-17(b)是按列车种类在会合、分歧地点所设的闸站布置图。图7-17(c)是按线路方向会合分歧的闸站布置图。为保证列车停车后迅速启动，待避线应设在平直道上。为保证行车安全，待避线两端均应设安全线。

以上枢纽线路平面疏解方案中，采用线路所是工程投资和运营费用都较低的方案，但这种疏解方案的通过能力不能满足运量较大的要求。采用闸站疏解可在一定程度上获得较大的通过能力，但工程投资和运营费相对增加，不能完全解决列车的进路交叉。因此，当行车量增加且需要加强通过能力时，应采用下述的立体疏解布置。

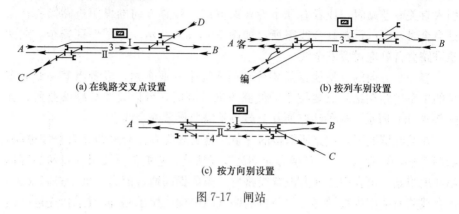

图 7-17 闸站

3. 两条线路立体疏解

枢纽线路采用立体疏解，可把各线路方向和枢纽内的各种专业站连成一个整体，基本上保证列车运行有其独立的进路，因而通过能力大，安全性高。

当有两条双线铁路相互交叉，需要采取立体疏解布置消除平面交叉时，有下列 3 种方案可供选择。

（1）按行车方向别疏解

进出站线路疏解一般按行车方向别疏解设计。由于该种方式可使交叉线路汇合车站两端的列车到发互不干扰，车站和区间的通过能力大，因此是最常用的进出站线路疏解方式。不足之处是交叉线路汇合处的两端均需修建立交桥，占地和工程量均较大，如图 7-18(a) 所示。

（2）按线路别疏解

在线路间列车交流量不大、单线铁路与双线铁路汇合或两条单线铁路汇合的客、货共用站，其进出站线路可按线路别疏解设计，应预留有改建为方向别疏解的条件。这种布置方式的特点是只需在交叉线路汇合处的一端修建立交桥，引线占地省，工程量小，但通过能力较小，如图 7-18(b) 所示。

（3）按列车别疏解

在枢纽内，当旅客列车和货物列车的进、出站线路需要分开设置时，或某些区间或进出站线路有必要为某种列车（如货车、客车、长途客车、市郊客车等）设专用正线的情况下，可按列车别疏解设计。通常枢纽内客运站与编组站采用并列布置分设，或长途客运与市郊客运车站分设时，均可采用该种布置方式，其终端式布置如图 7-18(c) 所示，通过式布置如图 7-18(d) 所示。当有两条及以上线路按列车别疏解设计时，其专用正线仍宜按方向别布置，对近期工程部分专用正线为单线引入并保留某些平面交叉时，该部分引入线可按线路别布置。

疏解线路布置形式应根据行车方向、列车运行条件、车站布置和减少站内进路交叉等因素，经技术经济比较确定。按立体疏解设计的进出站线路，应预留新线引入和增建正线及联络线的位置。

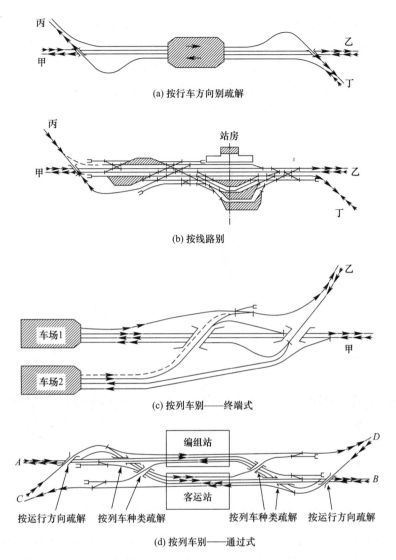

(a) 按行车方向别疏解

(b) 按线路别

(c) 按列车别——终端式

(d) 按列车别——通过式

图 7-18　进出站线路疏解示意图

4. 三角形交叉立体疏解

当有 3 条双线铁路相互交叉，需要采取立体疏解布置消除平面交叉时，一般采用三角形枢纽［图 7-11(b)］进、出站线路疏解布置。

在图 7-19 中，D 方向线路引入枢纽 A 与 B 站的进、出站线路疏解是按方向别布置的，引入 C 站的进、出站线路疏解则是按线路别布置的，后者可采用复式闸站来疏解进路交叉。图中建有双线跨双线跨线桥 1 座，可疏解 4 个进路交叉点。

5. 十字形交叉立体疏解

十字形枢纽如图 7-11(c)所示。图 7-20(a)是双线交叉铁路修建单线联络线的十字形枢纽线路疏解布置，车站或线路所引入的联络线是按线路别布置的，存在着折角到车与干线运行列车的部分进路交叉。当 AC 方向联络线为双线时［图 7-20(b)］，可将交叉铁路的跨线桥加宽，以疏解联络线的两个交叉点，C 站的引入线路为方向别，A 站的引入线为线路别，折角列车与干线列车仍将在 A 站内产生部分进路交叉。如增建 1 座跨线桥，如图 7-20（c）实线部分所示，则 A 站的引入线可变为方向别布置。该图的虚线部分是 BD 间修建双线联络线和 B 站、D 站采用方向别疏解。这种疏解布置可集中利用交叉干线的跨线桥，减少跨线桥的数量。

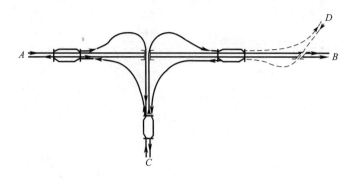

图 7-19　三角形枢纽线路立体疏解示意图

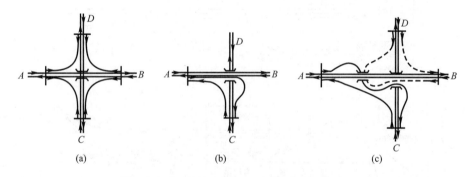

(a)　　　　　　　　　(b)　　　　　　　　　(c)

图 7-20　十字形枢纽进、出站线路疏解布置图

在环形或半环形枢纽内，一般都有较多的线路引入枢纽，而且在枢纽内都设有许多联络线，因而进路的交叉点很多，疏解布置比较复杂和分散。设计时应针对各疏解区的具体情况，分别选定较优的疏解布置方案。

7.4　综合枢纽

前述单体枢纽和单方式枢纽，是针对某一车站或者单一种类的交通方式——铁路。而综合枢纽位于某一大城市或城市群，有两种或多种交通运输方式干线的交汇与衔接，设有两个或多个枢纽站，是办理旅客与货物的发送、中转、到达所需的多种运输设施及辅助服务功能的有机综合体。综合枢纽常称为综合交通枢纽，是整合铁路、公路、航空、水运和管道运输为一体的海陆空协同枢纽体系。

7.4.1　主要功能

建立综合交通枢纽体系，可强化城镇在产业发展和空间布局的核心地位，促进多种交通方式之间的有机衔接，增强中心城市对区域的辐射带动作用。加强边境交通枢纽城市建设，落实国家对外开放战略，完善全国交通网络。综合枢纽的功能主要体现在以下3个方面：

一是为区域内部和区域对外的人员及物资交流提供集散和中转服务，带动和支撑区域经济的发展。综合交通枢纽一般地处区域主要中心城市，为所在地区或城市的经济发展和居民生活提供客货运输服务，是城市对外联系的桥梁和纽带。

二是实现不同方向和不同运输方式间客货运输的连续性，完成运输服务的全过程，是提高运输效率、降低运输成本、节约资源、实现交通可持续发展的有效途径，而综合交通枢纽正是实现这一目标的关键。

三是为运输网络吸引和疏散客货流，促进交通运输产业的发展。交通运输产业发展的基础是日益增长的运输需求，在经济高度发达、需求日趋多样化的现代社会，交通运输产业的发展向着综合集成和一体化运输的方向发展，以满足客货运输多样化的需求。综合交通枢纽作为运输网络上的结点，集各种运输方式信息、设施和组织管理于一体，吸引着大量的客货流，是交通运输产业发展的重要支撑。

7.4.2　分类分级

综合枢纽是综合交通运输体系的重要组成部分，是衔接多种运输方式、辐射一定区域的客、货转运中心。加强以客运为主的枢纽一体化衔接，完善以货运为主的枢纽集疏运功能。

1. 分类

综合枢纽分为国际性、全国性和区域性综合交通枢纽3大类。

（1）国际性综合交通枢纽

国际性综合交通枢纽强化国际人员往来、物流集散、中转服务等综合服务功能。打造通达全球、衔接高效、功能完善的交通中枢。我国将重点打造北京—天津、上海、广州—深圳、成都—重庆4个国际性综合交通枢纽，建设昆明、乌鲁木齐、哈尔滨、西安、郑州、武汉、大连、厦门8个国际性综合交通枢纽。

（2）全国性综合交通枢纽

全国性综合交通枢纽是我国综合交通运输体系的重要组成部分，是衔接多种运输方式、辐射一定区域的客货转运中心。统筹协调各种运输方式，推进我国综合交通枢纽的一体化发展，提高交通运输的服务水平和整体效率。我国将全面提升长春等26个全国性综合交通枢纽功能，提升部分重要枢纽的国际服务功能。推进烟台等37个全国性综合交通枢纽建设，优化中转设施和集疏运网络，促进各种运输方式协调高效发展，扩大辐射范围。

（3）区域性综合交通枢纽

区域性综合交通枢纽是按照"零距离换乘、无缝化衔接"的要求，加强区域内水运、铁路、公路、航空和管道的有机衔接，建设和完善能力匹配的

375

集疏运系统。我国将建设南通、芜湖、九江、岳阳、宜昌、泸州 6 个重要区域性综合交通枢纽（节点城市），实现有序发展，进一步增强对产业布局的引导和城镇发展的支撑作用。

2. 分级

我国将在全国范围内建设两级综合交通枢纽城市。

（1）一级

一级综合交通枢纽城市是指在交通分区内中起到支撑作用的城市，对区域经济发展作用十分重要，并在人口和经济规模上具有足够的区域辐射能力。同时，交通系统应同时具备中型枢纽机场、铁路区域性客运中心和公路主枢纽 3 个条件，包括北京—天津、沈阳、上海、武汉、郑州、广州—深圳、重庆—成都、西安、兰州等城市。

（2）二级

二级综合交通枢纽城市是指在区域发展中起到辅助支撑作用的城市，交通系统应同时具备中型枢纽机场、铁路大型客运站和公路主枢纽 2 个条件以上。其包括石家庄、太原、大连、长春、哈尔滨、南京、杭州、宁波、合肥、南昌、厦门、济南、青岛、长沙、南宁、贵阳、昆明、拉萨、乌鲁木齐等城市。其中哈尔滨、昆明、南宁、拉萨、乌鲁木齐为国家边境地区交通枢纽城市，它们在国家发展中具有重要的战略地位。铁路枢纽在综合交通枢纽中居于主干位置。

7.4.3 以客运为主的枢纽一体化衔接

根据城市空间形态、旅客出行等特征，合理布局不同层次、不同功能的客运枢纽。按照"零距离换乘"的要求，将城市轨道交通、地面公共交通、市郊铁路、私人交通等设施与干线铁路、城际铁路、干线公路、机场等紧密衔接，建立主要单体枢纽之间的快速直接连接，使各种运输方式有机衔接。鼓励采取开放式、立体化方式建设综合交通枢纽，尽可能实现同站换乘，优化换乘流程，缩短换乘距离。

1. 铁路

高速铁路、城际铁路和市域（郊）铁路应尽可能在城市中心城区设站，并同站建设城市轨道、有轨电车、公共汽（电）车等城市公共交通设施。视需要同站建设长途汽车站、城市航站楼等设施。特大城市的主要铁路客站，应充分考虑中长途旅客中转换乘功能。

2. 航空

民用运输机场应尽可能连接城际铁路或市域（郊）铁路、高速铁路，并同站建设城市公共交通设施。具备条件的城市，应同站连接城轨或做好预留。视需要同站建设长途汽车站等换乘设施。鼓励有条件的枢纽建设城市航站楼。

3. 公路

公路客运站应同站建设城市公共交通设施，视需要和可能同站建设城轨站点。

4. 水运

港口客运、邮轮码头应同站建设连接城市中心城区的公共交通设施。

铁路枢纽和单体铁路枢纽站在综合交通枢纽一直发挥着重要作用，并且处于不断完善、不断加强的过程中。例如武汉枢纽，武西客专引入枢纽后，既有主要客运站规模不能满足需求，无扩建条件，需择址新建客运站。为均衡武汉三镇铁路场站布局、支持武汉新区建设、弥补汉阳城区旅客乘车不便的缺憾，结合新增干线引入及中法生态新城建设，拟实施新建新汉阳站、预留天河北站的总格局方案。以铁路枢纽为骨干网，将武汉枢纽建成水陆空综合交通枢纽，如图7-21所示。

图 7-21　武汉枢纽

7.4.4　以货运为主的枢纽集疏运系统

统筹货运枢纽与产业园区、物流园区等的空间布局。按照货运"无缝化衔接"的要求，强化货运枢纽的集疏运功能，提高货物换装的便捷性、兼容性和安全性，降低物流成本。

1. 铁路

铁路货运站应建设布局合理、能力匹配、衔接顺畅的公路集疏运网络，并同站建设铁路与公路的换乘设施。

2. 水运

港口应重点加强铁路集疏运设施建设，大幅提高铁路集疏运比例；积极发展内河集疏运设施。集装箱干线港应配套建设疏港铁路和高速公路，滚装码头应建设与之相连的高等级公路。

3. 航空

民用运输机场应同步建设高等级公路及货运设施。强化大型机场内部客货分设的货运通道建设。

4. 公路

公路货运站应配套建设能力匹配的集疏运公路系统，切实发挥公路货运站功能。

7.4.5 国家综合立体交通网及枢纽

2021 年 2 月，中共中央、国务院印发了《国家综合立体交通网规划纲要》，其中与综合交通枢纽有关的内容如下。

1. 国家综合立体交通网

国家综合立体交通网连接全国所有县级及以上行政区、边境口岸、国防设施、主要景区等。完善铁路、公路、水运、民航、邮政快递等基础设施网络，构建以铁路为主干，以公路为基础，水运、民航比较优势充分发挥的国家综合立体交通网。

到 2035 年，国家综合立体交通网实体线网总规模合计 70 万 km 左右。其中铁路 20 万 km 左右，公路 46 万 km 左右，高等级航道 2.5 万 km 左右。沿海主要港口 27 个，内河主要港口 36 个，民用运输机场 400 个左右，邮政快递枢纽 80 个左右。

2. 网络主骨架

国家综合立体交通网主骨架由国家综合立体交通网中最为关键的线网构成，是我国区域间、城市群间、省际间以及连通国际运输的主动脉，是支撑国土空间开发保护的主轴线，也是各种运输方式资源配置效率最高、运输强度最大的骨干网络。

(1) 3 级分类

依据国家区域发展战略和国土空间开发保护格局，结合未来交通运输发展和空间分布特点，将重点区域按照交通运输需求量级划分为 3 类。

京津冀、长三角、粤港澳大湾区和成渝地区双城经济圈 4 个地区作为极；长江中游、山东半岛、海峡西岸、中原地区、哈长、辽中南、北部湾和关中平原 8 个地区作为组群；呼包鄂榆、黔中、滇中、山西中部、天山北坡、兰西、宁夏沿黄、拉萨和喀什 9 个地区作为组团。

按照极、组群、组团之间交通联系强度，打造由主轴、走廊、通道组成的国家综合立体交通网主骨架。其主骨架实体线网里程 28.5 万 km，其中国家高速铁路 5.6 万 km、普速铁路 7.1 万 km，国家高速公路 6.1 万 km、普通国道 7.2 万 km，国家高等级航道 2.5 万 km。

(2) 6 条主轴

加强京津冀、长三角、粤港澳大湾区、成渝地区双城经济圈 4 极之间联系，建设 6 条综合性、多通道、立体化、大容量、快速化的交通主轴。拓展 4 极辐射空间和交通资源配置能力，打造我国综合立体交通协同发展和国内国际交通衔接转换的关键平台，充分发挥促进全国区域发展南北互动、东西交融的重要作用。

(3) 7 条走廊

强化京津冀、长三角、粤港澳大湾区、成渝地区双城经济圈 4 极的辐射作用，加强极与组群和组团之间联系，建设京哈、京藏、大陆桥、西部陆海、沪昆、成渝昆、广昆的多方式、多通道、便捷化的7条交通走廊，优化完善多中心、网络化的主骨架结构。

（4）8条通道

强化主轴与走廊之间的衔接协调，加强组群与组团之间、组团与组团之间联系，加强资源产业集聚地、重要口岸的连接覆盖，建设绥满、京延、沿边、福银、二湛、川藏、湘桂、厦蓉8条交通通道，促进内外连通、通边达海，扩大中西部和东北地区交通网络覆盖。

3. 枢纽系统

建设综合交通枢纽集群、枢纽城市及枢纽港站"三位一体"的国家综合交通枢纽系统。

（1）国际性综合交通枢纽集群

形成以北京、天津为中心联动石家庄、雄安等城市的京津冀枢纽集群，以上海、杭州、南京为中心联动合肥、宁波等城市的长三角枢纽集群，以广州、深圳、香港为核心联动珠海、澳门等城市的粤港澳大湾区枢纽集群，以成都、重庆为中心的成渝地区双城经济圈枢纽集群。建设面向世界的4大国际性综合交通枢纽集群。

（2）国际性综合交通枢纽城市

建设北京、天津、上海、南京、杭州、广州、深圳、成都、重庆、沈阳、大连、哈尔滨、青岛、厦门、郑州、武汉、海口、昆明、西安、乌鲁木齐等20多个国际性综合交通枢纽城市以及80个左右全国性综合交通枢纽城市。

（3）国际性综合交通枢纽港站

推进一批国际性枢纽港站、全国性枢纽港站建设。

1）国际铁路枢纽和场站

在北京、上海、广州、重庆、成都、西安、郑州、武汉、长沙、乌鲁木齐、义乌、苏州、哈尔滨等城市，以及满洲里、绥芬河、二连浩特、阿拉山口、霍尔果斯等口岸，建设具有较强国际运输服务功能的铁路枢纽场站。

2）国际枢纽海港

发挥上海港、大连港、天津港、青岛港、连云港港、宁波舟山港、厦门港、深圳港、广州港、北部湾港、洋浦港等国际枢纽海港作用，巩固提升上海国际航运中心地位，加快建设辐射全球的航运枢纽，推进天津北方、厦门东南、大连东北亚等国际航运中心建设。

3）国际航空（货运）枢纽

巩固北京、上海、广州、成都、昆明、深圳、重庆、西安、乌鲁木齐、哈尔滨等国际航空枢纽地位，推进郑州、天津、合肥、鄂州等国际航空货运枢纽建设。

4）国际邮政快递处理中心

在国际邮政快递枢纽城市和口岸城市，依托国际航空枢纽、国际铁路枢纽、国际枢纽海港、公路口岸等建设40个左右国际邮政快递处理中心。

（4）国际铁路枢纽案例——北京枢纽

北京枢纽位于北京市境内，衔接的高速铁路、城际铁路包括既有京津城际、京沪高铁、京广高铁、京张高铁、京沈高铁，在建京雄城际等，衔接的普速铁路包括既有京广线、京九线、京沪线、京秦线、京包线、京承线、京通线、京原线、丰沙线等，是我国最大、最重要的铁路枢纽之一。

北京枢纽是多环嵌套加放射的混合型枢纽。丰台西、大红门、百子湾、北京东、北京、北京西、石景山南、丰台西等车站与其间的线路，形成普速内环，而在这个环中又有丰台、北京南等车站和相关铁路从中间穿过。丰台西、大红门、百子湾、北京朝阳、望京、黄土店、沙河、后章村、军庄、三家店、石景山南、丰台西等车站与其间的线路，形成了货运加市郊的大环线，与内环形成嵌套。

向四面八方放射的铁路包括京津城际、京沪高铁等 7 条高速铁路，京广线、京九线、京沪线等 9 条普速铁路。枢纽内共有车站 77 个，其中特等站 4 个、一等站 6 个、二等站 8 个、三等站 22 个、四、五等站 37 个。客运站共 8 个，包括北京站、北京西站、北京北站、北京南站、清河站、丰台站、城市副中心和北京朝阳站。枢纽内建设平谷马坊、高碑店两个一级物流基地，设有大红门、三家店等 28 个铁路货场。技术作业站共 3 个，包括路网性编组站丰台西站、辅助编组站双桥站和工业编组站石景山南站。动车及车辆设施 8 处，包括北京（李营）、城市副中心（大厂）、北京、北京朝阳、北京西、北京北、北京丰台等动车所，张家口动车存车场。

规划建设京港（台）高速铁路京雄段、预留京昆高速铁路，建设客东环线、客西环线、客南环线、货北环线及多条联络线，通过环线、联络线疏解部分过境客货流，避免其进入中心城区，实现疏解北京非首都功能的要求。北京铁路枢纽总布置图如图 7-22 所示。

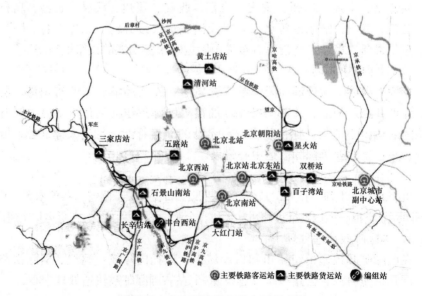

图 7-22　北京铁路枢纽总布置示意图

思考题及习题

1. 铁路枢纽按其在铁路网中的地位和作用分为哪几类？
2. 枢纽站、枢纽和综合交通枢纽的共同点和不同点是什么？
3. 城轨枢纽站的换乘布局和换乘方式有哪些？各自的特点是什么？
4. 城轨与铁路之间的换乘有哪些种方式？各自的特点是什么？
5. 根据总图结构不同，铁路枢纽有哪些布置图型？各有什么特点？
6. 简述枢纽中客站布局与引入线路之间的关系。
7. 说明枢纽联络线、迂回线、直径线、环线在枢纽内的作用。
8. 枢纽进出站线路平面疏解有哪些类型？说明其适用条件。
9. 枢纽进出站线路立体疏解有哪些类型？说明其特点及适用条件。
10. 综合交通枢纽有哪些类型？
11. 结合在综合交通枢纽中的地位和作用，试述铁路枢纽的发展方向。
12. 简述"三位一体"的国家综合交通枢纽系统的主要内涵。

参 考 文 献

[1] 李海鹰，张超. 铁路站场及枢纽 [M]. 北京：中国铁道出版社，2011.

[2] 魏庆朝. 车站工程 [M]. 武汉：武汉大学出版社，2017.

[3] 杨浩，何世伟. 铁路运输组织学 [M]. 4 版. 北京：中国铁道出版社，2017.

[4] 国家铁路局. 铁路车站及枢纽设计规范：TB 10099—2017 [S]. 北京：中国铁道出版社，2017.

[5] 铁道第四勘察设计院. 铁路工程设计技术手册：站场及枢纽 [M]. 北京：中国铁道出版社，2004.

[6] 国家铁路局. 高速铁路设计规范：TB 10621—2014 [S]. 北京：中国铁道出版社，2015.

[7] 国家铁路局. 城际铁路设计规范：TB 10623—2014 [S]. 北京：中国铁道出版社，2015.

[8] 中华人民共和国住房和城乡建设部. 轻轨交通设计标准：GB/T 51263—2017 [S]. 北京：中国建筑工业出版社，2017.

[9] 中华人民共和国住房和城乡建设部. 中低速磁浮交通设计规范：CJJ/T 262—2017 [S]. 北京：中国建筑工业出版社，2017.

[10] 国家铁路局. 铁路旅客车站设计规范（2022 年局部修订版）：TB 10100—2018 [S]. 北京：中国铁道出版社，2022.

[11] 中华人民共和国住房和城乡建设部. 铁路旅客车站建筑设计规范（2011 年版）：GB 50226—2007 [S]. 北京：中国铁道出版社，2011.

[12] 国家铁路局. 铁路线路设计规范：TB 10098—2017 [S]. 北京：中国铁道出版社，2017.

[13] 国家铁路局. 铁路轨道设计规范：TB 10082—2017 [S]. 北京：中国铁道出版社，2017.

[14] 国家铁路局. 铁路路基设计规范：TB 10001—2016 [S]. 北京：中国铁道出版社，2017.

[15] 中国铁路总公司. 铁路物流中心设计规范：Q/CR 9133—2016 [S]. 北京：中国铁道出版社，2016.

[16] 魏庆朝. 铁路线路设计 [M]. 2 版. 北京：中国铁道出版社，2012.

[17] 易思蓉. 铁路选线设计 [M]. 4 版. 成都：西南交通大学出版社，2017.

[18] 魏庆朝. 铁道工程概论 [M]. 2 版. 北京：中国铁道出版社，2021.

[19] 郑健，赵奕，徐尚奎. 铁路旅客车站建筑设计集锦 [M]. 北京：中国铁道出版社，2010.

[20] 郑健，身重伟，蔡申夫. 中国当代铁路客站设计理论探讨 [M]. 北京：中国铁道出版社，2009.

[21] 铁道部经济规划院. 铁路客站技术深化研究—无站台柱雨棚设计深化研究 [R]. 2011.

[22] 铁道部经济规划院. 铁路客站技术深化研究—铁路客站结构体系对工程投资影响研究 [R]. 2011.

［23］ 国家铁路局. 铁路房屋建筑设计标准：TB 10097—2019［S］. 北京：中国铁道出版社，2019.

［24］ 高铁见闻. 大国速度：中国高铁崛起之路［M］. 长沙：湖南科学技术出版社，2017.

［25］ 卢春房. 高速铁路建设典型工程案例：站场工程［M］. 北京：中国铁道出版社，2015.

［26］ 顾承东，等. 城市轨道交通站前广场规划设计［M］. 上海：上海科学技术出版社，2005.

［27］ 中国城市规划学会. 城市轨道交通站点周边地区设施空间规划设计导则 T/UPSC 0003—2021［S］. 北京：中国城市规划学会，2021.